21世纪通才教育系列教材

智慧的探险

——西方哲学史话

（修订版）

主编　韩东晖

撰稿人　聂敏里　张　旭　韩东晖　张志伟

中国人民大学出版社

·北京·

出版说明

通才教育、通识教育，或者素质教育、博雅教育，是一组具有家族相似性的概念。尽管不少学者撰文辨析这些概念之间的细微差别，但是大体来说，它们都指向一种共同的教育理念，即教育的目的是使受教育者不仅具备一定的专业知识和能力，而且要兼具多种才能，具有较宽的知识面、较高的文化素质和健全的人格，成为全面发展的创新人才。

当代大学生应该具备哪些知识、能力和素质，可能仁者见仁，智者见智。从我国高等教育的人才培养目标来看，大学生不论学习什么专业，都应该是复合型的高素质人才，不仅应该掌握某个专业的知识和技能，还要具备人文精神与科学精神。许多高校在借鉴国外高等教育经验的基础上，根据我国国情和社会对人才的需要，设计出了各具特色的公选课程体系，在通才的培养方面进行了有益的探索。但是，课程设置随意性大、缺乏适用教材的情况还比较普遍，不利于通才教育规范而有效地开展。

为了满足全国普通高等学校进行通才教育的需要，我们在广泛征求专家意见和对几十所大学进行调研的基础上，推出“21 世纪通才教育系列教材”。其宗旨是拓宽大学生的视野，扩大其知识面，提高其人文素养，塑造其科学精神。我们将陆续推出由兼具专业功底和教学经验的优秀作者编写的、涵盖人文社会科学和自然科学的系列教材，供高校教师和学生选用，从而为我国的高等教育和人才培养服务。

中国人民大学出版社

前　　言

据第欧根尼·拉尔修说，第一个使用哲学这个词，并称自己是哲学家或爱智者的，是毕达戈拉斯；因为他说过，只有神是智慧的，任何人都不是。

据毕达戈拉斯说，参加节日赛会的有三种人，一种人想参与比赛而求名，一种人想做买卖而获利，而最好的人则满足于做一个旁观者。哲学家与第三种人类似，他们弃绝名利，只想通过沉思而把握真理。

在毕达戈拉斯看来，人不是智慧的拥有者，而是智慧的热爱者和追求者，人对智慧的爱就是哲学（philosophy），爱“智慧”的人就是“哲学家”；但哲学家所追求的智慧不是实际的技巧和聪明，而是基于沉思的知识，这种智慧和知识是属于“神”的。

有人把柏拉图的老师苏格拉底视为一位贤人，有人视之为智者（“诡辩家”），还有些人把他当作宇宙论者，但在柏拉图眼中，苏格拉底不是别的，只是一位哲学家。

在柏拉图看来，苏格拉底之所以是哲学家或哲人，而不是其他，因为他所追求的智慧经得起彻底的批判和反复的审查，因为这种智慧是通过一种特殊的方法——“辩证法”所获得的，因为这种智慧把我们直接引向“真实的实在”而不是飘忽不定的日常生活，因为这种智慧对实在的真实本质的把握就是要知道事物是什么，为了什么，因为这种智慧知道人们应当怎样生活。因此，苏格拉底之所以说“我自知我无知”，是因为他是有“智慧”的“无知”，有“自知之明”（智慧），或者不如干脆说他爱“智慧”。

因此，“哲学”并不是让人聪明而有智慧的学问，毋宁说，“哲学”把人引向智慧，让人知道自己没有智慧而去追求和热爱智慧。这种哲学的品格一直是西方哲学两千多年来贯穿始终的精神追求。

但这种追求并不是一帆风顺的，它是无数次的探险。在无数次探险中，哲学家开辟出人类思想的道路。他们之中有人歧路亡羊，也有人临歧而哭；有人在羊肠小路上一意孤行，有人则在茫茫的旷野中四处摸索；有人穷尽毕生之力而一无所获，也有人筚路蓝缕而硕果累累。他们在路边搭起一个个帐篷，点燃一盏盏明灯，告诉同伴和后来人，这一条路不通，那一条路可行。他们不断变换着探索的方式，但目标是坚定而执著的，那就是建造人类智慧的“雅典娜神庙”（哲学体系）。为此，他们制造了砖瓦，发明了技术。这砖瓦就是各种概念、观念或范畴，这技术就是各种逻辑、论证方式。他们尝试着许多工艺，建造了许多样式的“雅典娜神庙”，这一个接续着那一个，另一个又取代了这一个。在其他行业的那些早已功成名就的工匠们看来，他们在漫漫长路上这样毫无希望地奔波真是徒劳，竟把一无所获的冒险当作丰收，把认识到自己的无知当作知识的开端，他们滔滔不绝地说了那么多话，却只是让纷纭的言路更加崎岖——他们到底在干什么？

其实，哲学就是无尽的探索，她为其他知识领域开辟了道路，为人类的思想拓展了地平线，虽然她常常迷失方向，找不到出路，常常与目标失之交臂，与舒适安逸的生活擦肩而过，但这正是她的卓尔不群之处：她要为思想，也就是为自己寻找和开辟出路；她要拓展思想的领域，挖掘思想的深度，为一种自由的精神生活奠定基础。

爱智慧的道路有许多条，但最重要的一条就是与先哲对话，跟随历史上那些伟大的哲学家们一起在思想的林中路上漫步，与他们一起开拓思想的地平线，甚至参与到他们追求智慧的历险过程当中。因此，本书的主旨不是歌颂西方哲学的辉煌成就，虽然她曾经是思想的地基、知识的拱顶、科学的女王；而是要简明扼要地勾勒她的探险历程，介绍那些伟大的探险者为各自的时代所探明的思想深度。许多不太知名的探险家被我们忽略了，因为他们的探险工作已经被那些更伟大的探险家所吸收和发展了。

我们从爱琴海边的古希腊哲人开始叙述。他们以清澈的眼光探索世界的秩序与灵魂的和谐。他们系统地表述了哲学的所有理论和实践的基本问题，并以古希腊人所特有的透彻和清晰去解答这些问题；他们为人类赢得哲学思想的自由和独立，宣告了理性自主的权利；他们总是作为哲学家而生活，表达出哲学生活无所畏惧的豁达和坦诚。当纯粹的希腊精神借助文艺复兴而被重新唤醒之后，希腊哲学为整个欧洲的哲学与科学，乃至现时代的哲学开辟了道路。

我们从古希腊走向中世纪——那个曾经被误认为“黑暗时代”的“信仰时代”。但实际上，天路的历程与理智的复兴共同贯穿在那个时代。我们给出了足够的篇幅介绍那些伟大的神学家——同时也是伟大的哲学家。因为我们怀疑，通常按照现代哲学混乱的分类而断章取义地割裂中世纪思想的做法，能完整地理解中世纪思想家本来的思想意图吗？奥古斯丁、阿奎那和波那文图拉等人的思想难道就是一块一块的什么认识论、伦理学、政治哲学、宗教学说之类的东西吗？启示和理性，或者信仰与理性，或者神学与哲学的对立真的是中世纪的核心主题吗？神学的体系是否以及如何可以分为启示和理性呢？像阿奎那那样区分神学与哲学并为哲学在神学之内争取自主的地位的情况，是否也存在于奥古斯丁、安瑟尔谟和波那文图拉那里呢？在新一代学者提出了这些问题之后，我们发现以前认为理所当然的中世纪哲学研究的范式可能无法全面地理解中世纪的思想。长久以来，人们认为中世纪没有伟大的哲学家，而从中世纪哲学的研究中也不可能产生出大哲学家。这其中的深层原因可能就在于，人们从来没有以一种正确的方式进入中世纪的思想之中。

我们从中世纪走进近代——西方哲学的辉煌时代。自然的探究与理性的启蒙是这个时代的双重变奏。幸运的欧洲人汲取了古往今来的各种知识体系，经过文艺复兴、宗教改革和罗马法的复兴的洗礼，将形而上学的理论兴趣、形式化的逻辑方法与经验性的探究意图结合在一起，更借助开疆拓殖和新型生产方式的推动力，爆发出伟大的科学革命、哲学革命和社会革命。那些激动人心的思想建构不但塑造了西方文明的精神气质，而且奠定了西方文明的优势和强势地位，直至今日。

我们从近代走进 20 世纪。20 世纪的西方哲学与社会生活的变化一样迅速、剧烈而繁杂。语言的分析与观念的重构或许是万花筒般的哲学思潮的一条主线。这个时代离我们太近，这个时代的哲学未经淘漉，我们只能选择一些有代表性的思想加以勾勒。据说，西方哲学已经从“现代”走进了“后现代”，基础性、统一性的智慧断裂、坍塌为碎片式的隐喻。在“后现代”的喧闹接近尾声之际，哲学将重新塑造“爱智慧”的品格。

其实，哲学并没有一个整齐划一的历史，不同学者笔下类型各异的哲学史就是明证。如果把哲学思想比作“思路”，那么原本并没有路，走的人多了，也就成了路，当人们意识到路的重要性，就开始主动规划、创建各种各样的道路，打通新的和旧的，在旧路之上重建新的，有环路，有直路，还有立体交叉的道路。维特根斯坦有这样一个比喻：“可以把我们的语言看作是古代的城市：它是由错综复杂的狭小街道和广场，新新旧旧的房屋，在不同时期作了添补的房屋组成的迷宫；包围着这一切的是街道笔直严整，房屋整齐划一的许多新市区。”[1] 或许哲学史也与此类似。当我们书写哲学的历史的时候，我们当然要侧重它继承、创

---

① ［德］维特根斯坦：《哲学研究》，12 页，北京，商务印书馆，1996。

新和发展的脉络，但同时也应当尊重它在每一个时代、每一种文化乃至每一位哲学家本身的“理路”。哲学史并不是宏伟壮观的市政规划图，而是汇集了众多能工巧匠的精湛艺术的博物馆。这个博物馆可能是古典的，也可能是现代的，甚至是“后现代的”，但无论如何，其中的每一件展品都是独一无二的。

作为一部教材，本书是国家精品课程“西方哲学智慧”的参考书，也是《西方哲学智慧》的配套读物，但它不是一部标准的西方哲学史教科书，而是一部西方哲学史的入门性读物。我们希望通过对西方哲学的精神气质和历史演进的勾勒而展现其博大精深的思想。我们尽量由浅入深，深入浅出，尽量用富有感染力的散文笔调，而不是学究气的论文语言来讲述，但又尽量不丧失哲学应有的品格和爱智慧的追求。我们希望它能够起到抛砖引玉的作用，使读者们在不久的将来读到一部更完美的西方哲学史话。

目　录

第一部分

古希腊哲学：世界的秩序与灵魂的和谐

一、引言：希腊人的精神世界和希腊哲学的精神

◎ 克里特文明与迈锡尼文明

古老的爱琴海碧波荡漾，古老的希腊文明就孕育在爱琴海边。

希腊文明——如果按照国家的出现标志着文明的开始的理论——最早可追溯至公元前2000年前兴起于克里特岛的克里特文明。早在公元前2000年，在克里特人烟稠密的地方就已经出现了军人的统治集团，克诺索斯第一宫就建立在那一时期。到公元前15世纪米诺斯王临朝的时代，克里特文明曾达到它的全盛时期，克里特人的舰队控制了爱琴海的大部分地区。但是，到公元前14世纪，克里特文明突然衰落了，所留下的只是米诺牛、代达罗斯和伊卡洛斯、阿里阿德涅的线团这样一些美丽的神话故事。取代克里特文明的是兴起于希腊大陆之上的迈锡尼文明。

今天，如果我们有幸来到迈锡尼城的遗址，还能看到矗立在残垣断壁之上的威武雄壮的狮子门，看到阿伽门农王的黄金的面具。这一切都象征着迈锡尼王国曾经有过的强大和富庶。要知道，正是这个阿伽门农曾经率领着庞大的希腊联

军，跨过茫茫的爱琴海，来到小亚细亚城垣坚固的伊利昂，和特洛伊人打了整整十年的战争。伟大的《荷马史诗》所记述的正是这段久远的传说。

克里特文明和迈锡尼文明构成了希腊文明的开端。在它们那里，在它们所遗留下来的种种文明的遗迹当中，我们已经可以深深地感受到希腊文明独有的魅力了。它是细腻的，富有缤纷绚丽的色彩，这一点我们只要去看看米诺斯王的迷宫中所残留下来的那些彩色壁画就可以明白了。那翻着筋斗的杂耍艺人，那挺着弯曲的长角的、暴怒的公牛，还有那梳着一头时髦卷发的、被考古学家戏称为“巴黎女”的贵妇人，身上无不吐露出一种生机勃勃的活力和对生活的一种特有的美感。但它同时又是粗犷的，独有一种雄浑古朴的气势，这一点我们只要去看看至今还矗立在希腊大陆南部滨海的群山之间的、用巨大的岩石堆砌起来的迈锡尼城堡的遗迹就可以明白了。那些粗糙的岩石，每一块都重达数百公斤，它们不加雕琢地堆砌在一起，在群山之巅筑起了一座坚固的城垣。据说数百年之后希腊旅行家波桑尼阿斯（Pausanias）来到这里，看到这些巨大的岩石，不由得认为这不是人工所能完成的，而是传说中的独眼巨人所为，因此考古学家才把堆砌这些巨石的方法称作“独眼巨人叠石法”。

细腻和粗犷，绚丽和雄浑，这样两种截然相反的风格竟然同时存在于一种文明之中，实在是令人惊诧。人们不禁会问，这怎么可能呢？但是这确实是我们不得不承认的事实。在对古希腊人的精神世界的考察中，我们会不断地发现这样的一些对立。这就迫使我们不得不去探究希腊精神生活的内在底蕴。合理的猜测是，一旦我们破解了这一奥秘，我们也就可以对希腊精神王冠上的那颗最为璀璨的明珠——希腊哲学的基本精神有所领会了。就让我们由此前进吧。

人们往往愿意从希腊大陆的地理状况、气候条件出发来探究希腊精神形成的奥秘。确实，纵横的山脉，破碎的地貌，以及散布在爱琴海上、像一条走廊一样把希腊大陆和被称为“世界之脐”的小亚细亚连接起来的众多的岛屿，既保持了希腊各个地区的相对的独立性，造成了古希腊特有的城邦政治和文化的多样性特征，又不使它们因此与外界隔绝，而是始终处在与其他古代文明的密切的联系之中，从而促成了一种既善于吸收别种文明的成果、又善于保持自己特性的富有生机和活力的文明形态。同时，亚热带的气候，四季温差不大，这既使简单的饮食就可以维持人们充沛的体力，又使人们有大量的时间在户外活动，从而造成了公共生活的发达。古希腊人祭神的竞技赛会一年四季不断，希腊人的剧场、体育场、神庙和会议场馆多是露天的，希腊人就始终生活在这种富有活力的公共生活之中。似乎仅仅地理状况和气候条件这两点就可以说明希腊精神的与众不同之处了，但是，这只是问题的一个方面。一旦我们深入到古希腊人精神生活的深处，一旦我们在希腊文化多样性的特征背后发现了某种内在的一致性，并最终窥见希腊精神所固有的二元对立的特征，那么问题的另一个方面就展开了，我们就有必要从民族融合带来文化融合的角度出发更为深入地探究希腊精神内在的底蕴。

考察希腊的历史，我们发现，希腊文明与同时期的其他许多古代文明相比之所以更富有活力和创造力，实在是由于在古代，希腊大陆一直是一个民族迁徙频繁的地区。迈锡尼文明的承载者亚该亚人便是从北方高地下来的最早的一批希腊人，正是他们与当地土著的混合构成了古代希腊人的基础。在亚该亚人之后，又有多里斯人的南迁，希腊神话用"赫拉克勒斯后裔的回归"来称呼这波新的移民浪潮。多里斯人自北而南蜂拥而来，摧毁了迈锡尼的宫殿文明，席卷了整个希腊半岛，最终在伯罗奔尼撒定居下来。他们和希腊大陆上的原住民相互混合，由此形成了古希腊人三个基本的民族构成，这就是多里斯人、伊奥尼亚人和爱奥利亚人。但希腊的移民浪潮并没有因此而终止，在经过了约 3 个世纪的文化衰退的黑暗时代后，从公元前 8 世纪开始，希腊人又开始了向地中海周边地区殖民，于是，在小亚细亚沿岸，在黑海之滨，在非洲大陆的北沿，在意大利半岛，到处都出现了希腊人所建立的定居点，而这毫无疑问又意味着一次新的民族融合。而民族的融合必然带来文化的交流和融合，正是在这文化的交流与融合中，古希腊人独特的精神世界形成了，一种二元对立的精神结构产生了。

◎ 古希腊的语言、宗教和艺术

克里特文明和迈锡尼文明截然相反的风格已经向我们展示了希腊精神这种二元对立的鲜明特征，而我们在古希腊的语言、宗教和艺术中也同样发现了这一特征。

就语言而论，可以肯定，克里特人说的不是希腊语，希腊语是由亚该亚人或者多里斯人从北方高地南迁时带来的。因而我们只要观察就可以发现，在属于印欧语系的希腊语中残存着非印欧语系的语言成分。θαλλασα 就是一例。基托说，希腊语中并没有 θαλλασα 一词，因为生活在北方高地的原始希腊人并没有见过"海洋"，他们是在南迁的过程中从当地的土著那里获得这个词的。[①] 此外，以一ασσοζ（一assos）或一εσσοζ（一essos）或一ινθοζ（一intos）结尾的词，也不是希腊语原有的词，这其中著名的便是 λαβυρινθοζ（labyrinthos）一词，我们知道，这个词便是指米诺斯王的著名的迷宫。就连"雅典"（Aθηνα，Athena）也是一个外来词，有证据表明它来自于克里特岛。因此，我们可以说，希腊语本身就是民族融合的产物。

但是，这还只是对古希腊语的一个极其表面的观察。如果我们对它作更为深入的考察，那么，在赞叹古希腊语严整的形式、丰富的词形变化中所表露出来的

① 参见［英］基托：《希腊人》，9～10 页，上海，上海人民出版社，1998。

高度理性化的特征的同时，我们更深深地被它所独有的音韵谐和之美所打动。对于这一点，伏尔泰在《风俗论》中曾经做过一个精彩的考察。他说：

> 希腊人好像生来就有比其他民族更利于从事艺术的感官，虽然他们在奥吉杰斯时代还是个蛮族。他们有一种天生的、一种无以名状的更细腻、更敏锐的气质，他们的语言便是一个证明：在他们学会书写之前，他们的语言中便有软辅音和元音的和谐配合，这是亚洲任何民族从来没有的。
>
> 据桑科尼雅松说，“克纳特”（Knath）指的是腓尼基人，这个词当然没有“赫伦”（Hellen）或“格莱戈斯”（Graicos）那么音调和谐；“阿哥斯”、“雅典”、“拉栖第梦”、“奥林匹亚”比“赫勒博特”更为悦耳；“索菲亚”（意为“智慧”）比古叙利亚语和希伯来语的“肖科马特”语言柔和些……①

我们在此基础上所要补充的是，在希腊语中，只有雅典人所使用的阿提卡方言特别注重音韵谐和之美，甚至到了不惜使词形变化更为繁琐的程度。而希罗多德告诉我们，雅典人是希腊半岛上原始土著居民佩拉斯吉人的后裔，他们在最初说着一种不同于希腊语的语言，只是在长期与希腊人的混合中，他们才放弃了自己的语言，接受了希腊语。② 如果情况真如希罗多德所说，那么我们看到，即使在语言中，也体现出了在克利特文明和迈锡尼文明那里所表现出来的希腊精神所特有的那种奇妙的二元对立的特征：一方面是严整的形式所体现出来的高度的理性之美，一方面则是在和谐的音韵中所体现出来的细腻的感性之美，二者水乳交融，从深处塑造着古希腊人的精神世界。

语言是如此，宗教也是如此。古希腊人的宗教是一种什么样的宗教呢？我们可以大胆地说，它是天空宗教与大地宗教相结合的产物。这种结合既表现在奥林匹斯神统的内部，也表现在奥林匹斯神统的外部，表现在它与俄耳甫斯教（Orphism）奇特的互补关系上。

古希腊的神话传说表明，奥林匹斯神统起源于天神乌兰诺斯（Ουρανοζ，Ouranos）与地神该亚（Γαια，Gaia）的结合。Ουρανοζ 就是“天空”的意思，而 Γαια 则是“大地”的意思。通过这二者的结合，整个奥林匹斯神统才被创造出来，由此我们便已经可以窥见希腊宗教中某些隐秘的信息了。而神话学和考古学则证明，奥林匹斯神统中许多重要的女神，如赫拉、雅典娜，都来自于克里特岛。而克里特的宗教崇拜经过伊文斯的研究已被证明是一种母权崇拜，其崇拜的主神就是地母，这我们只要看看从克里特岛发掘出来的那双手持蛇的女神塑像就可以明白了。因为在希腊人看来，蛇是大地之子。但是重要的男神却是北方移民所带来的。例如，阿波罗被证明原是北方游牧部族的狼神，波塞冬则是马神，而

---

① ［法］伏尔泰：《风俗论》，上册，94～95页，北京，商务印书馆，1996。

② 参见［古希腊］希罗多德：《历史》，上册，25～26页，北京，商务印书馆，1997。

高踞于奥林匹斯山上的大神宙斯，则有多种证据把他与天空相联系，他被称呼为“聚云者”、“玩闪电的大神”，而且，据考证，他的名字的字根与“晴空”有关。

这样，我们看到，奥林匹斯神统本身就是天空与大地、父系与母系、北方移民与本土居民两种宗教崇拜体系相互斗争并结合的产物，深刻地体现了希腊精神所固有的二元性。天空象征着理性、形式感，而大地则与感性、与一种神秘的力量相联系；天空以其明朗、光明赋予世界以秩序和规则，而大地以其深厚、晦暗赋予世界以生命和力量。在奥林匹斯宗教中这二者均衡地结合在一起，将古希腊人置于一种蓬勃而富有活力的公共生活秩序之中，而这就是古希腊的城邦生活。奥林匹斯宗教是古希腊城邦的公共宗教。

但是，奥林匹斯宗教并不代表古希腊人宗教生活的全部，在奥林匹斯宗教之外，在城邦公共的祭祀活动之外，还始终活跃着另外一种隐秘的宗教崇拜活动，这就是著名的埃琉西斯秘仪（Eleusinian mysteries）、俄耳甫斯教。从它所崇拜的地母神德墨忒尔和酒神狄俄尼索斯就可以看出，这一宗教是由希腊远古宗教崇拜发展而来的，它显然属于我们上面所说的大地宗教的范围。和奥林匹斯宗教鲜明的秩序感相对，俄耳甫斯教更加强调来自于生命本身的感性冲动，强调个人内心的神秘体验。在酒神节来临之际，酒神的歌队成群结伴游行于希腊各地，在狂歌乱舞之中，人们出离了自我，相互融合，从而整个城邦在空前的团结之中获得了新生。而在埃琉西斯秘仪中，通过充满神秘气息的仪式，与神灵的沟通仿佛又重新得到了恢复，因而罪恶被涤除，人们摆脱了死亡的恐惧。由此看来，若没有俄耳甫斯教、埃琉西斯秘仪这样一种神秘的宗教崇拜活动作为补充，那么，古希腊人的宗教生活将因为奥林匹斯宗教仪式的模式化和常规化而窒息。正是这样两种宗教崇拜在对立之中的相互补充，既维系了城邦的公共秩序，又给城邦带来内在的生命活力。

这样，我们看到，一种二元对立的结构同样存在于古希腊人的宗教生活之中。那么，古希腊的艺术是否也是如此呢？就拿建筑艺术来说吧。事实上，再没有什么能够比古希腊的建筑艺术更为生动地体现希腊精神的这种二元性特征的了。只要稍作考察我们便会发现，虽然建筑在总体上是一门形式的、因而是理性的艺术，但是在多里亚建筑和伊奥尼亚建筑之间却存在着鲜明的差异。试看分别以它们二者命名的柱式结构，多里亚柱式粗犷雄浑，宛如巨人拔地而起；而伊奥尼亚柱式则纤巧秀丽，宛如一位阴柔的女子。在伊奥尼亚柱式中，我们感受到更多的是希腊人细腻而优雅的精神气质，为了增强美感，他们甚至不厌其烦在每一根柱头的顶部都雕琢出一位迎风伫立的少女塑像。而在多利亚柱式中，我们感受到的则是简洁和质朴，柱头没有过多的装饰，整个柱体准确地符合建筑力学的原理。这样两种风格迥然不同的建筑样式出现在古希腊的艺术长廊中，显然再次表明了希腊精神所独有的那种二元对立的品格。

再有，古希腊的雕塑也给我们留下了相同的印象。我们只要去细心鉴赏任何一座古典时期的大师们所遗留下来的雕塑作品，那么就会由衷地赞叹，古希腊雕塑家是多么善于运用简洁的形式来捕捉动作和力量的神韵！在这里，形式规则的运用并没有使整个雕塑作品像埃及人的作品那样流于刻板和僵化，而是在崇高、肃穆的形式之下充沛着不可遏止的生命活力，仿佛弥漫着无穷的精力一般。显然，只有高度的理性才能对形式把握得这样完美，但是，谁又能够否认在这里除了形式以外，古希腊艺术家还把握住了另外一些更为重要的东西。是一些怎样的东西呢？这就是隐蔽在明朗的形式之下的一种潜滋暗长的生命力量，是一种来自于宇宙深处的原始的力量。正是这样一种难以言说的力量，当它在恰当的形式中被生动而完整地表现出来时，才格外地富有意蕴，并且以其昂扬的生命力和明朗的外观激起观赏者生活的信心和勇气。这并非夸张。在狄翁那里我们读到这样一段话，这段话是针对菲迪亚斯的宙斯塑像写的，他这样说："假如一个人心情沉重，被悲哀与不幸压得喘不过气来的时候，他应该站到这座神像面前，他就会立刻忘记生活中的种种苦难。"①

通过这样一番考察，我们便可以得出如下一个结论：希腊古代历史上所发生的种族上的大融合同时带来了文化上的大融合，这一融合对民族文化精神的直接影响便是造成了希腊文化精神鲜明的二元性特征。

这一点实际上最早是由 19 世纪德国哲学家尼采揭示出来的。他在《悲剧的诞生》中指出，日神精神和酒神精神是希腊精神对立的两极，它们二者之间的持续的斗争和融合推动了希腊艺术的发展。而悲剧正是这二者奇妙融合的产物。通过酒神精神，悲剧作家在瞬间达到了与宇宙大化的冥契神合，获得了无穷的创作灵感；而借助日神精神，悲剧作家这种充沛的创作灵感和生命力又获得了恰当的形式外观，从而最终创作出了可供观赏的美轮美奂的悲剧作品。

◎ 希腊精神的二元性

日神精神和酒神精神正是希腊精神二元性的最好象征，但由此也就需要我们对希腊精神的这种二元性作深入的探讨。我们要问：究竟什么是希腊精神的二元性？它对希腊人的世界观、人生观以及哲学活动产生了怎样深刻的影响？这才是我们真正关心的问题。在对这些问题的回答中，尼采的思想是一个重要的思想资源。

前面已经说过，尼采用日神精神和酒神精神的对立与融合来表达希腊精神的这种二元性。人们一般认为，所谓日神精神就是指理性，而所谓酒神精神就是指

---

① 引自［英］伊迪丝·汉密尔顿：《希腊方式——通向西方文明的源流》，248 页，杭州，浙江人民出版社，1988。

非理性、感性。这样，他们就在理性与非理性、感性的肤浅的对立之中来把握希腊精神的这种内在的二元性特征，因而便遗漏了其中至关重要的东西。什么东西？这就是作为历史生成与运行的内在持久动力的宇宙大化流行本身。正是对这个东西的领悟构成了希腊精神的内在底蕴，而在理性与非理性、感性这一极其表面化的对立之中，希腊精神的这一深度就被抹平了。因为感性，尤其是处在与理性单纯的对立之中的感性不过是一些肤浅的感觉、感情和冲动，它们不仅败坏了感性，而且也败坏了理性，把理性降格成为一种苍白的形式化能力，一种使一切东西干瘪、空洞的能力。从而又怎么可能把我们引向宇宙大化流行那样一种至深、至广、至大的存在呢？希腊人的精神深处如果是以这样一种浅薄的能力为底蕴，那么他们也就不可能创造出如此辉煌而灿烂的文化。

那么，希腊精神深处的感性究竟是怎样的一种感性呢？我们说，这是一种神秘的直觉般的领悟能力，是一种充沛饱满的内心感受，它通过与整个宇宙内在生命运动的融合一致而获得了无穷丰富的精神意蕴。正是在这样一种感性的激发下，一种更深邃、更具穿透力的理性才从希腊人的精神深处勃然升起。那么，这又是怎样的一种理性呢？我们说，这是一种丰满的理性；一种直击存在底蕴，凸显生命真理的理性；一种把整个世界理解为是一个生长的统一体，而把自己理解为是这个生命统一体的直接外观和表达的理性。显而易见，这样一种理性能力不是在与酒神精神的对立中获得的，而是在与酒神精神既对立又融合的无限的斗争中获得的。正是植根于希腊人天性之中的那种酒神般的狂喜的力量，使理性没有陷入抽象的形式感与逻辑感中，而是表现为对于存在本身的凝神观照与冥契神合。正是在这样一种物我两忘的境界中，真理的充沛饱满的言词才不可遏止地流溢出来，照亮和温暖了无数时代人类的心灵。

我们还是举个例子来说明这一点吧。如果阅读荷马的《伊利亚特》，那么，一个最令人称道的地方就是荷马对题材的高超的驾驭能力。我们知道，特洛伊战争打了整整十年，在这十年中一定有许多事情值得记述，事实上也确实曾经有过许多史诗和神话来叙述这些事情。但是荷马却没有从头到尾来描述这场战争的始末，相反，却匠心独具地选择了战争第九个年头发生的一个独特的事件，作为全诗结构的中心，这就是希腊联军统帅阿伽门农和希腊军中第一上将阿基琉斯之间的一场争吵。在史诗的一开始，荷马用短短的几行诗句就说清了他的这一创作意图。他这样吟唱道：

> 歌唱吧，女神！歌唱裴琉斯之子阿基琉斯的愤怒——
> 他的暴怒招致了这场凶险的灾祸，给阿开亚人带来了
> 受之不尽的苦难，将许多豪杰强健的魂魄
> 打入了哀地斯，而把他们的躯体，作为美食，扔给了
> 狗和兀鸟，从而实践了宙斯的意志，

从初时的一场争执开始，当事的双方是
阿特柔斯之子、民众的王者阿伽门农和卓越的阿基琉斯。①

这样，争吵以及争吵给交战双方所带来的巨大的悲剧性后果，就是全诗的主题。以这一主题为核心，荷马就把纷繁复杂的各种事件、关系、线索统一在了一起，形成了一个具有严密的形式构造的整体。无疑，在这里所鲜明地体现出来的正是希腊精神所独具的理性特征，这就是一种形式化的能力，一种赋予事件以逻辑秩序的能力。但是假如《荷马史诗》仅仅是以结构和组织见长，仅仅体现了一种高度的理性把握的能力，那么人们当然有理由担心它会不会陷入一种苍白和干枯的形式之中，从而丧失了艺术的全部感人的魅力。但是，在实际的阅读中，人们却被荷马生动的言词、饱满的情感以及悲天悯人的情怀所深深地吸引。试读一读战争间歇赫克托尔和他的妻子安德罗玛克之间的那场情深意长的对话吧，也请去读一读诗歌的结尾处年迈的特洛伊国王普利阿摩斯潜入希腊军中为了儿子赫克托尔的尸体而和阿基琉斯所作的那场催人泪下的对谈吧。在这些场景中我们看到的是有血有肉的人，是活生生的人类情感。是这一切赋予了全诗以血肉吗？是，又不是。如果仅仅是如此，那么史诗就还不够丰满，就还缺少一个统一的灵魂。但是只要我们再深入下去，我们就会找到这个灵魂，这就是高悬在人类和诸神之上的那个令人生畏的命运。也正是对这个体现为必然性的命运的深刻意识，构成了全诗的灵魂。它作为一道神圣的背景、一种无形的力量渗透在事件的关联之中，使这些事件成为一个生动的整体，具有了深厚的意蕴。在这里，宙斯高踞于奥林匹斯山巅，用秤称量希腊人和特洛伊人命运的举动是意味深长的。正是这连宙斯也不能违抗的命运决定着人类的喜怒哀乐，而人类正是由于置身于这深不可测的命运之中，他的一举一动、一言一行才具有了震撼人心的力量。荷马正是由于保持了对宇宙深处这一内在的力量的领悟，他的形式感、他的理性驾驭能力才没有流于空洞，而是具有了巨大的穿透力和感染力。这样，杰出的形式构造能力和对人类命运的深刻的洞察力，就是《荷马史诗》的艺术魅力所在，也就是希腊精神的根本。

因此我们说，不是在丢弃了宇宙大化流行的基础上来理解希腊人的理性与感性，相反，却是要在保持着对宇宙大化流行的神圣背景的感悟的前提下来理解希腊人的理性与感性。只有这样，希腊精神中的两极才能完满地呈现出来。一方面，这就是一种安闲静坐的精神，一种凝神观照的精神，一种沉思默想的精神，一种根据天道的运行而有理性地调整自己的行动和情感的节制的精神，一种在这节制的精神中所显示出来的坚韧的意志力和从容大度的精神，一种乐观向上的精神，一种形式化的能力，一种理想化的倾向。这一切便构成了尼采所谓的日神精

① ［古希腊］荷马：《伊利亚特》，卷1，1页，广州，花城出版社，1994。

神。它们集中体现在阿波罗的形象、气质以及祭祀阿波罗的德尔斐神庙的两句箴言中，即“认识你自己”和“毋过度”。但另一方面，这又是一种载歌载舞的精神，一种在巨大的狂喜之中浑然忘我的精神，一种与宇宙大化冥契神合的能力，一种超尘脱俗、寻求灵魂与肉体的完全解放的倾向。这就是所谓的酒神精神。这两者的结合就构成了希腊精神的二元性，它们极其深刻地影响了希腊人的理智生活，从而铸就了希腊哲学的内在精神。这里，我们可以对此作一个简略的概观。

我们看到，古希腊人虽然给人最初的印象是高度理性的，但是只要我们深入到他们精神生活的内部，我们便会发现一种内在的神秘的质素，一种直觉般的领悟能力。而且我们有理由断定，正是依靠这种内在的神秘质素，他们的理性才没有沦落到一种空洞、枯燥的形式之中，也没有沦落到一种精明但却实际的算计之中，而是始终葆有着充沛饱满的生命力量，具有深刻的穿透力。以毕达戈拉斯为例。几何学、数学最早就是在毕达戈拉斯学派那里得到发展的，它们现在看来应当是一些高度理性化的学科。但是普罗克洛说得好：“通过寻求更高存在领域里的本原，毕达戈拉斯给几何哲学赋予了自由教育的形式。”① 这就是说，在毕达戈拉斯学派那里，几何学不是关于空间形式的科学，而是关于宇宙根本存在的科学，它与灵魂的净化与解脱密切联系在一起。因而理性在毕达戈拉斯这里就不单纯是一种形式化的能力，而同时具有浓厚的宗教、审美以及伦理的意味，渗透着价值性的因素。正是在这样一些因素的推动下，几何学在毕达戈拉斯学派那里才发展到了这样纯粹的程度，以至于在经验材料相当缺乏的情况下直觉般地领悟到了“数是万物的本原”这样的绝对形而上学的命题。

我们注意到，古希腊早期的思想家们都是这样一种精神二元性完美结合的典范。他们运用自己的理性去审视世界，但同时又不使自己自外于这个世界，而是将自己的身心与世界深处的律动协调在一起，从而他们能够把握世界的内在底蕴。他们普遍地具有这样一种思维能力，这就是理智直观的能力。他们是在对真理的直接观照之中来宣布真理的。他们无须借助推理，他们与真理冥契神合。由此他们采取的方式便是“听我说”。从他们的断简残篇中，我们感到不是他们在说话，而是真理本身在说话。真理本身产生了说话的冲动，通过这些优秀的人把自己倾泻出来。他们对希腊思想造成的影响是如此深刻，以至于在理性化程度已经达到很高水平的苏格拉底之后的哲学中，我们仍然能够观察到这种精神二元性的完美结合。例如，柏拉图的理念世界决不只是一个抽象的概念集合体，它在本质上是一个完美的精神存在，象征着一种更高的存在维度，而只是出于对这种至善至美的精神存在的衷心喜悦和直觉般地领悟，思想在柏拉图那里才不断地得到

① ［古希腊］普罗克洛：《论欧几里得》，见苗力田主编：《古希腊哲学》，73页，北京，中国人民大学出版社，1989。

纯化，上升成为一种纯粹的思辨能力。至于亚里士多德，他虽然建立了非常形式化的形式逻辑，并把它确立为理论思维的必备工具，但他仍旧把 nous，即理智直观视作最高的知识能力，认为一切科学的最基本的原理只有这个 nous 可以观照到，它们是在 nous 的理智直观中得以奠定的。

◎ 自由与纯粹静观的哲学气质

我们还注意到，希腊思想家们独具一种纯粹静观的能力。他们发现唯有这种纯粹静观才最充分地实现了人的自由。因而，对于希腊思想家来说，他们的公民同胞虽然也享有某种意义上的自由，但是唯有他们享有最充分、最完善的自由。这种自由的纯粹静观的能力是一切哲学家所必须具备的禀赋和素质，惟其如此，他才能把自己投入到纯粹的、不计利益得失的理论思辨活动之中去。但同时，我们还应看到，这种能力并不是希腊思想家们所天生具有的一种本性，实际上它是从希腊精神的深处涌现出来的。尼采说，希腊人对生活的痛苦独有一种敏感的气质，并说正是在这种敏感中才产生了日神精神和酒神精神以克服这种痛苦。而这竟然取得了成功。希腊人用自己的安坐静默、自己的载歌载舞以及如火如荼的生存来回应这种人生的痛苦。荷马在《伊利亚特》中针对死亡所带来的恐惧这样说："凡人的生活，就像树叶的聚落。凉风吹散垂挂枝头的旧叶，但一日春风拂起，枝干便会抽发茸密的新绿。人同此理，新的一代崛起，老的一代死去。"[①]面对死亡，兴高采烈、甚至欣喜若狂的态度是古希腊人独有的气质。

正是这种气质产生了古希腊思想家独有的凝神静观、心无旁骛的精神品质。读一读柏拉图的《斐多篇》，我们就可以明白了。在《斐多篇》中苏格拉底提出了一个惊人的命题，这就是哲学家所孜孜以求的竟然是死亡。他这样说："其实真正的哲学家一直在练习死，死对他们并不像对别人那么可怕。"（67E）人们可能会惊惧于这一命题，但实际上它一点也不深奥。当我们随着苏格拉底的阐述深入下去，我们发现，苏格拉底实际上是以一种纯粹的精神生活征服了死亡。这种精神生活不是别的，就是对真理、对知识的最狂热的爱，苏格拉底就是以这种爱战胜了即将到来的死亡。在《斐多篇》中，我们看到，苏格拉底在面对死亡时，不仅表现出了一种镇定自若的态度，甚至还有些兴高采烈。在死亡面前，他并不哀叹自己的不幸，他全部的注意力并没有被死亡所吸引，相反，却把不多的生命投入到一种更富创造性、更让人兴奋的活动之中去，这就是谈话和思想。正是在这不倦的思想中，死亡被超越了，生命得到了高扬。这难道不正是荷马笔下希腊英雄的精神吗？

因此，当我们谈到希腊哲学家的爱自由和纯粹思想的品质时，我们必须同时

---

① ［古希腊］荷马：《伊利亚特》，卷 6，137 页。

考虑他们精神深处的这种兴高采烈的性格。因为只有这样，自由与纯粹静观的品质内部的更为深刻的精神内容才能够被发现，这就是自由必然与危险同行，而纯思作为一种自由的思，必然是经过了与一切世俗的羁绊的苦苦战斗才获得的。我们不要以为希腊人天生就具有纯思的品质。纵观整个古希腊思想史，我们可以看到，希腊人的这种思维品质，在根本上是对生活痛苦的超越。它内在地具有一种英雄的品格。只是在对生活痛苦的超越中，思想才变得日益纯粹起来，而越来越具有一种安定从容、凝神观照的品质。

这就是希腊人的精神世界，这也就是希腊哲学的根本精神。只要我们深入到希腊哲学的内部，我们就能时时刻刻地体会到这种精神，并最终为它所深深地吸引。我们对此体会得越深，我们对这些哲学家也就越是敬佩万分。他们诚然是一些先知先觉，但是他们更是一些勇士。因为在人类理智的蒙昧时期，在大多数人还为传统的宗教观念和实际的生活目标所束缚时，他们却毫不畏惧地把自己的全部生命投入到了一个前所未有的事业当中，即投入到追求智慧的事业当中，而这也就是哲学，因为哲学不是别的，就是爱智慧。显然，促使他们这样去做的不是别的，就是对智慧的爱。这是一种毫无实际收益的爱，但是在他们看来，这却是一切人类追求中最崇高、最神圣的，他们心甘情愿把自己的生命消耗在这永无止境的追求之中。他们的追求为人类打开了一个新的生活维度和活动领域，这就是哲学生活，这就是科学领域。就让我们由此进入希腊哲人的精神世界。

二、西方思想的起源：前苏格拉底哲学

◎ 第一个希腊哲学学派与第一位希腊哲学家

希腊哲学通常以苏格拉底为界分成前苏格拉底哲学和古典希腊哲学两个部分。

前苏格拉底哲学也称作早期希腊哲学，它开始于公元前 6 世纪之初的米利都，这是一个伊奥尼亚人在小亚细亚西海岸中部所建立的殖民地。指出这一点也许会令人感到惊异：希腊哲学竟然不开始于希腊本土，而开始于它海外的一个殖民地。但这确实是不可否认的事实。正是在这里，希腊进入到了它的理智的觉醒期。要理解这一点，我们只要记住这样一个文化原理就足够了，这就是，交往是文化的催化剂。

当希腊大陆的各个城邦还处在封闭或半封闭状态中时，这些城邦的海外殖民地却由于商业的发展、贸易的往来，率先进入到文化的活跃期。米利都就是当时

这些希腊殖民地中最繁荣的。它地处土地肥沃的弥安德河的入海口，从它那里开出的船只向北可到黑海，向南可到埃及，向西可到希腊和意大利，向东经由内河可以深入亚洲腹地，所以在很早的时候，它就已经是沟通亚、非、欧三洲的大商港了。贸易的发展自然带来文化交往的频繁，各民族不同文化的往来自然造成了人们理智的觉醒，从而正是在米利都产生了希腊哲学的第一个哲学学派——米利都学派。

人们一致公认米利都学派的泰勒士（Thales）是第一位哲学家。由于他曾预言过发生在公元前585年的一次日食，因此研究者一般把这一年定为他的鼎盛年。

作为当时名噪希腊世界的七贤之一，围绕着泰勒士和他的智慧，曾经流传着种种传说。有人说他曾预见到来年橄榄的丰收，因而提前以低廉的价格租下了本地区所有的榨油机，从中赚取了极大的利润。由此，我们可以知道他的经商才能。另外又有人说，他还预见到波斯的扩张的危险，因而力劝当时的伊奥尼亚人在小亚细亚所建立的城邦组建一个政治同盟，以对抗波斯。由此，他的政治智慧也可见一斑了。但是，这些只足以表现出他的实践才干，却不足以表现出他的哲学智慧来，而且在七贤中的其他人身上，我们也能找到不少这类具有远见卓识的事迹来，因而还不足以把他和七贤中的其他人区别开来。也许只有一件事真正昭示了他作为哲学家的本质。

这是一个闻名遐迩的故事，甚至到了柏拉图的时代，它仍然成为人们闲谈的话题。故事说，有一次泰勒士夜观天象，由于过于专心致志，结果失足掉进了一口井里，这正好被一位路过的色雷斯婢女看见了，这位婢女便说了一句大有哲学深意的话："他连地上的事情都没有搞清楚，就去关心天上的事情。"柏拉图因此便发出浩叹，说像这样的嘲笑，可以加到任何一位穷年累月进行研究的哲学家身上，因为忽略了身边的事情，而去关心似乎于人于己都毫无实际益处的东西，这正是哲学家啊。所以，我们说，正是从这件事情上足以见出，泰勒士之所以超出了七贤中的其他人，是因为他把自己对城邦政治的思考延伸到了对宇宙本原的思考。那么，他是否企图通过他的"天问"为自己、也为他的同胞们的现实生活找到某种形而上的依据呢？这很有可能。因为，在古代，如同天地是茫昧的一样，人们的生活也是浑成的。政治生活、宗教生活还有物质生活，不像现在这样，有着明显的分别和界限，而是浑浑朴朴融合在一起的，同时，人类生活还同整个宇宙、大自然的生命律动融合在一起。因此，从对政治秩序的思考再延伸一步而深入到对自然秩序的思考，从自然秩序中为人们的生活寻找原则和根据，这本身是顺理成章的。也正是在泰勒士这里，有了第一个真正意义上的哲学命题，这便是"万物的本原是水"。

人们可以从不同的方面出发来评价这个命题的意义。例如，这是一个唯物主义的命题，它用自然事物来解释世界，从而意味着人类思维摆脱了宗教蒙昧。又如，这是一个一元论的命题，它把万物归结到一种物质上去，从而表达了世界的统一性这一最高的形而上学原理。但是，无论从哪个方面解释，有一点却是必须要说清楚的，这一点关系到我们对整个前苏格拉底哲学的本质的理解，也关系到我们对整个古希腊哲学的内在发展脉络的把握。所以，在泰勒士这里，在“万物的本原是水”这个小小的命题上，多费一点笔墨是必要的。

这就是，我们一定要清楚，泰勒士所要表达的不是一个物理学命题，“万物的本原是水”和“物质最基本的元素是X”不是同一个类型的命题。理由有两个。第一，在泰勒士的时代，像那种把事物还原到它的最基本的物质构成之上的这种形而上学—物理学的思维方式还不存在。第二，所谓“元素”这个概念是后起的，“本原”并不是“元素”的意思。“本原”的古希腊语 αρχή（arche）是“开端”、“开始”、“起源”的意思。因此，泰勒士在这里所想要表达的是万物的开端、开始和起源是水，而不是万物的基本物质成分是水。这是我们要注意的。

另外，既然在这里水不是基本的物质元素，那么，我们就绝对不能对水作抽象的理解。事实上，“水”在泰勒士那里远不像我们现在所理解的那么抽象，泰勒士也不具有我们现在这样熟练的抽象概念思维。我们现在提到“水”就仅仅是水，很少会联想到江水、湖水、海水、溪水、泉水等各种各样具体的水，水对于我们来说是一个抽象概念。但是对于生活在自然之中、与大自然息息相通的古代人来说，他们对水的理解却要具体得多、生动得多。这是可以使干渴的喉咙湿润的水，这是可以灌溉作物的水，这是可以为航海带来幸运也带来灾祸的水，这是有林泉女仙在其旁翩翩舞蹈的水，这是可以涤除罪恶、被教士祝福过的水。对于古希腊人来说，他们对水则有着更深的感情。这种感情有多深呢？看看色诺芬在《长征记》中所描述的一段情节就可以明白。深入到亚洲腹地的一支希腊雇佣军，在丧失了雇主之后决定不留在当地与土著同化，而是回到自己朝思暮想的希腊，于是他们便踏上了漫漫的回归路途。一路历尽了艰难险阻，最后他们开始攀登一座横亘在前面的山峰，最先爬到顶峰的人停住了，似乎在欢呼，后面上去的人也停住了，也似乎在欢呼，最后当所有的人都上去后，大家一起发出了欢呼，他们呼喊的只有一个词，“撒拉撒”（Thalassa），这就是古希腊语“海”的意思。由此，我们知道，海洋对于希腊人所意味的远比我们现代人所能够理解的要丰厚得多；由此，我们也就知道了，水对于古代人到底意味着什么，它绝不只是一种元素，一个抽象的名词、概念，它意味着生命和生命的无限丰富的内在意蕴。

这样，当我们现在再来读泰勒士的这个命题的时候，我们知道，他的意思是在说，这个万物生长的宇宙，它的生命的本原是水。所以，当我们看到亚里士多德这样来解释泰勒士说，“在第一批做哲学思考的人中，大多数人只把质料之类的东西当作万物的本原。一切存在着的东西由它而存在，最初由它生成，毁灭后又复归于它，万物虽然性质多变，但实体却始终如一，人们说，这就是一切存在着的东西的元素和本原。他们由此认为并没有真正的生成和灭亡，因为这样一种本性总是保持着”①，我们便知道，这是不对的，亚里士多德用以后较为成熟的形而上学—物理学的思想来理解泰勒士了，他所去除的正是水的生命的内涵，由此他也将整个宇宙无生命化了。当我们看到亚里士多德这样解释说，“他之所以做出这一论断，可能是因为他看到了万物都要靠水分来滋润……由于这一点，再加上万物的种子本性都是潮湿的，所以，水就成了潮湿东西的自然本原”②，我们便知道，这回亚里士多德说对了，因为正是在对万物的滋润中，水的生命意义显露出来了。如果我们能够葆有对水的这样一种基于生命意义的领会，那么，泰勒士的如下一段话也就可以得到深刻的理解了。他这样说：“宇宙的心灵便是神，万物是活的，而且充满了精灵；正是通过基础性的水，宇宙的运动贯注着神圣的力量。”③ 这就是说，水便是生命，它作为一种永不枯竭的神圣的力量，渗透在宇宙的万事万物之中，使宇宙成为一个活的生命体。这就是泰勒士对水的理解，这也就是泰勒士以水为本原的宇宙论。通过“万物的本原是水”这个命题，他便将宇宙作为生长、生成、生活的生命整体的本质揭示出来了。

“万物是活的”，这便是早期希腊哲人们看待宇宙的基本的眼界。对于他们来说，迁流不息的宇宙是一个活的生命体，它每天都在生长，都在更新，带给生活于其中的人们无穷无尽的生命的意义。但整个古希腊哲学的演变却表现为这样一种眼界的逐渐丧失，表现为一个日益规整化、抽象化因而是理性化的宇宙的出现，世界在变得可以理解的同时也在一定意义上逐渐失去了它的生命活力。生机论、生成论的宇宙观逐渐变成了本体论、本质论的宇宙观。

◎ 阿那克西曼德

在阿那克西曼德（Anaximandros，公元前 610—前 546）那里，这种迹象第一次表露出来了。阿那克西曼德是泰勒士的学生，关于他的事迹我们知道得不多，但是从他遗留下来的残篇和后人记述他的文字来看，他应该是一个极富有抽象理性的人。

在泰勒士看来，甚至磁石都被看做有生命的，具有灵魂；但是在阿那克西曼德这里，对自然的一种完全自然的解释出现了。闪电，这在远古的人类看来，

①② ［古希腊］亚里士多德：《形而上学》，982b6～14，见苗力田主编：《古希腊哲学》，21 页。

③ Kirk & Raven，*The Presocratic Philosophers*，Cambridge：Cambridge University Press，1957，p. 95，96.

是一种奇迹、一种神示，是某种不可抗拒的神秘意志的表达，但是阿那克西曼德却说，这是风包裹在浓厚的云层里撕裂了云层所发出的声响和光芒。我们不知道阿那克西曼德是在什么语境中说这句话的，但是我们却仿佛能够听到他内在的潜台词，这就是：神不存在，一切都是可以理解的。这样，理性登场了，神和各种精灵纷纷逃遁了。当阿那克西曼德把他的目光探向宇宙万物的本原的时候，一种更为抽象的思维出现了。也许是出于害怕看上去永不停息的宇宙的生成会把那作为生命本原的物质的能量耗尽，也许是因为看到现实中没有哪一种物质真能够化生出万物来，他便构想出了一个在总量上无限、在性质上不定的物质，称它作 απειρον（apeiron），“无定”，让它来做永不停息的宇宙生命之流的本原。很显然，这样一个东西在现实中是不存在的，所以，当阿那克西曼德做出这样的思考时，他的思维便超出了经验思维的水平，成为真正意义上的理论思维。这是希腊思想特质的第一次朦胧地显露，但却像火种一样，再也不会熄灭了。

◎ 毕达戈拉斯与赫拉克利特

虽然米利都在公元前 494 年毁于波斯人的战火，但是萌发于希腊伊奥尼亚殖民地的这颗理论思维的种子却早在这之前，随着一个萨摩斯人播撒到了遥远的意大利南部的城市克罗顿，在那里生根开花，结出了丰硕的果实。这个萨摩斯人就是毕达戈拉斯（Pythagoras，约公元前 580—前 500），他所创立的学派就是毕达戈拉斯学派。提起毕达戈拉斯，人们就不能不想起毕达戈拉斯定理，也不能不想起他为此举行的盛大的百牛祭。我们只听说过为了庆祝战争的胜利举行祭祀，为了祈求年谷的丰登举行祭祀，却没有听说过为了发现一个数学定理而举行祭祀，但这样的事却真的发生了。正是抱着一种虔诚而神圣的宗教态度，对整个宇宙的更为抽象的思考开始在毕达戈拉斯学派那里发展起来了。毕达戈拉斯和他的弟子们在对数学的研究中发现，如果说整个宇宙是和谐的，那么构成这一和谐的便是数。因为“和谐”（harmonia）的本意就是将不同的事物连接或调和在一起，如同音乐的和谐是将不同的音调结合在一起成为音阶，形成旋律一样。于是，和谐便来自一定的数的比率关系。这就是为什么“宇宙”（cosmos）被理解为世界秩序，而与“混沌”（chaos）相对。甚至人间的正义和美好也被理解为数的和谐。从而，一切莫不是数，数是万物的本原。这样，区别于米利都学派从物质性的东西去寻找宇宙生命的根源，毕达戈拉斯学派更深入了一步，转而去探求这个生长着的宇宙生命体内在的秩序，并在数中找到了这种秩序。

毕达戈拉斯学派是一个寿命很长的学派，甚至到了罗马帝国时期，我们还能找到这派人的踪影。现在，让我们暂且撇开毕达戈拉斯学派，从南意大利再回到小亚细亚伊奥尼亚人的殖民地。因为，在那里，在与米利都毗邻的爱菲斯城，有一个哲人在孤独地思考着。他生性傲慢，气质高贵，他像一位王者俯瞰着芸芸众生，既超尘脱俗，又愤世嫉俗。他就是古希腊思想家中赫赫有名的赫拉克利特（Heraclitus，盛年期约在公元前504—前501）。一个小小的故事能说明他的全部性格。故事说，当爱菲斯人请求他用他的智慧来为城邦制定法律时，他报以最大的轻蔑，因为在他看来，整个城邦已经败坏了。他退隐到阿耳忒弥斯神庙，坐在那里和孩子们一起玩骰子。爱菲斯人站在一边看着他。于是他便对这些穷追不舍的人们说："怎么啦？你们这些无赖，你们为什么惊奇？干这个难道不比和你们一起搞政治更好吗？"①

他写了一部总称为"论自然"的书，并把它献给了月神庙。据说苏格拉底读过这本书，并作了这样一段评论："我所理解的部分是高贵的，我想我尚未理解的部分也当如此；但这需要一位德罗斯的潜水者。"② 高贵而且深邃，这就是赫拉克利特思想的特点。也许正是因为这一点，他才在后世赢得了"晦涩哲人"的绰号。他自己也毫不掩饰他的这一特点，他这样说："那位在德尔斐发神谶的大神不说话，也不掩饰，只是暗示。"③ 于是，我们看到了许多像谜一样的话："战争是万物之父，也是万物之王，它不仅显明了神，也显明了人，它造就了奴隶，也造就了自由人。"④ "螺旋上直的和曲的纹路是同一的。""向上的路和向下的路是同一条。""不死的是有死的，有死的是不死的。这些的生就是那一些的死，那一些的死也就是这些的生。"⑤ "我们踏入又不踏入同一条河流，我们存在又不存在。"⑥ ……正是在这些话中，一种更为深邃的智慧出现了，宇宙内部更为幽微的奥秘也随之呈露了出来，人们从中仿佛隐约能够窥到那看似变化万端、神秘莫测的宇宙生命洪流的内在的节奏和规则。不错，就像泰勒士"万物的本原是水"的命题中隐含着有关宇宙统一性的见解一样，当赫拉克利特说"这个万物自同的宇宙既不是任何神，也不是任何人所创造的，它过去是、现在是、将来也是一团永恒的活火，按照一定的尺度燃烧，按照一定的尺度熄灭"⑦ 之时，他无疑是在告诉我们：宇宙，这个活的宇宙，它是有秩序的。因为，"尺度"一词正内含着秩序和规则的意义。

这就是赫拉克利特智慧的深邃和超绝之处。它无疑是一个新的思想，因为正是在这里，他第一次触及了对宇宙内在的统一的根本原则的体认。他毫不犹豫地

---

① ［古希腊］第欧根尼·拉尔修：《著名哲学家的生平和思想》，IX. 3（Loeb Classical Liberary，Cambridge，Massachusetts：Harvard University Press，1950）。

② 同上书，II. 22。

③ 引自汪子嵩等：《希腊哲学史》，第1卷，407页，北京，人民出版社，1997。

④ Kirk & Raven，*The Presocratic Philosophers*，p. 195.

⑤ 引自苗力田主编：《古希腊哲学》，42页。

⑥ 引自上书，43页。

⑦ 引自上书，38页（引文有改动）。

给这个根本的原则以一个前人从未用过的称呼，这就是“逻各斯”（logos），翻译过来，就是“道”的意思，因为，“逻各斯”在希腊语中的本义是“说话”，进一步引申为“所说的道理”，赫拉克利特便用这一层意思来指他心目中那支配着宇宙生灭不已的根本大道。在赫拉克利特看来，这“道”是隐秘的，它无处不在却又深藏不露，人们听到它，说到它，却不能够认识它，为了找到它，你需要走遍每一条道路；但是这“道”又是敞开的，因为它不是每一个个人的真理，它是公共的，它像城邦中的神庙一样建筑在敞亮的露天，向每一个人的理智呈露。最后，赫拉克利特告诉我们，这“道”就隐藏在河水之中，如果你要体悟什么是“逻各斯”，那么就请去观看那川流不息的河水吧。滔滔的河水，正象征着宇宙生灭不已的变化；一切皆流变，无物能常驻，这就是宇宙的终极真理。但是，变化不是毫无规则的，变化孕育于对立面的对立和统一，正是在对立面不停地转化之中，宇宙成为一个活的统一体。对立和统一，这就是赫拉克利特的逻各斯的核心精神。

但是，赫拉克利特毕竟是伊奥尼亚的哲学家，而伊奥尼亚哲学家，就像他们的同乡荷马一样，是具有细腻的感性气质的人。在荷马看来，灵魂不能脱离肉体，阳光下的生活是最真实的生活；同样，在伊奥尼亚的哲学家看来，脱离了生命生活的抽象的原则是不可想象的，原则本身就寓于生命之中，它是物质性的。赫拉克利特就置身于这一传统之中。因此，他的逻各斯，虽然是宇宙的根本大道，但却不是抽象的原则。如果说宇宙本身是一团熊熊燃烧的大火，那么逻各斯就寓于这宇宙大火之中，它和火不可分离，它就是火本身。火在燃烧、熄灭，也就是逻各斯在推动宇宙生灭、变化。“万物都等换为火，火又等换为万物，犹如货物换成黄金，黄金又换成货物一样”①，赫拉克利特如是说。但就像黄金同时构成了衡量货物的价值尺度一样，火在生成万物的同时也成为衡量万物的尺度。黄金就是价值，火就是逻各斯，就是宇宙的秩序，万物的尺度。这样，宇宙论和本体论在赫拉克利特这里就是同一的，他的逻各斯是寓于宇宙生成和变化之中的逻各斯。

◎ 爱利亚学派的巴门尼德

赫拉克利特是伟大的，但他却拥有一个同样伟大的对手，这就是巴门尼德（Parmenides，盛年期约在公元前504—前501）。作为南意大利爱利亚学派的哲学家，巴门尼德具有和伊奥尼亚哲学家截然相反的精神气质。伊奥尼亚哲学家是感性的，对肉体、生命充满了热爱，把生成和流变看成是宇宙的本质。但是，与此相反，从毕达戈拉斯学派开始，南意大利的哲学家们就是理性的，渴求着灵魂

---

① 引自苗力田主编：《古希腊哲学》，38页。

的净化和超脱，企图从纷纭变化的宇宙万象中找到不变的、静止的存在。我们在毕达戈拉斯身上已经可以体会到强烈的宗教气息了。在巴门尼德这里，虽然没有明确的证据说明他的学派和宗教有什么关系，但是，也许是受到毕达戈拉斯学派影响的结果吧[①]，在他的思想中渗透着对一种纯粹的精神生活的强烈渴求，可以说，正是这种渴求将他的思想带出了动变生灭不已的物质性宇宙，高飞远翥，最终停泊在一片空明寂静的观念世界之中。

在长诗《论自然》中，巴门尼德向我们描述了他的灵魂的这一漫游，一次极富想象力的漫游。他驾着伶俐的马儿拖曳的车辆，随心所欲地四处驰骋，智慧的女儿——那些少女们——为他引领着方向。车轮在轰鸣、在歌唱，最后，当黑夜消失、白昼来临之时，他终于来到了通向真理大道的两座大门之前。在少女们的恳求下，正义女神转动了锁匙，门訇然中开，一条宽阔的大道展现在他的面前。真理女神亲切地迎候他，拉着他的手，向他致词：

> 哦，为不朽的驭手所伴随，
> 为马儿所携载来到我们的居所的年轻人，
> 欢迎你，因为并非邪恶的命运送你
> 走上这条道路（因为它远离世人常走的路），
> 而是正直和公道。你要学习一切，
> 既有圆满真理不可动摇的核心，
> 也有世人的意见，真实的信念不在其中。
> 但无论如何你也要研究它们，
> 看这些似乎如此的东西
> 怎样由于经过了一切，必定获得了存在的模样。[②]

在说完这番话之后，女神便向他展示了一种崭新的真理，一种使哲学由宇宙生成论转向本体论、转向形而上学的真理。这是一种怎样的真理呢？简单说来就是，一切生灭和变化都是假象，唯一存在的只是事物不变的本质。当然，这是我们对他的意思的转述，因为，巴门尼德虽然确实说过生灭和变化都是假象（“生成当被禁止，毁灭不可知晓”[③]），但是并没有用过“本质”这一概念，他是用“存在”来表达事物的不变的本质的，因为“存在”比“本质”更为根本。因为，正是在我们说“某某存在”或“某某是”（“存在”和“是”在西方语言中是用一个词来表达的，试想想哈姆雷特的名言，To be or not to be，that is the ques-

---

① 据记载，巴门尼德曾经在精神上受到毕达戈拉斯学派的阿美尼亚斯的深刻影响。阿美尼亚斯是个贫穷而高尚的人，巴门尼德却门第显赫，家资富有。阿美尼亚斯死后，巴门尼德为他建造了一座纪念堂。第欧根尼·拉尔修在谈到这件事情时说，是阿美尼亚斯使巴门尼德进入了宁静的生活领域。

② 残篇 1.24～32。见 Kirk & Raven，*The Presocratic Philosophers*，p. 267。

③ 残篇 8.21。见 Kirk & Raven，*The Presocratic Philosophers*，p. 273。

tion）中，事物的本质被我们断定了，而且一经断定，它在思想中便成为不可动摇的确定的真理。巴门尼德正是在“某某存在”或“某某是”这一我们思想常用的判断句式中体会到了不变的、客观的真理的存在，体会到我们的思想可以超越动变生灭的现象世界，看到现象背后不变的本质。这是一种新的思想。因为，在巴门尼德之前，抽象思维虽然已经有所发展，认识虽然已经指向了支配世界的一般规律，但是却仍旧不能够把规律本身和宇宙的生灭变化过程完全分开，从而规律不仅仅被赋予物质的形态，而且和物质一样也是动摇易逝的。但是巴门尼德认识到，世界虽然是处在不断的生灭变化之中，但是无论怎样变化，却总可以归结到一种根本的存在，是这种根本的存在在支配着宇宙万物的生灭变化，使它们虽然形态殊异，但却最终万有归一。从而，相对于变化背后的这种不变而言，难道不正表明一切变化都是假象，只有这个不变者是最真实的存在吗？

这样，本质和现象、不变和变化就被区分开来了。现象是我们的感觉经验的对象，本质却是我们的理性的对象。感觉经验给我们提供的是假象，而理性给我们提供的却是真理。这是一种崭新的思想。在这里，认识的目标明确了，它所关注的不再是生灭变化的现象界，而是现象背后不变的本质。同时，宇宙不再被理解为不断生成变化的生命体，而是静止不动的存在。这样，希腊思想就告别了朴素的宇宙生成论，上升成为精致的形而上学、本体论。哲学思维深化了，但也同时付出了代价，即宇宙的生命意义逐渐从希腊思想中消失了。

◎ 爱利亚学派的芝诺

要从巴门尼德这里看出这种变化是不容易的，但是在他的学生芝诺（Zeno of Elea，盛年期约在公元前468—前465）那里，希腊思想的这一变化就看得清清楚楚了。因为，就像芝诺自己所承认的，他并没有说出什么新的东西，只不过是在捍卫巴门尼德的思想而已。在巴门尼德那里隐而不彰的东西，在芝诺这里就被清楚明白地说了出来。因此，针对传统的宇宙生成论对动变生灭的宇宙的关注和体认，以及把动变生灭的宇宙看成是真实的观点，芝诺却偏要反其道而行之，力图证明动变生灭不过是假相，宇宙在根本上是一、是静止的。这可是冒天下之大不韪的。因为，即使不从生机论、生成论的角度来看待宇宙，认为宇宙是一个不断在生长变化的、活的生命统一体，就一般常识来说，宇宙万物的殊异和运动也是不可否认的，它怎么可能是假相呢？但芝诺却偏能证明这一点。

我们首先来看看芝诺反驳万物是多的证明。他从物质的无限可分性出发提出了多组证明以反驳事物的多样性，但是唯有记载在柏拉图《巴门尼德篇》中的这一个证明最直接明白地说明了芝诺的真正意思。他指出，对于思想来说，无非面临着两种选择，要么承认万物是一，即在根本上是同一的，归于一个单一的存在，要么承认万物是多，即在根本上是千差万别的，有着彼此殊异的存在。但是，对于后一个选择，芝诺立即指出，说万物是多是不可能的，因为在我们承认万物是多、有着彼此殊异的存在的同时，我们也承认万物是一、有着彼此一致的地方。例如，我们每一个人作为一个个人来说，和其他人是不同的，有着自己的个性特征，因而我们每一个人都是多、都是个别；但是就我们所有的人都是人来说，我们又存在着一致之处，从而我们所有人又都是一、都是共同。很显然，我们每个人既是多又是一，既是个别、特殊又是共同、一般。从而，我们在承认万物是多的同时，也就必须要说万物是一，因为万物彼此之间既存在着差异也存在着相似。但这样一来，我们的思维就自相矛盾了，我们就自己否定了自己。因此，说万物是多是不可能的，之所以产生这种认识是因为我们思维不清晰的缘故。芝诺因此就证明了事物的多样性不过是假相。

在这里，芝诺第一次以思辨的方式揭示了事物之中存在着的矛盾的现象，这就是，按照黑格尔式的观点，事物确确实实是既不同又相同的，事物是一般和个别、共性和个性的矛盾统一体，一般和共性就蕴含在个别和个性之中。正因为这一点，黑格尔把芝诺看成是辩证法的创始人。但是，芝诺虽然认识到了事物之中存在的这一矛盾，却并不像黑格尔那样解释它。在他看来，无论是存在本身还是认识，都不应当有矛盾，如果出现了矛盾，这就说明是我们的思维发生了错误，形成了关于世界的假相。而假相是应当被破除的，这样，作为动变生灭的活的生命统一体的宇宙的多样性的一面在芝诺那里就首先被否定掉了，宇宙被归于一个单一的、抽象的共性存在。

较之对事物的多样性的否证，芝诺对事物的运动性的否证要更为著名。在这里，他所运用的方法同他在否证事物的多样性时所采用的方法是一致的，即指出在承认事物是运动的认识中存在着矛盾。他提出了四个证明，对运动中存在的矛盾现象进行了分析和论证，由此最终否定了运动，将宇宙万物归于静止。在这四个反驳运动的证明中，以“阿基里斯追不上乌龟”和“飞矢不动”两个证明最为著名，通过这两个证明，我们就可以对芝诺否定运动的思想有一个清楚的了解。

在“阿基里斯追不上乌龟”这个证明中，芝诺做了一个极为有趣的设想，他假设《荷马史诗》中以善跑著称的希腊英雄阿基里斯正在追赶一只跑在前面的乌龟。那么，阿基里斯能不能追上这只乌龟呢？从我们的经验来看，跑得快的当然能追上跑得慢的，这是毫无疑问的，但是经过芝诺的一番理论分析，这却成为不可能。何以然呢？芝诺指出，当阿基里斯赶到乌龟起跑的那一点时，乌龟已经向前跑出了一段路程；而当阿基里斯再赶到乌龟的下一个起点时，乌龟显然又向前运动了一段，尽管是非常微小的一段。这样的起点是无限的，因为乌龟总是在运动，而运动过程是可以无限分割的，这就决定了阿基里斯永远也不可能追上乌龟，因为他始终必须首先到达乌龟起跑的那一点，才可能继续追赶乌龟。这样一来，阿基里斯在运动吗？如果说他在运动，他怎么连乌龟也追不上呢？因此，结论必然是，运动只是假象，实际上并无所谓运动。芝诺由此就否定了运动的可能性。

在“飞矢不动”的证明中，芝诺则是通过分析一支运动中的箭否定了运动的可能性。他指出，这支箭的运动过程可以被分割成一系列的空间上的点，而它在经过每一个点的那一瞬间无疑都可以被看作是（在这个点上）静止的。因而，飞矢在整个运动过程中的每一个点上就都是静止的，而这就意味着飞矢虽然看起来是在运动，但是实际上却自始至终处于静止状态。那么运动还存在吗？显然，运动只是假象。

毫无疑问，这是一些奇怪的论证，它的结果是令人吃惊的。通过这番论证，在我们日常经验看来是那么明显的事物的运动却被证明不过是假相而已，运动没有任何真实性可言，真实的只有静止。

现在看来，芝诺之所以做出这个与感性经验明显冲突的结论，是因为他错误地或者说只是朴素地理解了“无限”这个概念。他既不理解无穷和能累积达到一个有限值，即收敛于一个极限，又混淆了物理上的点与数学上的点。① 但芝诺的目的是明显的，即从理性分析上根本否定事物的运动，将生灭变化、流转不定的宇宙归于静止。

实际上，世界是丰富多彩的，我们的生活充满了变化，每一样东西都在生长，都蕴含着无尽的生命活力于其中。惊涛拍岸，鸢飞鱼跃；寒来暑往，春去秋来。而人在四季的更替中看到了生命的消亡和更新。这就是我们生活于其中的世界，这就是一个生活的世界。但是，现在，为了理解的需要，为了能够把握住这些似乎不可预测、充满神秘的变化，从中找到固定的规则，属于生成的这种世界的多样性和运动性就不得不被否定掉了。对于刚刚开始对世界进行理性认识的人类的头脑来说，现在，存在的就只是一个单一、静止、抽象的规则世界，其他一切相对于它来说仿佛都是不存在，都不过是假相而已。一切皆静，万有归一，这就是巴门尼德和芝诺所得出的偏颇却又具有一定的合理性的结论。

但是，运动却存在着，变化以及与变化相联系的事物的多样性也存在着，即使这一切都是假相，但是毕竟是一些不能仅仅通过简单的否定和拒不承认就可以被消除的假相。它们必须得到解释，至少它们作为不能轻易否认的假相是怎样形成的，须得到说明。因此，对于刚刚发展起来的理论思维来说，一个迫切的任务就是，不去简单地否定世界的动变生灭和多样性，而是借助那些通过理论认识所揭示出来的事物的不变的存在，也就是所谓的世界的根本真理，来说明世界动变生灭和多样性的产生，把前者看成是本质，而把后者看成是现象。这样，在芝诺之后，一场以“拯救现象”为目的的运动就蓬勃兴起了。

---

① 参见［美］丹奇克：《数字：科学的语言》，第7章，上海，上海教育出版社，2000；［以］马奥尔：《无穷之旅：关于无穷大的文化史》，第10章，上海，上海教育出版社，2000。

◎ 元素论者

这是一场怎样的运动，只要看看自然科学在今天所取得的巨大发展就可以明白了。从20世纪以来，自然科学取得了突飞猛进的发展。如果说爱因斯坦在1905年发表的狭义相对论仍旧印有古典的烙印，那么随后发展起来的量子理论却无可怀疑地是现代的了，它除了将人类思维的触角由宏观世界带入到微观世界外，更为重要的是，它使人类对于实在、物质以及世界的看法都发生了根本的变化。现在有谁不知道宏观世界的物质运动是由微观世界的物质运动所决定的呢？又有谁不知道原子并不是最小的物质微粒，在原子内部还有电子、质子、中子、乃至夸克这样一些更为基本的粒子存在，它们有着与人们习见的宏观事物迥然不同的性质，而正是这些性质决定着声、光、电、磁这样一些宏观物理现象的发生呢？自然科学的这种巨大发展在技术上的应用更给人们留下了深刻的印象。电子计算机的运行速度越来越快，人类信息的传播正在以光的速度进行，世界正在变得越来越小，也越来越透明。生物学由最初的对动植物的简单分类扩展到分子学领域，人类的DNA密码得到破译，生物克隆技术正在日趋走向成熟。爱因斯坦 $E=mc^2$ 的公式使人类认识到物质与能量可以相互转化，蕴藏在物质中的巨大能量可以通过原子的核裂变被释放出来，人类在原子能的利用中既看到了希望也看到了危机。所有这一切变化都是惊人的。可以肯定地说，如果一个古希腊人来到牛顿的时代，他对他所看到的一切是不会吃惊的，但是如果这个人来到现在，那么他会大吃一惊，因为一切都超出了他的实际经验。但是，同样可以肯定地说，如果这位古希腊人肯静下心来，对造成令他大吃一惊的世界奇观的现代自然科学的理论仔细研究一番的话，那么他会说，所有这一切都是可以被他的理智理解的，因为它们全都可以追溯到他自己的时代。

这并非虚言。无可辩驳的是，现代自然科学的理论的萌芽正萌发于公元前5世纪初期的希腊，萌发于那场以拯救现象为名的运动。因为正是在那个时期，出于拯救现象的目的，一种新的自然哲学理论出现了，第一次明确地提出了具有现代物理学特征的世界构想，这就是，通过一些基本的物质微粒的运动来解释日常经验中的各种自然现象。从而，一方面，由于这些基本物质微粒是单一的，在性质上是不变化的，因而巴门尼德主静主一的理论成果就得到了维护，世界在基本物质微粒的层次上便可以说是单一的、不变的；另一方面，由于我们日常经验中的动变生灭的现象被解释为是这些基本物质微粒结合与分离的结果，因而动变生灭的经验现象就得到了保存，世界在经验现象的层次上又可以说是多样的、变化的。

首先提出这一理论构想的是意大利西西里岛上的哲学家恩培多克勒（Empedocles，约公元前484—前424），他将全部物质归结为四种元素，就是水、土、火、气。他认为一切都是变化的，但唯有这四种元素不会发生变化，它们在爱和恨两种原始力量的推动下结合或分离，从而生成了世间万物。稍晚于恩培多克勒，伊奥尼亚哲学家阿那克萨戈拉（Anaxagoras，公元前500—前428）则认为万物是由许许多多的体积无限小的种子构成的，每一种种子具有一种不变的属性，正是这些种子的相互结合和分离造成了万物的生灭和变化。

◎ 原子论学派的德谟克利特

但是与现代自然科学具有最直接的理论渊源的却是活动于希腊东北部的阿布德拉的原子论学派。它的代表人物就是大名鼎鼎的德谟克利特（Democritus，公元前460？—前357）。这是古代世界第一位百科全书式的哲学家，从保存下来的他的著作的目录来看，举凡当时人类知识的各个领域，他都有过深入的研究。他通晓物理学、伦理学、数学、天文学、气象学、解剖学、地质学、地理学等。据说医学之父希波克拉底有一次去拜访他，看见他坐在一棵大树下，四周堆着正在解剖的动物的躯体。德谟克利特一生游历甚广，在同时代的学者中，只有著名的历史学家希罗多德可以和他相比。他曾南赴埃及，直达埃塞俄比亚，东去波斯，越过红海，甚至到过印度。他曾这样骄傲地说："在我的同辈人中，我漫游了大地的绝大部分，探索了最遥远的东西，我看见了最多的地方和国家，我听见了最多的有学问的人的讲演。"[①] 他的哲学就是建筑在这广博的经验之上的。

相比于恩培多克勒和阿那克萨戈拉的自然哲学理论，德谟克利特更为彻底地贯彻了巴门尼德的理论，将纷繁复杂、形态万殊、生灭流转的事物全部归结为一种单一的、不可分割的存在，这就是原子，一个现代自然科学如此熟悉的概念。他认为，真实存在的只有两种东西，即原子和虚空。原子是一些没有任何性质的空白质点，通过它们在空间中的盲目运动，以及由此运动而来的相互碰撞，就产生了我们通常所见的各种事物以及这些事物的生灭变化。经验事物在性质上的差异是由构成它们的原子的数量和形状所决定的。虚空既为原子的运动提供了空间，又为原子的排列组合提供了空间。这样，原子和原子活动于其中的空间就构成了事物的内在本质，而各种经验事物相对于它们只是现象而已。因此德谟克利特才这样说："按照意见有热，按照意见有冷，按照意见有颜色、甜和苦；按照真理只有不可分割的［原子］和虚空。"[②] 这难道不像是现代自然科学的观点吗？因为按照现代自然科学理论，热、冷、颜色、甜和苦都可以归结为原子乃至更小的粒子的运动以及这种运动对我们感官的作用。但是，同样不可否认的是，与芝诺彻底否定世界的多样性和运动性的观点不同，世界的多样性和运动性作为现象

① 引自汪子嵩等：《希腊哲学史》，第1卷，1015页。

② ［德］黑格尔：《哲学史讲演录》，第1卷，341页，北京，商务印书馆，1959。

得到了拯救。

这就是发生于公元前5世纪初的那场拯救现象的运动。必须指出的是，这场运动并没有到德谟克利特就终止了，作为几乎和德谟克利特活动在同一个时期的思想家，柏拉图和亚里士多德仍旧在进行着这一主题的理论探索，不过是将它变得更为深入、更为全面、更加富有思辨气息而已。但是这里可以肯定的是，由恩培多克勒、阿那克萨戈拉和德谟克利特所代表的以基本的物质微粒的运动来解释宏观经验现象的思想路线，是现代自然科学一个不可缺少的理论根基。现代自然科学正是由于站在这样一些巨人的肩膀上，才看得更深、更远。

三、西方哲人的导师苏格拉底与智者派

◎ 公元前5世纪的希腊社会

从公元前5世纪开始，希腊进入了通常所谓的古典时期。对于想要了解古典希腊时期哲学思想的我们来说，再没有比首先了解这一时期的社会状况所发生的深刻变化更为重要的了。原因很简单，哲学是时代的产物，越是变革的时代，就越有深刻的哲学，它不仅会出现大思想家，而且会出现革命性的思想家。公元前5世纪的希腊正处在发生着深刻变革的时代。

在这一时期，发生了许多值得大书特书的事件，但是只有两个事件是标志性的，它们将繁盛与衰落、光荣与耻辱以人们想也想不到的方式联结了起来，面对它们，人们只能一再地惊诧命运的波谲云诡。这两个事件就是希波战争和伯罗奔尼撒战争。前者从公元前500年波斯人进攻希腊人在小亚细亚的殖民地开始，一直到公元前449年希腊人和波斯人签订《卡利阿斯和约》为止，持续了整整50年，最终以希腊人的全面胜利而告终。后者则从公元前431年斯巴达军队侵入阿提卡开始，一直到公元前404年雅典宣布投降为止，持续了整整27年，最终以整个希腊世界的凋敝而告终。在希波战争时期，全体希腊人团结一心，共御外侮，以振奋的精神、昂扬的斗志击败了波斯人的入侵，创造了以少胜多的战争奇迹。雅典和斯巴达是这场战争中希腊一方的中流砥柱，其中尤以雅典牺牲最多、建功最著，因此从战争中获利也最大。通过希波战争，雅典一跃成为希腊世界的头等强国，不仅军事力量、经济实力大大增强，社会结构也由于战争的关系发生了根本变化。门阀世家的实力被进一步削弱，普通民众的权利进一步得到扩大和巩固，雅典终于在伯利克里时代达到了民主制的顶峰。

但是如同常言所说，“盛极而衰”，繁荣之中总是蕴含着最为深刻的危机。在雅典，希波战争的胜利带来了工商业的兴盛，但是，工商业的兴盛不仅带来了民

主制的兴盛，也埋藏了两个最为危险的祸根，这就是利己主义和帝国主义，它们都与贪欲紧密相连。于是，在城邦生活内部，我们看到，享乐之风盛行，人们追求财富与名誉甚于追求真理与美德，人和人之间为利益相互倾轧、尔虞我诈，民主政治沦为党派政治、庸众政治。在城邦生活外部，则是“争地以战，杀人盈野，争城以战，杀人盈城”，城邦与城邦之间为了各自的海外利益大动干戈。正是在这样的社会剧变中，伯罗奔尼撒战争爆发了，通过这场毫无正义可言的战争，希腊人古老的城邦制也就崩溃了，希腊这个曾经煊赫一时的世界文明的中心终于黯然地退出了世界历史的舞台。

显然，这是一次深刻的社会变革，而且可以肯定地说，这一社会变革还具有世界历史的意义。因为正是在这场变革中，工商业发展起来了，而随着工商业的发展，个人开始从依附于某个整体的旧的社会关系中慢慢解放了出来，新兴的私人生活逐渐取代了古老的集体生活。这是具有重大意义的历史现象，它造成了古代世界的动荡，不仅使社会生活发生了深刻的变迁，而且由此也对人们的价值观和世界观产生了巨大的冲击。古典希腊哲学正发生于这一历史时期。

让我们首先来看看当时的文学家们是怎样表现公元前 5 世纪希腊的社会生活和精神生活的巨大变迁的吧。也许，从中我们可以一窥高高在上的哲学思想的世俗起源。

我们所选择的就是古希腊著名喜剧家阿里斯托芬的《云》。撇开其略嫌老套的情节安排和难登大雅之堂的搞笑手法，引起我们关注的是作者以拟人方式虚构的一场发生在传统习俗和当代时尚之间的辩论。作者的立场和好恶是明显的，他把代表传统习俗的逻辑叫做“正直的逻辑”，把代表当代时尚的逻辑叫做“歪曲的逻辑”。他让“正直的逻辑”这样来描述昔日风俗淳厚的生活：

> 我要谈谈旧时代所制定的教育：那时代我很成功地传授正直的德行，人人都遵守贞洁、谨慎、廉耻和节制。首先一层，孩子们不许说话只许听；甚至大雪天，同区的学生都只穿着贴身衣集合得整整齐齐，一同穿过大街前赴乐师家里。他们在那儿张开腿站着，学习唱歌，不是唱“远扬的战歌”，便是唱“可畏的毁灭城堡的雅典娜”，大家的声调都很和谐，这和谐原是由他们的祖先传下来的……（着重号为引者所加）①

如果我们不计较文学家的言词缺乏深度的话，那么必须承认，这是一段极富有表现力的描述，它用具体的细节将古代生活栩栩如生地展现了出来。稍一分析我们就能发现，这个社会强调服从，崇尚权威，越是古老的东西，越具有崇高的价值。个人是不重要的，重要的只是超个人的集体和这种集体价值的抽象的人格

① ［古希腊］阿里斯托芬：《云》，960～972，见《阿里斯托芬喜剧集》，221 页，北京，人民文学出版社，1954。

代表——祖先。从社会学的角度来看，很明显，这是典型的传统社会，一切价值只诉求于过往的社会。但这样的社会现在却遇到了挑战，它必须面对来自当代时尚的反驳。也许是由于作者的立场的缘故吧（阿里斯托芬明显的是一个保守派），作为反方的“歪曲的逻辑”的辩论是苍白无力的，但就是这样，作者也不得不安排那典雅庄重的“正直的逻辑”败下阵来，起到瓦解作用的不是别的，就是享乐。我们知道，个人主义不等于享乐主义，但是享乐却无疑是最具有私人性的。作为保守派，阿里斯托芬不可能理解私人生活的兴起所具有的历史意义，因此，他只能从享乐的水平上来理解这种新兴的、瓦解传统的集体生活的私人生活。他让“歪曲的逻辑”这样说：“年轻人，你想节欲有什么意义，你不能享受一切的快乐；没有娈童、女人，没有酒，没有食，没有笑，缺少了这些乐趣，你的生命还有什么价值？”① 也许这样的辩驳确实是苍白的，而且对于经历过现代社会转型的我们来说，这不过是一切反传统论者经常持有的论调，但它却是难以反驳的，因为它直接诉诸了个体生命的价值，以及生命的个体性体验，而这是传统的习俗所从来不予考虑的。于是，在这样轻轻的一击之下，那古老的、高尚的习俗便瓦解了，作者让它这样说道：“我失败了！你们这些淫邪的人啊！快接受我的外衣，我要来加入你们！”② 这无疑是讽刺性的一笔，作者对时代的全部愤懑与不满由此溢于言表。

这便是公元前 5 世纪雅典社会生活所发生的深刻变化的一个生动写照。对于整个希腊世界来说，它是具有代表性的，其他的希腊城邦多多少少也正在发生着同样的变化。如果我们深究其原因，那么，我们就必须承认，正是工商业的发展以及随之而来的工商业阶层社会地位的迅速上升造成了古代社会结构的根本变化，进而使建立在氏族联合基础上的古希腊城邦制度失去了存在的基础，开始逐渐走向没落。社会生活、道德风尚的种种变化即根源于此。因此，和通常所认为的伯利克里时代是雅典的黄金时代，而民主制带来了雅典的繁盛这一观点相反，我们的观点却是，伯利克里时代是古代希腊城邦制度由盛而衰的转折点，民主制从根本上瓦解了城邦制度。

◎ 智者派的思想启蒙

毫无疑问，社会生活的这一巨变必然要在思想观念领域反映出来。就像传统的社会生活在早期的自然哲学家那里找到了在观念上的表达一样，新兴的社会生活也必然要找到在观念上的时代代言人，并且还要与传统的思想观念发生剧烈的碰撞。于是，在公元前 5 世纪中叶，在史称黄金时代的伯利克里时代，希腊各个

① ［古希腊］阿里斯托芬：《云》，1066～1082，见《阿里斯托芬喜剧集》，225 页。
② ［古希腊］阿里斯托芬：《云》，1097～1104，见《阿里斯托芬喜剧集》，226 页。

城邦便广泛地出现了一批新型的知识分子。与古代的知识分子不同，他们并不定居于某个城邦，出身也非世家望族，而是游走于希腊世界各地，在各个城邦开科授徒，招徕听众，靠收取学费来维持生活、积累财富。他们向公众传授关于辩论、诉讼、演讲、修辞的技巧，以及有关城邦治理和家政管理的知识，并且积极参与当地的政治活动，在公开场合宣讲自己关于宇宙、人生以及人神关系的新看法，也包括对于城邦政治、法律和道德的新看法。由于他们的观点新颖、独到，并且具有强烈的反传统色彩，他们的学说一经传播便立刻引起了轰动，形成了一股席卷整个希腊世界的新思潮。这批人被时人称作 σοφ ίστηζ（sophists），也就是所谓的智者，他们所掀起的这场思想运动也就被称为智者运动。给他们开列一份详尽的名单是没有必要的，我们可以指出其中几个著名的人物。像大名鼎鼎的普罗泰戈拉（Protagoras，公元前 484—前 411）应该是人所共知的，因为他不仅是最伟大的智者，而且他说出了一句人人耳熟能详的话："人是万物的尺度"。而高尔吉亚（Gorgias，约公元前 480—前 375）也是赫赫有名的，他以论证非存在的三个著名命题而名垂后世，这三个命题就是：第一，无物存在；第二，即使有物存在，那它也无法为人所把握；第三，即使它可以为人所把握，也不可能把它说出来告诉别人。此外，像普罗狄科、希庇亚、安提丰、色拉叙马库斯这样一些智者也名重一时，他们在修辞学、语言学、政治学、伦理学等领域都提出了各自的反传统的观点。

从根本上来说，智者们是一批逸出于城邦秩序之外的人，他们的思想从观念的领域动摇着城邦的古老秩序。对此，我们只需举出一个例子就足够了。就拿"德性" αρετή（arete）这个词来说吧，在古希腊的传统观念中，αρετή是一个非常重要的词。虽然我们在翻译这个词的时候突出了它的道德含义，但是在古希腊，这个词更基本的意思是"优秀"。它可以用在一切事物身上，指这个事物特有的禀赋和能力。用在人身上，它指的就是人所具有的优秀的能力、优秀的品质。因此，在古希腊，并非一个有道德的人就是一个有 αρετή的人，只有一个优秀的人才可以被称作是一个有 αρετή的人。那么，什么样的人才是一个优秀的人呢？按照古希腊的传统观念，只有贵族才是优秀的人，他们不仅血统优秀，可以上溯到天神或古代英雄，而且各方面作为人的能力也优秀。因此，并不是任何一个人只要他具有高尚的品德、杰出的才能就可以称作有德性的人，只有贵族才是有德性的人。

关于这一点，我们可以看看《伊利亚特》中俄底修斯对普通士兵塞尔西忒斯的呵斥。他这样说道："不要妄想和王者们试比高低"[①]。这就是古希腊的传统观念。因此，在古希腊的传统观念中，"德性"是具有严格的等级内涵的。但是，

① ［古希腊］荷马：《伊利亚特》，卷 2，248 页。

正是这个观念在古典希腊时期却遭到了毁灭性的打击。针对这种建立在等级和身份基础上的德性观念，智者们以普罗泰戈拉为代表，明确地提出了一个截然相反的命题，这就是“德性可教”。这个命题对传统德性观的冲击有多大，我们只要看看品达罗斯（Pindaros，公元前518一前442或前438）在尼米人颂诗中的一句话就可以明白，他这样说：如果 αρετή是可教的，那么社会动乱的日子就指日可待了。[①] 的确如此。在这个看似抽象、因而仿佛是一个纯理论的命题中，实际上隐含着对传统政治制度的颠覆性力量。因为，如果德性可以通过教育而获得，那就意味着每个人都可以具有德性，从而德性就不再是贵族的特权，它不再依赖于身份和等级。很显然，德性可教的理论对希腊传统的社会结构产生了强烈的冲击。

这只是决堤的江河所卷起的一个巨浪而已。实际上，作为一条泛滥咆哮的洪流，智者运动触及了传统的方方面面。在智者运动面前，不仅传统的社会结构，而且传统的道德、习俗、法律都遭到了破坏。这种从社会生活的巨变当中涌起的洪波巨浪，在它不断上涨的过程中，最终必然会触及更为上层的东西。这“上层的东西”不是别的，就是真理观念本身。因为，当一切传统观念都被撼动之后，随之而来的就是人们对真理的信心也将被撼动。于是在真理问题上，相对主义渗透进来了。普罗泰戈拉在他关于真理的著作的开篇这样说：“人是万物的尺度，既是存在者之所是的尺度，也是不存在者之所不是的尺度。”（Of all things man is the measure, of things that are that they are and of things that are not that they are not.）[②] 苏格拉底指出，“我不明白在关于真理的大著的开端，他为什么不宣称猪、狗、狒狒或其他有感觉的怪兽是万物的尺度”[③]。确实如此，“人是万物的尺度”并不像人们通常所想象的那样是一个人类中心论的命题，也不体现为人的发现，而是一个相对主义的命题，它所要告诉我们的不过是，真理是因人而异的，每个人都有自己的真理。

实际上，这种相对主义的论调最初是在道德风俗的领域中表现出来的。因为随着贸易的发展，城邦对外交流的日益频繁，希腊人的足迹开始遍布整个地中海地区，并深入亚洲、非洲的腹地，因而观察到了不同的风土人情。希腊人惊讶地发现，自己那些原来被视为神圣、天然、合理、不可动摇的道德习俗，在别的地方却完全不存在，那里的人们所遵循的是与之完全相反的习俗。这样，相对主义的道德观自然就是不可避免的了。西方“历史之父”、古希腊著名的历史学家希罗多德在《历史》一书中就为我们提供了一个绝妙的例子：“当大流士做国王的时候，他把在他治下的希腊人召了来，问他们要给他们多少钱才能使他们吃他们

① 参见［英］柯费尔德：《智者运动》，41页，兰州，兰州大学出版社，1996。

② 《泰阿泰德篇》，151E，见苗力田主编：《古希腊哲学》，181页。译文有改动。

③ 《泰阿泰德篇》，161C，见苗力田主编：《古希腊哲学》，182页。

父亲的尸体，他们回答说，不管给多少钱他们也不会做出这样的事情来的。于是他又把称为卡拉提亚人并且吃他们的双亲的那些印度人召了来，问他们要给他们多少钱他们才能够答应火葬他们的父亲。这时他要希腊人也在场，并且叫通译把所说的话翻译给他们听。这些印度人高声叫了起来，他们表示他们不愿提起这个可怕的行径。”在作了这番记述后，希罗多德紧接着便说了如下一句话，“这些想法是这样地根深蒂固，因此，我以为，品达罗斯的诗句说得很对，‘习惯乃是万物的主宰’”①。这就是道德领域中的相对主义，在这里，道德以及道德中的至善，那些人们认为绝对不可动摇的、千真万确的观念，现在只不过是人的习惯而已。

真理观上的相对主义不过是对体现在各种具体的人间事务上的相对主义的理论升华而已，它根本动摇了传统中有关真理的一般信念。因为，在前苏格拉底时期的哲学家们那里，对于真理普遍持有这样一种信念，认为真理是绝对的、共同的、自明的，它像我们呼吸的空气一样弥漫在我们的周围，是完全透明的、自然而然的，我们不可能想象它的反面。而对真理的认识，前苏格拉底哲学家们普遍认为，它实际上就是通过呼吸被我们直接吸收的，真理与我们的认识之间不存在任何的隔阂。例如，深邃如赫拉克利特，关于“逻各斯”的真理就持有这样天真的观点，他这样说：“由于吸进了这个神圣的‘逻各斯’，我们就变得聪明有才智。”② 但是，普罗泰戈拉“人是万物的尺度”的命题却使得这种绝对的真理观遭遇到了挑战。因为，真理一旦成为相对的，它就不再具有直接性，它开始变得隐晦而不易认识，甚至不再有可能存在。

那么，究竟还有没有真理存在呢？这个问题扩展到道德领域就是，到底还有没有至善存在？是不是人们想怎样生活就怎样生活，自己觉得什么是对的什么就是对的呢？这就是智者运动所带来的根本问题。正是面对这个问题，苏格拉底（Socrates，公元前469—前399）应运而生。这个石匠和接生婆的儿子，一位面容丑陋、被柏拉图形容为“扁鼻露睛”的智者，他披着他那破旧的大氅，从不关心他私人的生活，却终日游荡在市场和城邦广场之上，以一种调侃的方式和人们倾谈着有关人生的种种问题。许多人认为他是无聊的，但是他自己却早已明了他所肩负起来的神圣的使命，这就是，在人们的思想一片混乱之际重新唤起人们对真理和至善的信心。

在我们深入了解苏格拉底之前，让我们先对智者运动做一个总的评价。智者们通过相对主义动摇了人们对真理和至善的信心，但是，这不是退步，而是进步，巨大的进步。因为遭到智者质疑的是那些被人们不假思索、毫不怀疑地加以接受的传统观念和信仰，智者们通过自己的相对主义的认识论和伦理学揭示出了

① ［古希腊］希罗多德：《历史》，上册，211、212页。

② ［古希腊］塞克斯都·恩披里柯：《反杂学》，Ⅶ.129，130，见苗力田主编：《古希腊哲学》，49页。

这些观念和信仰的非自明性，揭示出它们并非自然，不过是我们的习惯而已。这也就无异于告诉人们，真理和至善并不是像从前所认为的那样可以轻而易举就获得的，相反，它需要经过艰苦的认识和探索。如此，智者的学说对于以前人们的那种天真而单纯的真理观和道德观就是一个否定，它唤醒了人们的理智，促使人们对那些看似合理实际上不合理的传统观念进行反思，从而，智者运动在本质上就是一场真正意义的启蒙运动。

◎ 苏格拉底的生与死

苏格拉底属于这场启蒙运动。因而，他虽然力图唤起人们对真理和至善的信念，但他并不打算简单地回复到传统的那种不假思索、因循守旧的真理观和道德观上去，相反，他继续了智者们对传统观念的批判，对雅典人的种种荒唐可笑的陈规陋习予以无情的抨击。他把自己比作一只牛虻，目的是使腐化享乐从而趋于懒散怠惰的雅典城邦由于受叮咬而重新焕发活力。他不厌其烦地和他所遇到的每一个雅典人对谈，通过他著名的“苏格拉底对话法”揭露他们在貌似博学下面所隐藏的颟顸与无知。正是由于这个原因，他遭到了一般雅典民众的嫉恨和不理解。

阿里斯托芬的《云》为我们保留了这方面的珍贵史料。在《云》剧中，阿里斯托芬对苏格拉底进行了直接的人身攻击。他虚构了一个以苏格拉底为领袖的所谓“哲人的思想所”，把社会价值观念的混乱归罪于苏格拉底和他的思想所，认为正是苏格拉底所进行的研究活动和教育活动毁坏了传统的宗教，也败坏了青年。这与公元前399年雅典人审判苏格拉底时所提出的两条指控理由何其相似乃尔。值得注意的是，阿里斯托芬这一剧本早在公元前423年就上演了。

在剧中，阿里斯托芬对苏格拉底极尽丑化之能事。他让苏格拉底坐在一只悬挂在半空中的吊篮里出场，而苏格拉底所研究的是诸如“跳蚤所跳的距离是它脚长的几倍？长脚蚊的声音是从嘴里发出的还是从尾部发出的？”之类极其无聊的问题，最后，他让剧中人物喊出这样的话：“快同我去结果了那可恶的开瑞丰和苏格拉底，全是他们欺骗了你和我。”① 据说，《云》剧上演时苏格拉底也在场，当剧中的苏格拉底从吊篮中下降时，他全不介意地在观众席中站了起来，让人们观看。这就是苏格拉底。我们必须指出，《云》所反映的并不是阿里斯托芬个人对苏格拉底的看法，实际上，它代表了当时一般雅典民众心目中所认识、所了解的苏格拉底。因此，剧中苏格拉底的形象是浅薄的，它于苏格拉底的光辉品格无损，相反，却反映出了雅典一般民众思想的浅薄（他们甚至懒得花时间去认真倾听苏格拉底的意见，了解他的思想，而是轻率地把他和一般智者等同起来，把很

① ［古希腊］阿里斯托芬：《云》，1461～1475，见《阿里斯托芬喜剧集》，242页。

多属于智者的观点归之于他）。尽管苏格拉底本人丝毫不在意这些流言飞语，但正是这样一种日渐形成的对苏格拉底的误解为苏格拉底营造了极为不利的舆论环境。最终，在公元前399年，他被以“引进新神”、“败坏青年”两项罪名提起诉讼，通过民主表决的方式，以281票对220票被判处死刑，方法是服毒。这就是苏格拉底的悲剧命运。

柏拉图在《斐多篇》中曾经极其详尽地描述了他死时的情形。他写得如此地感人，在这里有必要加以适当的摘引。死亡的这一幕是从苏格拉底吩咐人们把毒药端进来这一刻开始的。柏拉图这样写道：

> 克里同听他说，便向站在近处的一个小差役点了点头。那小家伙走出去，停了一会儿，回来时把那负责毒药的人找来了，那人端来一杯准备好的毒药。苏格拉底看见这个人进来，就说：“我的朋友，你对这件事熟悉，我该怎样做啊？”那仆役回答说：“你只要喝下那药，来回走动，直到两腿发沉然后躺下，那药力自然就会奏效的。”他说完把杯子递给苏格拉底。苏格拉底接过去。厄刻克拉提斯，当时苏格拉底态度温和从容，身上不发抖，脸上不变色，抬起头来，睁大眼睛望着那仆役，神情泰然自若地说道：“我想用点这杯中物祭奠神灵，行不行？”那仆役说：“苏格拉底，我们是按量准备的。”苏格拉底说：“我明白。那么我向众神做一下祷告，这是必要的，好求神保佑我前往新居时一切顺利。我做这祷告，是求天遂人愿。”苏格拉底说完，举杯放到口边，愉快而安详地将毒药一饮而尽。这以前，我们大家还能忍着眼泪，临到看见他喝那毒药，一饮而尽，我们再也忍不住了，我虽尽量忍住不哭，泪水还是不能不溪水般淌下来，我连忙用衣服蒙住脸，暗自饮泣。我不是哭他，而是哭我自己失去了这样一位益友。克里同比我先站起来走开了，因为他忍不住不放声大哭。阿波罗多洛斯早就在暗自饮泣，到这时竟然号啕大哭，引得我们大家全都哭出声来，只有苏格拉底不在其内。他说：“哭什么！你们这些人真奇怪！我正是怕妇女们会哭，打发她们先走了，免得她们杀风景。我听说，人临死必须肃静。大家肃静些，坚强些！”我们听他说，难以为情，这才止住不哭。他走来走去，后来说自己的两腿已经觉得沉重，便按照那仆役的指示，仰身躺下。那个给药的人摸了摸他，稍后又检查他的脚和两腿，然后又使劲掐他的脚，问他有没有感觉。苏格拉底说：“没有感觉。”然后，又检查他的大腿。麻木的部位逐渐升高，终于向我们表明，他已逐渐变冷变僵硬了。那给药的人再次摸摸他之后说，一到心脏，他就走了。寒气渐渐到了他的腹部，他揭开蒙布露出脸来说了最后一句话：“克里同，我欠埃斯克拉庇俄斯一只鸡。别忘了还这笔账。”克里同说：“我会还的。你还有什么话要说吗？”这句话苏格拉底没有回应，不一会儿他晃动了一下，那仆役将蒙布揭开，他的眼睛已经定住不动了。克里同看见，便

上去合上苏格拉底的嘴和眼睛。厄刻克拉提斯，这就是我们的朋友临终的情况。我们可以说：在当代一切人中他是我们所认识的最善良最有智慧最正直的人。①

这就是苏格拉底的死。它同耶稣的死一起成为西方文化史上两个最重要的事件，因为它向人们启示了人面对死亡时应有的态度。一种文化，它的精神的最为内在的部分应当就是由此构成的。但让我们还是回到哲学的主题上。我们说了，正是在智者使人们的思想陷入一片混乱之际，苏格拉底应运而生。那么，作为变革时代的一位革命性的思想家，苏格拉底究竟做出了哪些重大的理论创造呢？

关于这个问题，人们常常爱引用西塞罗的一句话，“是苏格拉底第一个将哲学从天空召唤下来，使它立足于城邦，并将它引入家庭之中，促使它研究生活、伦理、善和恶”②，以此来表明苏格拉底的哲学成就主要集中在伦理学上，集中在对德性和人类灵魂的探讨上。但是这并不是苏格拉底的专利，智者们才是第一批把哲学从天上引到人间的人，苏格拉底不过是将更多的精力专注于这个领域而已。因此，如果我们从这个角度来评价苏格拉底，那么，我们就不能很好地将苏格拉底与其他智者区别开来。那么苏格拉底最主要的成就在什么地方呢？在这里，听听从时间上更靠近苏格拉底的亚里士多德的评价也许更准确些。在《形而上学》中，亚里士多德这样说：“有两件事情公正地归于苏格拉底，归纳推理和普遍定义。这两件事情都与科学的始点相关。”③ 我们不要小看这句话，这是对苏格拉底最中肯、最公允的评价；我们也不要小看这两个功绩，这是苏格拉底为希腊哲学的发展做出的最重大的推动。

因为，对于苏格拉底来说，他与其他智者最根本的不同就是，他热爱真理，他追求道德上的至善。这使他不能接受智者们在知识和道德问题上普遍持有的相对主义的立场。但是作为一个理智开化时代中的人，要回到对传统的道德教条盲目信任、单凭直觉来确认真理的古风时代又是不可能的，因此，从方法上革新我们的认识活动以保障真理的普遍性，就成为苏格拉底亟须解决的问题。而在这个问题上，苏格拉底准确地看到，智者们虽然颠覆了传统的真理观，但是在认识的方法上却和古代哲学家们没有根本的区别，即他们同样把感觉作为获取知识的唯一途径。但是，感觉是最具有相对性的，这一事实如果在相对闭塞因而生活简单的传统社会中尚不突出的话，那么，当社会生活日趋多元化和复杂化，它就仿佛

---

① ［古希腊］柏拉图：《斐多篇》，117A～118。

② ［古罗马］西塞罗：《在图库兰姆的谈话》，见汪子嵩等：《希腊哲学史》，第 2 卷，364 页，北京，人民出版社，1993。

③ ［古希腊］亚里士多德：《形而上学》，1078b27～29，见《亚里士多德全集》，第 7 卷，297 页，北京，中国人民大学出版社，1993。

正午阳光下的影子一样清晰了。人们对同一个事物因为彼此感觉不同而发生争执，甚至昨日之我与今日之我发生争执，结果就是，任何一种认识都必然是自相矛盾，因而真理是不存在的。但是果真如此吗？感觉是否是我们认识的唯一途径呢？这就是苏格拉底思考的问题。

◎ 苏格拉底的方法

在反复思考之后，苏格拉底惊讶地发现，在智者们所讲论的辩论术中实际上已经蕴含了这个问题的解决之道。这就是，通过反复地辩难，遵循论辩的逻辑，那么，我们就能超越感觉的主观相对性，取得一定程度的共识，而这就是关于事物的真理。在这里起到关键作用的是什么呢？就是逻辑，一种形式化的逻辑，它在智者们的手中已经成熟，现在苏格拉底只需要伸手把它从枝头摘下来而已。运用这种逻辑，我们就可以从不同的感觉中找到共同的东西，从而取得关于事物的普遍性的认识。这就是这个事物的本质真理。那么是谁在运用这种逻辑呢？逻辑是认识中哪种能力的本性呢？显然，不是我们的感觉，而是我们的理性。所以，通过这种逻辑所取得的关于事物的真理就是理性真理。如此一来，苏格拉底就表明了超越感觉的逻辑理性是我们把握事物真理的根本途径。

基于这一认识，在具体的论辩过程中，苏格拉底就向我们展示了如何达成对一个对象的较正确的认识的具体方法，这就是归纳推理和普遍定义。现身说法胜过鹦鹉学舌，我们还是让苏格拉底现场为我们做一番演示吧。

我们所选取的是《曼诺篇》中苏格拉底和高尔吉亚的学生曼诺的一场对话。在这场对话中自以为无所不知的曼诺惊诧于苏格拉底竟然不知道什么是德性，于是便企图在这个问题上好好给苏格拉底上一堂课，但是，他没有料到由此却掉入了苏格拉底的圈套之中。因为在他的解释之中，他并没有向苏格拉底说清楚德性究竟是什么，相反，却向苏格拉底提供了有关男人和女人、老人和孩子的一大堆德性的说明，这使苏格拉底不禁发笑了。

他这样说："曼诺啊，我真是幸运至极。本来只寻一个德性，结果却从你那里发现潜藏着的蝴蝶般的一群德性。曼诺，假如我顺着蝴蝶的比喻，问你什么是蝴蝶的本质，你回答说有许多不同种类的蝴蝶，而我再问，蝴蝶之为许多种类且互不相同是由于它们是蝴蝶呢还是由于其他方面，比如说美丽、形状及其他类似属性？告诉我，你怎样回答这个问题？"对于这个问题，曼诺回答说："我觉得，作为蝴蝶，它们之间并没有什么不同。"苏格拉底抓住这一点继续发问，他这样说："德性亦同样。如果有许多种类的德性存在，那么它们必有一个共同的理念，由于它，它们才是德性。着眼于此，人们才能对德性究竟是什么的问题得到一个明确的答案。"显然，苏格拉底在这里所说的"共同的理念"就是关于德性的普遍定义，它向人们规定了德性究竟是什么。但是，这对于曼诺是生疏的，他从来没有这样考虑过问题，他这样说："好像是明白了，不过仍然没有像所希望那样把握住问题的意义。"

这就是希腊人第一次遭遇苏格拉底定义法的情形。于是，苏格拉底不得不向曼诺做最基本的解释。他以对形状的定义为例，这样说道："……如果有人问你我刚才提出的问题：曼诺，什么是形状？你回答说：圆。要是他像我一样再问：圆是形状还是一种形状？无疑你会答道：一种形状……因此必定还有许多其他形状？……假如他同我一样，紧追论证，说道，我们已经找到了许多事物，但这不是我所需要的东西。你用一个名称称呼许多事物，并说它们每一个都是形状，即使它们彼此相反。告诉我，什么是你所称之为形状的共同性质，它包含着圆和直线。"这就是苏格拉底对曼诺所要求的答案所做的解释。面对这样的解释，曼诺终于明白了，通过对各种具体形状的共性的概括，他们找到了形状的定义："体之界限就是形状。"①

什么是苏格拉底的归纳推理和普遍定义法？通过上面苏格拉底和曼诺的一番对话，我们现在就知道了，这就是在广泛地占有经验材料的基础上，对这些看上去千差万别、彼此冲突的经验材料加以分析和比较，从中找到它们普遍具有的共同特征，这就是这些经验材料的共性和一般本质。思维的这一分析、比较和概括的过程也就是归纳推理的过程。在归纳推理的基础上，再对这些共性和一般本质做出尝试性的界定，提出一个对所有这些经验材料都适用的一般性的说明，这就是普遍定义。在取得了这一普遍定义之后，思维就可以进一步把它运用到一些新的经验材料上去，用这些经验材料来对它进行检验，看它是否同样能够对这些新的材料加以说明和概括。如果能够，那么就证明这是有关一类事物的普遍本质的正确定义，反之，则依据所发现的不足，再提出具有更高概括性的定义。通过这样反复地归纳和概括，最终，事物的普遍本质便被思维正确揭示出来了。这就是苏格拉底所首创的归纳推理和普遍定义法。在柏拉图早期所写的有关苏格拉底的对话录中，我们能够看到大量这方面的例子，这表明苏格拉底所主要从事的工作就是为理性地认识事物的本质找到一种科学的方法。

现在，通过苏格拉底的这样一番努力，真理就不是我们通过感觉可以唾手而得的了，相反，它是逻辑推理的产物，需要思辨的技艺，只有接受过思维方法训练、具有抽象思维能力的人才能够获得它。这当然是一个了不起的成就，它在人类思想史上所具有的重要意义将被历史发展一再地证明。因为，思维逻辑运作的过程也就是世界被不断理性化的过程。从这个角度来看，苏格拉底的工作就是自巴门尼德以来希腊哲学最大的进展。巴门尼德已经将属于生命生成的动变生灭的世界从真理的领域中排除了出去，现在苏格拉底则表明，我们有可能通过逻辑的

---

① ［古希腊］柏拉图：《曼诺篇》，见苗力田主编：《古希腊哲学》，236～243页。

手段从混乱的感性世界中创造出完全理性化的世界，由于这个世界是不变的、普遍的、永恒的、唯一的，因此它就不仅是真实的世界，而且还是理想的世界。苏格拉底在他与人不断论辩的一生中展现了这种可能性，他的学生柏拉图则对这个理想世界进行了全面的勾画。在柏拉图那里，这个理想的世界不是别的，就是理性思维所瞩目的理念王国。那么，现在，就让我们去看看柏拉图在智慧领域所做的更令人瞩目的探险吧。

四、哲学王与理想国：柏拉图

◎ 柏拉图的生平与理想

公元前 354 年，柏拉图（Plato，公元前 427—前 347）73 岁的时候，从意大利传来了一个不祥的消息，狄翁死了，他所领导的革新叙拉古政治的事业失败了。这个消息使柏拉图陷入了深深的悲痛之中，这不仅是因为狄翁的事业是柏拉图深为赞许并且倾力赞助的，而且是因为狄翁是他最喜爱的学生之一。早在 34 年前他第一次意大利西西里之行时就已经结识了狄翁。那时他 40 岁，而狄翁尚是 20 岁的青年。他在意大利所作的一系列演讲激起了这个青年对人类理想生活的向往，进而鼓舞了狄翁的坚定意志，企图把叙拉古从暴君的专制统治中解放出来，使它受到最好的法律的治理，为所有希腊城邦树立起人类理想生活的典范。这是崇高的事业，狄翁为它倾注了毕生的精力。现在，随着狄翁的死去，这个事业宣告了失败，这怎能不让柏拉图感到悲痛呢？在悲痛之余，他提起笔，给狄翁的朋友们写了这样一封信，在这封信中，他回顾了自己的一生，回顾了自己与狄翁事业的休戚与共的关系。这就是柏拉图书信集中著名的第七封信。也许，从这封信中，我们可以对柏拉图究竟是怎样一个人，他具有怎样一种心灵，多少有些了解。

柏拉图是这样开始他的叙述的。他首先谈到了他青年时的理想，以及这一理想所遭到的最惨痛的两次破灭，这全是和苏格拉底、他所最敬爱的导师联系在一起的。当时，作为青年，他对参与政治活动抱有极高的期望，而他在这方面又具有特别优越的条件，因为他的家族是雅典的名门望族，出过多位政界的显要。于是，当公元前 404 年第一次革命爆发，旧的民主政治被推翻，三十寡头当政时，他感到了前所未有的兴奋，希望政治能朝好的方向发展，但是很快他就失望了。这些政坛的暴发户竟然迫使苏格拉底去做一件明显罪恶的事情，即企图让苏格拉底与他们同流合污，但是苏格拉底拒绝了他们的无理要求。这一事件使柏拉图受到了深深的震动，他开始对现行的政策抱一种怀疑的态度。不久，第二次革命发生了，三十寡头被推翻了，民主派当了权。柏拉图参政的热情再一次被激发起来，但这一次他遭到了更大的失望和更沉重的打击。因为在极端的狂热情绪中，这些人竟然将公正的苏格拉底推上了审判台，并且处以死刑。他观察这些事件。他观察得越仔细，他就越悲哀地发现，要革新现实的政治是困难的，罪恶正以惊人的速度蔓延，法律被完全败坏了。最后，他认识到，现行的一切政治制度都是坏的，改变它们的唯一希望只基于一种几乎不可能的可能性上，这就是，要么从事真正哲学研究的人获得了城邦的统治权，要么那些执掌城邦权力的人由于某种幸运成为真正的哲学家，否则，人类的罪恶将永无休止。

就是怀着这样一种悲观得近乎绝望的认识，柏拉图开始了他早年的游历，他去了意大利西西里，在那里，他对人性的丑恶有了更深刻的认识。因为他看到那里的人们过着一种穷奢极欲的享乐生活，生活之腐朽与荒淫超出了人性所能承受的限度。这使他认识到，如果不从根本上改变人性，将人们引向一种更崇高的生活，任何政治制度都是无用的。也许正是出于这样一个目的，他在游历经年之后才创办了享誉千古的阿加德米学园（Academy）。

正是在这次游历过程中，他结识了狄翁。他向狄翁宣讲人类所应达到的崇高目标，并且鼓励他在实践中施行。他没有料到，他在不知不觉中已经埋下了一颗推翻叙拉古暴政的革命的种子。因为狄翁很快接受了他的教导，决心过一种更好的生活，致力于德行而不是享乐与自我放纵。进而狄翁认识到，这种想法不仅是他一个人的，同时也深藏在其他人的心灵中，因而他应当实践这种想法，让所有的人都过上这样一种高尚的生活。这就决定了柏拉图此后的生活与叙拉古的政治紧紧地联系在了一起，也促成了柏拉图一次次政治上的历险。

原来，狄翁并非等闲之辈。他是当时雄霸西西里的叙拉古军人独裁者狄奥尼修斯的妻弟。老狄奥尼修斯死后，小狄奥尼修斯继位，狄翁就成了当朝的国舅和摄政王，一度负有教育和监督小狄奥尼修斯的职责。狄翁认为这是天赐良机，可以通过对小狄奥尼修斯的系统的教育，使他成为柏拉图理想中的哲学王，从而在西西里乃至整个意大利建立起一个贤明的政治来。正是抱着这一目的，他力邀当时已回到雅典建立了阿加德米学园的柏拉图赶到叙拉古来。柏拉图经过审慎的考虑，意识到如果他不想让他的理想仅仅成为空洞的言词，那么就必须抓住这一机会将它付诸实践，于是，他立即兼程赶到了叙拉古，肩负起教育小狄奥尼修斯的重任。

起初，一切都是顺利的，小狄奥尼修斯爱上了几何学和哲学，宫廷里几何学和哲学成了时髦。但是很快，不利于狄翁的流言就传了开来，说他有觊觎权力的野心。这使小狄奥尼修斯最终放弃了对正义和真理的热爱，陷入了权力的争斗之中。他放逐了他的舅舅，并把柏拉图软禁了起来。只是慑于柏拉图的崇高声望，才不敢加害于他。后来，在柏拉图以及朋友的努力下，狄奥尼修斯才同意放柏拉图回国，条件是一旦时局稳定下来，柏拉图还要回来，因为他不愿放弃他和柏拉图的这样一重师生关系给他带来的爱智慧的声誉。然而柏拉图已经看出他这位学生既没有天分，又缺乏耐性，从而厌倦了这场教与学的游戏。当狄奥尼修斯再次邀请他回到宫廷，而狄翁也力劝他回去时，柏拉图拒绝了这一邀请。这使狄奥尼修斯大为恼怒，他以损害狄翁和柏拉图在意大利的朋友们为要挟，希望柏拉图能回去给他教授哲学。这时传到柏拉图耳中的多方面的消息也说，这个小狄奥尼修斯已经真正成为哲学的朋友，他不仅和人们探讨哲学问题，而且还依据柏拉图的教义写了有关的哲学文章。考虑到这一切，柏拉图那久已沉寂了的政治热情又再次萌动起来，虽然这次是充满了忐忑与不安。他想无论怎样，他必须做一次尝试和努力，否则就是对他的哲学理想的不忠。这样，就有了他一生中的第三次西西里之行。

但是，这次冒险注定仍旧是一次失望之旅。柏拉图在信中写道："一个人，如果和这类事情（按：指真理和至善）没有天然的亲缘关系，那么就不可能通过敏捷的智力或者记忆力使他与之相亲近；因为它根本不可能在外在于它的本性中被产生。因此之故，如果人不是由于本性和亲缘关系而与正义以及其他那些可敬的东西联盟，那么尽管他也许是善于学习和记住其他各类知识的……但他永远不会掌握有关美德与邪恶的完满真理。"[①] 我们有理由断定，这段话正是针对小狄奥尼修斯说的。柏拉图痛苦地意识到，小狄奥尼修斯热爱权力和虚名更胜于热爱真理和至善。他不能克制他与生俱来的那种贪婪、猜忌和怨毒，从而行为不免陷于狂悖和乖张。在仇恨的驱使下，他不仅剥夺了狄翁在叙拉古的全部财产，而且将怨气向一切与狄翁有关的人发泄，柏拉图也不能幸免。柏拉图被小狄奥尼修斯从宫廷中驱赶了出去，生命受到威胁。在这样一种危急的情形下，又是他的朋友们的斡旋，使小狄奥尼修斯最终答应放柏拉图回去。这样，在 67 岁时，柏拉图又回到了他的学园。这就是柏拉图在叙拉古的政治冒险。

三次西西里之行构成了柏拉图人生的一段重要经历。我们有理由断定，柏拉图在这几次历险中表现出来的政治热情和勇气不是和他的哲学无关的，相反，它向我们透露了柏拉图哲学的现实基础，这就是，他的哲学不是一种空洞的概念思辨和游戏，而是有着强烈的现实关怀的，他的意图在于改良人类，使人类臻于美好。现在，西西里的政治冒险失败了，他由此深刻地认识到，人心的改良远胜于政治的革新。于是在以后的岁月中他将他全部的精力和热情投入到了教育和思想之中，他要将他的学园建成哲学家、科学家和真正的政治家的摇篮，而这也就是整个欧洲文明的寄托。他成功了，科学在学园中繁盛起来，并且为欧洲保存了文明的火种，直到今天，我们都可以从我们的各种知识体系中找到它所留下的种种痕迹。同时，学园向各个城邦源源不断地输送各种治世之才，成为政治的思想

① 柏拉图：《第七封信》，344A～B，见 *Great Books of The Western World*, vol. 7, p. 810, Press of University of Chicago, 1952。

库，并成为今日大学的雏形。柏拉图虽然没有建成他的理想国，但是他的学园却比任何政权都长久，它存在了近九百年的时间。

柏拉图是在 80 岁的时候去世的，据说他安详地死在出席一次婚宴的仪式中。他的品德垂范后世，他的思想长久地照亮着人类的心灵。人们在他的学生亚里士多德的一篇遗文中找到了一首悼念他的诗歌，诗是这样写的：

他来到凯克罗比亚的神圣的土地，
怀着一颗虔敬的心筑起庄严的祭坛，
献给一个纯洁无瑕的人，
献给他那崇高的友谊。
在众人之中他是唯一的也是最初
在自己的生活中，
在自己的作品里，
清楚而又明显地指出，
唯有善良才是幸福。
这样的人呵，如今已无处寻觅。①

这就是柏拉图，这就是柏拉图的一生。他一生所追求的不是别的，就是真理和至善。正是在这种对真理和至善的最纯粹的爱中，我们找到了打开他的思想的钥匙。

◎ 理念论

何以然呢？我们知道，在哲学史上，柏拉图是以理念论闻名的。那么，什么是柏拉图所谓的理念呢？“理念”在古希腊文中写作 ιδ έα（idea)，其词根 ιδ 来自于动词“看”，从而，如果究其本义，ιδ έα 就是指“我们看到的东西”。那么，在我们对世界万物的观看中，我们看到的是什么呢？如果仅用我们的感觉之眼来观看，那么，我们所看到的不过就是事物模糊而暧昧的形象和外观而已。从这样的观看出发，普罗泰戈拉“人是万物的尺度，既是存在者之所是的尺度，也是不存在者之所不是的尺度”的极端相对主义认识论的主张就是正确的，人们在认识上就会陷入随其所好、莫衷一是、盲目混乱的状态。无疑，这是现实生活中的人们仅仅通过意见和感觉去把握世界时普遍具有的知识状态。古希腊哲人们在对世界的细心领会中很早就已经意识到这种知识状态对知识的获取是不可靠的，并相应地呼唤一种超越普通感觉层次的认识。

例如，赫拉克利特这样说：“对人而言，眼睛和耳朵是坏的见证，如若他们拥

① 引自汪子嵩等：《希腊哲学史》，第 2 卷，618 页。

有的是粗鄙的灵魂的话。”① 又说：“因此必须服膺共同的东西；尽管逻各斯乃是公共的，但大多数人活着好像他们有着私人的见识一样。”② 这里，他就要求人们超越感觉和意见，达到对公共知识的认识。巴门尼德也说：“不要屈从于来自众人的经验和习惯，让自己在这条路上徘徊，以你茫然的眼睛、轰鸣的耳朵和舌头为准绳；要用理智把有关的争辩判明。”③ 由此他便指出了感觉认识混乱的本质，呼吁用理智去把握事物。苏格拉底是与智者同期的思想家，他对智者学派极端相对主义的认识论主张是不满意的。他认识到，如果我们仅仅靠我们的感觉去认识世界，那么其结果就是，最终混乱而悖谬的感觉印象会令我们的灵魂之眼致瞎。为了避免这一结果，他打了个比方，就像在观看日食时，我们不能直接用肉眼去观看，而必须从太阳在水面上的映象来观看一样，在我们审视世界时，要做的更重要的是回到我们的内心，用我们的理智之眼去观看。④ 这样，如我们前面所说，相对于智者的认识论，苏格拉底在思想上就发生了一个重要的转折，他提出了归纳推理和普遍定义的方法，企图在经验归纳和概括中循着理性的步骤去把握事物普遍而一般的特质，以克服认识论中的感觉主义、相对主义的危险。

所有这一切构成了一个理智主义的传统，支撑着它的就是对真理的无比热爱。柏拉图就是在这一传统的薰沐下成长起来的。如前面所说，他高贵而纯洁的心灵天然地倾向真理和至善，对它们抱有最为纯粹和坚定的信念。因此，在他看来，理念就不可能是我们的感觉之眼所看到的事物的普通的外观和形象，这不过是事物的表象甚至是假相而已，理念应当是我们的灵魂之眼即理智所看到的事物的真相。这就是事物的本质，是事物本真的存在，并且，相比于在我们的感官中所显露出来事物的存在而言，它不仅更真实，而且更完美。

还是在第七封信中，柏拉图曾经借圆来表明他的这一观点。他指出，圆有五种存在方式，一种是名称中的存在，例如“圆”这个名词，显然，这个名词只有在指称圆这个事物时才是有意义的，而如果我们认为圆就是这个名词，那么显然，我们就如同佛教禅宗所常说的，以指为月，指月皆失了。第二是定义中的存在，例如对圆的界定，柏拉图指出，定义也只有当它是对圆的真实存在的描述时才可能是正确的，它自身不过是一串词而已，而如果仅从词的角度来看，那么，就像我们既可以用“圈”又可以用“环”来称呼圆一样，这个定义本身由于仅仅是词的约定的缘故，也是会发生变化的，因此，如果我们迷失于定义之中，同样也丧失了圆本身。第三是感觉经验中的存在，也就是所谓圆的形象，例如在纸上画出来的圆，在皮革上镂刻出来的圆。柏拉图指出，这些圆由于只存在于我们的

① 残篇107，见Kirk & Raven，*The Presocratic Philosophers*，p. 189。

② 残篇2，见Kirk & Raven，*The Presocratic Philosophers*，p. 188。

③ 残篇7.3～7.5，见Kirk&Raven，*The Presocratic Philosophers*，p. 271。

④ 参见柏拉图：《斐多篇》，99E～100A。

感觉经验之中，从而相比于真正的圆来说，它们永远是不圆的，它们不过是看上去圆而已。因此，如果把真正的圆和现实中的各种具体的圆形事物相等，那么我们同样也就迷失在混乱的感觉经验中了，相反，也只有当它们指涉圆本身时，才具有认识的意义。第四种是灵魂中的存在，也就是我们对圆的思想把握。柏拉图认为，其中基于概念的对圆的认识最接近于圆本身。但是考虑到人的认识的局限性，我们也只不过是可以在思维中无限地接近对圆本身的绝对真理的认识而已，不能认为已经完满地把握住了它。在上述四类存在者之外，圆作为自己本身而存在着，只有这个存在是绝对的、完满的和真实的，这就是圆的第五种存在方式，它是圆的本真存在。柏拉图的理念就是就这一“事物本身”而言的。它既是事物的本质，同时又是事物的理想存在，并且是理性认识的对象，所以，虽然它在本义上是指事物的外观、形象，但是它既非形、也非相，就是理念。它与事物的真理相关。①

概括起来说，理念论在柏拉图那里就是本体论、目的论和逻辑学三者的统一。就理念指的是事物本真意义上的存在、事物之自身而言，相对于事物的表象存在，它就构成了事物的本体；就理念指的是事物完满的理想存在而言，它又构成了现实感觉经验中的事物所要达到的理想目的；就理念是指我们概念思维对象而言，对理念的探讨同时也就是对我们的概念思维规律的探讨，从而理念论又是逻辑学。理念论作为本体论、目的论和逻辑学三者的统一，表明理念同时既是本体又是目的又是概念，也就是说，作为本体，它不是单纯的形而上学意义上的本体，它含有目的论的因素和逻辑学的内涵；作为目的，它又不是心中带有主观性的意象，它具有客观实在性和内在的逻辑架构；同时，作为逻辑学中的概念，概念之间的逻辑关系又不单纯只是思维规律的体现，同时也是实在关系和理想关系的体现。因此，我们固然可以从柏拉图的理念论中分别得出本体论、目的论和逻辑学的思想，但就柏拉图本人的思想而言，这三者是须臾不可分离的。这种混合而非分离的特点也是古代思维的根本特点。

但现在，通过上面的分析，我们就可以明确地认识到，柏拉图的理念在本质上是一种概念存在，因此，当他把理念提出来作为认识的根本目标以确保真理的普遍性和唯一性，并且把这样的理念综合为一个独立存在的理念世界时，这就表明他超越了苏格拉底简单的归纳推理的单纯经验本质，而将思维上升到了概念思维、抽象演绎的高度，认识到了独立运用概念思维建构理论体系的重要性。这样，我们就有必要进一步介绍柏拉图的认识论的思想。

柏拉图的认识论思想比较集中地体现在《理想国》中。在《理想国》中，柏拉图用线喻和洞喻两个著名比喻生动说明了经验认识和理论认识的根本差异，从

① 参见柏拉图：《第七封信》，342D～343A。

而揭示了独立运用概念思维以建构科学的理论体系的重要性。

◎ 四线段比喻与洞穴比喻

首先是他的线喻。柏拉图是在《理想国》第六卷中提出这一思想的。在那里，柏拉图为了说明我们用以认识理念世界的认识能力是一种不同于我们日常的感觉经验的能力，就以一条线段的划分作了一个形象的比喻。他把一条线段首先分为不等的两个部分，一部分对应于经验世界，一部分则对应于理念世界。他把经验世界那部分称为可见世界，认为在这部分世界中所充斥的只是一些晦暗模糊的影像和造成这些影像的同样模糊不清的经验事物（柏拉图称之为意见），而与它们分别相对应的我们的主观认识能力就是建立在感官感觉基础上的表象能力和经验常识，柏拉图把前者称作想象，把后者称作相信，因为经验常识正是建立在人云亦云和道听途说的基础上的。显然，在柏拉图看来，当认识仅仅局限在这部分世界中时是不可能认识到什么真理的，所获得的只是一些模糊混乱的感觉印象而已。这样，认识就必须突破经验世界的局限而上升到理念世界，这就构成了柏拉图线喻的第二个部分，他把这部分称作可知世界，意思是说，这部分的存在在根本上是一些思想存在、概念存在，它们不是感觉经验所能认知的。像划分可见世界一样，柏拉图把这部分世界也分作不等的两个部分，第一个部分对应于各门具体科学的知识，它们较经验对象显然是一种完全不同的存在，表现出了确定性和明晰性的特点，构成了世界的真实面目，但柏拉图认为这部分存在仍然是有缺陷的，因为它们的存在依赖于各种作为假设而存在的第一原理，从而在真实性上尚不完善。而第二个部分则是各门科学所依赖的第一原理的直接存在，也就是作为世界原因和本原的存在，柏拉图认为，这部分存在才是最真实、最完善的存在，它们构成了世界的真实的基础。而与这两部分分别对应的我们主观的认识能力就是建立在概念思维基础上的逻辑推理和概念直观，柏拉图把前者叫做思维 διανοια（dianoia），也就是一种分辨性的思索的能力，而把后者叫做思 νοεσιζ（noesis），也就是一种理智直观。显然，在柏拉图看来，只有当认识上升到这样一个层次，能够不借助于感官表象和经验常识，而是独立地运用概念直观和逻辑推理的能力来对世界进行超越性的理论建构，才可能把握关于世界的真理。

概括起来，柏拉图对世界和我们的认识能力的划分就可以具体体现在如下图示中：

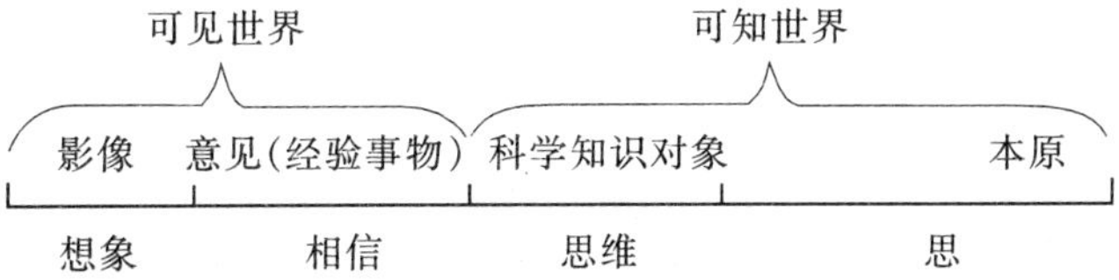

从中可以看到，对于柏拉图来说，使认识由经验认识上升为概念思维是认识向着真理上升的一个必然途径，只是在对于世界的理论构造中我们才可以获得关于世界的真理认识。

在《理想国》第七卷中，柏拉图通过他的著名的洞喻更为深刻地揭示了这一点。在那里，他将耽于感觉经验的人们比作仿佛是被囚禁在一个幽深的洞穴之中，身子被固定，面朝洞壁，既不能回头观看也不能相互观看，柏拉图以此比喻人们被封闭在自己的孤立的感觉世界之中。他们的身后是一堵墙，墙后是一堆燃烧着的、昏暗摇曳的火，不时有人举着各种虚假的道具从墙后走过，火光将这些道具的影子投到了洞壁上。这些囿于自己的贫乏感觉的人们所看到的是这些本身就不真实的事物所投射出来的更不真实的影子，而这就构成了他们全部的世界。柏拉图以此来比喻感觉认识的虚假。但这些感觉的囚徒们却陶醉于感觉的幻象之中，认为这就是最真实的世界。

这一荒诞的情景不禁让人想起美国电影 *Matrix*（中译名为《黑客帝国》）中尼奥所生活于其中的由电脑网络所虚构出来的世界，在那里的每一个人实际上不过是作为活的生物能源被外星人种植在营养钵中，但是在电极的刺激下，每一个人都认为自己正生活在一个无比精彩的现实世界之中，做着轰轰烈烈的大事业。柏拉图的洞中世界便有似于此。但无论是 *Matrix* 的世界还是柏拉图的世界，如果我们认真地加以考虑，都不是虚构的世界，而是对充斥着混乱的感觉和愚蠢的偏见的日常生活世界的真实描写。我们每一个人的人生不正是不断地为各种虚荣和幻象所迷惑的一生吗？但正因为如此，人生不也正是一个不断抛弃虚荣和幻象的斗争的过程吗？

于是，在这样极度可悲的处境中，柏拉图描写了一个人，他为一种力量所唤醒和推动，挣脱了捆绑在自己身上的枷锁站了起来，回头望去，他的眼睛被火光所刺痛，但在适应之后，他认识到自己本以为真实的世界其实是虚幻的。于是，他迈步走出洞口，看到了比火光还明亮的东西，这就是太阳和太阳照耀下的真实的世界。夺目的光辉让他胆战心惊，但是最终他克服了内心的恐惧，可以直视太阳。这样他便认识了一切真理的最高源泉。柏拉图以此描写来象征一个人从自己混乱的感觉认识中超脱出去上升到概念认识的水平，最终可以在理智的直观之中把握理念本身。柏拉图说，当这个人完成了这一转向之后，他肯定会感到以前的洞穴生活的可怜与可悲，再不愿意返回过去的状态。但另一方面，当他试图向从前的伙伴指出真相时，肯定会遭到他们的嘲笑，“人们会嘲笑他，说他弄坏眼睛从上面回来了，可见上升是不合算的，还是以不上升为好”。柏拉图因此说：“任何有常识的人都应记住，眩目有两类，有两种原因引起，要么是由光明进入黑暗，要么是由黑暗进入光明。灵魂的情况也是这样。这样，一旦他看到灵魂发生迷惑，不能辨别事物，他就不会轻率地随便嘲笑。他必定会观察，人的灵魂是来自更光明的生活，由于不习惯黑暗因而看不见，还是在从无知的黑暗转向光明的世界时被强烈的阳光所炫耀因而看不见。他会赞美前者幸福的经历，及其生活方式，会怜悯另一个。如果他有心要嘲笑从下上升到阳光中的灵魂，那他也不会像嘲笑从上方回到洞穴中的灵魂那样笑。”① 这是多么值得我们深思的一段话，无论是就认识还是人生而言。

这里如果仅就认识论来考察，那么，柏拉图显然认识到了概念思维相对于感觉经验在认识上更为重要。这就是说，鉴于感觉经验常常使我们囿于假象性的思维状态中，在认识上陷入混乱和错误，因而在这一处境下，大胆地抛弃感觉经验的成见，独立地运用理性的力量，以概念逻辑的方式构造一个有关世界的理论体系，就是认识真理的必然要求。

在柏拉图看来，概念所构造的理论世界比纷乱的感觉经验中所呈现出来的现实世界要更为真实。柏拉图正是在这个意义上才毫不犹豫地把经验世界和理念世界根本地区分开来的。因为，理念世界不是别的，正是通过运用概念思维所独立建构起来的一个理论世界。世界就被二重化了。对于柏拉图来说，现实中的经验世界完全是虚假的，充满着似是而非的假象，只有理念世界才是真实的，是一个真正的世界。在《斐多篇》中，柏拉图以一段精妙绝伦的文字描绘了他心目中的那个真正的世界。那是一个怎样的世界呢？柏拉图让我们做这样一番设想，假设我们能够超出我们生活于其上的这个凡俗的地球，将头探出大气层之外，就像居住在深海里的鱼儿将头探出水面一样，这样，我们就能看到一个和我们自己生活的世界完全不同的世界，一个完美的世界。柏拉图以诗一般的笔法驰骋想象，描绘着这个世界：

> 且说那大地如果从上面看上去，竟像是由十二块皮子缝成的皮球，每块皮子都是一种不同的颜色，那种颜色在我们看来，就像是画匠用来找颜色的样板。而那儿的整个大地就是这些五颜六色，而比起我们这儿的颜色来，更鲜明更纯净，大地是美不胜收的一片紫色，一片金黄色，一片白色，白的比白垩白雪更白，还有一片一片大地是其他各种颜色，比起我们这儿所见的颜色更多更美。那个大地上的一个个洞穴里都有丰富的水汽，五色晶莹，杂在其他颜色之间，造成一种色彩缤纷、连绵不断的效果。那个美好的大地的产物，无论树木花果，都具有与其本身相称的美，一山一石无不如此，那里的山岩比我们这里的山岩，更平整，更秀丽，更具色彩之美。我们这儿的宝石、红髓、碧玉、翡翠，以及其他宝石，在那儿只算得是碎石残砾而已。那里没有一块石头不是宝石，而且美不胜收。何以如此呢，这是因为那儿的岩石纯净，不像我们这儿的岩石、鸟兽、草木都被汇流而至的水汽中的盐渍秽

---

① ［古希腊］柏拉图：《理想国》，516E～517A，见苗力田主编：《古希腊哲学》，317、318页。

物腐蚀污染，受病害而变丑。那里的地面铺满金、银以及这种种宝石。在那儿，这一切宝石都一目了然，而且既多且大，无处不有，那整个地方对有福观览的人，无异一大景观。那里野兽很多。还有人类，或住在内陆，或住在大气的岸边，如同我们住在海边一样。还有住在岛屿上的，岛屿四周被气流所环绕，离大陆都不甚远。总之我们这里是水是海，他们那里则是一片浩瀚的大气，而我们这里是空气，他们那里则是以太。那里的四季气候温和，人民从无疾病，他们比我们长寿，他们的视力、听力、智慧等体能，都比我们要好得多，这正像空气之比水清澈，以太比空气纯净。他们那里有众神的圣林圣庙，众神居住其中，那里的人可以用语言、预言、视觉与众神直接沟通，他们看到的日、月、星辰更真实，在各个方面他们都享有和那环境相称的幸福生活。①

这真是一个天上仙境！不过，柏拉图毕竟不是诗人，他的这段话不能仅仅作为诗歌的比喻、象征和抒情来理解，相反，作为以建构世界体系为己任的哲学家，即使把这段话完全看作想象或修辞，它也是有着真实的意指的，也就是说，对于柏拉图来说，这个世界不仅是理想的世界，而且是真实的世界。它和我们生活的现实世界是如此不同，完全是两个不同的世界，随之而来的问题就是，像我们这样一些生活在尘世的芸芸众生怎样才能够达到对那个世界的觉悟和认识？

◎ 认识论

这个问题并非我们所设想出来的，而是柏拉图自己提出来的。在上一节我们所提到的《曼诺篇》中，他借其中的对话人物曼诺之口提出了这一问题。在前面我们已经对这个曼诺有所了解了，他是来自西西里岛的富家子弟，智者高尔吉亚的学生。他自以为自己无所不知、无所不晓，于是一见到苏格拉底就立刻提出了德性是否可教的问题，以为可以在苏格拉底面前大大卖弄一番自己的才学。但机智的苏格拉底巧妙地避开了曼诺的这劈头一问，把曼诺引向了一个更难回答的问题，即什么是德性。曼诺起初以为这个问题是容易的，但是在苏格拉底的一再盘诘下，他终于智竭辞穷了。为了挽回面子，他便提出了上面那个有关认识理念世界的可能性的问题。他的表述是这样的："苏格拉底啊，你到哪条路上去寻找对其本性你一无所知的事物？在未知的领域中，你拿什么作为研究对象？即使你很幸运，碰巧遇上了你所探求的东西，你又怎样知道这就是你所不知道的东西呢？"②

这确实是一个很巧妙的问题。认识就是去发现未知的东西，但是一个我们从

---

① ［古希腊］柏拉图：《斐多篇》，110B～111C。

② ［古希腊］柏拉图：《曼诺篇》，80D，见苗力田主编：《古希腊哲学》，249页。

来不认识的东西，我们怎样去认识它呢？例如，我们从来没有见过曼诺，那么当我们在人群中看见了他，我们也并不能认出这就是曼诺。同样，我们每一个人都生活在尘世之中，我们谁都没有见到过尽善尽美的理念世界，那么我们又怎么可能去认识这个世界，并且知道所认识的就是关于这个世界的完满知识呢？这确实是一个困难的问题，即便是对话的主人公苏格拉底，也感到了它的棘手。他坦率地向曼诺承认说："曼诺，我明白你的意思。你知道吗？你引入了一个极其麻烦的问题，即一个人既不能研究他所知道的东西，也不能研究他不知道的东西。他不能研究他所知道的东西，因为他知道它，无需再研究；他也不能研究他不知道的事情，因为他不知道他要研究的是什么。"[①] 理念世界是与我们生活于其中的经验世界完全不同的世界，我们没有一个人曾经经验过它，从而我们又怎么可能去认识它呢？

很显然，这是一个致命的问题。柏拉图在《曼诺篇》中提出这一问题，就表明他清楚地意识到这个问题针对的正是他的理论体系的脆弱之处。根据至真、至善的原则将世界分成两个部分，一个混乱、晦暗，一个则完美、纯粹，这并不难；同样，指出认识应当由前一个世界向后一个世界上升或飞跃也并不难。真正困难的是这如何可能。为了解决这一问题，柏拉图不得不求助于一种古老的学说，这就是灵魂不朽的理论——正因为灵魂是不朽的，它曾经在那个尽善尽美的世界生活过，从而它才拥有了关于那个世界的完满的知识。这些知识在灵魂降生为人时并没有消失，而是深深埋藏在灵魂的深处，直到有合适的机会被重新唤醒。从而，学习并不是获得新知，而是找回旧识，学习不过只是回忆而已。这真是一种惊人的理论，而更加惊人的是，柏拉图竟然通过一个小小的实验证明了这一点。

他让对话中的苏格拉底找来了一个仅仅具有整数运算的数学知识的童子，对于这个童子，实际上也对于当时的大多数希腊人来说，无理数是完全不知晓的。通过一步步地引导，苏格拉底就使这个童子自己获得了关于无理数的知识。他是这样来做这个实验的。他先问这个童子，一个边长为 2 尺的正方形，其面积为多少？童子正确地回答出是 4 平方尺。接着，他又问，一个面积 2 倍于这个正方形的正方形，其面积为多少？童子依然正确地回答出是 8 平方尺。但苏格拉底立即反过来问，那么这个面积为 8 平方尺的正方形，其边长为多少？童子不假思索地回答说是 4 尺。在这里，童子就想当然地以为 8 平方尺的正方形的面积既然是 4 平方尺的正方形的面积的 2 倍，那么其边长也就同比例地应当是面积为 4 平方尺的那个正方形的边长的 2 倍，即 4 尺。苏格拉底并没有耻笑他，而是耐心地画出了一个边长为 2 尺的正方形，然后将其各边延长二倍，从而得出了一个边长为 4

① ［古希腊］柏拉图：《曼诺篇》，80E，见苗力田主编：《古希腊哲学》，250 页。

尺的正方形，显然，这个正方形中内含着 4 个边长为 2 尺的正方形。于是，苏格拉底问这个童子，边长为 4 尺的正方形的面积应当是边长为 2 尺的正方形的面积的几倍？童子这时意识到自己犯了错误，考虑到面积为 8 平方尺的正方形的面积为 4 平方尺的正方形的 2 倍，同时又是面积为 16 平方尺的正方形的一半，于是他认为它的边长正确地说应当是介于 2 尺和 4 尺之间，由于他并不具有无理数的知识，因此他想当然地认为其边长应为 3 尺。苏格拉底仍没有耻笑他，而是继续启发他，问他，一个边长为 3 尺的正方形其面积应为多少？童子说应当是 9 平方尺。这样，童子又意识到了自己的错误，从而陷入到了思维真正的困境。但苏格拉底继续鼓励他和启发他。他指着前面已经画出的那个边长为 4 尺的正方形，将构成它的其中那 4 个边长为 2 尺的小正方形的对角线首尾相连，这样便构成了一个新的正方形。他问童子，每条对角线是否将它所在的那个小正方形的面积分成两半，童子回答说是。他又问其面积是多少，童子回答说是 2 平方尺，因为由它所分割的那个小正方形的面积是 4 平方尺。苏格拉底接着问道，如果每条对角线所分割的面积是 2 平方尺，那么它们合起来所构成的那个新的正方形的面积应当是多少，童子回答说是 8 平方尺，因为 4 个 2 平方尺正是 8。这样，童子便终于知道了，面积为 8 平方尺的正方形的边长等于面积为 4 平方尺的正方形的对角线的长度。

于是，苏格拉底便完成了他的实验。显然，在整个实验过程中，苏格拉底并没有将答案直接灌输到童子的心中，而是通过一步步的诱导使他自己得出了这一正确的答案，因而可以说，这个答案是从童子心中自己产生的。如果正确的知识不是从外部进入到人的心中，那么显而易见的结论就是，它早已存在于人的心中，只不过我们并不自知，需要被人唤醒而已。因此苏格拉底这样向曼诺说："如果他是一直就有的，那么他就始终知道它们；如果他是在某个时候获得的，那么就不可能在今世获得。"① 从而，灵魂是不朽的，我们正是凭借不朽的灵魂才具有了关于超越于凡俗之上的那个理念世界的完满知识，同时也正是由于我们自始至终拥有灵魂，我们才可能超越混乱、晦暗的经验现象界，重新获得对理念世界的完满认识。这当然是一个回忆的过程，但同时也是一个灵魂从沉沦中得到拯救的过程。灵魂沉沦在尘世，但却不断地渴望着超越，希望回归久别的故国。拥有这样一颗灵魂的人，柏拉图认为他便是哲学家。在《斐德罗篇》中柏拉图这样写道："所以说只有哲学家的心灵有翅膀是有道理的；因为他总是尽其所能，专注在对这些事物的回忆中……当他看到尘世的美，便回忆起真正的美，感到翅膀正在生长并且急欲展翅高飞……他像一只小鸟，只注视上方世界，却把下方的一切置之度外，全然不顾。这就是他被认作疯狂的原因。"②

---

① ［古希腊］柏拉图：《曼诺篇》，85E～86A，见苗力田主编：《古希腊哲学》，257 页。

② ［古希腊］柏拉图：《斐德罗篇》，249C、D，见苗力田主编：《古希腊哲学》，284 页。

这样，柏拉图便运用一套具有浓厚的神秘主义气息的灵魂不朽的学说解决了针对其理念论的认识论难题，而这实质上也就是通过将我们关于理念的知识变成我们先天就具有的知识，从而使我们认识理念世界成为可能。柏拉图由此也就开启了认识论领域的先验主义的传统。

◎ 理念论的困难

但是，好学深思的读者会发现，在解决了理念论的认识论难题之后，随之而来的却是另一个更为困难的问题，这就是，如果说理念世界因其超妙和崇高，故而是一个同现实的经验世界完全不同的世界，那么这个理念世界对于我们的现实世界又有什么实际的意义呢？换句话说，如果理念世界根本就不能在现实中存在，那么它除了是一个空洞的理想之外还具有什么价值呢？

这个问题同样是由柏拉图自己提出来的。在《巴门尼德篇》中，他借巴门尼德犀利的言辞对自己的理念论的这一裂隙作了最为深刻的检查。他让巴门尼德指出，如果说理念世界和现实世界完全不同，那么理念世界也就与现实世界无关，但这样一来，理念论也就失去了它现实的理论意义。因为，一旦理论说明不了现实，对现实提不出有效的解释，不能解决现实问题，那么理论也就成为一种空洞的、没有实际价值的理论。柏拉图的理念论，从他提出这一理论的最初的动机来看，显然有着强烈的现实关怀。如我们前面所说，它内含着一种政治理想，这种理想又最终导向一种理想的人类生活，因而，理念论是针对日益衰败的希腊城邦世界提出的一套新的理想生活的蓝图，它涉及对经济生活、政治生活和精神生活的重新改造。关于这一点，我们只要看看柏拉图的《理想国》这一代表性的著作就可以明白。但是，由于他过于强调这套蓝图的理想性，过分突出了它与现实的差异，将它置于同现实尖锐对立的位置上，就使它从现实中脱离了出来，成为一种和现实无关的先验存在。这样，理念论也就失去了它的现实意义，徒然作为一种空洞的理想而存在。

这当然是柏拉图所不愿意看到的，理念世界和现实世界的关系问题也就成为他着重思考的一个问题，他要把在理论中被二重化的世界重新统一在一起，使理念世界就是现实世界。

但是，正是在这里，柏拉图的思考是不成熟的。在他对这个问题思考的初期，他提出了著名的分有说来解决这个难题，即认为现实世界和理念世界的关联在于，现实世界中的事物都是因为“分有”了理念而存在的。这是什么意思呢？如果我们用现代的科学思维来解释柏拉图的这一思想，把柏拉图的理念理解为有关事物存在的原理和原则，那么，柏拉图在这里的意思就是，现实世界中的事物是有关其存在的原理和原则的体现。举例来说，现实中的桌子一定是木匠按照桌子的原理制造出来的，桌子的原理规定了桌子的具体的制造，桌子是桌子的原理的具体体现。同样，自然界中的种种自然现象，例如热胀冷缩的现象，在它们的背后支配着它们的一定是各种自然的法则，例如热膨胀原理，热胀冷缩的现象是热膨胀原理的具体体现。人类的生活也不例外，我们在现实中总是遵循着有关善恶的原则来行事的，我们在现实生活中的道德行为便是这些善恶原则的具体体现。因此，从这样一些事实出发，柏拉图就认为现实世界正是理念世界的具体体现，现实事物“分有”了理念而存在。

在这里，如果我们撇开这些抽象的原则、原理是从哪里来的，它们有什么权力来普遍地规定现实世界这样的问题不论，那么一个很直接的疑问就是：理念世界是如何体现在具体的现实世界之中的呢？或者说，现实事物是如何“分有”理念而存在的呢？显然，这个“如何”的问题就不是仅仅说“体现”或“分有”这样两个词就能回答的。因此，亚里士多德在《形而上学》中才嘲讽地指出，就柏拉图“分有”概念的空洞性而言，它只不过是一个诗意的比喻而已。可见，“如何分有”才是问题的关键，这就必然地涉及一般、抽象的原则、原理如何体现在具体、个别的事物之中的问题，这也就是一般和个别、抽象和具体的关系问题，也就是辩证法的问题。

对于这个问题的思考构成了柏拉图晚期理念论的主要思想，《巴门尼德篇》和《智者篇》就是他这方面思想的反映。例如，在《巴门尼德篇》中，他通过对“一”和“多”的辩证关系的探讨触及了内含在“分有问题”中的一般和个别、抽象和具体的关系问题。在《智者篇》中，他则通过具体地探讨存在、动、静、同、异五个概念之间的相互蕴含关系，也就是所谓的“通种论”（即不同种的概念之间的相通），初步研究了概念辩证法。但是，柏拉图在这方面的探索始终是尝试性的。由于他出于理想的原因，始终强调理念世界和现实世界之间的差异，使二者之间具有无限的距离，从而，在柏拉图那里，世界的二重化始终是一个问题。对这个问题做出比较令人满意的回答，是由他的学生亚里士多德来完成的。

◎“理想国”：政治哲学

正如我们一再指出的，柏拉图并不是安心于书斋的空论家，相反，像孔子删削《春秋》时所说的“我欲托之空言，不如载之行事之深切著明”那样，他对现实有深切关怀，他的理念论并不是单纯的形而上学体系，同时也是对理想世界秩序的探寻，这样的探寻落实到现实的人类生活层面，就构成了他的政治哲学。因为，同他的学生亚里士多德一样，柏拉图也相信人是城邦的动物，人总是生活在一定的社会关系之中的（这在古希腊就具体体现为城邦），对人类理想生活的探求最终体现为对理想的人类社会制度的探求，也就是政治哲学。

众所周知，《理想国》是柏拉图主要的政治哲学著作。这里不必详述其具体的内容，实际上，要大致了解柏拉图政治哲学思想，只要掌握住这样几个要点就可以一窥其底蕴了。

首先，柏拉图在《理想国》中规划的是理想的城邦的政治蓝图，这个蓝图也许参考了现实的政治模式，但却绝不是任何现实政治模式的翻版。把握住这一点，我们对于柏拉图政治哲学的先验论特征就可以有所认识了。对柏拉图而言，现实的政治是不完美的，他并不是从对现实政治的经验观察出发以求概括出一般性的政治模式来，相反，却是首先从一个理想的城邦概念出发，通过单纯的概念分析来规划城邦政治的理想蓝图，在这样的先验基础上再按照理想的标准分析和批判实际的政治制度。这与我们后面要谈到的亚里士多德政治哲学的经验主义的特征构成了鲜明的对比。

其次，这个理想国的核心的政治原则或者说政治理念，不是像我们现代人通常所理解的什么“主权在民”、什么“权力制衡”，等等，作为古代思想家，柏拉图不具有这样一些现代政治理念，他的理想国的核心政治理念是“正义”。现代的思想家们当然会因此嘲笑柏拉图政治哲学思想的古旧和不合时宜，因为毫无疑问，正义是道德概念，而现代政治哲学从马基雅弗里开始就是主张政治同道德的分离。情形确实如此，但正因为如此，我们才说柏拉图是古代思想家，因为对于古人来说，非但政治和道德是一体的，而且政治和宗教也是一体的。《理想国》既是政治哲学著作，也是道德哲学著作。事实上，《理想国》在写作上就是以对公民个人道德的核心原则——正义的探讨开始的，继而才进入对城邦正义的探讨。对于柏拉图来说，并不存在单纯的个人，只存在生活在一定社会共同体中的个人，这就是城邦中的公民，从而个人的道德问题同时也就是城邦的政治问题，对城邦政治的规划同时也就是对个人道德的规划。

柏拉图政治哲学的第三个特点是，他不像现代政治哲学家们用消极自由概念来诠释现代政治，主张个人自由至上以及在此基础上的互不干涉、相互制衡的政治原则，柏拉图主张积极自由，他的政治哲学鲜明地、毫不掩饰地鼓吹以国家强制的手段来教育、规范每个公民个体，使他们在思想和行为上合乎国家总体的政治意志。理解了这一点，我们也就能够加深对第一点的认识。因为，正是基于这一立场，柏拉图才可以从理想城邦的单纯概念出发，展开对整个城邦政治的总体规划，并以此来规定每一个公民应当承担的义务和责任、应当接受的教育和训练。也正是基于这一点，20 世纪的思想家波普尔才把柏拉图斥为民主的敌人。确实如此，柏拉图是很难同意一种强调个人自由、权利平等的所谓民主思想的。对于他来说，人虽然不能享有超过其同胞的特权，但是无论是在精神境界上、知识水平上还是在实践才干上，人和人之间确实存在着差异和等级，这就决定了他们在城邦的整体规划中占据不同的政治地位，享有不平等的政治权利。

由此出发，我们进而可以获得对柏拉图政治哲学思想的第四个特点的认识。

这就是，他所构拟出来的是等级制的贵族政治模式。作为理想的政治模式，它和现实存在的贵族制的根本不同就是，它的等级不是世袭的，而是与人的能力相适应的。根据人的能力的差异，它把整个社会按照分工的原则分成了三个等级，这就是统治者、保卫者和生产者。这三者之间不是平等的、相互制衡的契约关系，而是一种等级制的、统治与被统治的关系。柏拉图把这三个等级与人的灵魂的三个部分加以对比，指出统治者相当于灵魂中的理性部分，保卫者相当于灵魂中的意志部分，生产者相当于灵魂中的欲望部分。理性应当成为灵魂的主宰，因为只有它能够认识和把握至善与正义的原则；意志由于与理性相亲近，从而最易于接受理性的支配；欲望由于距离理性较远，从而必须通过意志来强制它服从理性。整个城邦中三个等级的关系就类似于灵魂中这三个部分的关系。柏拉图正是在这个框架中来谈论每一个等级的人应当具有的德性的。对于统治者来说，他应当具有的德性就是智慧，他认识正义，并能够实践正义，在他身上，真理和权利得到了完满的结合，从而他就是柏拉图心目中的理想的哲学王。对于保卫者——军人阶层来说，他的德性就是勇敢，他要接受各方面的教育，以习惯于理性的统治，并能以勇敢的行为实践理性的命令，其中的优秀者可以擢升到统治层。对于第三等级的生产者来说，适宜于他们的德性就是节制，这实际上就是服从的意思，他们应当节制自己的欲望以服从统治者的理性的安排，其中的优秀者也可以擢升到统治层。柏拉图认为，这三个阶层各司其职，各尽其德，那么整个社会就能融合为一个有机的整体。

这样，柏拉图政治哲学的第五个基本特点就是，他在一种古代朴素的整体主义的思想范围内，探讨了一种原始的共产主义形态，在那里，财产公有，妇女公有，子女公有，人们没有各自的私人的、特殊的利益，而是完全融入到一个整体之中。我们说，在古代不发达的生产力状态下，这只能是一种怪想，它所造成的至多只是斯巴达式的军人共同体，而这一军人共同体在历史中已经证明其所代表的是一种狭隘、落后、保守和野蛮的生产关系。

这就是柏拉图政治哲学思想的几个基本特征。从此出发，就让我们进入到对亚里士多德的哲学思想的探讨之中吧。

五、希腊思想的集大成者：亚里士多德

◎ 亚里士多德的生平与著述

亚里士多德（Aristotle，公元前 384—前 322）的著作和思想的命运也许要比他的生命历程更富有传奇色彩。亚里士多德的一生，从世俗的眼光来看，是平

淡无奇的。这位于公元前384年出生于希腊北方小城邦斯塔吉拉的哲人，家世并不显赫，父亲不过是一位医生，虽然曾经做过马其顿国王的御医。这位未来的哲学家从18岁时起便只身来到雅典，在柏拉图的学园里一呆就是20年。虽然学生生活也许是丰富多彩的，而且由于他的勤奋和努力，还曾经赢得过柏拉图的赞许，柏拉图亲自在他的住所的门楣上题字“读书人之家”，这在学园里当然是无上的荣誉了，但是，毕竟这只是学生的学习生活。学者的荣耀，和政治上的惊涛骇浪、军事上的伟大胜利、宗教上的开宗立派、商场上的大起大落相比，确实毫无可以夸耀与记述之处。

如果硬要从这位哲学家平淡无奇的一生中找到几件合乎大众口味的传奇故事，那么唯一值得一提的也就只有三件事情了。一件是在柏拉图死后，亚里士多德离开了学园，于公元前343年受聘为马其顿王储亚历山大的业师，人们可以以亚历山大的伟大来赞许他的老师的伟大。一件是公元前335年他回到了雅典，在雅典城外东北部一片祭祀吕克昂的阿波罗和缪斯的小树林里赁房置地，创立了后世与柏拉图的阿加德米学园相齐名的吕克昂学园，由于他常常和学生们一边散步一边探讨高深的哲学问题，因此人们又把他的学派称作漫步学派或逍遥学派。最后一件是公元前323年亚历山大死后，雅典爆发了反马其顿的运动，亚里士多德由于和马其顿的特殊关系而受到了冲击，生命受到威胁，他被迫离开雅典，为的是不让“雅典人第二次对哲学犯罪”（亚里士多德语）。公元前322年，他死于优卑亚岛，享年62岁。死前他留下遗嘱，明智地分配了他的财产并且释放了奴隶。这就是亚里士多德的一生，一个学者平淡无奇的一生。难怪海德格尔在课堂上讲到亚里士多德的生平时只用了“他活过，思想过，然后死了”一句话就交代了他的一生。因为对于像亚里士多德这样一个学者型的思想家来说，除了他的思想以外，还有什么值得更多的记述的呢？他的传奇是在他的思想的历险中。我们不仅在他的思想中看到了一座座奇峰迭起，而且他的著作、他的思想本身在漫长的历史中就经历了一个非同寻常的历程。

现在国际通行的《亚里士多德全集》的标准本是由19世纪的德国学者贝克尔花了40年的时间编订而成的，它涉及逻辑学、科学哲学、物理学、天文学、气象学、生物学、心理学、形而上学、伦理学、政治学、修辞学、诗学等各个专门学科领域。这难免给我们留下了这样一个印象，似乎亚里士多德是一位巴尔扎克式的雄心勃勃的纂著者，在最初便有总体的著述计划和统帅全局的写作目的。但事实上，正如现在的全集是由贝克尔“编订”而成的一样，古代亚里士多德的著作集同样也是由历代学者（这里面既有亚里士多德本人，也有他的学生，有他的研究者和评注者）编纂而成的。虽然，这样编纂起来的著作集无所不包，俨然是一部百科全书，但是，这都是亚里士多德及其学生在各个学科领域分别研究的结果，并没有统一的计划。

而且，如果我们对亚里士多德的著作细加考察，那么我们就会发现，现存的著作带有明显的讲稿和听课笔记的痕迹。从而，我们可以肯定，保存至今的亚里士多德的著作和柏拉图的著作恰好相反：柏拉图的所有在学园内部属于密传性质的思想（所谓的“不成文学说”）都失传了，留下来的只是他的多以苏格拉底为主人公、带有鲜明的文学色彩和教育普及目的的对话体著作；而亚里士多德在青年时期模仿柏拉图所写的这一类的对话体著作则全部佚失了，只有零星的段落为古代学者们所摘引，相反，完整保存下来的则是那些属于密传性质的、在学园内部向弟子们专题讲授的讲稿。因此，亚里士多德的著作，即使我们今天来看，也是带有明显的学院气息的，是正经八百的高头讲章，而柏拉图的著作则显然是有意为之的文学化的创作。既然是讲稿和听课笔记，因此亚里士多德的著作便带有明显的手稿特征，从而也就免不了被经手者所补充、修改。所以，严格地说，亚里士多德的著作是经过亚里士多德本人和他的学生几代人共同努力的结果，是集体智慧的结晶，但亚里士多德本人的思想无疑是处于基础和核心地位的。

亚里士多德的著作本身就已经这样复杂了，但是，如果和它的流传过程相比较，则还稍有不及。古代著作家斯特拉堡在他的著作中就为我们记述了一个有关亚里士多德著作的传奇故事。故事说，亚里士多德由于受到反马其顿浪潮的冲击而被迫离开雅典，他将他的著作手稿留给了他的继任者塞奥弗拉斯特掌管。而塞奥弗拉斯特死前又将它托付给他的一个学生。这位学生将它带回了他的家乡小亚细亚。后来为了避免被人夺走，手稿被藏于家中的地窖中，经过一百多年岁月的磨蚀才又重见天日。在几经辗转之后，这批手稿才最后落到罗马逍遥学派的领袖安德罗尼柯的手中，经他整理、编订后，才形成了现存亚里士多德著作的基本编排体例和规模。

这是一个广为流传的传奇故事，许多学者把它当作是信史。但是，如果稍加推敲，那么我们就会发现，这只是一个传说，是当不得真的。因为，这个故事得以成立在于它预设了一个前提，这就是亚里士多德的学园中仅仅保存有一部亚里士多德的手稿。这显然是不合情理的。我们从亚里士多德的著作仅伦理学就有《优台谟伦理学》、《尼各马可伦理学》等几个不同的版本这一情形就可以认识到，亚里士多德的著作既然是讲稿和课堂笔记，在学生中不断流传，那么就应当有不止一部抄本。因此，认为在一百多年的时间中亚里士多德所创立的逍遥学派依然存在，但却没有了自己宗师的文本，这是不可思议的。研究者们现在普遍认为，亚里士多德的著作在古代应当有多种版本，安德罗尼柯不过是最后的编订者而已，此后，亚里士多德的著作就进入了评注的时期。

◎ 亚里士多德思想的命运

但是，著作版本的来历是一回事，著作的接受史则又是另一回事，它同亚里士多德思想的传播一起构成了更为跌宕起伏的传奇经历。

现在，一提到古希腊的哲学家，人们首先想到的就是柏拉图和亚里士多德，认为两个人在古希腊哲学中是双峰并峙、前后辉映。但事实上，作为柏拉图的学生，亚里士多德和他所开创的逍遥学派在当时百家争鸣的雅典远未能够取得如同他的老师柏拉图的阿加德米学园那样的学术地位，它只是一个小小的哲学派别。亚里士多德本人的思想也并未受到时人的重视，人们更多地了解的只是他在柏拉图学园里当学生时所写的那些极富文采、带有明显的柏拉图风格的对话录，例如佚失的两篇对话录《格利努斯》和《劝勉篇》，其中包含攻击与柏拉图学园同时的伊索克拉底派的内容，在当时就引起了伊索克拉底学派的回应。甚至在几世纪后，罗马修辞学家昆体良在谈到亚里士多德时，注意到的仍是这些通俗对话录。例如，他这样说："对亚里士多德我将说些什么呢？我怀疑我景仰他是否更多的是因为他的学识，他的著作的丰富，他的语言的魅力，他的才力的敏捷，或者他的著作领域的宽广。"[①] 他在吕克昂学园教授的内容是在公元3世纪新柏拉图主义者们接受了他的著作之后，才受到人们的重视并且产生广泛的学术影响的。在这一时期，有许多学者为他的著作写了研究性的评注，如阿弗罗狄西亚的亚历山大，他是亚里士多德主义者；波菲利，他是新柏拉图主义者；菲罗庞努斯，他是基督徒。

公元529年，罗马皇帝查士丁尼封闭了雅典的各哲学团体，新柏拉图主义者辛普利丘携带亚里士多德的著作去到波斯，那时在君士坦丁堡已经有一个亚里士多德主义的学术团体了。这样便有了亚里士多德著作的叙利亚文版本。9世纪，亚里士多德的著作传到阿拉伯，又通过阿拉伯传至西班牙。亚里士多德的思想在阿拉伯世界产生了广泛影响，著名的阿拉伯哲学家阿维森纳和阿威洛伊都是他的评注者。此时，西方世界由于西罗马帝国的灭亡所带来的混乱，正处于文化的黑暗时期，对亚里士多德的著作知之甚少，为人所知的只有波爱修所翻译的《范畴篇》和《解释篇》两篇逻辑学著作。

这种情况延续了很久，直到12世纪中期开始，才有从阿拉伯文翻译过来的亚里士多德著作重新传入西方世界，并立即引起了轰动，人们像发现一片新大陆一样突然在自己遥远的传统中发现了一位真正重量级的思想大师，它仿佛是一座被历史的云雾所遮蔽的雄伟山峰，现在云雾散开了，它矗立在历史的地平线上，发出耀眼的光芒。这样，在12世纪，被历史所埋没的亚里士多德突然复活了，他一下子登上了人类精神的王座，成为凌驾于以往所有哲学家之上的真正王者。他的思想成为中世纪大学教育的基础，基督教神学开始利用它来代替奥古斯丁的

① Abraham Edel, *Aristotle and His Philosophy*, New Brunswick and London: Transaction Publishers, 1996, p. 21.

柏拉图传统作为自己的哲学理论基础。不过，在最开始，人们对亚里士多德的了解和研究还主要依赖于阿拉伯文的译本，但1204年君士坦丁堡的陷落彻底改变了这一状况。一大批在西罗马帝国灭亡之际迁到那里的希腊经典文献重又回到了西方，其中就有亚里士多德著作的希腊文抄本。这样，西方人可以不借助于阿拉伯的二手译本，直接对亚里士多德的原文进行研读了。不久，亚里士多德著作的拉丁文译本便出现了，这进一步方便了人们对亚里士多德的研究，并且更加扩大了亚里士多德的知名度。亚里士多德思想的严谨的逻辑性和注重经验实在的特点，给到处充满了巫师和鬼魅的中世纪世界吹来了一缕清新的空气，使得科学精神在中世纪开始逐渐苏醒过来。正是在这一新的思想局面的基础上，托马斯·阿奎那才可能对亚里士多德的哲学思想加以改造和利用，使其成为基督教神学新的理论基础。在中世纪后期，亚里士多德逐渐成为思想的正统和权威。从某种意义上说，中世纪居于意识形态统治地位的经院哲学就是亚里士多德主义。由此，亚里士多德的地位也得到了提升，开始凌驾于柏拉图之上。

关于这一点，我们只要读一读但丁《神曲》中的一段就清楚了。在《神曲·地狱篇》的第四篇，但丁描写了地狱中一处独特所在，那是一片树林，树林中有一座城堡，城堡边有一处青草地，在那里，古代那些品行高尚、享有盛名的人们聚集在一起。当但丁将目光投向哲学家的队伍时，他看到了这样一番景象，亚里士多德站在哲学家的队伍正中，大家像众星拱月一样簇拥着他，其中苏格拉底和柏拉图站在离他最近的地方。这真是一幅经典的画面，它像拉斐尔的巨幅壁画《雅典学园》中所刻画的柏拉图和亚里士多德的形象一样准确地向我们传达了中世纪晚期亚里士多德在人们心目中的地位，此时他已经超越了他的老师柏拉图和老师的老师苏格拉底，坐上了哲学的头把交椅。

文艺复兴的早期，亚里士多德依然保持着他的崇高地位。当意大利的佛罗伦萨成为柏拉图主义的中心时，帕多瓦则是亚里士多德主义的传统堡垒。双方各自站在基督教的立场上攻击对方，亚里士多德主义指责柏拉图主义的泛神论和神秘主义倾向，柏拉图主义则指责亚里士多德主义的自然主义倾向。当时柏拉图主义的思想领袖是费奇诺，亚里士多德主义的杰出思想家则是彭波那齐。争论自然也就带来了对文本的深入理解，更准确的译本和更精审的校勘都出现了，人们掌握的文献资料也更为全面。但是，正当进一步研究的条件成熟的时候，时代思想的空气突然变化了。被基督教神学所改造利用的亚里士多德哲学同柏拉图哲学一样，基本上代表的是一种古代的世界观，而这种世界观随着古代世界的消失和以市民为主体的新型的世俗生活在欧洲的逐渐兴起，对理智而言开始逐渐变得不可理解。在此，或许文艺复兴时期的著名学者拉姆斯（Peter Ramus，1515—1572）回忆他的求学生涯的一段话可以清楚地反映时代空气的这一变化。他这样说：

我们花了3年6个月的时间研读经院哲学。之后，根据大学规定，研读了《工具论》里的各篇论文，进行讨论，再做一番苦思冥想（在亚里士多德的所有著作中，那些论述论辩的著作在 3 年课程里，尤其要一读再读）。按部就班地做完那一切以后，我合计了一下埋头于经院学问的日子。很自然地，我开始寻找运用那些废寝忘食而习得的知识的目的。我很快就意识到，所有那些篇章既没有给我以更多的历史和古代知识，没有使我的辩才有所长进，也不能使我成为一位杰出的诗人，不能使我更机敏更圆滑一些。呵，多么地无知，多么地让人忧伤！在经历过千辛万苦之后，我却采集不到、哪怕是看一眼那些被认为在亚里士多德的论辩里能找到的异常丰富的智慧之果！我该怎样悲叹我不幸的命运、贫乏的思想！①

在古代被誉为博学和智慧之源的亚里士多德此时竟让人产生了无知和忧伤之感，这是多么具有讽刺意味的一件事啊！除了社会生活的根本改变这一理由之外，我们找不到别的合理的解释。这样，随着现代生活和现代世界的展开，亚里士多德开始变得落伍了，他成了老古董，到处受到人们的奚落和嘲笑。培根嘲笑亚里士多德以他的逻辑败坏了自然哲学，用空洞的概念范畴营造出虚构的世界；笛卡尔则指责亚里士多德的三段论只能用来说明已知的东西，却不能用来发现新的知识。这两位现代世界的思想巨擘对亚里士多德哲学的恶评具有盖棺论定的性质，导致亚里士多德在整个近代思想史中地位的衰落。我们看到，亚里士多德在近代世界的命运便是：近代实证的自然科学愈发展，亚里士多德的抽象的形而上学体系便愈衰落。

不过，随着人文主义传统在现代的复活，亚里士多德的具有浓厚的与自然科学相对立的人文精神色彩的伦理学和政治学著作重新受到了学者们的重视，在当代西方兴起了所谓的新亚里士多德主义，像伽达默尔、阿伦特、麦金太尔等都是其中的佼佼者。亚里士多德著作中丰富的人文资源重又得到了系统的挖掘和整理，并被赋予了当代意义。消失已久的亚里士多德重新进入了人们的视野，用现代语言和人们一起讨论当代的政治、伦理和科学问题。

这就是亚里士多德的著作和思想的跌宕起伏的命运。我们有理由相信，随着历史的自我展开，亚里士多德将会以更多样、更意想不到的方式不断地出现在历史的地平线上。这当然是任何一个历史流传物不可避免的解释学命运，而且越是伟大的思想家，他的思想在历史中将越具有曲折的传奇经历。在这里，还是让我们先放下对亚里士多德思想命运的品评，深入到他的思想当中去吧，在那里，亚里士多德作为伟大的思想家的本质才真正全面地展现了出来。

在前面谈到柏拉图的一节中我们已经说过，对于柏拉图的理念论来说，存在

① 引自［美］埃伦·G·杜布斯：《文艺复兴时期的人与自然》，5 页，杭州，浙江人民出版社，1988。

着一些致命的难题，一个核心的难题就是，理念世界和现实世界具有怎样的关系，而这也就是一般和个别、抽象和具体的辩证关系的问题。柏拉图在其晚年倾尽全力来思考解决这一问题，但是并没有取得令人满意的答案。作为柏拉图的学生，亚里士多德的思想无疑是沿着这一思路前进的，他的形而上学就是在思考一般如何体现在个别之中，个别又是如何内含着一般，从而以此来打通理论和现实之间的悬隔，将本质和现象融贯在一起，以根本完成从巴门尼德以来古希腊哲学拯救现象的任务。

◎ 范畴论

在完成这个任务之前，亚里士多德的第一个工作就是将柏拉图的理念世界从逻辑上做了一番整理。

我们说过，柏拉图的理念世界是本体论、目的论和逻辑学三者的统一，作为逻辑学，理念在本质上就是概念，从而在概念思维的意义上，柏拉图曾经对概念逻辑作过一些初步的探讨，也取得了一些初步的成就。例如，种加属差的定义法在他那里更加完善了，他强调了从较普遍的概念到较具体的概念的思维运动必须严格地遵循概念普遍程度递降的逻辑次序，在这一过程中不能有丝毫主观任意的跳跃（参见《智者篇》、《政治家篇》、《斐利布篇》）。但是从总体上说，柏拉图的理念世界中的各个理念之间的关系是混乱的，缺乏合理的逻辑秩序和关联。他的理念是我们已有词汇的大杂烩，语言中的任何一个词都因其是多中之一的普遍而被当作理念。这样，就不仅可以有善的理念、美的理念、公正的理念，还有数的理念、人的理念、马的理念，甚至还有白的理念、大的理念、小的理念，所有这一切都是理念，它们在柏拉图的理念世界中的关系是完全平等的，各自分离而存在。但我们知道，这些理念实际上是有层次的不同的。例如，善的理念、美的理念、公正的理念就属于伦理知识，不同于数的理念、人的理念、马的理念是自然知识；而白的理念、大的理念、小的理念则只是一些属性，是依附于人、马这样一些事物的理念的，并不能像人、马这样一些理念具有独立的存在。但柏拉图对此统统未加区分，因而他的理念体系就仿佛是希腊混酒钵，所有的东西都搅和在一起。

面对这一问题，柏拉图自己也曾尝试提出过一种解决办法，这就是把“善”的理念当作理念世界中的最高理念，它仿佛是理念世界中的太阳，其他一切理念只有在它的照耀下才能被认识。我们说，这是一种目的论的解决方式，即按照理念的价值等级来划分理念之间的层次，价值等级越高的理念，在理念世界中的逻辑地位也就越高。但这样一来，不仅世界被二重化为可感世界和可知世界两个部分，而且可知世界即理念世界也被无形中分成了许多等级，成为金字塔状。这种对理念与理念之间关系的处理方法显然是不成熟的。

因此，在对世界进行形而上学理论建构的过程中，柏拉图仅仅完成了这一工作的第一步，即对经验世界的抽象，从具体、多样的现象世界中抽象出了一个个一般、单一的概念——理念，但是，概念相互之间的内在的逻辑联系却没有科学地建立起来，而这却是形而上学体系化的更为重要的内容，因为这同时也就是赋予世界以逻辑秩序的过程。如何赋予概念以一种逻辑的联系，并且使之能够形成一种动态的、由一个概念向另一个概念的运动、过渡、变化的联系，从而最终可以用这样的概念体系来说明动变的现象世界，使其成为现象世界真正的逻辑基础和本体论基础，这就是摆在哲学面前的一个迫切需要解决的问题。现在，亚里士多德就来解决这一问题。

亚里士多德首先从范畴的角度对概念进行了整理。所谓范畴（category）是对希腊文 κατηγορια（categoria）的翻译。κατηγορια 作为名词是从动词 κατηγορειν 而来的，κατηγορειν 的意思是“陈述”、“谓述”，例如，“甲是乙”，这就是一个谓词判断，其中乙是对甲的陈述，从而 κατηγορια 作为名词，准确的意思应当是指“谓词”。而所有概念都要么陈述一个主词，要么自身就是主词，同时它们作为谓词对主词加以陈述的方面又是各不相同的。亚里士多德根据这一点，从谓词的角度对概念进行研究，实际上就是整理概念间的逻辑关系，按照它们在陈述中所承担的功能对它们分类。这样，κατηγορια 就有了概念分类的意思，汉语正是依据 κατηγορια 的这样一层意思，从《尚书》中“洪范九畴”这一句话中截取了“范畴”二字作为它的译名，应当说还是比较准确的。

通过研究，亚里士多德就将一切概念都归入了如下十个范畴，认为它们是对事物存在的十个不同方面的陈述。这就是：实体，数量，性质，关系，地点，时间，姿态，占有，主动，被动。其中，实体又分为第一实体和第二实体，第一实体指独立存在的个别事物，第二实体则是相应于第一实体揭示其一般本质的普遍概念。拿“人”来做例子，具体的某个人，例如苏格拉底，是第一实体，“人”这一普遍概念则是第二实体，它揭示苏格拉底作为人的一般本质。例如，我们可以说，“苏格拉底是人”，它构成了对苏格拉底的一个清楚的界定。这就是亚里士多德的实体范畴。

数量范畴则是指那些与数量相关的概念，如，“苏格拉底死时有 70 岁”，这里，“70 岁”就是数量范畴，它从数量的角度对苏格拉底一个方面的特征进行了说明。

性质范畴则是指那些说明事物一般属性的概念，如，“苏格拉底是老的”，“老”就是性质范畴，“苏格拉底是白的”，“白”也是性质范畴，“苏格拉底是有教养的”，“有教养”也是性质范畴，它们分别从外在表现的方面描述了苏格拉底。

关系范畴是指那些表示事物之间关系的概念，如，“西米阿斯比苏格拉底高”，“高”就是关系范畴，它揭示了存在于西米阿斯和苏格拉底之间的一种关系。

地点范畴是指那些表示位置的概念，如，“苏格拉底在市场”，“在市场”就是地点范畴，它表明苏格拉底占据的空间位置。

时间范畴是指那些表示时间的概念，如，“苏格拉底昨天走了”，“昨天”就是时间范畴，它告诉我们有关苏格拉底及其行为所发生的时间。

姿态范畴、占有范畴、主动范畴、被动范畴实际上是一类，即它们都是表示动作的概念，只不过是动作的种类不同罢了。例如，“苏格拉底坐着”，“坐着”就是姿态范畴。“苏格拉底穿着鞋”，“穿着鞋”就是占有范畴。“苏格拉底申辩”，“申辩”就是主动范畴。“苏格拉底被处死”，“被处死”就是被动范畴。

这就是亚里士多德的十范畴。稍加思考就可以看出来，十范畴构成了我们观察事物、描述事物的十个不同的方面，我们对事物的认识和描述都是按照这十个方面来进行的。也就是说，在对事物进行认识和描述的过程中，我们必然要问道：它是什么，这里的“它”和“什么”就分别是第一实体和第二实体；它是多少，“多少”涉及事物的数量；它是怎样，“怎样”涉及事物的性质；它和其他事物之间有什么关系，这里涉及关系范畴；它在何时、何地，这里“何时”、“何地”涉及事物的时间和地点；同时，我们还要对这个事物运动状态进行表述，而这就必然要涉及姿态、占有、主动、被动这四个范畴。只有分别说到了这十个方面，我们才算是把一个事物清楚、完整地描述了出来，人们也才对这个事物有了一个清楚完整的认识。由此可见，十范畴所构成的不是一个抽象的概念体系，而是和事物的实际的存在直接相关的，是分别从十个方面对一个事物的存在的说明和界定。其中实体范畴是对事物本质存在的揭示，其他九个范畴只是对事物偶性存在的说明，也就是说，事物可以不在这个或那个地方，不具有这样或那样的性质，却不可能不具有它的本质，否则它就失去了它的存在。因此，在十范畴中实体范畴是首要的，其他九个范畴都依附于它而存在，而第一实体尤为重要，因为包括第二实体在内的其他范畴都是对它的说明和界定。

通过范畴的划分，现在，一切概念就依其所揭示的事物的存在方面的不同而被分门别类地归入到了不同的范畴种类之中，同时根据它们所揭示的事物的存在地位的不同，相互之间又建立起了主从的关系，实体是首要的范畴，其他九个范畴都依附于它。这样一来，柏拉图的原本杂乱无章的概念体系就有了初步的秩序，变得清晰了，这当然也就是对世界逻辑化的过程，世界上的万事万物及其各种性状依据这个体系也建立起了严整井然的秩序来。

在此基础上，亚里士多德又进一步探讨了概念与概念之间的基于推理的逻辑关系，这就是亚里士多德所首创的三段论，它构成了亚里士多德的形式逻辑的主要内容。

通过对概念的分析，亚里士多德发现，概念与概念之间在普遍程度上是有差别的，例如，“动物”这个概念就比“生物”这个概念的普遍程度要低一些，而“人”这个概念又比“动物”这个概念的普遍程度要低一些。基于这一认识，亚里士多德就建立了概念之间的包蕴关系，认为高一级的概念蕴含着低一级的概念，从而，由较高的概念向较低概念的运动就构成了我们思维中的必然的推理过程。这样，虽然概念是抽象的，但是我们却可以从最抽象的概念出发，通过由高向低的概念运动，一直达到抽象程度最低的概念。这就最终为我们由概念世界通向经验世界铺平了道路，因为抽象程度最低的概念所关涉的就是经验世界中的具体的存在物。例如，如果说“凡人都是要死的”这个原理是抽象程度很高的普遍原理，它很不具体，从而似乎与我们具体的经验生活中的事物无关，但是，通过“苏格拉底是人”这个判断作为中介，它很自然地就过渡到了我们具体的生活经验的领域，针对具体的经验对象——苏格拉底，得出了必然有效的判断，即“苏格拉底是要死的”。概念世界和经验世界就不像在柏拉图那里一样是隔绝不通的，通过一系列的三段论的逻辑联结，一般最终就体现在了个别之中，抽象的也因此成为了具体的。显然，通过三段论，亚里士多德就建立起来了概念之间的动态的逻辑关联，并由此把概念世界和经验世界必然地联系在了一起。

这就是亚里士多德对柏拉图混乱而无秩序的概念世界的整理。在完成这一工作之后，亚里士多德就从逻辑学转入了本体论，这就是他的形而上学。

◎ 形而上学

说到亚里士多德的形而上学，还有一个小插曲。实际上，亚里士多德自己并没有一本著作叫作“形而上学”，他也没有用“形而上学”这样一个专门名词来称呼现在一般认为是属于形而上学的哲学内容。《形而上学》这部著作是后人编辑的，名字也是后人起的。据说，我们前面提到过的那个罗马逍遥学派的领袖安德罗尼柯在得到了亚里士多德的手稿后，就着手进行整理。但是在整理完亚里士多德的物理学方面的文献之后，他碰到了一批无法归入物理学的研究范围、而是属于本体论领域的文献，他找不到合适的名称来称呼这批文献，就只好笼而统之地根据它们位于物理学之后的这一编纂次序给了它们一个统一的名称 των μετα τα φυσικα，其本义就是“在物理学之后诸卷”。英文的 metaphysics 即是由此而来。中文在翻译过程中考虑到这部分哲学内容研究的是有关世界的总的一般原则，它们超出了具体有形的物理存在，因此就根据《易经·系辞》中的一句话“形而上者谓之道，形而下者谓之器”，用“形而上学”四个字来翻译 metaphysics。这就是“形而上学”一词的来历。实际上亚里士多德自己并没有这一个称谓，他把这部分哲学内容一般称作“第一哲学”。

那么，什么是形而上学呢？按照亚里士多德的说法，形而上学就是对存在本身的研究。他这样说："有一门科学研究作为存在的存在和专属于它本身的那些特征。它不同于任何就部分而言的科学；因为其他科学没有一种普遍地思考作为存在的存在，而是从中截取一部分来思考它们的偶性……"① 这样看来，形而上学一般来说就是研究存在的学问。但这是一种什么意义上的存在呢？亚里士多德明确地说，这是作为存在的存在。那么，什么是作为存在的存在呢？

我们知道，存在是巴门尼德首先提出的一个概念。在他那里，一切都是存在，这样，一切就都混溶在那个抽象的存在概念中，没有得到清楚的区分。柏拉图的理念是对巴门尼德的存在的具体化，在巴门尼德那里那个含混的存在概念在柏拉图这里被具体化为一个个一般的概念——理念。这当然是思维的一个进步，但是，如前所说，柏拉图的理念是杂乱无章地堆积在一起的，它们之间的逻辑秩序并没有得到很好地建立。鉴于这一点，当亚里士多德着眼于形而上学，研究存在时，便首先指出，存在的意义是多重的，我们应当区分之。存在不仅可以指事物偶性方面的存在，也可以指事物实体方面的存在。像"白"、"大"、"小"这样一些概念，所反映的就是事物偶性方面的存在，而像"苏格拉底"、"人"、"动物"这样一些概念反映的则是事物的实体方面的存在。亚里士多德认为，偶性存在依赖于实体存在，不能独立存在。例如，不可能有独立存在的"白"，"白"作为一种属性，它必须依附于某个实体而存在。但实体却可以独立存在，它不依赖于其他东西而存在。例如，苏格拉底是一个独立存在，而"人"从某种意义上说，也是一个独立存在。正是由于实体可独立存在，从而就存在而言，相较于其他范畴，它的实在性是最充足的，所以亚里士多德才认为实体是首要意义上的存在，是"作为存在的存在"。很显然，"作为存在的存在"不是别的，就是指"实体"。形而上学把"作为存在的存在"作为自己的研究对象，实际上就是把实体作为自己的研究对象。这样，区别于柏拉图的理念论，实体理论就构成了亚里士多德形而上学的核心，这当然是对形而上学本身的发展。通过对实体的研究，亚里士多德就以自己独特的方式较为完满地解决了柏拉图理念论中所遗留下来的理论难题。

现在，就让我们具体来看看，亚里士多德是怎样做到这一点的。通过深入地研究，亚里士多德首先认识到，同样作为实体，像"苏格拉底"和"人"这两个实体，它们在实在性上仍然是有差别的。"苏格拉底"是完全意义上的独立存在，而"人"的实在性相较于"苏格拉底"则弱一些，它依赖于像"苏格拉底"那样的每一个具体的个人。如果不存在千千万万个具体的人，也就不存在抽象、一般的"人"。这样，与柏拉图认为一般比个别更真实的观点相反，亚里士多德便首先确定了，个别比一般更真实。我们作为现实生活着的人，是生活在充满了具体

① ［古希腊］亚里士多德：《形而上学》，1003a21～26。

的存在物的世界上的，这才是真正实在的世界，一般的理论世界只是对这个世界的说明，却不能构成实在的生活境界。显然，相对于柏拉图理念论的理想主义气质，亚里士多德的这种实体理论就表现出了现实主义的风格，对于他来说，人的生活是在此岸，而非彼岸。这就是亚里士多德和柏拉图在本体论上的根本差异。文艺复兴时期的艺术大师拉斐尔在他的著名壁画《雅典学园》中，用柏拉图一手指天、亚里士多德一手指地这样典型的艺术造型形象地表现出了他们形而上学思想的这一差异。

在确定了个别事物是第一实体后，亚里士多德又进一步对这个第一实体进行了分析。他认为，我们可以从四个方面来分析第一实体，这四个方面构成了第一实体存在的原因。这就是亚里士多德的四因说。具体来说，这四因就是质料因、动力因、目的因和形式因。亚里士多德认为，任何一个具体事物的存在都有这四个方面的原因，只有具备了这四个方面的原因它才能够存在。质料因是指构成这个事物存在的物质材料，动力因是指使这个事物存在的动力来源，目的因是指这个事物存在的目的，形式因则是指使这个事物作为它自身而存在的形式、规则和本质。以房子为例。一座房子，砖石是它的质料因，建筑师是它的动力因，居住是它的目的因，而房子之为房子的那个式样和一般原理，则是它的形式因。亚里士多德认为在这四种原因中，质料因和形式因是最基本的，因为动力因和目的因都可以统一到形式因中去。从而，任何一个个别事物，如果单纯地加以分析，都可以分为质料与形式两个方面。质料构成了事物存在的物质载体，而形式则规定了事物存在的样式，并因此成为事物生成的动力和目的。这二者彼此紧密地结合在一起，须臾不可分离。没有无形式的质料，任何质料都要以特定的形式存在，也没有无质料的形式，任何形式都以质料为物质基础。它们二者的结合就生成了具体、个别的事物，这就是第一实体。这样，质料和形式在第一实体中就获得了它们统一存在的基础，亚里士多德以此方式就弥合了在柏拉图那里彼此隔绝如同天壤的一般和个别。

但是，强调一般只能体现在个别之中是一回事，说清楚一般究竟是如何体现在个别之中的却又是一回事。对于这个问题，亚里士多德是用潜能和现实这一对概念的辩证发展的关系来解决的。亚里士多德指出，一般体现在个别当中，但这不是一种现成的、直接的体现，而是通过由质料向着形式的生成、发展的动态过程来实现的。亚里士多德是通过事物的生灭变化来说明这一点的。宇宙万物的生灭变化实际上是一个连续的由质料向着形式的生成过程。一块石头被雕琢成一座雕像，这是由质料向形式的生成，同样，一颗种子长成一棵大树，这也可以说是由质料向着形式的生成。当石头还未雕琢成雕像时，雕像的形式可以认为是潜在于石头当中，同样，当种子还未长成大树时，大树的形式也可以认为是潜在于种子当中。当石头雕琢成雕像、种子长成了大树时，我们就可以说这块石头实现了它作为雕像的形式本质，这颗种子实现了它作为大树的形式本质。这样，在质料和形式的基础上，借助发展的模式，亚里士多德就形成了潜能和现实这样一对独特的概念，以此说明形式如何同质料相结合从而生成具体的个别事物，这实际上也就是在具体地向我们展示，一般如何体现在个别之中，个别又如何表现为一般。具体来说，当形式还潜藏在质料当中时，它就作为潜能而存在；当形式从质料中实现出来时，它就作为现实而存在。也就是说，质料是潜在的形式，形式则是现实化了的质料。一般就是通过这样一个由质料向着现实的发展过程而具体地在一个个别事物之中获得实现的。一般就不表现为同个别的分离，相反，它作为个别的潜在的规定性，内在于个别当中，主导着个别的发展，使它将自己完满地实现出来。这样，亚里士多德就以潜能向着现实发展的独特模式解决了柏拉图理念论中所遗留下来的理论难题，实现了个别和具体的统一，使得一般体现在个别之中不仅成为必要，而且成为可能，从而化解了在柏拉图那里彼此悬隔的理念世界和现实世界的那种僵硬对立。

这就是亚里士多德实体理论的基本轮廓及其理论意义，它通过将形式作为潜藏在质料之中的待发展的规定性实现了一般和个别的统一。以这个崭新的实体理论为基础，亚里士多德解释了宇宙总体的生灭变化的现象。首先，他把整个宇宙看作由质料向着形式不断生成、转化的过程，高级的形式作为潜能蕴含在低级的质料当中，并且规定着低级的质料的发展，而当它由潜能发展成为现实之后，它自身便又成为质料，向着作为潜能蕴含在它自己内部的更高级的形式发展。这样，高级的形式是更高级的形式的质料，后者又是更为高级的形式的质料，一环套一环，最终在最高级的形式中，整个宇宙实现了它发展的最终目的。拿植物的生长来作例子。种子相比于幼苗就是低一级的质料，它以长成幼苗为自己要实现的形式、要达到的目的。幼苗相比于果树又是低一级的质料，它以长成果树作为自己要实现的形式、要达到的目的。同样，果实又是果树要实现的形式和目的。以此类推。总之，宇宙中的一切变化和生灭都可以理解为是由低一级的质料向高一级的形式的发展过程，从而宇宙中充满了这种由较低级的质料到较高级的形式的无限发展的连环，它们构成了一个等级的序列。这就是亚里士多德的发展的宇宙观。

但是如此一来，由于亚里士多德通过将形式作为质料潜在的规定性来促成质料向着形式发展，形式既规定着质料的发展，又是质料发展的目的和动力，同时低级的形式又是高级的形式的质料。为了使这个发展成为可能，亚里士多德就必须为这个连续发展的宇宙序列预设一个最高级的形式作为它发展的根本动力，只有这样，整个宇宙在这个最终极的目的的驱动下，才会从低级的质料向着高级的形式不断地发展，否则，发展就会因失去最终的目的指向而丧失动力。这就是亚里士多德这个发展的宇宙观的根本理论难点。为了解决这个问题，亚里士多德就不得不为他的这个发展的宇宙观设定了一个终点，这就是所谓的纯形式。亚里士多德认为，这是最高级的形式，由于在它之上再也没有比它更高级的形式存在了，从而它也就绝无可能成为质料，而只能作为纯粹的形式存在。它因此便是纯形式。它是宇宙最高的发展目的，整个宇宙的发展就是为了最终实现它，它内在地规定着整个宇宙的发展。这个纯形式不是别的什么，它就是善本身，亚里士多德又把它称作神。亚里士多德认为，神是最高级的形式，它构成了整个宇宙发展的最终目的，整个宇宙就是向着它的生成过程，因此它构成了宇宙的第一推动力，正是它在推动着整个宇宙的发展，使宇宙最终归入自己的怀抱，这样宇宙也就达到了它最完满、最理想的状态。

因此，亚里士多德在用实体理论克服了柏拉图理念论中内在的理论难题后，在他的神学理论中却又回到了柏拉图的理念论，将整个宇宙统一在“善”这个最高的理念之下，形成了一种目的论的宇宙观。这种一致性当然不是偶然的，这是古代世界观的基本特点，也就是从一种目的论的角度出发来看待整个世界的存在和生灭。

以上，我们介绍了亚里士多德形而上学的主要思想。显然，当善被确立为整个宇宙的最高发展目的，那么，对善本身进行探讨，研究什么是善，这是理论发展的必然。这个工作是亚里士多德在《尼各马可伦理学》和《政治学》中来完成的。前者探讨的是个人的善，它所关注的焦点是人的德性。后者探讨的是城邦的善，它所关注的焦点是城邦的制度。在对这二者的探讨中，亚里士多德都采取了一种不同于柏拉图从抽象的概念出发的方式，即采用一种从具体的情境出发、具有强烈经验主义特征和人文色彩的方式，针对每一特殊的情境，具体地探讨何种行为方式、何种统治模式是最佳的，而这种最佳的行为方式和统治模式就分别构成了符合中道的人的德性和符合正义的政治制度。这就是亚里士多德伦理学和政治学的思想主旨。限于篇幅，我们这里就不多作介绍了。

六、寻找精神的家园：晚期希腊哲学

◎ 晚期希腊世界的转型

历史往往具有一种惊人的巧合。公元前 323 年，年仅 33 岁的亚历山大大帝尚未完成他旷古未有的征伐世界的计划便猝然病逝于巴比伦城，翌年，他那位伟大的老师，亚里士多德，在经历了长期病痛之后，也病逝于优卑亚岛，享年 62 岁。正如亚历山大的死标志着一个新的历史时期的开始，这就是所谓的晚期希腊或者希腊化（Hellenistic）时期，同样，亚里士多德的死，也标志着哲学进入了一个与古典希腊哲学完全不同的时期，这就是晚期希腊哲学。历史的这样一种惊人的巧合，如果我们细加推敲，是有着深刻的历史根源的，它们无疑都共同根源于希腊城邦制度的破败。我们可以这样说，晚期希腊世界和晚期希腊哲学不过是破败了的城邦制度和建筑于其上的古典希腊哲学的孑遗物。如果说古典希腊世界和古典希腊哲学是一座富丽堂皇、巍峨壮观的希腊神庙的话，那么晚期希腊世界和晚期希腊哲学则不过是这座倒塌了的神庙的残垣断壁而已。但是，残垣断壁却自有残垣断壁的意义，因为，新的因素在其中酝酿着，虽然要到遥远的将来才能显露它全部的历史意义，但是就目前而言，从积极的方面说，它却正起着倾覆和扫除旧的世界秩序的作用。那么，这种新的因素是什么呢？这就是个人的出现。

在前面“智者和苏格拉底”一节中我们曾经提到，希腊民主制度的发展带来的是奴隶制工商业的繁荣，这就造成了私人生活在城邦公共生活之内的滋生，它构成了一种否定性的因素，倾覆着古老的、建立在血缘关系和宗族关系基础之上、以自足为其特征的城邦制度，伯罗奔尼撒战争就是古老的城邦制度在这一新的因素的侵蚀下开始逐渐瓦解的标志，马其顿帝国的崛起和它最后的分裂，不过是使这一潜滋暗长的潜流变得更为汹涌澎湃而已。

随着古老的城邦共同体不再作为一个有效的政治实体发挥其历史作用，取而代之的是一个个松散的政治联合体——帝国，那建立在城邦政治理念之上、能够给人提供统一的精神归宿的思想观念体系自然也就不再能够起到维系人心的作用了。现在，人们清楚地意识到，世界已经完全不同了，它遵循的是完全不同的原则。关于这一点，我们只要看看继伟大的阿里斯托芬之后雅典的另一个著名喜剧家米南德在一部喜剧中的一段台词就可以明白了。

他借人物之口这样说：“神是空气和水，大地和火，太阳和光——哲学家们如是说，但是我却发现：对我们唯一有用的神乃是黄金与白银。假如你把这两位神引到你的家里，只要你认为好的东西你都可以想望，而这一切马上就会是你的了，譬如庄园、房舍、银器、朋友、阿谀逢迎的仆人、见证人和告密者。你只要多给一点儿钱，就连带神自己也会做你的仆役。”①

很显然，商品关系和拜金主义破坏着传统的宗教秩序和政治秩序，传统的神以及由它所维系的宗法秩序不再神圣而值得人尊重，相反，起决定作用的是金钱，是财富在决定着人们的价值，而非基于血缘的出身和门第。这当然就意味着人从他从前所附属于其中的宗法关系中被解放了出来，成为一个无所依附的个人。在从前，伯利克里在公开演讲中可以大谈爱国主义，大谈公共生活的崇高价值，斩钉截铁地说：“每一个人所关心的，不仅是他自己的事务，而且也关心国家的事务……一个不关心政治的人，我们不说他是一个注意自己事务的人，而说

① ［苏］塞尔格叶夫：《古希腊史》，369页，北京，高等教育出版社，1955。

他根本没有事务。”① 以这样的词句，他便可以激发全体公民昂扬的斗志和自我牺牲的精神。但是，现在，在普遍的世界动荡面前，在金钱的势力面前，已经没有一个超个人的共同体可以值得人们关心了，人们所关心的只是自己的私人生活。这样，与雅典极盛时期公共建筑的大量兴造形成鲜明对比的是，在晚期希腊时期，私人居室却被装饰得富丽堂皇，暴发起来的富人们把大量的金钱花在自己私人生活的享受上。对此，琉善一针见血地指出：“这些人把凡是他们在其间有利可图的国家都当作自己的祖国，因为他们不是在国家而是在财产上看到自己的祖国的。”② 雅典著名的演说家狄摩斯提尼在他的《反腓力辞》中则更尖锐地指出，对于如今的希腊人，伟大的政治问题已成过去，爱国主义、民族自豪感连同战斗精神和自我牺牲的品质一起丧失殆尽，利己主义和个人主义破坏了雅典的统一，而正是统一使昔日的雅典成为出类拔萃的城邦。“我们现在比以前有了更多的东西，但是这一切都成了拙劣、无用、无效的东西，因为这一切都成为卑鄙买卖的对象”③。

因此，一个不容争辩的事实便是，在晚期希腊世界，随着城邦的解体，个人开始出现了。这无疑是全新的历史图像，带来了与古典希腊世界完全不同的问题。在从前，个人生活在整体之中，他依附于这个整体，不仅从这个整体之中获得物质保障，而且从这个整体中获得精神的寄托，他的全部精神价值是建立在这个整体的精神价值之上的。这表现在哲学上，例如在伦理学、政治学中，思想家们所寻求的便是整体的善，认为整体的善大于个人的善，并且具有充分的权力来规定个人的善。这无论是在柏拉图的伦理学、政治学中，还是在亚里士多德的伦理学、政治学中都是一样。但是，一旦个人从整体中分离出来，他就不得不独自面对他的生命、他周围的整个世界。这样一个广漠的世界，对刚刚从整体之中挣脱出来的个人而言无疑是陌生的，面对巨大的历史事变，和崭新的、尚未得到合理建设的人与人之间的关系，他深深感到，他的生命就如同洪涛巨浪中的一棵小草一样，任凭变幻莫测的命运和外界强大的力量摆布，不能做出丝毫反抗。在强大的命运面前如何照看他的生命，如何安慰自己的灵魂，如何在这个动荡的世界中找到自己可以安身立命的精神家园，就成为他迫切需要解决的问题。这是有关个人如何度过他的人生的问题，所涉及的不是整体的善，而是个人的善。这样的问题是古典希腊时期不可能提出来的，这就是晚期希腊时期的特殊的哲学问题。

由此看来，随着在亚历山大之后世界政治格局的根本变化，哲学在亚里士多德之后也就发生了根本的变化。现在，带有个人性质的人生问题在整个希腊化时

① ［古希腊］修昔底德：《伯罗奔尼撒战争史》，上册，132 页，北京，商务印书馆，1997。

② ［英］基托：《希腊人》，368 页。

③ ［苏］塞尔格叶夫：《古希腊史》，407 页。

期成为一个迫切需要解决的问题，每一个生活在这个纷乱世界中的人，在锐感自己生命的脆弱的同时，就不得不思考这些问题，询问怎样的生活才是幸福的生活，不得不考虑在变幻无常的命运面前一个人应当采取怎样一种生活态度。在这样不断地追问中，在没有更为深邃、足以洞察人类命运底蕴的宗教给人类的精神信仰提供价值依托的情况下，伦理学和人生哲学就理所当然地占据了当时的思想家思想的中心，成为哲学研究的主要内容。在晚期希腊时期，哲学主要地成为伦理学。哲学家们研究哲学，更多的不是为了探究宇宙自然的奥秘，而是为了解决人生所面临的种种实际的人生问题，为自己找到精神的家园。

◎ 晚期希腊哲学流派

以上所述就是晚期希腊哲学在哲学的基本问题上所发生的变化，正是这一变化使得我们有充分的理由把亚里士多德的逝世视为一个时代的终结和另一个时代的开启，把亚里士多德之后的晚期希腊哲学视为希腊哲学的新的阶段。虽然柏拉图的学园派和亚里士多德的逍遥学派仍然继续存在，但由于它们僵化地保持着古典的哲学传统，不能适应新的历史形势，从而在这一时期，它们在整个思想界的影响减弱了，甚至听不到它们的声音。与此相反，在亚里士多德之后兴起的另外三个哲学派别，却由于适应了新的形势，将主要的精力用于努力思考并回答时代所提出的有关个人人生的新问题，从而便赢得了广泛的社会基础，在思想界占据了主导的位置。这三个学派就是斯多亚学派、伊壁鸠鲁学派和怀疑学派。

斯多亚学派（the Stoic）是由塞浦路斯岛的芝诺于公元前 308 年在雅典创立的。由于学派活动的地点是在一个画廊里，画廊在希腊语中被叫做 stoa，所以，学派才被称为斯多亚学派，实际上也就是画廊学派的意思。斯多亚学派存在的历史长达 500 多年，通常分为早、中、晚三个阶段。从公元前 308 年到公元前 2 世纪末，是早期斯多亚学派，其代表人物是芝诺、克里安雪斯和克里西普，这三个人奠定了斯多亚学派基本的理论体系。从公元前 2 世纪末到公元前 1 世纪末罗马帝国建立，是中期斯多亚学派，其代表人物是巴内修斯和他的学生波塞冬纽斯，通过他们，斯多亚学派的学说系统化了。晚期斯多亚学派则主要活动在罗马帝国时期的头两个世纪，其代表人物有塞涅卡、爱比克泰德和奥勒留，他们使斯多亚学派道德哲学的意味更为浓重。

伊壁鸠鲁学派是由出生于萨摩斯岛的伊壁鸠鲁于公元前 306 年在雅典创立的，由于学派活动的地点是在他的住宅的花园里，所以他的学派在哲学史上又称为花园学派。伊壁鸠鲁学派也一直延续到了罗马帝国时期。它在哲学上主要的代表人物除了伊壁鸠鲁本人外，还有罗马共和国时期的卢克莱修。卢克莱修的长诗《物性论》就是对伊壁鸠鲁思想的一种诗体的阐述。

怀疑学派按其性质而言不是有组织、有传承的学派，它是以非常松散的形式出现的，只是因为所持观点相同，人们才把这些不同时期的人归为一派，称为怀疑学派。怀疑学派的形成要早于斯多亚学派和伊壁鸠鲁学派，它的初创者据说是伊利斯的皮浪，所以怀疑主义有时候又称为皮浪主义。皮浪的思想是经过他的学生蒂孟才开始为人所知的，但是一经传播就很快流行开来，成为人们反对独断论的利器。柏拉图的学园在一个时期也曾受到了怀疑主义的影响，学园的领袖如阿尔凯西劳和卡尔内亚德都是怀疑学派的大师。怀疑学派的代表人物除了皮浪和蒂孟以外，在晚期著名的还有艾奈西狄姆，他著有《皮浪主义》一书。

以上就是晚期希腊哲学的三个主要的哲学派别的简况。这三个学派虽然各有各的理论体系，在回答人生问题上观点各异，在认识论、宇宙论等方面也各有千秋，但是由于它们毕竟处于相同的历史时期，面对着相同的思想问题，所以就存在着一些非常相似的特征。

首先，这三个学派都突出了哲学的实践意义，把哲学研究的理论目的放在了次要的位置上。在他们看来，对宇宙、自然、人类思维进行理论研究的目的只是为了引出有益的实践结论，也就是说，对我们的人生产生实际的指导，超出这一具体目的的研究都是毫无意义的。例如，斯多亚学派把哲学划分为三个部分：逻辑学、物理学和伦理学。对于这三个学科的关系他们做了这样一个比方，他们把哲学本身比作一块肥沃的田地，认为逻辑学是包围田地的篱笆，物理学是土壤或果树，而伦理学则是果实。可见，在斯多亚学派这里，伦理学是哲学研究的最终目的。伊壁鸠鲁学派在这一点上与斯多亚学派也没有什么不同。就伊壁鸠鲁来说，他的哲学体系只不过是实际人生问题的指导。他同样也把他的哲学分成三个部分：逻辑学、物理学和伦理学。他说，我们之所以需要物理学，只是因为认识自然的原因可以使我们摆脱对于诸神及死亡的恐惧，认识人类的本性，可以使我们明白，应当追求什么，避免什么。可见，回答实际的人生问题也是伊壁鸠鲁学派的主要研究倾向。怀疑学派同样也是如此，他们对真理标准的怀疑，目的不是在认识论上取得什么实际的理论成就，而是为了从中引出具体的处世态度。

其次，与它们所处的时代特征相应，它们的伦理学都具有强烈的个人主义色彩，也就是说，它们关心的只是个人的德性和幸福的问题，它们并不企图为动荡的世界提供普遍的政治解决方案。它们自始至终在追问的是这样一个问题，即，个人在动荡不安的尘世中如何幸福而完美地度过他的一生，它们所达到的共同的结论是恬静无为。它们认为，能够达到这一境界的就是圣人。因此，在这三个学派的伦理学中普遍存在着圣人的理想。这个圣人，他与世无争，因而就摆脱了尘世的一切烦恼，完全沉浸在个人安宁的内心世界之中。他无欲无求，从而世界的万物就不能干扰他内心的宁静，也不能剥夺他内心的这种宁静。他在安宁和幸福之中度过他的一生，最后坦然地面对死亡。这就是这三派哲学所共同希冀的一种圣人的境界，也是它们针对时代问题所能够提供的最佳答案。很显然，这是一种主观的理想境界，它只能停留在思想者的内心，却无力将自己实现出去，成为一种现实的富有建设性的力量。面对强悍而粗暴的现实，追求这一理想境界的人只能处处逃避退让、折中调和，最终所能选择的唯一出路就是退守自己的内心。这种人生观与古典希腊时期那种昂扬向上、奋发有为，为了高尚的理想努力工作、积极创造的人生境界相比，其价值的高低自然一目了然。总的说来，这一时期的道德哲学的目的就是使个人从外部世界解脱出来，只在自己身上寻找幸福。对外物漠不关心、恬静无为就是各派伦理学的普遍特征。

第三，由于这三个哲学学派都是古希腊哲学的后裔，它们都具有浓厚的理论化倾向。这主要体现在三个方面：其一，它们的伦理学都不是简单的道德说教，而是有着极其严密的理论论证，它们都力图在对宇宙自然、人类认识做出科学说明的基础上合乎逻辑地引出伦理的结论来。其二，理智的洞见能力，也就是明智，被这三个学派看作是一种首要的德性，是其他一切德性的基础。在它们看来，只有有智慧、有洞见能力的人，才可能获得生活的幸福。其三，它们都赋予了理智静观以极高的伦理价值，认为一个人沉浸在自己的思想之中是最高的人生境界。

由于这三个学派适应了当时人们的心理和精神的需要，在古希腊哲学理论的基础上部分地解答了人们的人生困惑，同时又具有比较精巧的理论形式，从而很快占据了理论舞台的中心位置。相形之下，柏拉图的学园和亚里士多德的逍遥学派，却由于思想的保守和缺乏有深度的思想大师，在希腊化时期变得相对不重要起来了。

这就是斯多亚学派、伊壁鸠鲁学派和怀疑学派基于时代的基本问题而在思想上具有的几点共性。下面，就让我们分别来看看这三派各自的哲学体系的主要内容。

◎ 斯多亚学派

斯多亚学派哲学上直接的渊源是犬儒学派。其创始人西图姆的芝诺（Zeno of Citium）的第一个哲学老师就是犬儒学派的思想家克拉泰。据第欧根尼记载，芝诺原本是一个富商，但是在一次航海贸易中，他的商船不幸沉没，他一无所有地来到了雅典，坐在一家书店里，当时他的年龄是30岁。在穷困潦倒之际，他随手拿起一本书来阅读，这是色诺芬所写的《回忆苏格拉底》。当他读到第二卷时，他忘记了他的烦恼，非常兴奋地询问店主人在哪里才能找到像苏格拉底那样的人。正巧这时克拉泰走过来，店主人便告诉他，“跟着这个人”，于是他就成为了克拉泰的学生，开始潜心研究哲学。由于思想上的这样一层渊源，斯多亚学派在许多方面都和犬儒学派相类似。例如，它们都崇尚自然，主张克制自己的情欲，都把美德本身作为最高的善和幸福。但是就理论形式而言，斯多亚学派要更为精致一些。它不像犬儒学派那样反对一切学术研究，而认为对逻辑学和物理学的研究有助于获得正确的伦理观点。同时，斯多亚学派的道德观点相比于犬儒学派要更为温和一些，没有犬儒学派那么强烈的反社会、反文明的色彩，而是承认并肯定了一些世俗利益和享受的合理性，从而较易于为当时的人们所接受。

前面说过，斯多亚学派把哲学分成逻辑学、物理学和伦理学三个部分。据记载，芝诺是第一个使用逻辑学（Logic）这一名称的人。就斯多亚学派在逻辑学方面的观点来说，他们把逻辑学分成修辞学和辩证法两个部分，认为修辞学是如何把一个道理讲得更优美，而辩证法则是如何把一个道理讲得正确。由于辩证法是有关如何把握真理的，因此在斯多亚学派对辩证法的研究中就很自然地涉及真理的标准和认识论方面的问题。经过对具体认识过程的研究，斯多亚学派认为被理解的表象就是真理的标准。那么，什么是斯多亚学派所说的被理解的表象呢？芝诺曾经对此作了一个很形象的比喻。他张开他的手，说这时候我们的认识就像这只张开的手一样，只是接受东西而没有把握住东西，从而我们所获得的就仅仅是一些感觉表象而已。接着他使手指略微弯曲，说这是心灵对感觉表象的一种承诺，表明我们意识到了感觉表象，并且对它有了初步的把握。接着，他把手指完全捏在一起，形成一个拳头，他说这就是把握，在这个时候我们在内心确认了这个感觉印象，确认它是真的，它和外在的被感知的客体相一致，从而这就是一个被理解的表象，它构成了我们判断真理的标准。由此看来，斯多亚学派所说的被理解的表象实际上也就是概念，当我们透过感觉印象把握到事物内在的本质时，我们也就获得了事物的概念，这也就是被理解的表象，因为它内涵有理性的理解在内。但芝诺的比喻并没有到此结束，他接着又伸出他的另一只手，用力和这只手的拳头紧紧握在一起，说这就是科学知识，除了哲学家以外，没有人可以享有这种知识。这实际上就是指系统化的概念知识，通过它们，我们对事物有了整体的把握。这样，芝诺就通过手的形象化的比喻说明了我们获得科学真理的具体认识过程。

斯多亚学派的物理学也是相当有特色的，它的物理学对文艺复兴时期的自然观产生了较为深刻的影响。在斯多亚学派的物理学中，我们看到了古代世界观的一种典型形态，这就是强调自然内在的生命活力，强调人与自然的和谐一致。在斯多亚学派看来，整个宇宙是统一的、活生生的、处于发展之中的、互相联系的整体，每一个特殊的个体都从属于这个整体，是这个整体的不可分割的一部分。人同样也不例外，它也从属于宇宙这个更高的统一体。这个统一的宇宙就构成了自然，人就生活在这个自然之中。作为活的整体，斯多亚学派认为，自然有着它内在发展的节奏，这节奏就是内在于自然之中的理性，即逻各斯。它是一种原始的生命原则，贯穿于整个自然当中，推动着自然的运行。但是斯多亚学派不把这种理性看成抽象的原则，相反，在这里他们赋予这种理性原则以物质的形态。他们认为，贯穿于整个宇宙之中的逻各斯是一种温暖的气息，他们把它称作“普纽玛”（pneuma），这实际上也就是希腊语“气”的意思。他们认为整个宇宙都渗透了这种神圣的气，它支配着整个宇宙的发展变化，也控制着各种具体事物发展过程。它是世界的灵魂，是统治一切的天命。正是由于它，整个宇宙才是一个有秩序的、和谐的整体。在对宇宙自然做了这样整体的说明之后，斯多亚学派又对人本身进行了研究。他们认为，相对于那个宏大的宇宙，人是小宇宙。普纽玛同样存在于人的身体之内，它构成了个别灵魂，构成了身体的生命力，它使肉体结合在一起并统治肉体，使身体的各个器官具有生命活力并且各自发挥自己的功能。同时，因为个别灵魂只是普遍的宇宙灵魂的一部分，所以它的本性和活动完全取决于这个宇宙灵魂。它与神圣的普纽玛同体，并依存于普纽玛，从而支配宇宙的那个逻各斯也就支配着人本身。正是这一点，决定了人和自然的和谐一致。

这就是斯多亚学派基本的自然观，正是这个自然观为斯多亚学派的伦理学思想提供了形而上学的本体论基础。因为，既然人在根本上是与自然相和谐的，人是小宇宙，他同整个宇宙的发展紧密融合，那么，理所当然地，对于人来说，最幸福的生活就是合于自然的生活，自然构成了人的本性，遵从这个本性生活，就是人的德性。例如，克里西普在《论目的》一书中说：“有德性地生活等于根据自然的实际过程中的经验而生活。我们每个人的本性都是整个宇宙的本性的一部分。因而目的就可定义为顺从自然而生活；换句话说，顺从我们每个人自己的本性以及宇宙的本性而生活。”① “顺从自然而生活”就是斯多亚学派全部伦理学的基本原则。由于逻各斯、理性是自然的支配性原则，所以，“顺从自然”在斯多亚学派那里也就意味着“服从理性”。他们说，“正确地按照理性生活就是自然的生活”②。从这一立场出发，任何非理性的东西就是不允许的。从而，对于斯多亚学派而言，激情就是一种必须被根除的情感状态，因为激情扰乱了灵魂的宁静，使灵魂仓促做出判断。于是，斯多亚学派就发展出了一种淡漠无情的伦理观点。他们认为有智慧的人，圣人，就是完全服从自己理性的命令的人，他以理性来对抗自己感性上的种种冲动，他不允许感情的激动变成热情。他的美德就是淡漠无情。在此基础上，斯多亚学派认为最高的幸福就是内心的安宁，我们的心灵服从理性的命令，顺从自然的规律，自觉地按照命运所指引的道路前行，丝毫不为外物所动，这就是最高的人生境界，这就是善本身。所以，克里安雪斯这样说：“德性是一种和谐的性情。人们选择它只是因为它自身，而不是出于恐惧、希望或任何其他外在的动机。此外，幸福就在德性之中，因为德性是使整个生活和谐一致的心灵的一种状态。”③ 这就是斯多亚学派伦理学思想的主要内容。

---

①② 引自苗力田主编：《古希腊哲学》，602页。

③ 同上书，603页。

另外，在斯多亚学派的哲学思想中，还值得我们注意的是有关天命的论述。斯多亚学派是第一个把天命作为重要的哲学概念提出来加以论述的哲学学派。在斯多亚学派看来，天命就是内在于宇宙整体发展过程之中的那个逻各斯，它构成了世界历史发展的不可抗拒的规律。面对这一规律，人唯一的选择就是自觉地服从。在这里并没有意志自由的可能。一个人似乎是按照自己的意志选择了做某件事情，但是就这个事情早已为命运所安排好而言，这件事情是他不能不做的。命运要他做的和他自愿去做的，在这里是完全一致的。因此，晚期斯多亚学派的哲学家塞涅卡曾改译了克里安西（Cleanthes）的诗句："愿意的人，命运领着走；不愿意的人，命运拖着走。"这种对命运之必然性的强调，使斯多亚学派的理论具有了宿命论的色彩。

◎ 伊壁鸠鲁学派

伊壁鸠鲁学派在很多方面与斯多亚学派正相反。如果说斯多亚学派通过他们的逻辑学、物理学和伦理学，最终使孤独的个体通过与大宇宙的融合获得了灵魂的宁静，那么伊壁鸠鲁学派则通过他们的逻辑学、物理学和伦理学，使个体完全作为个体自身而存在，在自身当中获得了自己心灵的宁静。完全的个人主义，是伊壁鸠鲁学派哲学思想的一个鲜明特征。

在逻辑学中，与斯多亚学派强调理性、强调对事物的概念把握不同，伊壁鸠鲁学派强调的仅仅是感觉。伊壁鸠鲁（Epicurus，公元前 341—前 270）认为，只有我们的感觉是最真实的，而所有的感觉都是非理性的。没有什么东西能够驳倒感觉。一个感觉不能驳倒另一个同类的感觉，因为它们的有效性相等；一个感觉也不能驳倒另一个异类的感觉，因为二者所判别的对象是不一样的。理性也不能驳倒它们，因为理性是完全来自感觉，感觉的真实性保证了我们理性的真实性。这样，在认识论上，伊壁鸠鲁似乎又回到了智者学派的感觉主义的认识论。但是，伊壁鸠鲁的目的并不是为了要发展出一种相对主义的真理观，他并不想得出真理不存在的结论。相反，通过强调感觉唯一的真实性，他倒是确立了真理的存在，这就是每一个个人的真理，个体的真理。因为对于每一个个体人来说，只有自己的感觉是最真实的，从而，他的感觉就是他的真理。我们看到，在伊壁鸠鲁学派的逻辑学理论中已经表现出了强烈的个人主义的色彩。

在物理学中，伊壁鸠鲁通过改造德谟克利特的原子理论，进一步论证了人的个体性原理。按照德谟克利特的学说，整个世界是由原子和虚空构成的，原子在虚空中的运动和组合生成了宇宙万物。原子的运动本身是盲目的，但是原子的相互撞击却形成了一种必然的因果关联。从而，在德谟克利特看来，整个世界处在一种必然性的支配之下。显然，如果按照德谟克利特的这一观点，那么就必然会得出类似于斯多亚学派的有关天命、有关自然规律的学说，相应地就必然会向个人提出服从这种外在于自身的命运的要求。这是伊壁鸠鲁不愿意接受的，他认为这样就会完全破坏个人独立的宁静，使个人完全为外界盲目的命运所左右。所以，他在总体上接受了德谟克利特原子论学说，对这一学说作了一个关键的修改。这就是，他认为原子在虚空中是垂直降落的，从而，在最初它们并不相互碰撞，但是由于原子会自发地产生偏斜，这样碰撞就产生了，形成世界的旋涡运动也就开始了。这虽然是一处小小的修改，却非常重要。原子由此就摆脱了由外力而来的完全的必然性的控制，它的运动具有了偶然性的特征，这就使个人的自由成为可能。因为，依据这一理论，个人就是完全独立的自由个体，不受制于任何外在的、统一的、必然性的力量，他的存在是自由的、偶然的、完全个体性的。从而，在世界万象的纷纭变幻中，人只是作为独立的个人而存在，个体性是他唯一的现实。

从这样一种个体性原理出发，伊壁鸠鲁就发展出了一种完全个人主义的伦理学。如同在认识中，只有个人的感觉是最真实的，是我们判断是非的唯一依据，同样，在我们的行动中，只有个人的感受是最真实的，是决定我们行为取舍的标准。感受只有两种，这就是快乐与痛苦，快乐与痛苦构成了我们判断善恶的标准。唯一无条件的善就是一切生物所努力追求的快乐，唯一无条件的恶就是一切生物所极力回避的痛苦。伊壁鸠鲁的这种伦理学与古希腊哲学史中的昔兰尼学派（即犬儒学派）取得了一致。与昔兰尼学派的阿里斯底波一样，他也认为快乐是我们一切活动的最终目的，快乐本身就是善。但是与阿里斯底波把肉体快乐和精神快乐相等同的那种粗俗的快乐主义不同，伊壁鸠鲁的快乐主义是一种精致的快乐主义。他不认为我们应当无条件地选择一切快乐，回避一切痛苦，相反，在快乐和痛苦之间应当进行取舍。有些事情虽然会给我们带来暂时的快乐，但是在快乐之后却会带来更大的痛苦，这些事情就是我们应当放弃的。同样，有些事情虽然会给我们带来暂时的痛苦，但是忍受一时之苦却会使我们获得更大的快乐，这些事情就是我们应当选取的。同时，快乐又有程度的不同。与德谟克利特一样，伊壁鸠鲁相信灵魂的快乐和痛苦远比肉体的快乐和痛苦更为重要，因而一个人所应当追求的是心灵的愉快。在《致美诺伊库的信》中，他对他的这种快乐主义做了解释："当我们说快乐是终极的目标时，并不是指放荡的快乐和肉体之乐，就像某些由于无知、偏见或蓄意曲解我们意见的人所认为的那样，我们认为快乐就是身体的无痛苦和灵魂的不受干扰。构成快乐生活的不是无休止的狂欢、美色、鱼肉及其他餐桌上的佳肴，而是清晰地推理、寻求选择和避免的原因、排除那些使灵魂不得安宁的观念。"① 这样，我们看到，在伊壁鸠鲁个人主义、快乐主义的伦理学中，他实际上坚持了古希腊的伦理理想，这就是一种完全沉浸在自

① 引自苗力田主编：《古希腊哲学》，603页。

己的精神的安宁之中、沉浸在自己的思想当中的、不为外物所动的精神生活状态。

◎ 怀疑学派

怀疑学派的思想先驱可以一直追溯到智者学派。因为智者学派相对主义的知识观实际上体现的就是一种怀疑主义态度，这就是怀疑我们人类有可能认识到绝对的真理、普遍客观的至善。普罗泰戈拉就曾说过："关于神，我既不知道他们存在（是什么），也不知道他们不存在（不是什么）。有许多东西阻碍着我们的认识，如问题的晦涩，人生的短促等等。"[①] 这就是一种在判断上存疑的态度。但是智者学派只是表现出了这样一种怀疑主义的倾向，他们更多的是意在强调真理和至善的相对性和主观性，而不在于根本地对真理和至善的获得持一种彻底的存疑的态度，他们也没有有意识地对他们的怀疑主义进行哲学论证，提出一种普遍的"悬置判断"的原则，更没有由此引出一种消极的处世原则来。但是怀疑学派却恰恰在这些方面做了大量的研究，从而提出了比较系统的怀疑主义的论纲。

在怀疑学派看来，他们与同时代的以及以往的所有哲学学派在知识论上是完全不同的。他们认为，所有这些学派都是独断论者，轻率地断定真理存在或不存在，轻率地断定我们可以获得真理或不能获得真理，并且轻率地对真理做出肯定性或否定性的描述与论证。但是实际上我们完全没有能力做出这样的判断，我们唯一正确的态度就是存疑，不做任何判断。怀疑学派对此做出了大量的论证，这些论证概括起来主要集中在以下四个方面。

1. 观点分歧。怀疑学派认为，在我们的判断过程中常常出现这样的情况，这就是同一个现象，人们对它的看法往往是不一致的，观点的分歧使我们没有理由断定这个人的看法就是正确的，那个人的看法就是错误的，因而正确的态度只有存疑。

2. 无穷后退。针对第一个论证，人们也许会反驳说，我之所以说我的看法是正确的，是因为我可以对它做出证明，它是被证明为真的。但是怀疑学派认为，我们用来证明的证据本身也是需要证明的，这个证明所用到的证据同样需要证明，这样，就造成了在论证上的无穷后退，最终，我们并不能为我们的看法找到一个最终的牢固的依据。因而正确的态度还是存疑。

3. 假设武断。独断论者迫于无穷后退的困境，往往会提出一个假设，作为第一原理或最基本的公理，认为这些原理或公理是不证自明的，从而可以作为我们论证的依据。但是怀疑学派认为，我们没有任何理由肯定一个原理是自明的，它在本质上只是一个武断的假设而已，从而如同观点分歧一样，在基本的公理

---

① 引自苗力田主编：《古希腊哲学》，640页。

上，人们也可以存在分歧。所以，正确的态度只能是存疑。

4. 循环论证。独断论者为了避免假设武断的反驳，往往会对第一原理也给出论证，使自己从逻辑上可以自圆其说。但是怀疑学派认为，这些论证是经不起推敲的，只要认真分析就会发现，当我们对第一原理进行论证时，我们所使用的论据却是被第一原理证明的东西，从而在逻辑上就陷入了循环论证。循环论证的一般形式是：因为 A，所以 B，因为 B，所以 C，因为 C，所以 D……如此下去，最后，因为 Z，所以 A。由于这个因果关系的链条足够长，所以当人们用 Z 来论证 A 时，就忽略了 Z 本身却是需要通过 A 来论证的，以为自己对第一原理给出了有力的证明，但实际上什么也没有证明。这样，正确的态度依然是存疑。

这就是怀疑学派对独断论的理论逻辑的反驳和对自己的存疑原则的论证。但是，如同斯多亚学派和伊壁鸠鲁学派研究认识论、物理学是为了得到伦理学方面的结论一样，怀疑学派对怀疑主义原则的论证也绝不仅仅是为了在认识论和真理观上取得成果，而是企图从中获得有关人生在世的实际指导。那么，怀疑学派从自己的怀疑主义观点中得出了什么样的处世原则呢？

按照蒂孟的说法，一个人要获得幸福，必须弄清楚三件事情，即：事物的本性是什么，我们对它们应该采取怎样的态度，以及这种态度会给我们什么好处。但是依据上述的论证，我们对事物的本性实际上一无所知，那么，在这种情况下，唯一正确的态度就只能是悬置判断，对任何外界的事物无动于衷，保持内心的宁静。从而不动心就是怀疑学派所提倡的最佳的处世态度。据说，怀疑学派的鼻祖皮浪（Pyrrhon，约公元前 365—前 275）有一次和朋友们出海旅行，在中途遭遇了暴风雨，大家都惊惶失措，而唯有皮浪和一只正在吃食的小猪丝毫不动声色。当风暴平息下来，皮浪便指着那头小猪说，这就是哲人所应当具有的不动心的状态。为什么？因为我们并不能够对外界的事物得出任何肯定或否定的判断。这样，在世界的疾风暴雨面前，怀疑学派做出了和斯多亚学派、伊壁鸠鲁学派相同的选择，这就是退守回自己的内心，无所作为。

以上就是晚期希腊哲学三个主要哲学学派的一些基本理论。作为一种处世哲学或者人生哲学，它们所能为人设想的最好的人生，就是一种退守回内心的沉思默想的生活。这是一种单纯主观性的精神生活，它也许是优雅、宁静、舒适和惬意的，但这只不过是一些微薄的精神乐趣而已，它在价值上却是贫乏的。它势必会使人陷溺到一种精心编织起来的虚幻的精神世界中去，在生活表面的舒适和惬意中获得精神的满足，却不敢正视人间的苦难和罪恶，以及生活中的疾风骤雨。因而，我们说，在晚期希腊哲学家们所构想的看似高贵、优雅、宁静、单纯的个人幸福生活底下却隐含着极度的空虚、麻木、冷漠和怯懦。他们越是运用自己的理论去拼命论证这一立场的合理性，刻意安排自己的生活，他们就越深刻地感到自己精神的空虚和生活的贫乏。

希腊哲学发展到晚期希腊哲学阶段，它的全部可以利用的智力资源就被耗尽了，它的内在的单一的理性主义和幸福主义的缺陷也就彻底暴露出来了。面对新的时代问题，面对为孤独无依的个人寻找精神家园的使命，它已经无力去完成。它的理性主义和幸福主义的伦理原则在广阔而深邃的人类生活面前被证明是浅薄和庸俗的，它不能够深入到人类精神生活的深处，发掘出真理的活的源泉。可以说，晚期希腊哲学是古希腊哲学的最后一缕光芒，时代呼唤一种新的精神来抚慰人类饱受苦难折磨的心灵。这一西方精神史上的深刻的转变是通过基督教来实现的。

第二部分

中世纪哲学：天路的历程与理智的复兴

一、引言：何谓中世纪哲学

◎ 中世纪：黑暗的时代还是黄金时代？

谈到中世纪（medium aevum，the Middle Ages）或中古时代，人们往往认为是一个政治和风俗特别黑暗、野蛮、迷信、残暴的时代。百年战争、帝国的分裂、大饥荒、黑死病的肆虐等天灾人祸给中世纪抹上一层阴暗苦难的色调。[①] 这样的看法基本上是从崇尚自由、乐观、进步的18世纪、19世纪的流行观点那里得到的印象。和创造了空前文明的19世纪以及创造了辉煌的希腊和罗马文明的古代社会相比，中世纪无疑是人类历史上最黑暗的时代。这几乎是当时的思想家的共识，比如，18世纪的英国历史学家吉本（Edward Gibbon）在《罗马帝国衰亡史》中认为，罗马帝国是西方的正统，因此，中世纪就是正统的罗马帝国衰亡的一部历史。19世纪的瑞士历史学家布克哈特（Jacob Burckhardt）在《意大利文艺复兴时期的文化》中认为近代文明的起源乃是意大利的文艺复兴，因此中世

① 参见［美］霍莱斯特：《欧洲中世纪简史》，北京，商务印书馆，1988。

纪就是一个文艺复兴前漫长的黑暗和迷信的蒙昧时代。这种观点形成了一种奇怪的西方文明史的印象，似乎西方文明在整个中世纪那里发生了断裂，西方文明的历史在中世纪那里要么是一片空白，要么就是文明的倒退和野蛮化。

其实，中世纪是一个充满生机和活力的“信仰时代”，有些学者甚至坚持认为那是一个真正的“黄金时代”。德国浪漫派就十分推崇中世纪，而其他欧洲民族的民族主义者也都喜欢在中世纪那里寻找自己独特的文化的根源。如果客观公正地说，作为近代文明的开端的文艺复兴，只有在中世纪的成就之上才是可能的，因为此间的历史没有明显的断裂。

中世纪对现代意义上的西方的形成具有决定性的意义。中世纪造就了大一统的欧洲基督教文化，它可以说是今天欧共体的基础，也可以说是今天西方文明的基础。罗马帝国从来没有在政治上实现各个行省之间的真正的统一，西罗马灭亡之后，整个欧洲是靠基督教的统治才实现了真正的统一。中世纪不是伟大的罗马文化的衰落，而是古代希腊和罗马文明与基督教文明以及相对于罗马人而言的各个野蛮民族的习俗三者在冲突中共同融合而成。因此，中世纪是一种独特的文化，是西方近代文化的真正起源。从 13 世纪、14 世纪的中世纪文明振兴和鼎盛以来，西方就从未停止过变革和前进的步伐，并从一个相对落后的大陆一跃成为世界历史中主宰的文明。

中世纪造就了欧洲各国现在仍然在使用的各种民族语言以及独特的民族文化。罗马文明虽然衰落了，但是各个国家的文明却陆续被基督教文明教化了，成为欧洲大一统秩序中的一员。与此同时，他们各自特色鲜明的民族特点和语言文化也被提升到文明的层次。

中世纪造就了独特的最终成为世界第一大宗教的宗教传统，也就是积极参与世俗事务的政教一体的西方拉丁基督教的传统。相比之下，东正教则成了一个区域性的宗教。与其他宗教相比，基督教的政治神学和神权政治都是十分突出的。基督教的政教一体的传统对西方的政治和文明产生了巨大的影响。

在文化方面，中世纪的修道院成为基督教文化乃至当时的整个西方世界的文化的核心。此后，在修道院之外，中世纪又兴起了西方沿用至今的大学体系。虽然这些大学最初只是经过教皇批准成立的经院，但是它的基本精神和学制、学位制度却成为现代大学体制的灵魂。正是在大学之中才缔造了近现代的知识分子。

中世纪造就了现在仍然沿用的立法、行政、司法等政治—法律的机构和制度，比如市政机构、代表制或代议制、陪审团制、自治传统等，其中尤以封建的自治和自由的传统对现代人权和法治思想影响最大。中世纪造就了西方各民族具有同一的源头的法律传统，包括立法过程、裁判过程、法律习惯、法律职业化、独立的法律机构、培养法律人才的法学院和大学机构、宪政的思想、法律的技术，等等。

中世纪仍然造就了工艺技术上的某些创新，比如机械方面，这使西方摆脱了相对于其他文明而言的技术落后的历史地位。农业技术的发展对于欧洲土地的开发十分重要，而手工业传统的形成对现代工业的萌芽也十分重要。贸易传统以及相应的商贸的法规，如联盟、反垄断等无疑是在中世纪才开始形成。因此，如果我们说“西方”一词的话，那么几乎可以说，正是中世纪缔造了真正的“西方”。

在文学艺术上，以但丁的《神曲》和乔叟的《坎特伯雷故事集》为代表的中世纪文学也是西方文学不可逾越的一座高峰。晚期中世纪还造就了一种浪漫传奇的文学传统，并塑造了新型的男女之间的感情关系以及理想的女性形象。无数的中世纪哥特式建筑，如大教堂、城堡、城市及其街道成为现代西方的名胜古迹。哥特式教堂以其恢宏的气势、高耸入云的尖顶、巨石、雕刻、彩绘玻璃、各种怪兽雕塑、滴水檐、表情庄严和愉快的圣像而令世世代代的人迷恋不已。不仅仅是基督教文化，而且还有十分活跃的各个民族文化，共同促进了中世纪生机勃勃的文艺活动。如果我们少一点对古代希腊和罗马的浪漫主义追思，少一点对近现代文明的进步观的偏见，多一点实事求是的历史精神，我们就会在中世纪一千多年的时间里，发现西方文明之所以成为西方文明的那一漫长的过程。

◎ 中世纪哲学史的研究范式

谈到中世纪哲学，很多人同样会觉得中世纪哲学就像中世纪的经济、政治、文化背景一样黑暗，并且会像黑格尔在《哲学史讲演录》中所说的那样，“穿上七里靴，尽快跨越这一时期”，因为在这一时期，哲学仅仅是神学的婢女和奴隶而已。我们通常所定义的哲学就是古希腊哲学以及近现代的哲学，因此，中世纪的思想形式和内容对于我们现代人来说似乎是格格不入的。曾经有几代人不懈地在中世纪的思想中发掘出所谓的“中世纪哲学”。但是，这种方式也可能意味着我们对中世纪的理解是错误的，或者说，是出于一种扭曲中世纪思想本来面目的视角。要理解中世纪的思想必须将它视为一种不同于希腊哲学和近现代哲学体系的东西，甚至也许不是一种哲学。如果从古代和现代的哲学概念出发去理解中世纪的思想，结果必然是中世纪没有哲学，或者哲学仅仅是神学的婢女和奴隶而已。

黑格尔认为，在中世纪所谓的哲学只不过是表达基督教特有信仰的精神意识内容的工具而已。这是我们一般人都接受的印象和意见。在某种意义上它是对的。因为，尽管当时的每位基督教神学家都有自己独特的哲学话语，但是，这完全不妨碍他们共同分有一个基本的基督教信仰。也就是说，他们没有任何可能和必要从基督教的信仰和世界观之外的视角去理解世界。与此同时，在神学与哲学并未彻底分离的19世纪之前，哲学也没有丧失它的自由而真正地成为神学的使女。一个基督徒或神职的身份并不妨碍他是一个柏拉图主义者或笛卡尔主义者。在中世纪的包罗万象的体系中，哲学只占其中的一部分。哲学往往被视为解决神学问题的工具，或者通往最终的神学知识的一个阶段。当我们试图把哲学这一部分从整个的知识体系中分离出来的时候，其结果往往是断章取义的。所以我们要重新理解中世纪独特的思想特点，从一种完整的视角去理解中世纪思想以及中世纪哲学。

当然，黑格尔的态度也是可以理解的，因为在他所处的年代，人们关于中世纪哲学史的知识是非常有限的。整个哲学史的研究在19世纪以前还不发达，中世纪哲学史的研究更是在黑格尔之后才彻底展开的。中世纪思想研究具有一些独特的困难。首先是中世纪的思想资料和语言上的困难。西欧各个修道院里所保存的汗牛充栋的藏书和抄本至今都没有被彻底整理出来。由于拉丁语在现代已经成为一门死的语言，那些在修道院的斗室中进行的惊心动魄的思考大多就无声地沉睡在古老的经卷之中。因此，研究中世纪思想首先要做的是语言和思想资料的工作。自1880年以来，经过艾尔勒、格拉伯曼、伍尔夫、培尔斯特、盖耶、芒多奈、培尔策、吉尔松等几代学者的鼎力研究，中世纪思想研究成为了一门蔚为大观的学问，中世纪哲学史也建立起了自己的范式。

德国人克劳伊特根（Joseph Kleutgen）第一个开始以阿奎那为重心，按照现代哲学各个分支的分类标准（如逻辑、认识论、自然哲学、心理学、形而上学、伦理学、美学、政治哲学、宗教学说等，这种分类法可以参见文德尔班或梯利所写的哲学史），建立了中世纪哲学史的范式，后来又被施托克尔（Albert Stöckl）在其三卷本的《中世纪哲学史》中加以完善。且不提中世纪思想还包括东正教、伊斯兰教和犹太教三大重要的部分，即使就拉丁基督教而论，最近的中世纪哲学学者发出了强烈的质疑，质疑这种将中世纪思想转化为现代哲学的“克劳伊特根—施托克尔范式”是否足以理解复杂的中世纪思想本身的价值？第一，那种按照现代哲学混乱的分类断章取义地割裂中世纪思想的做法，能完整地理解中世纪思想家本来的思想意图吗？奥古斯丁、阿奎那和波那文图拉等人的思想难道就是一块一块的什么认识论、伦理学、政治哲学、宗教学说之类的东西吗？第二，启示和理性，或者信仰与理性，或者神学与哲学的对立真的是中世纪的核心主题吗？神学的体系是否以及如何可以分为启示和理性呢？像阿奎那那样区分神学与哲学并为哲学在神学之内争取自主的地位的情况，是否也存在于奥古斯丁、安瑟尔谟和波那文图拉那里呢？在新一代学者提出了这些问题之后，我们发现以前认为理所当然的中世纪哲学研究的范式可能无法全面地理解中世纪的思想。长久以来，人们认为中世纪哲学没有伟大的哲学家，从中世纪哲学的研究中也不可能产生出大哲学家。这其中的深层原因可能就在于，人们从来没有以一种正确的方式进入中世纪的思想之中。

◎ 中世纪哲学史的基本内容

传统的中世纪哲学的基本内容一般是从5世纪的奥古斯丁或罗马帝国的衰落（公元476）讲起，直到14世纪经院哲学在奥卡姆那里的分裂和没落。从严格意义上讲，中世纪哲学应该从11世纪开始到14世纪结束，只有短短的四五个世纪，但是由于奥古斯丁是整个中世纪思想之父，所以，讲中世纪必须要把奥古斯丁作为思想背景加以介绍。有的比较专门的中世纪哲学史进一步向后延伸到15世纪、16世纪文艺复兴和宗教改革，甚至17世纪西班牙的经院哲学和神秘主义，这是因为有些学者把文艺复兴和宗教改革视为中世纪晚期危机的两种不同的反应，而经院哲学一直到17世纪仍然具有很强的生机，即使是笛卡尔主义的流行也未能彻底地摧垮它。有的哲学史在讲到中世纪哲学部分则是从整个的基督教传统的介绍开始的，因此，它又把下面的内容都作为思想背景加以介绍：圣经中的犹太教传统、基督教的产生、希腊化的犹太教（如斐洛、普罗丁等）、早期希腊护教士（殉道者游斯丁、其弟子塔提安、阿特纳戈拉、反灵知派的爱任纽、希波利特等）和拉丁护教士（德尔图良、阿尔诺比乌斯、拉克坦修、费利克斯等）、希腊教父（克莱门、其弟子最伟大的东方教父奥立金以及与奥古斯丁同时代的四大东方希腊教会博士克里索斯顿、反阿里乌派的阿塔纳修、卡帕多西亚三杰的纳西昂的格里高利、其好友大巴西尔及巴西尔之弟尼萨的格里高利等）、早期基督教异端（包括灵知派、阿里乌派、聂斯托利派、多纳特派、贝拉纠派等）以及对中世纪思想影响深远的伪狄奥尼索斯。

在基督教诞生的最初的5个世纪中，如何理解基督教与犹太教的关系、与希腊文化的关系以及基督教自身的神学体系的建构是基督教思想最紧迫的任务。经过几百年的夹杂在一起的政治斗争、文化斗争和教会斗争，基督教在尼西亚公会之后基本上形成了东方基督教和西方基督教的两种正统，而中世纪是东方基督教和西方基督教正统的壮大发展，从罗马国教成为真正的统一欧洲文化和政治秩序的大一统的力量。严格意义上讲的中世纪，一般以8世纪末的加洛林王朝复兴（Carolingian renaissance）和10世纪末的神圣罗马帝国的稳定为背景，从11世纪的基督教会改革运动开始，经过12世纪的西方文化的全面振兴，并在13世纪达到了前所未有的顶峰。11世纪的十字军东征和14世纪开始的讨伐异端的宗教裁判所是中世纪基督教的一个缩影，而方济各修会和多明我（或译多米尼加）修会的兴起则延续了从11世纪开始的、持续了三四个世纪之久的基督教会改革运动。但是，这场基督教内部的改革运动最终没有挽救中世纪基督教大一统的秩序的分裂和衰落。中世纪的结束就是近代的开端。在大一统的中世纪，基督教的教义和道德原则是整个西方世界共同的精神传统，基督教的神学语言是在整个欧洲的各个民族中可以沟通的共同的语言。整个近代哲学可以说是从反叛基督教、批判基督教、攻击基督教开始的，但是，从此以后，整个欧洲就不再有一种共同的语言和共同的道德能使欧洲各个的民族人们相互理解和沟通了。因此，对于那些基督教思想家来说，中世纪的衰落其实是西方文明的一次分裂和衰落，是非常值得惋惜的。

◎ 中世纪哲学与基督教神学

整个中世纪哲学与中世纪基督教神学是无法分开的，有的学者甚至说过，可能并不存在一门叫作“中世纪哲学”的东西，但是确确实实存在一种以基督教神学体系为核心的中世纪思想。而且，整个近代哲学无一不与中世纪基督教神学和基督教的思想紧密相关，这种相关的方式可能是延续它，也可能是化解它，可能是转换它，也可能是反对它、批判它。比如，许多中世纪思想的研究者更愿意把笛卡尔视为一个中世纪晚期的思想家，而不是近代哲学的创始人。这至少表明，没有中世纪思想的基础就不可能有近代哲学的产生。此外，基督教作为西方思想的两个重要的根源之一，在理解西方思想方面具有与希腊哲学同样重要的地位，它也具有与希腊哲学完全不同的独特的思想形态。因此，在哲学史上专门来介绍基督教的思想是必要的。按照整个西方学术界编纂哲学史的传统，中世纪哲学是其中不可或缺的一部分，否则从古典哲学到近代哲学之间就有 1500 年的思想空白。

中世纪哲学就是对于西方人来说也是非常陌生的东西，所以，我们应该尝试着去理解这种非常陌生的思想，它对于我们理解西方现代文化的形成是不可或缺的。如果我们局限于启蒙运动以来批判、攻击基督教的立场的话，我们就放弃了要对基督教思想和文化的深入理解的态度，我们就完全无法深入地理解西方文明的方方面面，也就是说，至少西方文明的一大半对我们来说就成为完全不能理解的东西了。因此，我们首先是要抱着理解基督教的思想世界的态度去接近它，而不是一开始就捏着鼻子厌恶它、排斥它、拒绝它。

在这里，我们要介绍的不是一部纯粹的中世纪哲学史，而是一部基督教思想简史，正如 20 世纪中世纪研究第一人吉尔松（Etienne Gilson，1884—1978）所说：“若说中世纪哲学精神，就其为建设性、创造性而言，不是别的，正是天主教哲学的精神，如果情形果真如此，那就同时肯定了中世纪是一个哲学进步的时代，而且这种进步是奠立在对一个传统加以继承发展上面的。”[①] 因此，我们尤其侧重于揭示基督教思想作为一种迥异于希腊哲学的思想形态的独特的思想方式。传统的基督教简史的写法千篇一律地按照年代列出那些重要的人物的名字、生平、著作以及基本思想。我们将侧重于介绍那些最重要的人物的最重要的思

---

① ［法］吉尔松：《中世纪哲学精神》，192 页，台北，（台湾）商务印书馆，2001。

想，他们能代表基督教思想最典型和最精华的部分。在介绍基督教的犹太教起源的时候，我们将分析《创世记》的核心章节，分析以色列人的信仰的独特之处；在介绍基督教的时候，我们主要分析拿撒勒的耶稣的生死行迹及其意义；在介绍耶稣死后三四百年间的教父时代时，我们主要介绍西方拉丁基督教教父奥古斯丁，而略去了众多的东方希腊教父（比如奥利金）的介绍；在介绍中世纪经院哲学的时候，我们侧重于介绍两位生于意大利、死于1274年的天使博士：阿奎那和波那文图拉；在介绍经院哲学的晚期嬗变的时候，我们侧重于介绍两位英国经院哲学家司各特和奥卡姆。我们把文艺复兴和宗教改革也在这一部分一并介绍。在介绍文艺复兴的时候，我们主要介绍两位意大利人：但丁和马基雅弗里；在介绍宗教改革的时候，我们主要介绍两位改革领袖：路德与加尔文。从全面地介绍和研究中世纪哲学的来龙去脉来说，这样的选择无疑是不恰当的；但是，从把握中世纪思想的某种神韵来说，这样简要的素描其实也不无好处。

二、《旧约》与《新约》：从雅典到耶路撒冷

◎ 雅典和耶路撒冷：西方智慧的源头

我们讲述中世纪思想的起源，首先要讲述基督教的起源，讲述基督教的起源就要追溯到犹太教。西方智慧起源于两个最著名的城市：雅典和耶路撒冷。西方的文化与文明是由希腊雅典的文化和文明及发源于犹太教的基督教文化和文明共同组成的。西方思想的两个基本的源头就是希腊哲学和基督教信仰。雅典现在是希腊的首都，当时也是古代希腊群岛中最繁荣的城邦，在伯里克利手中，雅典成为统治希腊联盟的帝国。当时的雅典是希腊哲学的中心，苏格拉底、柏拉图和亚里士多德都生活在雅典。雅典城的面积虽然不大，但是它却成为西方文明的开端之一。耶路撒冷曾经是以色列人的首都，是犹太人的圣地。现在它是巴勒斯坦的首都，也是阿拉伯人和犹太人冲突的中心。为什么耶路撒冷是西方文明的另一个开端呢？因为正是从犹太教中才产生了基督教。基督教是整个西方共同的信仰。西方人的生活方式，他们的道德原则，他们的历史，他们的文化，他们的生活习惯和风俗仪式等都是基督教的。在构成西方文明的两个主要的因素中，基督教信仰可能比希腊的哲学在塑造西方上的影响更大。但基督教的信仰并不是凭空产生的，它本是从非常古老的犹太教中产生出来的。因此，要追溯基督教信仰的根源以及基督教思想的根源，就有必要先讲一讲西方智慧的一大源头：希伯来文明。

希伯来是一个伟大的民族的名字，他们居住的地方叫以色列，所以也叫以色列人，后来外邦人将他们叫做犹太人，那是一种多少带有一点贬义的叫法。这个

民族是人类历史上最悠久的民族之一。这个民族最典型的特点是没有自己的国家（除了在大卫王统治的短暂的时代），只有自己的民族和血统。他们四处流浪，在欧洲各地定居。只有到了第二次世界大战之后，犹太复国主义者才建立了第一个犹太人自己的国家：以色列。这个民族的另一个特点就是苦难深重，但是却从未灭亡。因为它在王制败亡之后就再也没有过国家的独立，不断遭到各个民族（最早的是埃及，后来是巴比伦，后来是罗马）的统治和迫害，最为典型的是第二次世界大战期间希特勒对600万犹太人的大屠杀，在此之前的一次大驱逐和大屠杀是1881—1911年的俄罗斯及东欧各国的迫害行动。希伯来民族的第三个特点是教育程度极高。他们是世界上教育最好的民族，20世纪各个行当中最有名的人物很多都是犹太人，比如20世纪最伟大的科学家爱因斯坦，20世纪最大的哲学运动之一——现象学运动的创始人胡塞尔，20世纪最伟大的英美分析哲学和语言哲学家维特根斯坦，精神分析的创始人弗洛伊德，维也纳最后一位古典音乐大师马勒，20世纪新音乐的精神领袖勋伯格，20世纪最伟大的作家之一卡夫卡，诺贝尔文学奖得主索尔·贝娄，20世纪最伟大的钢琴家之一鲁宾斯坦，20世纪最伟大的小提琴家之一“琴神”海菲兹，美国国务卿基辛格，经济学大师萨缪尔森，等等。

犹太民族为什么有这样的政治命运和历史命运呢？其中最为重要的原因就是，这个民族坚持声称自己是上帝唯一拣选的民族，是唯一信仰上帝的民族。上帝曾经和他们的民族立下了一个约，但是，后来的基督教却认为上帝以前和以色列人所立下的拯救他们的约是旧的，新的约是通过上帝之子耶稣基督与普世所有的民族立下的约。新约立了，旧约就废了。这就是“旧约”和“新约”的意思。然而，以色列人认为，那些信仰基督教的民族所信仰的都是耶稣基督，而不是真正的上帝；以色列人从根本上就不承认基督教的《新约》。这就是犹太教与基督教持续两千年的渊源和冲突。因为基督教对犹太教从一开始就有一种强烈的宗教反犹主义的因素，它不时演变成政治上的反犹主义，对犹太人进行驱逐、迫害和屠杀。世界三大宗教中的基督教是从犹太教中产生的，伊斯兰教也是从犹太教中产生的。伊斯兰教认为，犹太教的始祖摩西只是一位先知，基督教的耶稣基督也只是另一位先知，所有先知中的最后一位是穆罕默德，叫作封印。犹太教、基督教、伊斯兰教这三个信仰上帝的宗教各不相同，但是具有相同的起源，就是犹太教。犹太教的经典是《旧约》，基督教的经典是《新约》，伊斯兰教的经典是《可兰经》（或《古兰经》）。要理解犹太教和基督教的真精神就得从理解其经典入手，也就是说，从理解《圣经》入手。

我们首先开始分析《旧约》，看一看希伯来人独特的看待世界的意识以及独特的生存方式。正是这种看待世界的方式和生存方式决定了他们民族的特点和伟大之处，并成为西方文明的源头。我们分析《旧约》要从分析《旧约·创世记》

开始，因为《创世记》是西方思想的真正的根源之一，它奠定了西方人理解上帝、世界或自然、人性的基础，因此它深深地扎在西方的思想传统之中。《旧约·创世记》是独特的西方思想遗产，在进化论产生之前，创世论的思想一直是西方思想的典型特征。为什么这么一个短小的篇章就成为西方智慧的源头呢？关于这一章讲了些什么，人们大概都知道一点。下面我们要沿着 20 世纪著名思想家、犹太人列奥·施特劳斯（Leo Strauss，1899—1973）的解释对《创世记》第一章进行详细的解读。这一解读的过程是一个智慧的历险，因为在犹太人的智慧这里，我们现代人的智慧遇到了多多少少有些陌生的东西。我们必须聆听从延续了几千年的西方思想根源处发出的声音。

◎“起初神创造天地”

《创世记》第一章开头就说：“起初神创造天地”。什么是“起初”？起初就是开端。所有的智慧都要处理开端的主题。因为只有开端才能解释以后的历史。关于开端，每个民族都有自己的神话要讲。我们自己的今文经学和古文经学两套神话谱系也要讲燧人、伏羲、神农、女娲、祝融等。每个民族都要构造自己民族的起源、谱系、脉络、历史、传统以及认同的根。西方对自己的理解的基础是从创世开始的。因此，我们在此并不是在讲一个和其他民族相似的神话故事，而是讲西方智慧的一个起源，从这些其他民族看起来荒诞不经的叙事中体现出西方人理解世界的独特方式。

在这一开端的叙事中首先出现的是上帝，而不是人。在这个开端的时候只有一件事：“上帝创造天地”。然而什么是创造呢？以前人们曾经把上帝的创世想象为一个超级的工匠和技师。但上帝创造天地不是技师的制造，而是像天地生育万物那样，从上帝自身之内生育出天和地，并且使天地与自身分离。这就是上帝与世界的紧密的关系，也是上帝与世界的区分。所以，上帝创造天地，就是把东西分离开。“上帝看光是好的，就把光与暗分开了。”上帝创造天地就像树生长果子一样，是从自己身上长出来的，然后又将它们分离开，成为独立存在的东西。这就是上帝创世的行动。这里还既不涉及上帝的理智，也不涉及上帝的意志，这里只有上帝的纯粹的行动。

“起初上帝创造天地”。上帝用了六天的时序创造了整个世界：第一天，上帝创造的是光，然后把光和黑暗分开；第二天，上帝创造的是天，然后把空气和水，也就是天空和海洋分开；第三天，上帝创造的是大地和植物；第四天，上帝创造的是太阳、月亮和星星；第五天，上帝创造的是海里的鱼和天空的鸟；第六天，上帝创造的是陆地的动物和人，而且是照着上帝自己的形象创造了男女。我们来仔细想一下其中的道理。

首先，我们先看到一件奇怪的事情，太阳是在第四天才创造出来的，但上帝第一天就创造出来了光，难道这个光不是太阳光吗？不是，那是上帝的光。想一想闪电：闪电是一个突然迸发出来的划破黑暗的光，却不是太阳光。在这则叙事中，太阳绝不是光的唯一来源，天地是靠上帝的光，而不是靠太阳的光而存在的，太阳只是上帝创造出来的照亮大地的星体。对于绝大多数认为太阳就是最高的神的民族来说，这个叙事实在是一个致命的打击。

其次，我们注意到了整个《创世记》的次序可以分为两组。前三天是一组，创造的是光、天和大地以及大地上的植物。它以创造光开始，以创造两个东西，即大地和植物结束。后三天是一组，创造的是太阳、动物和人。它也是从创造发光的太阳开始。太阳是一种发光体，在光与太阳光之间具有对应的关系，但肯定不是一回事。它也以创造两个东西，即动物和人结束。光是从黑暗中分离出来的，天是从海洋中分离出来的，植物则是从大地中长出来的。动物就不是从地里长出来的，而是创造出来的，人也是创造出来的。第一个系列的特征是什么呢？第一个系列的东西都是分离出来或一分为二的东西；第二个系列都是可移动的东西。所以我们奇怪地发现，太阳是后于植物造出来的。难道植物不需要阳光吗？其实，第一天已经有了光。第二个系列对应于第一个系列：都有一个光源；第五天的动物是第二天造出来的天空与海洋里的；第六天造出的动物和人是属于第三天造出的大地的。

我们可以看到，第二系列是基于第一系列所分离出来的东西。这种自然的划分和创造物次序的规定方式就是希伯来人独特的方式。第三天和第六天都是以两种创造物结束。植物是第一个系列的最高级的东西，因为它能自己创造果子，生育果实。人则是第二个系列中的最高级的东西，因为人能最灵活地移动。大地不能运动，太阳能按照固定的轨道运行。太阳有自己的轨道，但是动物就可以乱跑。人比动物更灵活，更可以不受固定的轨道的约束。因此，就能自由移动而言，人是最高级的被造物。就自由移动而言，这一次序也暗示了人是最容易偏离轨道或正道的动物。人的确处于最自由的位置，但是在这个创世的故事看来，人的自由也最容易导向一种放纵不羁的危险。接下去的人类乐园及其失乐园的故事印证了圣经中的这一教诲。

我们需要仔细阅读《圣经》，领会创世故事的智慧。第一句话，起初，上帝创造天地。为什么不说上帝创造“世界”呢？世界就是希腊语的“宇宙”（cosmos）一词。希伯来人不认为天地就是一个宇宙，就是一个世界，就是一个整全的、无所不包的一切。因为上帝高于这个世界，高于这个宇宙，高于天和地。起初，是上帝创造了天与地。有了上帝，天与地就不是一个封闭的世界。所以，对于希伯来人来说，上帝是不同于天与地的，天与地都是上帝造的，只有天与地，还不是一个完整的世界。对于希腊人和中国人来说，天与地就是一切了。这就是为什么《旧约》的第一句话是说上帝创造“天地”而不是上帝创造“世界”。

这个词是大有深意的，也就是说，犹太教的创世论是与希腊的宇宙论截然相对的。

我们再留意一下上帝命名了什么，说什么东西是好的（good）。第一天有的是光，然后说光是好的。然后将它与黑暗分离，上帝命名光为白天，黑暗为夜。第二天分离了空气和水，命名空气为天。但是上帝没有说天是好的。第三天，分离了大地与海洋，命名干的地方为大地，水的聚集处为海。在地上有植物，上帝也说这是好的。第四天，上帝造了太阳、月亮、星星，没有命名它们，只是摆列在天空，为了普照大地。上帝也说这是好的。第五天，上帝造出飞禽走兽，上帝也没有命名，上帝也说它们是好的。第六天，上帝先造了动物，也没有命名，但是说它们是好的。接着造了人，没有命名，也没有说好。只有六天的创造全部完成了，上帝才说是好的。上帝没有说"好的"现在很清楚了：一个是天，一个是人。当然，人是按照上帝的形象造的，所以，很明显，在《创世记》中，对天是十分贬低的。因为它只不过是上帝创造的，而且上帝把最好的创造都放在了大地之上，而没有放在天上。天上只有飞鸟。这种想法如果与希腊和中国的传统观点对照一下就非常明朗了，在中国和希腊，天就意味着至高无上的主宰。天就是整个宇宙，天包容着地，天比地大。和上一段对"世界"的分析一样，上帝创造了天，但天不是一个整全，天是上帝造的。因此可以说，在犹太人那里，天是没有像在其他民族那里一样的地位的。所以，《创世记》在开始的时候就根本把它一带而过："起初，上帝创造了天地。地是空虚混沌，渊面黑暗。"

我们来看看太阳的地位。上帝创造太阳的作用是"发光在天空，照耀在地上"，是为了照耀大地的。令人震惊的是，太阳的地位低微得还不如植物。它只是上帝造出来给大地以及大地上的植物用的。这里显然完全没有其他民族神话或宗教各种形式的对太阳神的崇拜。在《创世记》的故事中，天不是神圣的，太阳也不是神圣的，它们的地位都不如大地。在《旧约·申命记》4:15～19中，以色列人的始祖摩西向以色列人讲话。他讲了上帝立下的十诫。他说："耶和华在何烈山从火中对你们说话那日，你们没有看见什么形象。唯恐你们败坏自己，雕刻偶像，仿佛什么男像女像，或地上走兽的像，或空中飞鸟的像，或地上爬物的像，或地下水中鱼的像。又怕你们向天举目观看，见你的上帝为天下万民摆列的日月星辰，就是天上的万象，自己便被勾引侍奉它。"这就是十诫中最重要的两条：第一条，除我之外，不可有别的上帝；第二条，不可为自己雕刻偶像(idol)，不可跪拜那些偶像。这就是犹太一神教的情况。

犹太一神教拒绝任何神话，因此它是一种宗教，而不是神话。它拒绝信仰各种神灵，无论是太阳神，还是月亮女神；不论是龙，还是猪；不论是宙斯，还是雅典娜；不论是金钱，还是巫师；不论是国王，还是明星。所有这一切在犹太人眼里都是人给自己雕刻的偶像。上帝造出来宇宙万物是天下人可以看见的，但是他自己是看不见的。所有可以看见的都是偶像，因此不是上帝。上帝是通过先知启示给唯一的民族即以色列的，其他民族所见的、所信仰的都是偶像。这就是犹太教的《旧约》的创世论的内涵，它是关于以色列民族一神教的教义，其中包含着深刻的智慧。这个道理或者说这种智慧只有犹太教才有。世界是被上帝创造出来的，这是一个只有犹太教才发现和信仰的“事实”。在此所讲述的难道不过是一个神话吗？但是，这里面的智慧不也是很清楚的吗？这里面讲的道理是我们能听懂和理解的道理，虽然有悖于我们日常或民族习惯所接受的各种根深蒂固的常理。接不接受这些思想是一个问题，但是，我们不能首先拒绝理解它们。在《创世记》中，以色列人一边在讲述天地的起源和人类起源，一边在讲述自己的民族的起源和信仰。因此，这是一个民族用以教育自己民族的圣书。

我们接下来读到，上帝用了六天创造天地万物和人，在第七天他的工作已经全部做完了，上帝需要休息了。于是上帝把第七天规定为安息日，就是休息日的意思。这就是礼拜天的由来。礼拜天是说每个人在一周的六天中辛苦地工作和生活，第七天应该去教堂做礼拜。做礼拜是为了纪念上帝设立的安息日。安息日首先是犹太教最重要的仪式，其次才是基督教的仪式。犹太教在安息日严禁任何其他与赞美上帝无关的活动。安息日的意思乃是纪念上帝创世的伟大和荣耀。上帝的安息日是伟大的和平与宁静的日子，是纪念我们人类被创造出来是应当赞颂上帝的。这就是西方重要的节日的神圣根源。公元纪年则是纪念上帝之子耶稣基督的诞生。

◎ 人的起源的两个版本

我们需要仔细地看一看人是如何创造出来的，以及这个人的起源的故事里蕴含着什么道理。《创世记》中的上帝造人有两个版本。第一个版本是：上帝照着自己的形象造人，造出男人和女人，使他们管理大地和动物。在这个故事里，我们看到人的出身是很高贵的，因为他是按照上帝的形象造的。人也是很有权力的，因为上帝授权给人，让他管理大地以及大地上的各种飞禽走兽。

但是在接下来的《创世记》的另一个人的起源的版本中，人的出身就不高贵了，甚至我们一定会说简直太卑微了。第一章是上帝创造天地的故事，人只是其中的一部分，第二章则主要是一个上帝创造人的故事。第一章以人结束，第二章则以人开始。第一章男人和女人是一同造出来的，而在第二章中男人是先于女人造出来的。第一个版本讲的是人类的高贵的、平等的出身，而在谈到人类的堕落的时候，就要分出不平等的次序，这一次序意味着堕落的次序。在这个版本中，上帝用地上的尘土造人，将生气吹到他的鼻孔里，他就成了有生命的人。他的名字叫亚当（Adamah），就是“从地上的尘土中出来”的意思。基督教在人死的时候会说“尘归尘，土归土”，就是这个意思。这句话是亚当堕落之后上帝对他说的话："直到你归了土，因为你本是尘土，仍要归于尘土"。亚当出生之前，大地还很荒凉。当亚当被创造出来以后，上帝才为他造了一个伊甸园，一个黄金乐园，一个天堂。这是上帝创造男人的过程。上帝创造女人的过程显得比创造男人更为卑微，因为女人是男人的一条肋骨加上男人的肉造出来的。亚当管她叫做女人（woman），意思是"从男人里面出来的"。这句话是什么意思呢？是说女人很卑微吗？意思原来很明显，我们不必以我们的现代观念去胡乱猜想。因为下文已经做了解释说："因此，人要离开父母，与妻子联合，而人成为一体。"原来这句话的意思是说，女人与男人本是一体的，本是不可分开的。女人是男人身上的骨中之骨，肉中之肉（bone of bone，flesh of flesh）。

第一个版本的造人的故事讲了人的高贵出身，他是按照上帝的形象造出来的，第二个版本却讲了一个人的低微出身，他是从泥土中的尘土造出来的。如果上帝不给他吹一口气的话，他就没有生命，他的肉体就是尘土，连行尸走肉都不是。低微出身的亚当和女人已经预示着某种不详的命运了。《创世记》的第二章描述了一个美好的伊甸园的景象，伊甸园是亚当和他的女人的乐园。但是在第三章就开始了人类的第一场戏剧：失乐园。这个故事的细节是值得仔细分析的。

首先是上帝对亚当设下了一个禁令，禁止他吃伊甸园里两棵树上的果子，一个是知善恶树，一个是生命树。吃了知善恶树上的果子，人就能和上帝一样知道善恶，但是他却不可能像上帝那样至善无恶。吃了生命树上的果子，人就会像上帝一样不朽。上帝是当面吩咐亚当的。亚当一直很单纯地生活，直到他有了自己的女人。第三章一开始就说，狡猾的蛇开始向女人发动诱惑的攻势。蛇先是问，上帝真的说不允许了吗？女人重复了她从亚当那里听到的上帝的禁令。蛇就说：你们不一定死。然后又说，上帝不让你们吃是因为他怕你们吃了之后便像上帝一样能知道善与恶。蛇先是否定了上帝命令的权威性，然后又以心理分析彻底引诱了女人违抗上帝的禁令。蛇的心理分析是，上帝不让你们吃是因为他怕你们吃了之后像他一样有力量。蛇的诱惑又不动声色地模糊了一个基本的事实，像上帝一样知道善恶并不意味着就不会死，因为知善恶树与生命树是两棵树。此外，知善恶也不意味着就有上帝的力量，就能和上帝对抗。还有，上帝会是一个嫉妒和害怕人的上帝吗？女人由于有了一点知识，所以她才能相信蛇的诱惑中的道理，才忘记了上帝的禁令。

当上帝在秋天来到伊甸园的时候，他呼唤亚当和他的女人。他发现人由于吃了善恶树的果子而知道了羞耻，不仅将自己的身子用树叶挡了起来，而且还躲起来害羞见到上帝。上帝知道他们已经违背了自己的禁令，知道善恶，就开始问亚当是否吃了树上的果子。亚当就推说是女人给他吃的，女人又推说是蛇引诱她吃的。于是上帝就开始给了他们三个不同的诅咒，并将亚当和夏娃逐出伊甸园。因为上帝怕他们再去吃生命树上的果子。但是在最初，上帝并不禁止他们吃生命树上的果子，只是禁止他们吃知善恶树上的果子。他们当时没吃，因为他们没有知识，还不知道死亡是恶的。等到他们知道了，怕死了，上帝却禁止他们了。因为堕落之后再长生不死，就是恶上加恶、无可救药了。

我们必须将《创世记》理解为希伯来人为自己民族所讲述的上帝教育人的一个故事，理解为上帝教给人以敬畏的智慧。因此我们必须细致地领会其中的含义，不能把它当作一个一般的故事。我们来想一想亚当的堕落是由于什么？最初亚当的生活是简朴而富足的，他生活在一个无忧无虑的乐园之中。他还是有一些基本的知识的：比如说，他知道各种鸟兽的名字，因为那都是他命名的。他也知道他的女人，她也是他命名的。他还认识上帝，因为他是上帝造出来的。他也知道有一棵树叫知善恶树，并且他理解了上帝的禁令的意思。他不是没有基本的知识的。难道是上帝对他下了一个似乎是多余的禁令吗？因为下了这个禁令之后，就会使亚当更加关注于这颗善恶树，这颗善恶树就成了他是否遵守上帝的禁令的一道考验。蛇的引诱就包含一种基于知识之上的对上帝可能怀有居心叵测的恶意的心理分析，而人的知识此时还无法判断蛇的知识的正确与否。但是，人应该相信他自己不需要依据自己的知识去做判断，他只要坚信上帝的禁令是不可违抗的，就足够了。女人没有牢记上帝的禁令，没有信仰上帝的权威，而是接受了以自己的可怜的知识尚无法做出判断的蛇的诱惑。

此外，我们要考虑的问题是，夏娃受到诱惑的时候是出于自己想成为像上帝一样的强烈欲望呢，还是恰恰因为她自己缺乏或上帝也没有教给她足够的知识去判断蛇的话的真假呢？也就是说，人开始是由于无知因而无辜地违反了上帝的禁令，还是人有意地违抗上帝？不管怎样，上帝惩罚了人。但是如果人是无辜的，那么责任岂不是在上帝身上吗？我们也可以像蛇一样，分析一下上帝的过失：一个是上帝没有给人足够的判断蛇的善恶的知识；一个是上帝的禁令本身就是一种诱惑；一个是上帝为什么要造出蛇这样一种狡猾的带有恶意的动物呢？因为可以说正是蛇的想法中包含着恶意。这就是随处可见的《创世记》中的矛盾之处，然而这些矛盾之处可能就是智慧的奥秘所在。

我们从这里可以看到人类原始的情况：人如果想要像上帝一样具有善与恶的知识，因而有了某种自主的自由，他就必须违背上帝的权威、禁令，也就是上帝的启示和律法。上帝具有这样的善恶知识，他以命令的方式告诉人应该怎么做，人只要接受上帝的命令式的知识也就可以完美地生活了。但是人却认为自己也要拥有这样的更高的知识才更好。实际上，他不仅失去了对上帝的信仰，还失去了上帝教给他的命令式的知识。人吃了知善恶的果子之后，第一个举动是知道了自己裸体的羞耻，知道了防备对方，知道了自己与他人的分别。失去了对上帝的信赖之后，人开始躲避上帝，一切都变得有些间接了，有些距离了，有些防范了。失去了质朴的善，由蛇带进来的恶意已经侵入人的内心。这个故事极其深刻的地方在于：人违抗了上帝的禁令，他就真的会拥有自主的善与恶的知识吗？人吃了善恶树的果子就能像上帝一样知善恶，但是他能像上帝一样至善无恶吗？他能在面对恶的时候像上帝一样不被引诱而堕落吗？人开始堕落以后还能拥有像上帝一样的知善恶的能力吗？这里讲的正是人类的基本困境，略带一些阴郁的色调。人恰恰是为了知道善恶的知识而遭受苦难，并违抗了上帝的禁令吗？如果这不是人的一次偶然的无辜的过失，那么人就承担了自己作为人类的命运。人本来可以依靠信赖上帝的命令而生活在天堂中的。这是人类命运的一种尽管微乎其微但决非不可能的选择。因为人的脆弱的意志，他不能认识到自己的欲望的危险，他为了满足自己的不可满足的欲望，最终选择了堕落之路，而且我们会看到人在堕落之路上越堕落越猛烈。我们在此可以暂停下来思考一下，诚然，这里的故事也是基督教中原罪的概念的起源。但是我们仍然可以看到，在《旧约》中人的堕落不是从人的本性来思考的，而是从人的行为和意志来思考的。也就是说，人的堕落是由于人违抗和背弃了上帝的命令和意志。人知道羞耻之后，便开始意识到自己的存在，便开始与上帝分开了。显然，在这里还看不见后来基督教所强调的原罪概念中那些非常浓重的人性论的因素。

当亚当被逐出伊甸园的时候，失去了自己的乐园，生存的环境一下子变得极其恶劣起来。在恶劣的生存环境中，在生存的严峻和残酷中，人能不作恶吗？这就意味着上帝一下子把人驱赶到一个残酷的恶的世界之中。难道因为人的偶然的过失，上帝就把人扔到了恶的世界中去吗？在第一章中，上帝创造了一切，并且看着它们都是好的，都是善的，没有恶的。第二章仍然描绘了一个人住在上帝赐给他的伊甸园里的美好的生活。原来的世界是贫瘠的，上帝给了他富饶的生活环境，上帝怕他寂寞给他造了许多动物，最后他不满足的时候又给他造了他自己的女人做伴。在第二章中，人仍然是一个简朴生活的无知无欲的听话的上帝的好孩子。在第三章的时候，人类的罪恶一下子被蛇引诱出来了。人为了眼睛明亮，像上帝一样知道善恶，违背了上帝的禁令，偷吃了知善恶树上的果子，并且真的眼睛就明亮了，知善恶了。但是他的代价是永远失去了自己的天真，恶已经开始侵入他的身体。从此他将踏上一条不归之路，开始在极为残酷的世界中生存，恶将开始主宰人类的生活。于是，上帝要开始召唤人类回到起初的善，他要和以色列人立下约定，他要在以色列派下众先知和弥赛亚（Messiah）。

在《创世记》前三章之后的故事是：第四章该隐杀兄；第六章至第九章大洪水和挪亚方舟的故事；第十一章建造巴别塔；第十七章上帝与亚伯拉罕立约和第二十二章亚伯拉罕献祭儿子；第十九章毁灭所多玛和蛾摩拉。该隐杀兄的故事告诉我们的是人类的开端是手足相残、杀害兄弟的罪恶。该隐和亚伯是亚当的两个儿子，上帝喜欢亚伯的礼物，因为亚伯是牧羊人，而该隐是农夫。该隐对此事非常愤怒和嫉妒，就在田里杀了他的兄弟。上帝问他亚伯在哪里，他回答道：我不知道，我又不是每天看着他。上帝说你杀了自己的兄长，要惩罚你四处流浪。该隐就和上帝讨价还价说，你的处罚太重了，我承受不起。别人见我就会杀了我的。上帝说，我保证别人不会杀你。这个故事看起来上帝在开始的时候对人类的处罚并不是特别严厉，上帝没有处罚该隐死罪，也就是说，上帝还没有立下杀人偿命的约。杀兄的该隐的后代却成为了人类各种发明的始祖。《创世记》在讲完人类夫妻堕落被逐出伊甸园之后，第一个寓言就是残杀兄弟的事情。

◎ 上帝与挪亚立约

亚当又生了赛特代替亚伯，赛特的后代有一个叫作挪亚的人，是当时世界上最有道德的人，就是义人，与上帝同行的人。挪亚的时代，人类已经堕落得不像样子，“终日所想的都是恶，上帝就后悔在地上造人，心中十分忧伤，就说，要将所造的人、飞禽走兽都从大地上消灭，因为我造它们后悔了。只有挪亚一个人不在被毁灭之列”（6：5～8）。上帝就让挪亚造一个方舟，带着他的家人，还有各种飞禽走兽留种的上船。上帝于是降下大雨，足足 40 天，大地上一片汪洋，洪水泛滥了 150 天。又过了 40 天才使水势下落。挪亚先派出一个乌鸦，没回来。又派出去鸽子，鸽子衔着橄榄枝回来了。挪亚就知道水退了，鸽子和橄榄枝从此就象征着和平与新生。在大洪水之前，地上的人寿命很长，一般都能活到八九百岁，并且个个都是英雄。但是他们也因此就无法无天，上帝以整体的方式将他们从地上清洗干净，只留下挪亚一家好人。上帝终于发现逞英雄的人的堕落是不可避免的，他以前还对人类存有很多希望。现在在“第二次创世”之后，他和挪亚开始立约。立约给了人与上帝平等的地位，尽管就力量来说完全是不对等的。在《创世记》第九章里，上帝与挪亚立约，这是《旧约》中的第一个约。上帝说，我与你们立约，凡有血肉的，不再被洪水灭绝，也不再有洪水毁灭大地了。记号是云彩中的彩虹。另一方面，上帝也明确了以前显然没有明确规定的一条律令：不许杀人，杀人者偿命，因为人都是按照上帝的形象造的。杀人偿命的惩罚比以前显然是加重了。但是人在大地上也增加了许多希望，因为他不会被上帝彻底从地上大清洗掉。大洪水的故事是讲上帝以大清洗的方式重新创造了大地和人类，并且以立约的方式约束自己和人类。上帝节制了自己的愤怒和暴力，但是也给人类的行动设定了善恶的尺度。第一次创世，上帝给亚当的只是一条禁令，第二次创世，上帝给人类立下的是第一条法律：不许杀人。立约就是上帝立下的律法。

上帝此后再也没有大清洗过整个人类，但是在第十九章中，上帝清洗了在所有民族中都出了名的两个极其堕落的城市：所多玛和蛾摩拉。从此这两个名字成为人类历史上堕落之地的象征。所多玛的故事和挪亚方舟的故事有相似之处。亚伯拉罕为所多玛求情时说，如果城里有 50 个义人，你就别毁灭他们。上帝说行。

亚伯拉罕锲而不舍地祈求上帝的公义和仁慈，45 个义人行吗，40 个，30 个，最后上帝答应他，即使有 10 个义人他都不灭掉这个城。结果亚伯拉罕只找到了罗得一个义人。上帝于是毁灭了这两个城市。天使带着罗得一家逃命。罗得的两个女婿不信上帝要灭城，没跟他们走；罗得的妻子在路上还留恋地回头看，一下子变成了盐柱。在所多玛和蛾摩拉，上帝重演了挪亚方舟的故事中大洪水的愤怒的决心。不同之处是上帝也显示了他的公义和仁慈，只要有 10 个义人，全城都可以免除毁灭。而对于这两个城市来说，这个条件也是太苛刻的，那么上帝毁掉它们，可以说没有人为它们可惜了。

◎ 巴别塔的故事

《创世记》第十一章是关于人类语言的起源的故事。在第一章中，上帝在开始创造天地的时候，他命名了几个大的东西，比如，白天、夜、天、大地、海。至于其他的东西，上帝都没有命名，其余的都留给人去命名。第二章中，上帝把各种飞禽走兽带到亚当的面前，亚当怎么叫它，那就是它的名字。也就是说，关于各种事物的名称除了上帝命名的几个之外，都是人命名的。亚当命名的还有他的伴侣，他叫她女人，后来又取名为夏娃，意思是众生之母。由于人类都是亚当和夏娃的子孙，所以自然都住在一起，讲着同一种语言。不久他们就做了一件令上帝震惊的事情。他们找到一块平原，想在上面建造一座通天塔，以便传扬他们的名声，免得他们被分散到各地。他们就烧砖造城造塔。上帝看见了，说他们如果真的做起来的话，以后就没有什么是他们所做不了的了，所以必须要破坏他们的行动。于是上帝就把他们分散在各地，使他们的语言乱起来，各自说着各种不同的语言，不能成为一个民族，不能彼此听懂对方的语言。他们的城和塔就造不成了。这个没有造成的塔就叫巴别塔（Babel)，在希伯来语中是“乱”的意思。这个故事中隐藏着很深的不好理解的意思。首先，就像知善恶树那样，上帝似乎是怕人类居住在一起，有共同的语言，就无所不能了。但是值得疑问的是，上帝是害怕人的力量强大到足以挑战他的地位、颠覆他呢？还是害怕人的力量强大到会做出更大的恶事呢？其次，这个故事附带说明了民族是什么。再次，这个故事主要讲的是语言的神圣起源。从上帝命名的语言，到亚当命名的语言，再到被上帝变乱了的语言，这就是人类语言逐渐衰变的历史。语言最初是命名的神圣的语言。名字对于任何事物、任何人都是第一重要的事情。语言的混乱使人与人之间以民族为单位彼此隔阂。如果人类的语言成为一种语言，那么他们的心意就能相通，他们的力量就会十分强大。计算机语言是一种强大的人造语言，自然科学也是一种强大的人造语言，世界语也是一种人造语言，许多科学家和学者仍然相信这些统一的、客观的语言具有无比强大的力量。

◎“亚伯拉罕颂”

我们对《旧约·创世记》的分析最后将以亚伯拉罕的故事结束。就像伟大的哲学家基尔克果所说的一样，这个故事其实是“亚伯拉罕颂”，颂扬的是一个伟大民族的始祖对上帝绝无仅有的毫不动摇的信赖。亚伯拉罕原名亚伯兰，在第十五章中，上帝与亚伯兰立过一次约，内容是应许给他广阔的土地（15：18）。在他 99 岁的时候，上帝更改了他的名字，和他一个人立约：我是全能的上帝，你当在我面前做完全人，我就与你立约，使你的后裔极其繁多，你要做多国的父。你现在居住的地方迦南都是我赐给你和你的后代的永远的产业。你的妻子虽然已经 90 岁了，但是她要给你生一个儿子，叫以撒。以撒和你所有的子孙都要遵守我的约，记号是割礼（17：1～21）。亚伯拉罕毫不犹豫地行了立约的割礼。亚伯拉罕信赖上帝，即使上帝应许的是他不可能见到的事情，即使他已经 99 岁，他妻子已经 90 岁，不可能再生育了。当然，亚伯拉罕在听到上帝的应许的时候笑了，而且他的妻子听到以后也笑了。结果，上帝真的给了他们一个自己的孩子。以撒的出生乃是一个上帝的奇迹。

然而，上帝要考验亚伯拉罕。上帝吩咐亚伯拉罕带着他的独生爱子上山，献祭给自己。献祭就是把祭品放在祭坛上，用柴火焚烧，使烟火达到天上。但是要知道，这个儿子不仅是亚伯拉罕晚年得子的幸福寄托，而且也是上帝所应许的一切的继承者。没有以撒，上帝那些许诺都没有人继承了。一个父亲要亲手杀死自己最心爱的儿子，这如何下得了手呢？上帝要亚伯拉罕杀死他和自己立约的继承人，这种要求岂不是很矛盾吗：如果亚伯拉罕杀了以撒，那么上帝应许亚伯拉罕的子孙万代的一切又如何能实现呢？然而，亚伯拉罕毫不犹豫地带着自己的儿子上山了。亚伯拉罕信赖上帝，他没有与上帝争辩一句，也没有请求什么。而在上帝要毁灭所多玛的时候，亚伯拉罕却拼命为所多玛求情，请求上帝的公义。上帝是公义的，他决不会做什么不公义的事。亚伯拉罕相信上帝是深不可测的，就像是《旧约·约伯记》中的约伯所信赖的一样。亚伯拉罕信赖上帝奇迹，上帝这么说了，上帝自有他的道理，即使有巨大的矛盾。所以，亚伯拉罕默默地劈好了柴火，备好了驴子，出发了。以撒问：“火与柴都有了，献祭的羔羊在哪呢？”亚伯拉罕说：“上帝必亲自预备献祭用的羔羊。”可以体会到，以撒的话就像是在向亚伯拉罕求情。但是，亚伯拉罕无法向他解释这一切。亚伯拉罕把儿子捆好了，柴也摆好了，放在祭坛上，正准备拿刀杀他的儿子的时候，上帝制止了他。上帝说，我知道你敬畏我的心意了，你没有把自己的独生爱子留着不给我。亚伯拉罕正好看见了一只公羊，就取过来献祭给了上帝。上帝在天上第二次对亚伯拉罕的忠诚信赖应许下诺言，这是对亚伯拉罕信仰奇迹追加的奖赏，因为保存下以撒就已经是奖赏了。

关于亚伯拉罕的故事，《圣经》中只有朴素而简短的叙述，叙述的都是亚伯拉罕的行动，没有任何矛盾心理斗争的描写，没有亚伯拉罕绝望的悲歌和软弱的祈祷。当亚伯拉罕举起刀的时候，那真是“恐惧与颤栗”的一刻，“悖论”的一刻！唯有这一时刻的亚伯拉罕才深知，上帝就是不可见的、深不可测的、悖论的上帝。他应许实现的方式绝对是以人的方式所根本不能理解的，这正如《约伯记》中所显示的超越了善恶的因果报应的那个上帝一样。亚伯拉罕杀子的心理活动及其后果可以演绎出很多故事，但可以肯定的是这些故事没有一个是亚伯拉罕本人的。因为亚伯拉罕伟大的信心和伟大的激情同样不可测度，他甚至冒着成为杀害自己儿子的凶手、犯下十恶不赦的罪的危险而依然坚信上帝。这种激情完全不同于浪漫的爱情中男人为心爱的女人甘冒一死的激情，这是“信仰的激情”！亚伯拉罕对上帝的信仰高于他无比深沉的父子之情，他宁肯亲手杀掉自己最疼爱的独生子！亚伯拉罕完全没有去想这是否只是上帝的一场帕斯卡式的考验。他极其专注于自己与上帝之间所承担的绝对的关系，而且只有他自己独自承担。他没有向自己的妻子撒拉、忠实的仆人以利以谢和儿子以撒解释什么。这就是犹太人伟大的祖先。这个犹太人的祖先不是神，也不是英雄，甚至也不是先知，而是以伟大的信心成为上帝拣选的民族祖先的。这也许可以解释为什么犹太民族能成为世界上最伟大的民族之一，以及《圣经》会成为西方文明的源头的原因吧。在现时代里，我们自己肯定很难有这种罕见的信仰，但是至少我们可以感受一下有一个了不起的民族的了不起的祖先，在他的身上拥有一种人类罕见的伟大的信仰精神。他值得所有的人肃然起敬。

我们在这部《创世记》中首先看到的是一个伟大的民族是怎样讲述自己不凡的起源和历史的。犹太人将自己民族的历史一直追溯到上帝创造天地万物和人类，追溯到人类的黄金时代和失乐园的堕落，追溯到原始人群兄弟残杀的情景，追溯到上帝对万恶的人类的大清洗，追溯到大洪水之后新的立约的生活的开端。犹太人在大洪水的第二次创世之后追溯了自己民族的伟大的创立者亚伯拉罕，他们将自己的祖先视为全心全意信仰上帝的义人。从此，亚伯拉罕便决定了这个民族的特征，那就是执著地信仰上帝的民族。亚伯拉罕身上的信心正是犹太民族最伟大的标志，也正是犹太民族历史的开端。

◎ 基督教与犹太教

基督教是从犹太教的一支中发展出来的新兴宗教，因为他们信仰拿撒勒人耶稣是拯救者弥赛亚（Messiah）或受膏者基督（ho christos）。所以，《创世记》中的创世论也是基督教思想的基础，亚伯拉罕及其民族对上帝岿然不动的信仰也是基督教的信仰。可以说没有《旧约》，就不可能产生出基督教的思想。但是，这并不意味着二者之间没有巨大的分歧。基督教兴起之后，基督教承认犹太教的信仰只是基督教的信仰的预演或预表，而它自己是犹太教的完成；犹太人的经典也是它的经典的一部分（即《旧约》）；耶稣基督和他的门徒已经用“面包和酒”所立的新约取代了上帝与亚伯拉罕、以撒、雅各、摩西以及整个以色列民族所立的旧约。但是，当时的犹太人就认为耶稣只是以色列的众多先知中的一个，根本不能说他就是“上帝之子”；在耶稣诞生之前，上帝与犹太人立约已经有1400多年了。这个“约”体现在犹太人的历史之中，它不可能被谁废去。这是犹太人的看法。基督最后被世人钉上了十字架，基督徒认为是犹太教的法利赛人宣判了耶稣并害死了他。这种反犹主义的恶意的指控流传深远，在犹太教和基督教之间结下了长达两千年的仇恨。在基督教从犹太教中分离出来、日益壮大并成为罗马国教之后，基督教对犹太教的迫害就从未停止过。在中世纪，基督教对犹太教进行了三次大型的有组织的神学审判。[①] 直到1965年梵蒂冈第二次会议的时候，基督教才正式谴责反犹主义，声明耶稣不是犹太人害死的，并且，耶稣及其门徒也都是犹太人。

如果说《旧约》通过对上帝创世的坚定的信仰讲的是一个民族（以色列）的历史，那么《新约》讲的就是一个人或一个人子（耶稣）的事件。正如分析《旧约》首先要从《创世记》入手一样，分析《新约》我们首先要从四福音书入手，了解耶稣的行迹，主要包括耶稣的降生、传道、受难、复活，并在福音书的记述中去体会耶稣基督的信仰的力量和智慧。耶稣受难以后，他的门徒建立了早期的原始教会，并开始记载“耶稣的事迹”，这就是“福音”（Gospel）的意思。《新约》包括四福音书和使徒行传、使徒书信，以及最后的启示录。四个使徒为圣灵所感写下的四福音书记载了耶稣的生平事迹。在公元1世纪中成书的四福音书是基督教最早的文献。冷峻急迫的《马可福音》成书最早，叙述最为简朴，它主要针对罗马人说话，强调耶稣是上帝的仆人；对犹太人有些偏激的马太和文质彬彬的路加参考了《马可福音》的资料和自己的资料，分别针对犹太人和希腊人讲述耶稣行迹，强调耶稣是上帝之子、是王以及耶稣是人子、是人；《约翰福音》成书最晚，却与前三部可以相互参照的“对观福音”的风格不同，更强调圣灵（也就是道或逻各斯）的作用，充满了准神学术语，更像是一部对基督的沉思的神学护教论。我们的分析从《马太福音》入手，因为这部福音看起来更加强调耶稣的行迹处处印证了上帝对以色列人的应许。

◎ 耶稣的生平故事

耶稣诞生于罗马帝国时代，他讲亚兰语，他的家乡犹大地区当时属于罗马帝

① 参见［英］马克比：《犹太教审判：中世纪犹太—基督两教大论争》，济南，山东大学出版社，1996。

国统治，当时统治犹大地区的总督叫希律。《马太福音》一开篇就讲了耶稣的家谱，说他是亚伯拉罕和大卫王的后裔。亚伯拉罕、以撒、雅各是犹太人的祖先，所以耶稣是亚伯拉罕的后裔不足为奇。但是在基督教迫害犹太教的时候，他们忘记了一个基本的事实，耶稣本人就是受过割礼的犹太人。大卫王是犹太教历史上最伟大的国王（参见《撒姆耳记》），他建立了以色列王朝，定都耶路撒冷，他在位的年代相当于中国的西周时期。虽然大卫王朝不过是中东巴掌大的一块土地，但是它却是犹太人的第一个实现了的王朝。大卫王能征善战，擅长音乐，《旧约·诗篇》中大部分诗篇都附在大卫的名下。按照以色列人先知的预言，将要降临到以色列民族中的拯救整个民族的人一定是“大卫的子孙”。马太的记述显然是为了表明耶稣是大卫的子孙。

耶稣诞生的时候就是圣诞夜，圣诞夜又是平安夜。耶稣是马利亚童贞受孕而生，这既印证了《旧约》中的预言，又显示了耶稣的出身的不同寻常。只有在《路加福音》中，耶稣被记述为夜里出生在被称为“大卫之城”的小城伯利恒的客店的马槽里。这就是大卫的后裔、上帝之子耶稣基督卑贱的出生。从耶路撒冷来了三位博士，他们到希律王那里说要参见一个新生的婴儿，未来的犹太人之王。三个博士见到了耶稣，并向耶稣和马利亚奉献了黄金、乳香、没药，而希律王却因此想杀掉这个小孩，于是他下令杀净了境内所有两岁以下的男孩，但玛利亚和她的丈夫约瑟已经带着耶稣逃往埃及了。这个故事就像是当年摩西的故事的重演。后来，耶稣一家回到加利利地区，在拿撒勒住了下来。耶稣于是被称为拿撒勒人耶稣，犹太人也把基督徒称为拿撒勒派。只有《路加福音》中记载了耶稣少有奇才，12 岁的时候，父母在犹太人的逾越节时领他去耶路撒冷，他在圣殿上与犹太教中一批有知识的拉比教师辩难应对，所有的人都惊奇他的才华。

在耶稣 30 岁的时候（《路加福音》3：23），在犹大地区的旷野上有一个人开始传道，他就是犹太洗礼运动的先知“洗礼者约翰”。约翰传道的内容是“预备主的道，修直主的路”，这正应验了《旧约·以赛亚书》中的话：“在旷野预备主的道，在沙漠修直主的路”（40：3）。约翰是耶稣传道的先行者，他的确预备好了耶稣传道事业的路。耶稣于是就找到他，请他给自己在加利利的约旦河中洗礼。当耶稣受洗的时候，他听到了上帝的呼召和对他的肯定。耶稣才是真正的用圣灵来洗礼的人，但是这位将要给人用灵施洗的人却接受了约翰用水进行的洗礼。约翰只知道有一位将来者，只知道上帝之国必将降临，而耶稣本人却更加明确地意识到自己就是那位将来者，在自己身上上帝之国就已经降临了，上帝之国的一切公义和圣灵都已经通过他显现出来了。上帝与他的关系就是父与子的关系，耶稣清楚地知道只有通过“子”这个肉身的人，上帝才间接地启示出他作为“父”的一切神性的奥秘。这种亲密的关系产生出一种对神性的新的理解。基督教三位一体论以及全部神学都是在这上面建立起来的。

耶稣受洗之后，就来到旷野，接受魔鬼的各种试探，结果他经受了魔鬼的引诱。耶稣在旷野独自修行40天之后，便开始传道，并呼召门徒。从耶稣开始传道到他受难而死，只不过短短3年的时间，但是这3年里的行迹将改变以色列人的世界。耶稣一开始传道的时候，所有闻道的人就惊奇他的话，因为他的布道的确像是有权柄的人所说的话，普通人无法说出那样的话。耶稣传道的内容是："天国（上帝之国）近了，你们应该悔改。"这句话（《马可福音》1：14）和约翰的话（《马太福音》3：2）相似，表明耶稣和约翰的同一与差异。相同的地方是对未来的期盼和悔改的诉求，不同之处是所期待的内容，约翰期待将来的那位，耶稣期待的是"上帝之国"。

这短短的一句话其实包含着极多的内容。在以色列民族被奴役和被囚禁的时代，以色列人都热切盼望拯救民族的弥赛亚。耶稣的传道就是大卫的子孙即弥赛亚的呼召，耶稣传道的内容是末世论和启示录式的弥赛亚主义。所以，耶稣诉诸犹太人传统中对上帝之国的信仰。耶稣并没有引入新的上帝，也没有引入新的名称，他完全诉诸犹太人根深蒂固的上帝统治世界秩序的信仰。通过与犹太教的教师们的论战，耶稣呼召以色列人返回对上帝在地上建立公义的古老信仰上，耶稣全部的事业都集中在这上面。耶稣像以前的以色列先知一样，要求以色列人民为自己的堕落而悔罪。以色列的先知们认为，以色列民族的悲惨命运不是上帝的强暴的惩罚，而是以色列人罪有应得的结果。以色列的先知总是不断地要求自己的民族恢复并遵守与上帝建立的约。在呼召以色列人回归上帝的公义上耶稣与这些先知一样，但是耶稣也与所有的"上帝的仆人"的先知不同：耶稣也是基督救主。他既呼召，也命令。

耶稣是以一种极为彻底的方式要求犹太教的更新和回归。耶稣既不是简单地启示录式地宣扬上帝之国，也不是以洗礼者约翰的方式传道，虽然这是耶稣最能认同的两种倾向。约翰的洗礼派就像法利赛人一样，代表了犹太教的虔敬派。约翰也被认为是先知以利亚的来临。与先行者约翰不同的是，耶稣以控诉富有者对钱财的拥有而呼召人悔改，他以谴责法利赛人的伪善自欺呼召人的悔改，他以人子在世代的末世降临呼召人悔改。因此，首先，耶稣不仅期待上帝之国将来更新一切的降临，而且他知道上帝之国在他的身上正在降临和显示："上帝之国就在你们中间"（《马太福音》11：6）。耶稣显示的神迹、所传的福音、呼召门徒、最后在十字架上的死与复活，都启示着一个与传统犹太末世论期待不一样的东西，那就是在耶稣身上上帝正启示着他自身。正是基于这一点，耶稣对上帝之国的期盼后来才成了人们对基督重临（parousia）的期盼。耶稣自己以五个比喻（看门人、好仆人、婚宴、十童女、给工钱）预言基督重临，并警醒门徒们时刻预备基督的重临。其次，耶稣的教诲并不是经济上的共产或劫富济贫，不是政治上的反抗、革命，也不是宗教上的新神明，而是呼召人成为一个义人，成为与上帝和好的人，成为上帝的子民，它诉诸整个人心意和灵魂的转变。在基督教看来，耶稣是用上帝之国的爱的圣灵为人类进行新的洗礼。耶稣与犹太的末世论期待和虔敬主义的约翰不同之处正在于，上帝之国正在他身上降临，这个上帝之国不仅是民族的、公义的，而且是普世的、充满圣灵之爱。耶稣呼召所有的人，当然首先就是以色列人，像上帝爱人一样去爱自己的邻人。这是理解耶稣生平行迹的意义的钥匙。

◎"登山训道"

耶稣开始的时候就像一个犹太人的律法教师即拉比或夫子一样传道。拉比的职责是解释上帝之道，耶稣就是置身于犹太群众中的"以色列的教师"。耶稣传道的事业集中于以色列各地，而不像犹太人斐洛那样去接触和教化希腊化地区。耶稣还召集门徒，传扬上帝之国的福音，医治各种各样的疾病，他的能力传遍了叙利亚，很多人都远道而来。耶稣见到人数众多，就"登山训道"。

耶稣布道的内容很多，他首先以祝福开篇，这就是"八福"：虚心的人有福了；哀恸的人有福了；温柔的人有福了；饥渴慕义的人有福了；怜恤的人有福了；清心的人有福了；使人和睦的人有福了；为义受逼迫的人有福了。为什么恰恰是这些人呢？因为他们最热切地期待上帝之国的公义降临。"八福"就是上帝之国中的公义的生活。耶稣说"你们必得安慰"这个被动式，就意味着"上帝必将给你们以安慰"这个主动式，上帝必给他的子民以安慰，因为按照《圣经》上的记载，上帝应许了这些事。这里的上帝就不是传统犹太教高高在上、令人敬畏的上帝了。上帝就在我们中间（这句话通常译为"上帝就在我们心里"，容易引起唯心论的误会）。上帝要更新我们的心意、他与我们的关系和新世界的秩序。这就是上一段我们所说的意思。耶稣呼召众人说，你们是世上的盐，你们是世上的光。灯不是放在桌子底下的，是要拿到桌子上面来照耀人的。你们也当如此。这里耶稣用的是比喻。耶稣在后来传道的时候总是使用比喻，因为一方面天国的道理是一种奥秘，无法直接说出来；另一方面打比方老百姓容易听懂。与盐和光的比喻类似的一个比喻是撒种，耶稣的撒种的比喻内容十分丰富，听到传道就信的人，就是被呼召的人。他们就是盐、光、种子，就是被差遣作见证和传道的使徒。天国的道理就像种子一样在人们之中和人心之中播种下去，种子会结比原来多上百倍的果实。当然，种子中还会掺杂着野草的种子。种子本是最小的，但是长起来以后就比各种菜都大。所有这些比喻都是耶稣关于上帝之国的圣灵降临的教诲。

耶稣继续教诲说，我不是要废除犹太人的先知和律法，而是要成全它们。"直到天地废去，律法的一点一划都不能废去。"这句话并不是说犹太的民族仅仅就是先知和律法的民族，或者说，犹太教的特征是律法，而基督教的特征是恩典。这句话是说直到末世的世代，律法才能真正得以成全。保罗（以及后来的马克安派）后来有把律法和上帝的恩典对立起来的倾向，就导致了犹太教与基督教的严重对立。其实，耶稣从来也不曾否认过以色列人曾经得到过上帝的恩典，以及以色列人信仰恩典的上帝和上帝的恩典。我们从《新约》的开篇《马太福音》入手，不仅要从实质性的道理上去领会基督教的思想，而且还要从福音书的写作形式上去领会福音书作者的意图。《马太福音》的记述看起来到处是为了应验《旧约》的预言，其实，这体现了《马太福音》所传达的耶稣教诲的本质内容，即它不在于创始新的宗教，而在于以全新的关注上帝之国的方式重申上帝对以色列人的应许、律法、诫命和呼召。耶稣要成全律法，而不是以福音和恩典与律法对立，并进而废除律法。如果不考虑这一原初的教诲，就非常容易像许多路德宗神学家那样把路德对福音、信仰、恩典与律法之间的区分极端化。

耶稣对律法的态度从他本人的教诲行为中可以看出来。耶稣在登山训道中每次都引用一段犹太传统的律法的话，然后再加上一段自己的评论。律法就是托拉(Torah)，它不是现代意义上的法律，而是一些诫命，共有600多条。口头秘传的解释托拉的条文在公元后200年也形成了犹太教的律法解释文献即密西拿(Mishnah)。耶稣坚持的是上帝的诫命的精神，而把密西拿传统称为"人的吩咐和人的传统"。(《马可福音》7：7～8) 耶稣说，你们听见吩咐说"不可杀人"，"只是我告诉你们"，连向别人发怒、骂人都不应该；你们听到说"不可奸淫"，"只是我告诉你们"，连奸淫的念头都不可有，有了念头就是心里与人奸淫了；你们听见说"以眼还眼，以牙还牙"，"只是我告诉你们"，不要与恶人作对，有人打你的右脸，连左脸也转过去让他打。有人要你的内衣，就连你的外衣都给他；你们听见"爱你的邻人，恨你的仇敌"，"只是我告诉你们"，要爱你们的仇敌，为那逼迫你们的人祷告，你们若只爱爱你们的人，那和普通人又有什么区别呢？……"只是我告诉你们"，说这句话的"我"是谁呢？他有什么权柄这样说话呢？他在颁布一些新的律令吗？对比两种截然不同的说法，耶稣的教诲简直是革命性的，极其惊人的，难以遵守的。通常人们所能理解和接受的也恰恰是犹太传统的律法或者说道德原则。放弃报复、惩罚和法律仲裁的权利，放弃武力和暴力敌对的态度，不陷入怨恨和承认的情结之中，对伤害和仇恨自己的人无限地宽容和原谅，这就是以善胜恶、以德报怨的基督教的无力的力量。在圣雄甘地身上也体现出这种非暴力、不抵抗、不合作的神奇的力量。这种近于神性的思考方式提出了一种处理人事的新的可能性。

耶稣在登山训道中还说了每个基督徒都熟悉的主祷文："我们在天上的父，愿人都尊你的名为圣，愿你的国降临，愿你的旨意行在地上，如同行在天上。我们的日用饮食，今日赐给我们，免我们的债，如同我们免了人的债。不叫我们遇见试探，救我们脱离凶恶，因为国度、权柄、荣耀全是你的，直到永远。阿门！"

这是祈求上帝对世界进行公义的统治（愿你的旨意成全）的祷告，也是祈求统治世界的上帝赐给我们恩典和平安。这个主祷文在内容上与犹太教传统的十八主祷文大不相同。基督徒称上帝是他们天上国度的父亲，比世上的父亲更伟大。上帝是人所不能见的，但是上帝之名是人可以称呼的，上帝之道是人可以聆听的。除此之外，上帝的长阔高深、上帝的意志都不是我们所能想象的。从耶稣最初的传道开始，我们就知道，愿上帝之国降临是耶稣布道和基督教信仰的核心。因此，基督教对耶稣基督的信仰就是一种独特的基督论的末世论。上帝的意志不仅要在天上成全，更要在地上人间成全。上帝赐给我们日用饮食，我们在吃饭前要领恩祷告。上帝还赐给我们灵魂的日用饮食，叫我们不必灵魂饥渴死亡。上帝会赦免我们的债，这债乃是我们所犯下的各种罪恶，那是我们没有顺从上帝的旨意所欠下上帝的债务。上帝将会宽容和赦免我们，聆听我们的忏悔并期待我们改过。我们所遇到的试探就是恶的诱惑。人的欲壑难填，他只听从自己的欲望，而不顾那永恒的旨意。这个主祷文包含有很丰富的内容。

据福音书的描述，耶稣登山训道之后，下山继续治病。耶稣治好了各种各样的病人，他使瞎子复明，使聋子听见，使瘸子行走，使麻风病人干干净净，使死人复活，能驱逐附着在人身上的鬼。由此说耶稣具有神奇的医术可能没有问题，但是耶稣的作为超出了悬壶济世的范畴。在他身边有十二个门徒，耶稣就派遣他们去各地传道。耶稣的名字在犹大地区的各个城中开始传播，很多人都跟随他。耶稣用五饼二鱼就使五千多人吃饱。对于每个现代人来说，这就是《圣经》中最荒诞不经的神话。那些比较现代的神学家（比如鲁道夫·布尔特曼）认为，《圣经》中的神话都需要解神话，以一种不同的方式去理解这些神话背后的含义。这种现代科学的世界观认为，这些奇迹是不能接受的。到底如何理解奇迹呢？我们必须考虑到古代人心中的世界和对世界的感受方式。如果一个人有神奇的医术，这个人必定被认为是神人；如果一个人能做出不寻常的事，这个人必定有异能。我们不必牺牲理智，认为越是荒诞越是神奇，而是要明白这些神话是当时人们对耶稣所作所为的体验和认识。

◎ 耶稣与犹太传统的辩论

耶稣其实并不是随便运用自己的异能、显示神迹的，他的异能和神迹总是表现在对上帝的无比强大的信心上。耶稣说过四次信心可以移山的话。他常说："你的信心救了你。"因为相信耶稣，相信耶稣就是上帝之子，就必能得救。耶稣在伽百农的时候，一个百夫长来找他救自己的仆人。耶稣说我去。百夫长说："主啊，你到我舍下，我不敢当；只要你说一句话，我的仆人就必好了。"耶稣说："这么大的信心，就是在以色列中，我也从来没遇见过。你回去吧。照你的信心，给你成全了。"百夫长的仆人的病就好了。（《马太福音》8：10）我们看到，耶稣的异能和神迹并不是为了宣扬他的魔法师般的巫术，而是表明耶稣基督的信心和救恩的力量。信心可以对肉体的疾病甚至自然界的物质规律产生那么大的影响吗？一个人可以一直保有怀疑，然而因此他也就失去了信心。这是那种我们在《旧约》中的亚伯拉罕和约伯那里也见到过的犹太人对上帝岿然不动的信心。

耶稣在犹太人中间传道，而犹太人想利用各种机会责难他并控告他违反传统的律法和诫命。耶稣与犹太传统的辩论和争执伴随着他的一生，并决定了他最终的命运。按照犹太的律法，过安息日的时候不可做事，耶稣和他的门徒却在安息日里治病。对此耶稣回答说，谁的羊在安息日里掉进坑里，不把它抓上来呢？安息日做好事有什么不可呢？人不比羊要贵重吗？“安息日是为人设立的，人不是为安息日设立的。”（《马可福音》2：27）这句话并不是说人道主义是高于安息日的标准，而是说上帝旨意的本意乃是要赐给人生命。“人子是安息日的主。”（《马可福音》2：28）这句话是说安息日是上帝之国的一部分，而他本人就是上帝之国的启示，他本人对它是有权柄的。从耶路撒冷来的法利赛人追问他，你的门徒不守规矩，吃饭的时候不洗手。这个问题源于犹太教最重视圣洁和洁净的诫命和仪式。犹太教中的法利赛人看来是耶稣最重要的对手，他们总是向耶稣发难。其实，法利赛人恰恰是犹太人中最恪守律法的部分，最有代表性的部分，也是最晚介入的部分。耶稣以及原始基督教正是在和法利赛派的论战中发展起自己的教义的。耶稣说，入口的不能污秽人，出口的才能污秽人。吃进嘴里的，经过肚子，又拉了出去，但是从心里发出来的才能污秽人。从心里发出的恶念、凶杀、奸淫、苟合、偷盗、假证、渎神，这些都是污秽人的。犹太人又让耶稣显奇迹给他们看，耶稣就说，只有一个邪恶的时代人们才祈求神迹，现在我不显奇迹给你们看。法利赛人问耶稣，什么缘故才可以休妻呢？这也是犹太律法中最棘手的问题之一。耶稣说，起初上帝造人的时候，造了男人和女人，二人成为一体。既然如此，夫妻就不再是两个人，而是一体的了。上帝所配合的，人不可分开。除非因为淫乱不忠的缘故，休妻另娶的就是犯了奸淫的罪。只有在完美的末世的世代中，神圣的婚姻才必不可破除。就连耶稣的门徒也说，这样的要求太苛刻了。耶稣说，这话并不是每个人都能接受的，但是，谁能领受，谁就可以领受。耶稣的教诲意味着放弃婚姻和放弃财产是与上帝之国的生活相宜的。或者说，婚姻家庭与私有财产是妨碍上帝之国最主要的两种力量。

有一次法利赛人带来一个被捉奸的妇人，试探耶稣在这一问题上如何处置。按律法她应该被众人乱石打死。耶稣沉默不语，大家都不理解，耶稣就说：“你们中间谁是没有罪的，谁就可以先拿石头打她。”（《约翰福音》8：3～11）众人就一个一个出去了。耶稣对妇人说，没有人定你的罪吗？妇人说没有。耶稣说，我也不定你的罪，去吧！从此不要再犯罪了！耶稣既智慧地解答了法利赛人的刁难，又对淫乱的妇人显示了赦免的恩典。耶稣的行为显示了，犹太传统关于婚姻的律法虽然严厉，但是在上帝那里罪人仍无限地被接纳。通过耶稣本人，上帝向世上的罪人显示了他的恩典。我们看到，耶稣呼召罪人的悔改，他就生活在罪人中间，接待他们，并和为世人所不齿的税吏在一起吃饭。耶稣期待的是罪人的浪子回头。(《路加福音》15：11～32）上帝呼召每一个人，尤其是那些有罪、不义的人悔改，并医治他们的疾病，赦免他们的罪，给他们生命新的希望和赐福，因为耶稣基督是赦免罪人的救赎的主。而律法则不讲究救赎和恩典。

耶稣对自己身上所显示的上帝的奥秘具有非常清醒的意识，这就是弥赛亚意识。耶稣开始对他的门徒预言说，他必须去耶路撒冷，并且会在那里受到犹太人的围攻，还会被杀，但三天以后他会复活。彼得就说，主哇，千万不可如此。耶稣说，你绊我的脚，你不体贴上帝的意思，只体贴人的意思。看来耶稣的门徒还是根本就不理解耶稣的使命和奥秘。门徒们仍然是受难的一块绊脚石，同样，受难也是门徒们的一块绊脚石。耶稣就对门徒说，谁想跟从我，就应当舍弃自己，背着自己的十字架来跟从我。因为凡要得生命的，就先失去生命；凡失去生命的，就必得生命。人要是赚了世界却赔上自己的生命，那又有什么好处呢？人能拿什么来还生命呢？这里的生命就不是生物学意义上的生命体。耶稣过了些日子又预言自己的受难和第三天的复活，耶稣总共预言了三次。在去耶路撒冷之前，耶稣开始继登山训道之后第二次大规模地布道。他还是用了打比方的方法。耶稣说，我实在告诉你们，你们若不回转，变成小孩子的样式，就断然进不了上帝之国。有人带小孩来见耶稣，门徒就责怪他，耶稣说，让小孩到我这里来，不要阻止他，到天国去的正是这样的人。这里同以前一样，讲的是上帝之国的灵魂的样式和状态。耶稣说，人有 100 只羊，1 只走失了，他岂不是要撇下 99 只羊去找那 1 只羊吗？上帝也是这样，他不愿意你们中的哪一个走失。彼得问耶稣，主哇，我的兄弟得罪我，我当宽恕他几次呢？到 7 次可以吗？耶稣说，不是到 7 次，而是到 77 次。你们若不宽恕你们的兄弟，在天国里上帝也不会免除你们的债务。有个财主来见耶稣，也想得到永生，耶稣说你要遵守诫命，不可杀人、奸淫、偷盗、作假证，要孝敬父母、爱人如己。这人说我都做到了，我还缺什么呢？耶稣说，你要想做好人，可以去变卖你所有的，分给穷人，就必得到天上的财宝。财主一听就郁闷地走了，因为他的财产非常多。耶稣就评论说，财主进天国，比骆驼穿过针眼还难。耶稣在这里显示的是，仅仅遵守犹太传统的十诫的人，或者说传统意义上的犹太“义人”在悔改上反不如罪人。耶稣没有拒绝给义人指明赦免和救赎之路，是义人拒绝耶稣的呼召。这些全都是耶稣讲的关于上帝之国的话。

耶稣自己具有非常清楚明白的上帝之子的意识，他听从上帝的旨意走向自己所预言的命运，骑驴进入耶路撒冷。耶稣一进耶路撒冷，全城都轰动了，竞相传言说"这就是加利利拿撒勒的先知耶稣"。当时人们把耶稣还看成是一个犹太教的先知。耶稣进了耶路撒冷的圣殿，第一个举动就是将那些做买卖的人都赶出圣殿。"洁净圣殿"的举动像是一次示威和挑衅，激起了犹太教的愤怒，并直接导致对耶稣的指控。在某种意义上，这一举动无疑是革命之举，当我们把它和耶稣预言圣殿毁灭联系起来考虑，我们将理解到耶稣预言的是上帝之国将降临在人心中洁净的圣殿，地上的圣殿将被毁灭。耶稣洁净圣殿之后，就在里面给病人治病，洁净人的身体。那些小孩就喊："和散那[①]归于大卫的子孙。"荣耀所归给的"大卫的子孙"就是弥赛亚的意思，当时人们认为弥赛亚救主将是伟大的大卫的子孙。《马太福音》开篇叙述的耶稣的家谱清楚地表明耶稣正是"大卫的子孙"。

耶稣在耶路撒冷圣殿的轰动性行为引起了犹太教长老们的恐慌，他们就来问耶稣说，你凭什么做这些事，谁给你的权柄？耶稣说我也要问你们一句话，你们告诉我，我就告诉你们。洗礼者约翰是从哪里来的？是天上还是人间。因为约翰在百姓中享有先知的威望，所以如果要说他的权柄是从人间来的，老百姓恐怕不会答应，所以他们回避回答，耶稣也就不回答他们的提问了。他们又问耶稣，我们该不该给皇帝纳税呢？耶稣说，你们为什么要试探我呢？耶稣拿起一个印有恺撒头像的税钱说："该归给恺撒的就当归给恺撒，该归给上帝的就当归给上帝。"这句话是非常难以把握的。我们对路德宗的两个国度的教义必须保持某种距离。这种教义的通俗形式认为基督徒应该遵守世俗社会的一切法律，承担公民的义务，将宗教事务和国家事务分开，这就等于放弃了上帝在天上和地上不可分割的权柄。当然，像狂热激进的革命分子一样，认为要在地上实现基督教社会主义，也不是这句话的本意。首先必须去领悟什么是"该归给上帝的"。

犹太教的长老们（可能是撒该都派的）又问有没有复活的事，丧夫再嫁的人复活时归给谁呢？耶稣回答说，复活的时候，人像天使一样生活，不嫁也不娶。上帝是活人的上帝，不是死人的上帝。耶稣的回答意味着上帝之国的生活完全是人所不能想象的新生活。关于婚姻和纳税在当时既是日常生活和习俗的实际问题，也是宗教和政治的问题。耶稣的回答看起来是就事论事，其实无一不暗示了一种新的上帝之国的末世期待和信仰。如果仔细聆听耶稣那些表面上看来在社会生活方面彼此矛盾的伦理或政治的要求，就会明白其中的方向并不是指向现世的行动，而是末世的悔改与更新。只有处于与上帝之道、上帝之国、上帝的旨意和上帝的统治的一种新的关系中，才能理解耶稣的话语的意义。爱上帝就是相信并期待一个公义的上帝对世界进行统治的秩序的降临。

法利赛人又问："夫子，律法上的诫命哪一条最大呢？"夫子（didaskalos）

---

① "和散那"原有求救的意思，在此乃称颂的话。

和拉比是一个意思，就是带门徒的老师的意思，即犹太教教律法的老师。但是显然没有哪个夫子或拉比具有耶稣的权柄和能力。耶稣说："你要尽心、尽性、尽意爱主，你的神。这是诫命中第一，且是最大的。其次也相仿，就是爱人如己。这两条诫命是律法和先知一切道理的总纲。"（《马太福音》22:37～40）这是一个以爱的诫命搁置甚至是取代律法的十诫的不寻常的改变："爱你的邻人"并不在摩西十诫之中。这种改变在与登山宝训的对照中，在对少年财主的评论中同样清楚可见。但是，我们必须记住耶稣说过的"我来是成全律法的"的话，不要把这种改变视为截然的对立和消灭。耶稣的爱的诫命就是上帝写在团契中每个人心上的诫命，而历史传承的律法必要在末世论的团契心中的律法里面成全。从历史上看，殉道者游斯丁和爱任纽就把耶稣基督的新的双重的爱的诫命并入《旧约》的诫命之中。像19世纪的自由派那样将耶稣的新诫命理解为康德式的道德律或英雄主义的博爱主义，其实是悖离了耶稣教诲的原意。

耶稣在回答完法利赛人的诘难之后，开始了对文士和法利赛人的长篇诅咒，说他们有祸了，他又预言耶路撒冷被异族毁灭。耶稣还像犹太启示录的预言那样说，在这个世代的末日，必有大的灾难，人子将驾着祥云而来。现在这个世代还没有过去，所以我的话一点一划都不能废去。你们要警醒，时刻准备着人子的降临。人子降临之后，他将审判世界。耶稣最后再一次说，人子将被交给人，被钉在十字架上。在当时犹太人中广泛流传着解释《旧约》的各种各样、五花八门的启示录，耶稣在此就引用了其中的先知但以理的预言。人子或"人之子"就是耶稣对自己的称呼，而别人都叫他"上帝之子"。人子同时也是上帝之子。以前犹太的先知以西结和以赛亚也被称作人子，耶稣称自己为人子，意味着自己是最后一位期待末日审判的先知、弥赛亚和上帝的仆人。耶稣按照人子的传统预言了自己的受苦、受难，预言了人子作为人之罪的赎罪以及人子的复活或重临作为最后的审判。

◎ 耶稣的受难与复活

耶稣的十二门徒中有一个叫犹大，他去见犹太人的祭司，说可以把耶稣交给他们。他们就给了犹大30块钱。这时候正是犹太人的逾越节，在逾越节的"最后的晚餐"上，耶稣说，我实在告诉你们，你们中间将有一个人出卖我。犹大就问，拉比，是我吗？耶稣说，就是。开始吃饭的时候，耶稣拿起面包和葡萄酒说，你们都拿着吃这个，这是我的身体和我的血，这血为众人而流，使罪得救。从今以后我不再喝这酒，直到我在我父的天国里和你们喝新的酒的日子。这就是耶稣所立下的"新约"。这一新约的内容是认信耶稣是基督救主，他必将重临拯救众生。在这个新约中，耶稣清楚地宣讲了自己的受难的原因和复活审判的目的。耶稣像在以第三只眼睛注视着自己的命运。耶稣预言了在上帝之国降临的时候，将降临在一个新的团契，也就是教会之中，而圣餐将是教会的圣礼。这就是耶稣对末世的上帝之国所做的最后一次传道。

犹大带着许多带着兵器的人来捉拿耶稣，犹大上去和耶稣亲吻，这就是犹大出卖耶稣的暗号：和他亲吻的人就是耶稣。“犹大之吻”在西方就是背叛的意思。耶稣被带到犹太人的会堂中受审。彼得在后面跟着他。有人就说，那个人是耶稣的门徒。彼得就说，我不知道你们说的是什么，我不认得那个人，第三次还起誓说他真的不认识那个人。彼得被放走了，他出门以后放声痛哭，因为耶稣曾经对他说，明天黎明，你会三次不认我。

耶稣先被拉到犹太人的会堂受审，祭司问他，你是上帝之子基督吗？耶稣说你说是的，人子将坐在上帝的右边，驾着祥云而来。祭司就说，他说的话都是狂妄的大话，我们不需要证人了，大家的意见以为如何。大家就说他该死，就向他吐痰，殴打他。早晨的时候，就把耶稣交给总督彼拉多。按照当时的规矩，根据老百姓的要求可以释放一个囚犯。犹太人就调唆群众释放另一个犯人，而除掉耶稣。当彼拉多问他们释放谁的时候，老百姓就喊，巴拉巴。彼拉多问，那么拿耶稣怎么办呢？大家就喊，钉死他。彼拉多问，他犯了什么罪呢？老百姓就一直喊钉死他。彼拉多说，处死这个义人罪不在我，你们自己承担责任吧。于是就将耶稣交出来，准备在十字架上钉死他。这里的记述可能千真万确，但是我们必须避免附和那些指责犹太人迫害耶稣的说法。

士兵先用鞭子将耶稣鞭打一阵子，又把他的衣服剥下来，套上一件红袍子，又用荆棘做了一个冠冕给耶稣戴上，戏弄耶稣说：“恭喜，犹太人之王。”大家就往耶稣脸上吐唾沫，用条子抽打他。让耶稣背着十字架，游行到刑场各各他，给耶稣喝胆汁调的酒。耶稣不肯喝。又在他的头上挂了一个牌子，上写着“犹太人之王耶稣”，把耶稣和两个强盗一同钉上十字架。那两个强盗也可能是奋锐党人，因为耶稣就被彼拉多视为奋锐党之类的政治叛乱分子。人们嘲笑耶稣说，你不是上帝之子吗？你现在就从十字架上下来呀！你不是以色列的王吗？你救了别人却救不了自己。旁边的强盗也和大伙一起讥笑耶稣。正午时分，天地一片昏暗，耶稣用尽最后一丝力气大声喊道：“我的上帝，我的上帝，为什么离弃我！”（《马可福音》15：34）就气绝身亡。这是《旧约·诗篇》第 22 篇第 2 节的句子。这个句子表达了有着强烈的弥赛亚自我意识的上帝之子被自己最亲的父亲遗弃和送上死亡的绝望和痛苦。《约翰福音》记载的耶稣的最后一句话是“成了”。这个“成了”也就是说，当耶稣在十字架上被人，尤其是被自己的上帝彻底遗弃的时候，上帝的旨意成全了。若从耶稣这个人的弥赛亚的自我意识来看，他一定是彻底的精神崩溃了；但是从耶稣作为上帝之子与上帝的位格（person）的亲密关系来看，耶稣的十字架受难乃是上帝的旨意，是上帝自己愿意自己的独生爱子去死，是上帝愿意以这种舍出独生爱子的死亡成全对人的爱的救赎。这一天据历史学家推测是公元30年4月7日。大家都记得耶稣三天复活的预言，彼拉多就派士兵将耶稣的墓把守个严严实实，第三天，大地震动，坟墓已空，耶稣复活，并在不同的地方向他的门徒显现。这就是耶稣基督的受难与复活的事件。整个西方世界的历史从此被这一事件确定下来。以上通过连篇累牍地分析福音书中所记载和见证的耶稣的言行和生死，我们可以接触到基督教神学最核心、最基本的一些主题。

◎ 保罗书信

翻开基督教的《新约》，我们就会发现占据其中最大篇幅的竟不是见证耶稣基督言行录的四福音书，而是使徒保罗写给各地教会的13卷“教会书信”和写给其他信徒个人的“教牧书信”。此外，还有其他几封使徒书信和记载使徒行迹的《使徒行传》，以及预言耶稣基督重临的《启示录》。这表明使徒保罗在基督教中的重要地位。如果没有保罗的传教活动是否会有基督教呢？这是许多研究早期基督教的历史的学者（比如布尔特曼派）爱提出的一个假设。尼采在《敌基督》中认为，与耶稣年纪相仿的保罗才是作为一种宗教的基督教的真正的创始人，同时也是耶稣教诲最大的败坏者。因为保罗是一个受到希腊文化强烈影响的犹太人。

保罗原名扫罗，本是一个属于耶稣主要论战对手的法利赛派的散居犹太人，受过拉比的训练，曾是一个执著于律法而狂热地迫害基督教的人，在一次去大马色（即大马士革）捉拿基督徒的路上被耶稣基督显灵绊倒，从此他皈依了基督教，成为捍卫基督教最为重要的使徒，最后殉道而死。即使保罗在基督教的形成过程中占有非常重要的地位，他也始终只是一个受命的使徒，而不是见证的耶稣的门徒。在与耶稣的门徒彼得进行了一场争论之后，保罗致力于把耶稣基督的福音带给外邦人。他成为外邦人的使徒，他使基督教最终成为普世的宗教。保罗传道的激情没有用于耶路撒冷，而是用于大马色和当时第二大传道中心安提阿等这些受希腊文化影响的群体之中，因为在当时，犹太人和雅典人或者受雅典文化教化的人在方方面面已经交织在一起，保罗的使命可以说是应运而生。正是保罗推动了整个基督教会对耶稣基督的信仰，推动了基督教从犹太教中的脱离，推动了犹太—希腊的融合，推动了外邦人的普世救恩的历史，建立了深刻地影响了奥古斯丁的灵与肉的二元对立以及影响了路德的律法与福音的二元对立。这就是使徒保罗对于基督教的功过。

保罗书信一般都是口述给自己的秘书，然后再附上自己亲笔的问安。收到信的教会和个人一般都要将保罗的书信在聚会上念出来，因而就成为原始基督教会重要的经典文献。在保罗书信中，《罗马书》又列于最重要的位置。《罗马书》是保罗在哥林多第三次旅行布道准备去耶路撒冷送教会的捐款时，给大部分是外邦人组成的罗马教会所写的一封书信。这封书信以因信称义的学说（3：21～31）而成为基督教神学最早的、也是最基础的篇章。《罗马书》中因信称义的救赎论的主题主要有三个：称义（dikaioun），即被神视为义，使人成为义，与神和好（katallassein）；救赎（apolutrosis），就是付出代价赎买罪过；拯救（soteria），就是救拔人和带领人脱离罪恶，免受伤害。《罗马书》的写作布局最明显地体现了保罗神学的思路：保罗首先述说福音就是众先知所应许的关于耶稣基督的好消息；同时指出耶稣基督对福音的传讲；然后按照因信称义的救赎论进行扩展的论述；再论述信仰的团契和新的伦理诉求；最后是对末日成全的期待。与福音书强调耶稣一生的行迹和事功的神学相比，保罗更强调十字架上的受难和复活的决定性事件成就了作为上帝之道的耶稣基督，并宣告了恩典的凯旋和上帝的称义、和解、救赎。耶稣基督的生平和十字架事件就是上帝救赎的启示，它引出称义与和解。这就是保罗的基于上帝中心论的基督中心论神学。它是整个基督教神学一个不可逾越的典范。

《罗马书》作为保罗 13 卷书信之首，也作为《新约》中最重要的神学书信，历代基督教作家（包括奥古斯丁、阿奎那、路德等）对它的注释不计其数。其中 20 世纪最伟大的神学家、基督教福音神学教父卡尔·巴特的《罗马书释义》（1921）是有史以来最伟大的《罗马书》评注之一。《罗马书》是基督教神学中的基督论、救赎论（十字架神学）、圣灵论的基础。保罗书信与福音书具有内容上的一贯性。比如，保罗对先知和律法的解释与福音书对《旧约圣经》的征引在立意上是相通的：福音书对《旧约》的引用处处是为了证明耶稣就是《旧约》所应许和预表的那位基督或弥赛亚；而保罗经常使用套语“经上记着说”，并经常拿亚当、亚伯拉罕与基督相对照，这也是为了显明《旧约》所记的乃是一部应许和预表的历史，所以，基督的福音以及使徒所见证的福音是从众先知的应许那里来的。但是，保罗不像福音书一样热衷于耶稣的生平事迹，甚至是有意避开这一福音传统，而是注重耶稣故事中的一些决定性的事件：耶稣为生活在律法之下的犹太人钉上了十字架，并且死后复活，成为救赎罪人的主。也可以说，保罗轻生重死，并且重死后复生。正是在这一末世论的方向上可以说，保罗理解了耶稣的自我使命。很多人（比如施韦策、布尔特曼）都倾向于从末世论的方向去理解保罗的救赎论。我们可以从“十字架事件”这一末世论事件来理解整个保罗神学的核心内容，但是这并不是基督教神学的全部内容。我们必须还要考虑到与保罗神学传统有所不同的福音书神学传统。这就是我们为什么更加侧重于对福音书中所记载的耶稣生死行迹的分析的原因。

三、拉丁教父：奥古斯丁

◎ 奥古斯丁的历史地位

最初的基督教仍然作为犹太教的一个分支而没有与犹太教完全分离。随着公元后200年间基督教正典《新约》的形成和基督教教会的壮大，基督教开始确立了自己的独立的形态，异端马克安派在与犹太教断绝关系上表现得最为激进彻底。从公元2世纪到公元4世纪，基督教顶住了罗马帝国十几次的全国性大迫害，顶住了希腊哲学和罗马各宗教的攻击，从罗马帝国的东部向讲拉丁语的西部日益传播开来。在最残忍的也是最后一次戴克里先皇帝的迫害之后，313年，罗马皇帝君士坦丁大帝颁布了《米兰敕令》，宣布基督教成为罗马帝国的国教。在君士坦丁的支持下于325年召开的基督教大公会议尼西亚会议成为了基督教史上的一个转折点。在这次大公会议上，希腊教父阿塔纳修的三位一体的学说被接受为基督教正统教义，成为《尼西亚信经》[①] 的核心内容。拉丁教父奥古斯丁（Aurelius Augustinus，354—430）正生于这一基督教史上的重大转折之后。当时，基督教虽然在政治上取得了承认，但是在神学上还没有建立起自己的完整的、权威的体系，这一事业是由奥古斯丁完成的。

在整个基督教思想史和教会史上，奥古斯丁和阿奎那双峰并峙，是基督教神学的象征。他们既是伟大的教会教父、神学权威，同时又被视为伟大的哲学家、博学的学者。奥古斯丁被人称作是基督教的柏拉图主义者，而阿奎那则被人称作是基督教的亚里士多德主义者。这表明二人与当时的主流文化背景是一致的，或者说恰恰是通过二人才得以完成基督教对希腊古典哲学的调和与吸收。当然，与其说是吸收与调和了柏拉图和亚里士多德的哲学，不如说是柏拉图主义和亚里士多德主义，因为当时人们能读到的只有极其可怜的柏拉图的《蒂迈欧篇》的残篇以及亚里士多德的部分逻辑学著作。这种调和对于希腊哲学和基督教神学二者来说是否都是一种错误，基督教对希腊哲学的调和与吸收是否是背叛原始基督教的，是对原始基督教犯下的罪过，或者说根本就是非基督教的，我们可能没有历史的标准去判定它。因为没有这种吸收和融合，基督教神学，尤其是天主教神

① 《尼西亚信经》原本已失传。现存《信经》是公元381年君士坦丁堡宗教会议修订的，全文如下："我们信独一上帝，全能的父，创造有形无形万物的主。我们信独一主耶稣基督，上帝的儿子，为父所生，是独生的，即由父的本质所生的。从神出来的神，从光出来的光，从真神出来的真神，受生而非被造，与父同质。天上、地上的万物都藉着他而受造的。他为拯救我们世人而降临，成了肉身的人，受难，第三日复活，升天，将来必再降临，审判活人死人。我们也信圣灵。"

学，就不可能成为一个丰富的知识体系和教义体系，教会就不可能成为政教一体中的核心力量。①

奥古斯丁是最典型的西方拉丁教父，对亚历山大、安提阿、卡帕多西亚的东方希腊教父和教会没有任何研究、继承和交流的关系。因此，这个不懂希腊语的基督教柏拉图主义者最终成了“中世纪之父”。奥古斯丁塑造了整个拉丁基督教，在长达近一千年的西方历史中处于拉丁基督教的“第二圣经”的地位。伦巴德的《箴言四书》主要取自奥古斯丁的著作。中世纪的巨匠安瑟尔谟和波那文图拉都是坚定的奥古斯丁主义者。但丁、笛卡尔、马勒伯朗士、莱布尼茨等都受到他的影响。② 奥古斯丁对每一次宗教虔敬运动都有重要的影响，方济各修会就是受奥古斯丁神秘的爱所激励的寻神者。中世纪之后，人们经常以奥古斯丁来对抗阿奎那，以纠正阿奎那的经院神学的僵化和扭曲。奥古斯丁虽然是一个地道的大公教会天主教徒，但是在宗教改革之后却依然受到新教的推崇，路德宗、加尔文宗和詹森派三大教派都是奥古斯丁的支持者。奥古斯丁超群的智力、迷人的修辞、哲学的修养、不竭的激情、细腻真挚的情感、坚定的信念和伟大的人格，让人感到他是生活在古代的现代人，而不是古代人。即使在 20 世纪存在主义盛行和形而上学式微的年代，奥古斯丁也以其富有生存论意味的思想成为 20 世纪的同时代人。海德格尔和早年的阿伦特都倾情研究过他的思想。奥古斯丁是基督教中得到教会之外的哲学、文学、心理学以及现代人认同的天才人物，他也是至今仍然具有无穷魅力的基督教教父。③

就整个基督教神学来说，奥古斯丁的思想可以说具有远远超出阿奎那的举足轻重的作用，是他确定了拉丁基督教神学具有今天这样的形态：无论是在信仰与理性的关系上的“信以求知”（Credo ut intelligam）的立场，还是在恶的起源问题上的独特的自由意志论；无论是在三位一体论上的创见，还是确立了“原罪—恩典”（原罪论、因信称义论、预定论）的拉丁基督教神学的基本模式；无论是无中生有的创世论，还是上帝之爱与真理之光的学说；无论是上帝之城的救赎史的历史神学和教会的政治神学，还是反对摩尼教、阿里乌派、贝拉纠派、多纳特派异端的教会斗争；无论是植根于罗马文学和论辩术的各种哲学和神学著作，还是植根于《圣经》和教父传统的释经和布道……奥古斯丁在所有这些方面都为基督教神学提供了取之不尽的主题和内容。在他之前和之后，没有一位神学家能完

---

① 参见 Ernst L. Fortin, *The Birth of Philosophic Christianity: Studies in Early Christian and Medieval Thought*, Ed. by J. Brian Benestad. Rowman & Littlefield Publishers Inc., 1996。

② 参见 Gareth B. Matthews (ed.), *The Augustinian Tradition* Berkeley: University of California Press。

③ 参见 Eleonore Stump and Norman Kretzmann (eds.), *The Cambridge Companion to Augustine*, Cambridge: Cambridge University Press, 2001。

成他所做的事业，阿奎那的神学与他相比简直太缺乏创造力了。奥古斯丁毫无疑问是所有基督教神学家中最伟大的，阿奎那、路德、加尔文、施莱尔马赫、卡尔·巴特都不能与他相比。当希腊哲学的光芒在罗马帝国日渐黯淡之后，奥古斯丁就是整个西方世界的精神导师：奥古斯丁就是第二《圣经》!

在教育民众上也没有人能与他的作用相比，奥古斯丁就是那个黑暗的时代中的基督教人文主义的化身。奥古斯丁神学是其后的中世纪神学的典范，是中世纪神学最为重要的源头；奥古斯丁也同样是新教神学的典范，是路德宗、加尔文宗和詹森派三大教派的主要源泉；奥古斯丁还是整个西方基督教神学至高无上的典范，是基督教文学、基督教哲学、基督教政治神学的典范。

在奥古斯丁传世的著作中以《忏悔录》(公元 397)、《论三位一体》(406—416)、《上帝之城》(413—426) 三部书最为著名。《忏悔录》是奥古斯丁对上帝存在的证明，《论三位一体》是奥古斯丁的神学大全，《上帝之城》是奥古斯丁的政治神学。奥古斯丁的希波教会并不是西方拉丁教会的重镇，和他有关的各种事功在当时对社会、政治和文化产生的影响都不大，但是他的思想和著作在他死后却超越了他尘世的事功，代代相传，对整个基督教乃至西方世界都产生了极其巨大而深远的影响。①

◎ 浪子回头：奥古斯丁“灵魂的奥德赛”

奥古斯丁有幸生活在叛教者朱利安之后的罗马帝国中天主教的胜利时代中，尽管这是一个短暂辉煌的“教父黄金时代”。紧接着野蛮民族哥特人和汪达尔人就劫掠并征服了罗马帝国，尼西亚公会所谴责的阿里乌派也卷土重来，奥古斯丁和哲罗姆都亲眼目睹了这些蛮族的入侵。455 年汪达尔人攻陷了罗马，529 年查士丁尼大帝封闭了有一千年历史的雅典学园，从此西方经历了八九百年的蛮族的黑暗统治，希腊哲学销声匿迹，罗马的哲学和政治法律制度破坏殆尽，基督教及其修道院（尤其是本笃修会）担当起保护文化和教育的重任。因此，后人所谓的“黑暗时期”或“中世纪”或“哥特时期”(Gothic Prior)，指的主要不是基督教教会统治的黑暗，而是蛮族统治的文化衰落。相反，基督教文化在黑暗的野蛮时代中为保持西方文化和文明放射出了光明。

奥古斯丁出生于北非的塔加斯特，现在属于阿尔及利亚，但他是征服这座城市的罗马帝国的公民。他年轻时崇拜那些罗马英雄，熟读西塞罗和维吉尔的作品，他彻头彻尾是一个拉丁人，根本不懂希腊语，对迦太基、雅典、拜占庭没有任何好感。他青少年时迷恋于哲学、修辞术和摩尼教，基督教从未占据他的心

① 参见 Peter Brown, *Augustine of Hippo: A Biography*, Berkeley: University of California Press, 2000。

头。奥古斯丁甚至还获得过诗剧比赛的大奖，出版了自己的诗集。奥古斯丁 17 岁时就和一个女人同居，生有一子，后夭折。年轻的奥古斯丁成为一名收入丰厚的米兰市政府的官聘修辞术教师，出入上层社交圈。他享受了一个出类拔萃的年轻人可能享受的一切，包括女人、金钱、荣誉、权力、哲学和艺术。作为摩尼教的信徒，他为恶的起源问题而困扰，开始对摩尼教教义失去信心。

奥古斯丁经历了从政治修辞术到西塞罗哲学、从摩尼教的善恶二元论到柏拉图主义的怀疑论的心灵探索智慧的漫长历程。他 30 岁以前虽然是一个浪荡子，却有幸有一个深明大义、信仰坚定的虔敬的基督徒母亲莫尼卡。莫尼卡一片苦心，一直盼望自己的儿子皈依基督教。直到 32 岁的时候，奥古斯丁在米兰经过剧烈的灵魂冲突之后，在一次类似保罗在大马色路上的经历的“花园悟道”中皈依了基督教信仰。在朋友的支持下，他受米兰大主教安布罗斯的洗礼，成为一个基督徒。

关于这位伟大的母亲的事迹，我们从奥古斯丁最有名的著作、13 卷的《忏悔录》（Confessiones）中可以知道许多。Confessiones，不仅仅甚至并不主要是“忏悔”的意思，它主要的意思是“认信”上帝，并赞美上帝的意思。它不是卢梭的《忏悔录》那样的忏悔或自传，更多的是认信和宣信。因此，书中洋溢着神学特有的风格：一种凯旋而非阴郁的风格，因为它是对上帝的赞美；一种高昂低回的风格，因为它既是对人的罪的清醒的认识，又是对上帝的恩典的认识；一种深情细腻的风格，因为它是在上帝之中重新倾诉自己、认识自己；尤其是一种祈祷的风格，因为它是对上帝的倾诉。整个《忏悔录》是由随处可见的发自灵魂深处的动人祈祷连缀而成，比如卷一第一节，卷九第一节，卷十三第一节等的祈祷和赞颂。这本书以及但丁的《神曲》是基督教世界中的“灵魂的奥德赛”①。

《忏悔录》从第十卷开始结束了对自己童年的恶作剧、青年时的放荡以及对修辞术、摩尼教教义、柏拉图哲学的迷恋等长达 33 年的心路历程的追忆，从新的基督教的起点上继续自己的灵魂向上帝的皈依。若按照流行的看法，前 9 卷是文学的话，那么剩下的 4 卷就是哲学和神学。奥古斯丁在上帝面前的独白其实是祈祷上帝的聆听和眷顾。那些对个人生平的叙述完全不是一种痛哭流涕式的对罪恶的心理剖析和自我谴责，即使卷二第四节那段著名的对偷梨行为的心理反省也不是；而是对人性的罪的认识，以及吁请上帝进入自己之中，自己也进入上帝的殿中，重新认识自己的灵魂，赞美上帝的深不可测的意志和力量。正是这一认识灵魂的本性的追求使自己的灵魂皈依到上帝的神性之中，正如奥古斯丁所说：我们的心灵如果不在上帝之中就得不到安宁。这一格言恰如其分地陈述了《忏悔

① 参见 Robert J. O'Connell, *St. Augustine's Confessions*: *The Odyssey of the Soul*, Cambridge, MA: Harvard University Press, 1969。

录》的灵魂历程的动力。

就像奥古斯丁的一些流传甚广的格言，比如“人们都赞赏高山大海日月星辰，却忽略他们自身”（《论三位一体》），“我怀疑故我在”（《论自由意志》），“信仰以求理解”或“信以求知”（《布道辞》），他有一句关于时间的格言也堪称绝句：“没有人问我，我还知道时间是什么，当有人问我的时候，我却茫然无知”。（卷十一：14）可能多少受到罗素的《西方哲学史》的影响，人们通常认为奥古斯丁唯一有哲学创见的就是《忏悔录》第十一卷中的时间论。其实这一卷的时间论必须参照第十二卷的创世论才能理解，或者说这里的时间论正是创世论的一部分。

◎ 时间论、灵魂论与创世论

奥古斯丁区分了永恒与时间，区分了上帝的永恒的现在和时间的变化，这完全是基于上帝是时间的创造者。上帝在永恒的瞬间创造并包容了一切。人只是在时间中分有上帝的永恒，并且只有来自上帝的恩典和救赎才能使我们看见上帝的永恒和无限的丰盈。在论述时间时，奥古斯丁从灵魂的延展（distentio animi）即记忆（过去）、注意（现在）、期望（未来）三部分，而非亚里士多德式的物体运动来度量时间。时间只有在灵魂之中，也就是在知觉流的“现在”之中才能被知觉和度量。这一知觉流的现在乃是上帝永恒的瞬间的肖像。当然，这里的“灵魂的延展”中的灵魂不是指人的自我、主体、心理、内在意识、此在，等等，因此“灵魂的延展”说的并不是时间没有客观性，只具有主体性或心理学的特征；而是说时间只有在上帝创世的永恒的瞬间或永恒的现在中才能呈现，人所知觉到的时间正是上帝的永恒的现在的踪迹或延展。因此，奥古斯丁的时间观并不是通常所认为的一种心理学或主体性的主观时间，而是旨在阐明时间与上帝的永恒的关系，或者心灵与上帝的关系。

要理解奥古斯丁的时间概念，必须同时理解奥古斯丁的灵魂的概念和他的创世论。不仅时间的概念，而且诸如记忆论、自由意志论、光论、爱的神秘主义等学说都建立在灵魂概念的基础之上。灵魂概念是贯穿奥古斯丁一生思想的金线。奥古斯丁深信，我们的信仰乃是灵魂的事情，而灵魂的自然本性就是理性。如果没有灵魂，没有理性，我们就不能信仰。人有理性是因为人分有上帝的形象。

奥古斯丁对灵魂自身进行了类比于三位一体的分析，即灵魂具有理解、记忆、意志的能力。他延续了古希腊哲学对灵魂本质的探求，但在对灵魂的理性本质的规定上，却与古希腊不同。理性的灵魂不是自足的，人的灵魂要想得到真正的理性或者说是智慧，就必须得到上帝的恩典之光的照耀。仅仅是知识的或知性上的理性，对于理解上帝的存在并不是最重要的事情，只有皈依于上帝之中的智慧的灵魂才能认识到上帝的恩典。因此，对于灵魂来说，第一件重要的事情是信仰，也即投入上帝之中，并让上帝进入自己之中。恩典并不排斥理性，也不要求它的牺牲，而是使它找到方向。奥古斯丁用“信以求知”表达了这一典型的基督教立场。《以赛亚书》（7：9）中说：“你们若是不信，定然不能理解。”很多人几乎不加考察地就说基督教的信仰排斥理性，这等于混淆了“信仰与理性的关系”和“神学与哲学的关系”这两个不同的问题。就人能通过哲学和理性而自足地实现人的完善而言，基督教坚决拒斥这一立场。基督教的立场是以完满的神性的信仰及恩典来提升和容纳人的理性及有限性。因此，奥古斯丁没有特别地把哲学作为一种能和信仰相对立的东西，也没有区分恩典之人与自然之人，而是整体地看待堕落的、同时也是可救赎的人。奥古斯丁没有像阿奎那那样去割裂作为整个的人的信仰与理性。我们尤其要避免以流行的阿奎那的视角反过来去理解奥古斯丁。正是这种提升和包容的立场使得奥古斯丁可以十分开放地面对古代的智慧，保留了古典理性主义的因素，同时又坚持基督教没有上帝的恩典就没有对上帝的理解的基础。阿奎那说过，浸染在柏拉图主义者学说中的奥古斯丁，每当发现他们的教导与信仰一致时，他就吸收；而他若发现有什么与信仰相左的地方，他就修正。对于那些心胸开放的古代教父来说，希腊哲学也可以将希腊人引到上帝面前来，就像是律法引导犹太人到达基督面前一样。

对于奥古斯丁来说，灵魂的最高境界就是灵魂向上帝的完全的皈依，就是对上帝尽心尽性尽意的爱。在创世之初堕落之前，所有的理性存在物都爱上帝；爱上帝恰恰是每一理性存在物的结构，它不是选择的问题。也就是说，人对上帝的爱首先源于上帝在创世时对人以及万有的造物的肯定，这是一种莫大的爱。上帝的创世是善好的，因此也是一种爱的秩序。自然的匮乏并不能否认原初的爱的秩序以及人向它的归属义务。人作为上帝的造物，总是渴慕着他的创造者——上帝。这种渴慕是一种宇宙目的论的爱，是有限性的匮乏者自下而上地寻求无限性的丰盈者的爱，是一种基于创世论的爱。爱上帝作为人的义务如果沦落为一种出于个人意志的道德选择，那就已经不再是对上帝的爱了。对上帝之爱既不是对自我的爱，也不是对有限性事物的爱，也不是对外在性的事物的爱，而是对我们灵魂所归属的根据、目的和秩序的爱，也就是对无限的至善的上帝的爱。因此，对上帝的信仰是一颗永不满足的心灵得以栖止之地。在虔敬的信仰之中，人的心灵才能获得平静的幸福。只有在上帝那无边的恩典和爱之中，我们的无限匮乏的心灵才能得到滋养和丰盛的满足。

在奥古斯丁整个的“爱的神学”之中，创世论是爱的秩序的宇宙目的论的基础，灵魂的等级乃是整个宇宙目的论秩序的一部分；而罪与恩典的救赎论才是爱的神学的核心。上帝创世的意志就是维持着被造的自然秩序的永恒法则。但是，这只是一个根基和起点。在创世之后，人的堕落便开始破坏了原初的善好的自然秩序，创世论对人的自然理性的肯定就不再可能了。奥古斯丁对人的自由意志思考得越多，就越来越倾向于自然理性的脆弱和自由意志的堕落，就越来越倾向于人的自由意志的运用是人的罪的根源。因此，若不凭借上帝救赎的爱的恩典，人就无法获得救赎，就只能在罪中灭亡。在整个“爱的神学”中，奥古斯丁展示了上帝的意志对人的灵魂的肯定和上帝的爱的恩典的凯旋。

◎ 原罪论与预定论

对救赎的恩典的强调体现出奥古斯丁是最典型的西方拉丁教父，正是他确立了西方教会的保罗路线，也就是原罪—恩典的路线，路德也被视为这一路线的继承者。奥古斯丁把恶的问题转移到人的原罪上来，恶的问题于是变成了“我们的罪从何而来?”或者对人的罪与罚以及绝对的救赎的恩典。第一个人亚当的堕落就意味着人性和人的自由意志的堕落，也就是原罪。这意味着什么呢？这是一种对人性或人的自然的重新规定：人不再是神兽之间的动物，而是处于上帝在创世时对生命、至善和完美的存在的肯定与对本体上虚无的恶的力量的否定之间的存在。

奥古斯丁接着又将恶的问题归结到人的自由意志上，也就是人的行为和意愿的层面上的问题。堕落之后的人的自由意志是倾向于恶的。人不了解自己的自由意志，人用自己的自由意志盲目自大，陷于自己为自己建筑的牢笼之中。这就是对上帝意志的抵抗和背弃。自由意志是律法下软弱的力量，只有恩典才能医治并成全它。奥古斯丁晚年一改自己年轻时的观点，坚持人的原罪和堕落远远超出了人的极其软弱的自由意志的善良意志，坚持上帝预定了人的救赎与惩罚。这便是他的预定论。预定论是原罪—恩典论的另一种形式。预定论就是对真正的基督徒的福音，就是对那些非基督徒的惩罚。预定论主张，预定被拣选的基督徒（在《旧约》中是以色列民族）不容置疑地得救，即使世界毁灭，他也必得救而不致灭亡。这是一个基督徒无比坚定的信心、力量、喜悦和奥秘之源。与其相对照的一极就是毫不留情的惩罚和审判。有拣选的选民，就有被遗弃的非选民。

由此，奥古斯丁坚定的预定论也给整个中世纪带来一种弥漫的救赎的焦虑。奥古斯丁本人曾经激烈地认为未受洗的婴儿是有罪的，不能重生的。这可是一个曾经深刻地影响了西方人日常生活的观点。中世纪教会试图以圣礼圣事的恩典来缓和奥古斯丁的双重预定论的严厉，最后竟然导致赎罪券的盛行。因此，所谓的中世纪教会的奥古斯丁主义只是与东方教会的思想相妥协的一种半奥古斯丁主义而已。只有当宗教改革的路德、加尔文重新返回到奥古斯丁的预定论的时候，一种新的返本归源的信仰和恩典神学才又成形了。只不过不同的是，作为奥古斯丁修会修士的路德的预定论仍然强调恩典，强调道成肉身的耶稣的人性，强调被束缚的自由，强调教会的地位；而加尔文的预定论更强调律法，强调铁的纪律和顺从，强调战斗，强调普世的地上王国，使他在烧死神学家、医生塞尔维特时毫不心软。路德和加尔文二人在当时都在与文艺复兴的精神，也就是人文主义者和意志自由派（比如爱拉斯谟），为未来的世界进行着殊死的斗争。我们在后面将会详细介绍二人的思想。

奥古斯丁日趋悲观的原罪论使他在恩典问题上突出上帝的恩典的独一无二的地位，使他在预定论问题上强调上帝的救赎毫不动摇，同时也使他在教会问题上为教会的制度辩护，因为奥古斯丁认为如果没有作为向上帝之国过渡的教会共同体，个人的灵魂就不能超越自身。教会引导和保护朝向上帝的心灵，奔向那永恒的上帝的居所。奥古斯丁这一观点对于天主教具有举足轻重的意义。就像希腊城邦对于公民的意义一样，教会就是每一个基督徒的共同体。没有教会和教会的圣事，就无所谓基督徒。没有教会和基督徒，就更不用提基督教神学会有什么意义了。奥古斯丁的论证既奠定了天主教普世大公的大一统的理论基础，也经常被误用来作为强迫改宗、宗教法庭的异端审判、圣战的理论依据。奥古斯丁的思想最终成为上千年来西方教会捍卫自身的毫不动摇的基石。

◎《上帝之城》

对于奥古斯丁来说，地上的教会只是地上的世俗国家和天上的上帝之国之间的过渡。奥古斯丁在“救赎史和世界历史之间”思考教会的存在和使命。他将国家定义为理性的人由于正义而结成的共同体。没有正义的国家就像没有正义的个人一样，不过是强盗帮而已。但是对于奥古斯丁来说，除非是基督教国家，否则正义作为国家的基础就是不可能的。正义在城邦在地上实现是几乎不可能的，或者说世俗国家中不可能有真正的正义。由于奥古斯丁将正义不再视为城邦的目的，于是他就转而提出了一个新的政治目的：地上的和平。这在整个西方政治思想史上是一个巨大的转折。作为城邦或国家的目的的和平在神学上讲符合上帝造物的自然秩序和爱的秩序，在政治上讲限制了国家为了自身的利益的战争。国家那种世俗之爱或者说为了自身的利益，不能成为教会的根基。就此而言，国家总是低于以爱为根基的教会的。教会才是期待上帝之城（或上帝之国）最佳的共同体。基督徒只爱上帝之城（耶路撒冷），而不留恋地上之城（巴比伦），就像他只爱上帝而不自爱一样。他必不害怕地上的纷争和国家的统治，而心系天上的和平。

奥古斯丁的巨著《上帝之城》[①]（413—426）就是在西哥特人洗劫罗马（公元410）之后，以这种坚定的政治神学的信念写就的。罗马的兴衰不过是一个世俗的堕落之城的兴衰，罗马的灾难乃是背弃上帝的结果。在世界历史和人的灵魂之间具有平行关系，上帝之城与世俗之城的隐喻意思就是两个平行的在肉体上和

① 中译本参见［古罗马］奥古斯丁：《上帝之城：驳异教徒》，吴飞译，上海，上海三联书店，2007。

世界上交织在一起的预定论的历史：一部分人灵魂注定与上帝一起统治，另一些人灵魂注定与魔鬼一起遭难。因此，奥古斯丁的救赎史和世俗史的区分是根植于预定论的观念的。但这并不是说生活在国家中和世俗中就属于上帝之城了，而是说追求公义爱上帝的灵魂才属于上帝之城。与此相反，实际上教会以及很多基督徒恰恰属于世俗之城，因为他们心系地上。救赎史不再是启示录式的对末世的急切期盼，而是就在世界历史中展开上帝的计划，而且也正是在历史之中，堕落的罪人才被上帝的恩典救赎了。这一历史观是整个现代世俗化的历史主义的开端。奥古斯丁并未断然否定世俗国家及其历史。人可以基于道德的目的而反对国家，反对奴隶制，但是世俗的国家秩序也是对堕落的人的合理统治。在国家和教会之间，奥古斯丁维持了强大的张力。奥古斯丁的上帝之城的历史神学其实就是教会对国家的政治神学。这种政治神学无疑奠定了天主教会在中世纪中的性质以及教会制度的思想基础。

四、经院哲学：早期经院哲学家、阿奎那与波那文图拉

◎ 最后一位罗马哲学家波埃修

从奥古斯丁向中世纪的过渡经过了最后一位罗马哲学家波埃修（Boethius，470—525）。他出身于显贵的罗马贵族家庭，早年在雅典求学，颇有雄心翻译柏拉图和亚里士多德的全部著作，结果他只把亚里士多德的《工具论》翻译成拉丁文并进行了注解。但就是这一工作对于整个中世纪的亚里士多德主义已经具有重要的意义了。值得注意的是，中世纪的重要术语绝大多数（如存在 esse，本质 essentia，实体 substantia 等）是沿用波埃修翻译希腊概念所采用的拉丁词语及其定义。他定义了人格（person）的概念，即有理性的自然的个别实体。这一概念其实是思想史上一个重要的转折。另外，中世纪的注解的写作方式也是从波埃修这里发端的。

更重要的是，关于共相问题的漫长论争就是从波埃修的著作开始引出来的：共相是独立存在的，还是仅仅寓于单纯的理智之中；如果存在，它们究竟是有形体的还是无形体的？它们究竟是与感性事物分离的，还是寓于感性事物之中呢？索尔兹伯里的约翰感叹道，解决这一问题的路途如此漫长，连世界在此过程中也将变得古老。实在论认为共相（普遍概念）是个别事物之外的实在，如同柏拉图主义中的理念一般；而唯名论则认为与殊相（个别概念）相对的共相不过是词的声音而已，温和一点的认为共相是一般名词性质，是逻辑上的概念与心灵中的观念。实在论容易解释共相的普遍性，但却难于从概念的主观性推出其实在性，而

其对手的困难则在于如果只承认个别事物的实在性，那么如何说明共相的普遍性呢？实际上，这一棘手的问题在亚里士多德那里就已纠缠不清：究竟个别事物是实体，还是形式（共相）更是实体？

波埃修忠实于对亚里士多德的思想的介绍，但是他自己在东哥特王朝的狱中写下的著名的五卷本《哲学的慰藉》却是柏拉图主义的。他在狱中依然保持着贵族的优雅的风范，以宁静威严的姿态继续他对命运、善恶和天命的哲学沉思。这本文笔优美的散文诗体著作继承了典型的罗马哲学风格，体现了罗马自由技艺（liberal arts，即七艺）的良好的教育传统。他的学生卡西奥多和他一样，在传承基督教—罗马文化上起到了很好的传递者和教育者的作用，卡西奥多的《神圣的与人类的知识概要》是早期中世纪颇为流行的一本教学参考书，但是他们并不是原创性的思想家。

◎ 第一个杰出的中世纪思想家爱留根纳

第一个杰出的中世纪思想家是9世纪爱尔兰人爱留根纳（Eriugena，810—880），他也不是一个地道的神学家，他推崇殉道者游斯丁的说法："真正的哲学就是真正的宗教，真正的宗教就是真正的哲学"。他为波埃修的《哲学的慰藉》作了注释。精通希腊文的爱留根纳从希腊文翻译了伪狄奥尼索斯（Pseudo-Dionysius）的全部著作以及"拜占庭神学之父"马克西姆的注释，并为它们都作了注解。对于这位与波埃修大体同时代、对中世纪影响较大的新柏拉图主义神学家伪狄奥尼索斯，我们竟然无从得知其人为谁，但是他的《论圣名》、《神秘的神学》、《天阶体系》、《教阶体系》、《书信集》等著作中神秘主义和否定神学的思想成为了中世纪思想的重要源头。①

爱留根纳是卡罗琳文艺复兴时代原创性的思想家。他的五卷本对话体著作《自然的区分》（*De Divisione Naturae*，862—866）建立了一个虽不庞大却自成一统的体系，新柏拉图主义在其中占有重要的地位。所谓自然就是希腊人所说的存在与非存在的总称。可被感知的和理解的东西都存在，潜在的东西就是非存在；罪人是非存在，而恩典下的和解之人则存在。因此，非存在不等于希腊的非存在或绝对的虚无。爱留根纳将自然区分为四个部分：创造而非被造的自然；被造而且创造的自然；被造但不创造的自然；既非创造也非被造的自然。第一种和第四种自然都是上帝，不过一个是以创世启示自身的上帝，另一个是受伪狄奥尼索斯影响的隐藏自身的神秘超越的上帝；一个是第一因的上帝，一个是最终因的上帝。第二种自然基于一种独特的活生生的自然观，它在布鲁诺、谢林的思想中复活；第三种自然的规定特别近似于近现代的无机的机械论的自然观。第二种自

---

① （托名）狄奥尼索斯：《神秘神学》，北京，三联书店，1998。收入五部最为重要的著作。

然是生成的，第三种自然是分有衍生的。爱留根纳的神秘神学像伪狄奥尼索斯一样，强调了自然的区分与神学平行的阶梯性，是一种由肯定到否定再到“既肯定又否定”的神学辩证法。爱留根纳也特别强调所有的存在尤其是人的灵魂都回归和皈依于上帝之中，就像奥古斯丁一样。爱留根纳的神学体系已经初步具备了经院神学的某些特征。

◎ 安瑟尔谟：上帝存在的本体论证明

11世纪的坎特伯雷大主教安瑟尔谟（St. Anselmus，1033—1109）是名副其实的“中世纪神学之开端”，他也被称为“奥古斯丁第二”，是最后一位教父和第一个经院哲学家。说到经院哲学（Scholasticism），我们必须解释一下何谓经院。经院就是教会的经院，是教会设立的处于城市之中的学校或研究院，当然也包括新兴的大学。早在五六世纪，基督教的修道院制度就成为教会的根本建制，修道院的僧侣担负着整个基督教文化的传承。但是到了12世纪，修道院的改革运动如火如荼，基督教文化的重心从保守封闭的修道寺院转移到更加世俗化的教会经院。在经院中，逻辑、法律、哲学的研究和神学的研究一样发达。所以说，经院是11世纪以来基督教世俗化改革运动的成果，它代表了当时最活跃的思想。我们一般所说的经院哲学（又译为士林哲学）其实准确的译法是经院思想，主要是神学，哲学是神学之中的一部分，因为基督教会一直认为只有基督教才是真正的哲学。

安瑟尔谟生于意大利的贵族之家，他的老师是前坎特伯雷大主教兰弗兰克（Lanfranc，1010—1089）。安瑟尔谟这位“奥古斯丁第二”的神学充满了奥古斯丁式的动人的话语。他在《宣讲篇》中说：“啊，我主，我不尝试去探测你的深渊，因为我知道自己的理智决不足以到达；可是我渴望理解一些你的真理，那是我所信仰我所爱的，因为我不是理解了才信仰，而是我相信除非我信仰，否则我不能理解。”在《为何上帝成人?》中他说：“如果我们不把信仰放在首位，那就是一种傲慢；如果我们信仰之后不去尝试理解我们所信仰的，那就是一种疏忽。”在当时非常流行辩证法，安瑟尔谟像他的老师一样，坚决反对辩证法的滥用和僭越。所以，安瑟尔谟的上帝存在证明与阿奎那的上帝存在证明有本质的不同。安瑟尔谟是为了理解我们的信仰，信以求知；阿奎那将道成肉身、三位一体等教义归于神学，而将上帝存在归于哲学可证明的方式去证明，这是两种不同的基督教理性主义，两种不同的运用辩证法的方式。

安瑟尔谟在《宣讲篇》中的上帝存在的证明可能是最接近数学公式证明的一次人类智力的完美表现，当阿奎那将它采纳到他自己的上帝存在证明的第四个论证时，那种魅力就荡然无存。安瑟尔谟在《独语录》中的论证是以一个实在论和目的论的宇宙整体的实在为基础的类比或类推。他从我们后天所具有的善好、伟大和存在的事物推出一定存在着自在为善的至善、最伟大和自在存在的绝对存在的上帝，而按照柏拉图主义的观念，事物是以不同的程度分有上帝的至善、最伟大和自在存在。安瑟尔谟在《宣讲篇》中的本体论论证则具有逻辑上的简洁与几何式的优美：那在一切可能想象中的不能再比它更伟大的存在，如果只是存在于心里，就等于说我们还可能想象到另一位更伟大的了。然而这是自相矛盾的。因此，只要在一切可能想象中不能有比它更伟大的，它就一定确切地存在，并且它不只在主观心里，也在客观实体上存在。因此，从那在一切可能想象中的无与伦比者也就可以推出它是最伟大的，它就是上帝。安瑟尔谟在《宣讲篇》中的论证是从上帝是绝对完美的这一人所共有的观念出发，推出这一观念必然包括存在，所以上帝存在只是上帝完美的一个部分。

法国的修士高尼罗（Gaunilo）对安瑟尔谟的反驳也针对论证的要害，即观念与实在之间是不能跳跃的。安瑟尔谟的答辩认为，只有对于上帝来说，这一跳跃才是必然的。因为唯有上帝比其他一切的存在者都更存在和实在，并因此比其他一切存在者都更高度地存在着。上帝是一切存在者中的至高无上的存在，他是自有永有的存在，上帝是自存的，并从虚无中创造了世界的所有存在者，一切存在者和善好的造物都依靠他而存在。安瑟尔谟论证的支持者包括波那文图拉、笛卡尔、莱布尼茨、黑格尔和卡尔·巴特，而阿奎那、洛克和康德则激烈反对这一论证。

安瑟尔谟的论证在古典哲学的实在论的时代是好理解的，而在唯名论的时代几乎无法理解。所以，关于“共相是实在的还是只是名称而已”的中世纪共相性质的论争，实际上关涉的是理解世界的方式的巨大转变。在当时，除了极端的实在论肯定词与物之间的对应，肯定共相和理念的世界的存在，肯定共相具有同一的实体，而更擅长于辩证法的极端唯名论（比如与安瑟尔谟论战的罗色林）只肯定个体是实体，共相只是概念或名称而已之外，大多数的中世纪神学家都持有温和实在论或温和唯名论。在现在，除了在极少数象征派艺术家和科学家的头脑中还坚持实在论，整个世界都彻底地是唯名论的世界了。经历过自然科学和历史主义的洗礼，现代世界中没有人再相信理念、共相的存在，它们通常被视为抽象不实之物而排斥。因此，实在论与唯名论之争其实是人类历史上的一场世界观的重要转折，而不是一些无所事事的人纠缠于鸡毛蒜皮的小事。共相的问题表面看是一个中世纪的逻辑问题，尤其是亚里士多德式的逻辑问题，但是其实质却是关于知识的本质以及对自然、实在的理解的根本性的转变。在这场转变中，作为世俗的逻辑学家的哲学家或神学家起到了重要的作用。共相问题本来对于神学家来说是最为重要的，因为这涉及神人两性、三位一体、圣餐圣礼等基督教基础教义的争论。但是现在看来更为重要的是一场世界观的大变革，无论是称之为世俗化，还是称之为现象主义的兴起，总之，一个大一统的宇宙实在及其相应的形而上学日渐四分五裂了。

◎ 共相之争：阿伯拉尔

在共相之争中最有名的人物就是“巴黎的骄傲”阿伯拉尔（Peterus Abelardus，1079—1143）。阿伯拉尔最著名的故事是他在巴黎圣母院任神学讲师时（39岁）与年轻貌美、学识渊博的爱洛依斯（17岁）的一段堪称千古传奇的“天堂窃情”。为此他受到不承认他们秘密婚姻的爱洛伊斯的家人的阉割。爱洛伊斯后来成为巴黎郊区一所本笃女修道院的院长，他们之间一直维持着亲密无间的友谊。①

阿伯拉尔是12世纪第一个伟大的新型的知识分子。② 恃才傲物的阿伯拉尔最初受教于罗色林，转而受教于巴黎的实在论者香波的威廉（William de Chapeaux，1070—1121），不到20岁就独立授课，名扬四方，一生都没有势均力敌的敌手。阿伯拉尔与其师威廉的论战是继安瑟尔谟和罗色林之后的共相问题之争的第二回合。阿伯拉尔持有温和唯名论观点，既不赞同他老师罗色林的极端唯名论，也不赞同他老师威廉的极端实在论，并最终成为击败极端实在论的胜利者。

在《波菲利集注》中，阿伯拉尔认为共相是名词的性质，名词之所以能表达共相是因为名词除了可以指称个别事物之外，还可以表述一类事物的状态。概念的这种逻辑功能产生了共相的心理印象，但是共相显然不是一种实在论所说的“实在”。相对于这种温和的唯名论，后来阿奎那的温和的实在论提出了共相不是独立存在的，有先于事物、在事物之中和后于事物的三种共相。阿伯拉尔虽然是一个虔敬的基督徒，但是他的张狂的论辩术引起了当时西欧教会的精神领袖、大圣徒、隐修和神秘主义的大师、明谷的伯尔纳（Bernard de Clairvaux，1091—1153）的强烈攻击，被教会判为异端。阿伯拉尔就属于安瑟尔谟曾经说过的过分地运用辩证法的神学家。阿伯拉尔一定要先诉诸理性的理解，对语词的理解，对真理的论辩来达到信仰。阿伯拉尔在《是与否》（*Sic et non*）中所采用的“辩证神学”的形式，即每个神学论题都引用同样权威的使徒和教父的正反两种意见进行论辩，后来被伦巴德（Peter Lombard，1100—1164）的《箴言四书》和阿奎那的《神学大全》等经典著作所采用。

◎ 经院哲学的集大成者：托马斯·阿奎那

13世纪是中世纪经院哲学的鼎盛时期，两位天使博士阿奎那和波那文图拉

---

① 参见［法］蒙克利夫编：《圣殿下的私语：阿伯拉尔和爱洛依斯书信集》，桂林，广西师范大学出版社，2001；［德］施皮茨莱编：《亲吻神学：中世纪修道院情书选》，北京，三联书店，1998。

② 参见［法］勒戈夫：《中世纪的知识分子》，31～44页，北京，商务印书馆，1996。

可以代表13世纪神学的精华。托马斯·阿奎那（Thomas Aquinas，1225—1274）号称是“基督教的亚里士多德”。将亚里士多德的哲学吸收到基督教神学体系中最为成功的努力就是阿奎那的神学体系。

中世纪最重要的哲学事件就是12世纪上半叶发现了保存在阿拉伯世界的希腊哲学家亚里士多德的著作。伊斯兰教在7、8世纪兴起后就开始四方征服，在叙利亚他们接触到了希腊文化的遗产，他们把柏拉图和亚里士多德的大量著作都译成了阿拉伯文，形成了独特的阿拉伯哲学。阿拉伯的哲学家并没有成为官方的神学家，因此保持了相当自由的学术研究和思想探索。其中土耳其人阿尔法拉比（Al Farabi，875—950）号称“伊斯兰的亚里士多德”，波斯人阿维森纳（Ibn Sina/ Avicenna，980—1037）是阿拔斯王朝统治区流行的东部亚里士多德主义的领袖，在西班牙流行的西部亚里士多德主义的领袖则是阿威罗伊（Ibn Rushd/ Averroe，1126—1198），他的哲学与神学的“双重真理说”在中世纪很有影响，他的著作全部被译成拉丁文。可以说，亚里士多德的发现导致了经院哲学的兴起。我们现在常说的经院哲学就是主要以亚里士多德主义为主要内容，以辩证法（这里是指亚里士多德所说的论辩推理的技艺）为主要形式，在天主教教会的经院中发展起来的新兴学术和教育方式。

经院学术试图综合新兴的亚里士多德主义的哲学与陷入危机中的奥古斯丁的神学体系，为此的各种努力就成为13世纪经院哲学鼎盛的基本原因和核心动力。其中最为狂热的就是拉丁阿威罗伊主义者，他们全盘接受亚里士多德的思想，更像是一群带着神学假面具的真正的哲学爱好者。阿奎那对亚里士多德哲学的神学改造比其他各种努力都更为成功，很快被教会所接纳。阿奎那的著作每页都引用亚里士多德的话，遍注亚里士多德的全部著作。亚里士多德是有自己的哲学体系的，但是阿奎那的思想体系并不是亚里士多德的哲学体系，而是基督教神学体系。阿奎那也遍注《圣经》。这是理解阿奎那思想的基础。也正因此，在这一体系中的哲学与神学的调和与冲突就显得十分突出。其实，阿奎那对亚里士多德的解释在当时是革命性的，且不说波那文图拉所坚持的奥古斯丁主义仍然占据主流，即使在亚里士多德的解释中占主流的也是极端的亚里士多德主义即阿威罗伊主义。于是，阿奎那与阿威罗伊主义展开了一场生死攸关的论战。在巴黎大学和牛津大学，在多明我修会之中，阿奎那最终以自己大气磅礴的综合体系赢得了这场胜利。①

阿奎那出身于意大利贵族之家，其父为德国一个大封建家族中的公爵，其母

① 参见 Etienne Gilson，*The Christian Philosophy of St. Thomas Aquinas*，Trans. by Laurence K. Shook，New York：Random House，1956。

亲为西西里的诺曼底亲王的后裔。[1] 他出生于意大利而具有德国人的相貌，号称“西西里大哑牛”。1244 年他放弃了传统贵族阶级的本笃会修士的职业，不顾家庭的强烈反对，成为一名新兴的追随使徒、自甘贫贱的多明我会的托钵僧（mendicare）修士。1245 年他到巴黎学习，1248 年他到经院哲学重镇科隆大学追随当时“活着的权威”、博学的“全能博士”大阿尔伯特（Albertus Magnus，1220—1280）学习。大阿尔伯特说，有一天这头哑牛的吼声将震撼整个世界。1252 年阿奎那学成之后返回巴黎大学，他一边讲授神学课程，一边与阿威罗伊派进行论战。此时“不可辩驳博士”、哈勒斯的亚历山大（Alexander Halensis，1185—1245）的高足波那文图拉也在巴黎大学，并与阿奎那一起于 1257 年成为第一批作为修士的神学硕士。阿奎那是多明我修会（又译为多米尼克修会，又称布道的兄弟会）的领袖，波那文图拉是方济各会（又译为弗朗西斯修会，又称为卑微的小兄弟会）住院派的领袖，之后的司各特和奥卡姆也都是方济各会的。这两个修会是天主教最大的托钵僧修会，后来还有奥古斯丁修会等各种修会。

1256—1259 年，阿奎那开始在巴黎大学主讲伦巴德的《箴言四书》，接着回到意大利住了 6 年，在那里完成了主要针对伊斯兰教徒而写的、诉诸人的自然理性的护教学著作《反异教大全》（*Summa contra gentils*）。1265 年他被委托在罗马创办一所多明我会的研究院，在这里他写完了一本代替《箴言四书》的初学者教科书《神学大全》（*Summa theologia*）第一部，后来这部精心论证的系统神学著作成了基督教神学的永恒的经典。1268 年他重返巴黎，与激进的阿威罗伊主义者论战，同时也与方济各会保守的奥古斯丁主义论战。阿奎那对阿威罗伊主义的胜利作为一件大事在中世纪被比拟为法兰克查理大帝击败阿拉伯人的胜利。这期间他完成了对亚里士多德大多数著作的评注，仅对《形而上学》的评注就有 50 万字，他以这种独特的方式与两派进行斗争。这三年间他还完成了他最伟大的著述，长达 100 万字的《神学大全》的第二部，其工作能力几乎让人无法想象。《神学大全》的第二部在某种意义上可以视为对亚里士多德的《伦理学》的评注。1272 年他又受命在那不勒斯建立一所多明我修会的研究院，同时开始写作《神学大全》的第三部。1273 年 12 月 6 日，他在做弥撒时突然得到了一个神秘的启示，这个从不浪费一秒钟的人毅然决然地放弃了一切学术活动，留下了未完成的《神学大全》的第三部，因为他觉得这些理智性的东西对于理解上帝的神秘最终可能没有任何意义。1274 年 3 月 7 日，阿奎那死于西多一所修道院。[2]

阿奎那每天要主持一两台弥撒，从不间断地参加每小时的祷告，还要读书、

---

① 参见［英］柯普莱斯登（F. C. Copleston）：《多玛斯（阿奎那）思想简介》，台南，闻道出版社，1974。

② 参见 Norman Kretzmann and Eleonore Stump（eds.），*The Cambridge Companion to Aquinas*，Combridge：Combridge University Press，1993。

写作、布道、教授《圣经》、主持辩论，49 岁就英年早逝足可以表征他一生的勤勉。和一般人的印象相反，阿奎那终其一生只是一个权威学者，而不是教皇或君主的顾问，他从未参与时代的各种政治纷争。长寿的大阿尔伯特在阿奎那死后依然支持他的学生，从科隆赶到巴黎大学，说服多明我会齐心协力抵制方济各会对阿奎那的攻击。在几十年的时间里，阿奎那为正统所不容，被视为一个异端。1323 年 7 月 21 日，教皇约翰二十二世册封阿奎那为圣徒，这是在他逝世整整 50 年之后。在特伦托会议（1545—1566）上，《神学大全》被放在和《圣经》一样高的地位上。后来罗耀拉的耶稣会成为阿奎那思想的坚定的研究者和捍卫者。1879 年利奥十三《永恒之父》（Aeterni patris）、1914 年庇护十世的敕令和 1921 年本尼狄克特十五的敕令重新掀起了 20 世纪的新托马斯主义运动，阿奎那正是在这一时期才获得了空前绝后、唯我独尊的地位。在此之前，尤其在整个中世纪，作为天主教会官方哲学家的至尊地位是不存在的。当时，托马斯主义与布拉班的西格领军的拉丁阿威罗伊主义、波那文图拉主义三足鼎立。

阿奎那的文字不像奥古斯丁那样充满修辞的技巧和丰富的情感，但是他的文风适合于论辩和推理，简明而准确。阿奎那的论证方式和写作方式特别容易被僵化成教廷的官方教条，这可能是他本人有意的选择。因为，从他留下的赞美诗和祈祷辞中，我们还可以看出阿奎那是一个充满深情的人。他被人说成是一个祥和、温情、谦虚而有同情心的人。他为了灵性的不朽放弃了世间的富贵和荣耀，他全身心地投入于神学的沉思和对上帝的赞美之中。阿奎那的著述几乎用一生都读不完，他号称是“会走动的图书馆”。四五百卷的《反异教大全》和《神学大全》是阿奎那最重要的著作，前者是为西班牙境内的伊斯兰教徒和犹太教徒皈依基督教所写的，后者是为基督徒所写的基督教教理教义的入门读物。

阿奎那继承了阿伯拉尔的神学大全的辩证法：全部大全分为若干问题（600 多条），每个问题再分若干特定的问题，对于每个特定的问题都列出相反的知识和观点（一万多条反题），再对这些异议的反题进行辩论和批驳。阿奎那的《神学大全》的第一个问题就是讨论神学与哲学的关系，或者说启示与理性的问题。这一问题奠定了全书的基调。阿奎那第一个问题先是问“除了哲学科学以外，是否还需要其他学问?”阿奎那说，对于超出了人的理解力的东西，尽管人无法用理性去思考它们，但却可以通过信仰接受它们，即通过由上帝启示的《圣经》中的知识而接受它们。哲学以自然的理性之光加以认识的东西，完全可以通过神圣的启示之光而为神学所认识。所以科学是靠自然的理性之光进行认识，如数学、几何学、光学和音乐等，而神学则来自更高妙的科学之光，即上帝之光和启示。神学在思辨的确定性和对象上以及在实践的目的上都是最高贵的科学，其他科学只是神学可供使用的婢女。当然，上帝赐给我们的信仰之光并不破坏我们所拥有的自然理性之光。如果用康德的话说，第一个问题乃是“自然理性批判”的问题，它确定了人类的自然理性的范围和限度。正是因为阿奎那强调了哲学或者说自然理性的相对独立的地位，我们今天才可以谈论一种基督教哲学或者中世纪哲学，实际上在中世纪是没有一种现代意义上的哲学的。我们现在通常所谓的“中世纪哲学”就意味着从每一位基督教重要思想家的神学体系中将他们那些对哲学问题的思辨从其对教义和神学的思考中剥离出来，按照近现代所关注的哲学主题为他们各自建立一套哲学，而那些三位一体、基督的位格、上帝的存在的证明、灵魂的神秘主义等等神学的东西则往往被置之不理。

◎ 上帝存在的五种证明

《神学大全》的第二个问题就是整个思想史上最为有名的上帝存在的问题。我们来看看他的辩证法，以领略阿奎那思维的严密及其理性的力量。首先，阿奎那提出第二个问题是上帝的存在的问题。关于上帝存在问题，可以提出三个具体的问题：上帝存在是否自明？上帝存在是否能证明？上帝是否存在？接着阿奎那开始推论第一个问题：上帝存在似乎是自明的。首先，所谓自明就是事物的知识在我们心中是固有的。他引用大马色的大约翰的话，说：“上帝存在的知识是一切世人天生具有的。”所以上帝存在是直接自明的。其次，亚里士多德在《后分析篇》说，凡因一旦知其名词就能得以认知的事物就是自明的。当我们知道上帝一词的意义时，我们就知道上帝存在了。因为上帝一词意味着再没有别的东西能被想象为更伟大的，那么，真实存在者必大于只存在于思想中的。再次，真理的存在是自明的。因为若有人否认真理存在，即是肯定真理不存在，那么“真理不存在”这事就是真的了。若有某事是真的，真理就是存在了。《约翰福音》（14：6）中说“我是道路，真理，生命”，所以，上帝存在是自明的。

在指出上帝似乎存在的命题之后，阿奎那又举出反题：《诗篇》（53：1）“愚顽人心里说：没有上帝”，这表明上帝存在并不是自明的。最后阿奎那开始自己的批驳和论证。他认为，自明有两种，一是本身自明但对我们不自明的；一是本身和对我们都自明的。“人是动物”是自明的，因为动物就含在“人”的意义之中，这种情况属于前者。若命题的主语和谓语对于有些人并不是自明的，则该命题对他们就不自明。阿奎那引用波埃修的话说：“某些普遍概念可能只对智者是自明的，例如无形之物不在空间之中。”“上帝存在”这一命题本身是自明的，但我们并不知道上帝究竟是什么，所以，这命题对我们不是自明的。因此就必须像安瑟尔谟那样去论证上帝具有客观的存在，而不仅仅存在于思想之中。

那么，上帝的存在是否能证明呢？首先，上帝的存在似乎不能证明，因为上帝的存在是属于不可证明的信仰。因为使徒保罗说信仰所指的是“未见之事”（《希伯来书》11：1）。对此提出的反题是：上帝存在的知识，虽然固有在人心中，但只是一种含混的而非绝对的知识。其次，要证明某物的存在，就必知道它是什么。但如大马色的约翰（《正统信仰》一卷四章）所说，我们不能知道上帝是什么，只能知道他不是什么。可见上帝的存在是不能证明的。反题则指出：不理解上帝是什么并不意味着上帝的存在是不能证明的。再次，我们只能从上帝的事功和作为证明上帝的存在，但是上帝的作为与他本身是不能相比的，因为上帝是无限的，而其作为都是有限的。反题是保罗在《罗马书》（1：20）里的话："上帝是明明可知的，虽是眼不能见，但藉着所造之物就可以晓得。"

阿奎那自己对上述正反题的回答是，首先区分了由原因出发和由结果出发的两种证明方式，即先天的和后天的。我们对于上帝，就能由他的结果而知他的存在，即使我们并不知道他的本质。于是，阿奎那就开始讨论上帝存在的证明。首先，阿奎那提出上帝似乎不存在。因为这世界分明有恶存在，所以至善的上帝并不存在。其次，如果我们设想上帝不存在，我们还似乎能借其他原则来说明世上的一切，将所有自然的表象归于自然，将目的归于人的理性或意志，那么我们就不需要假定上帝存在。对于第一点，阿奎那引用奥古斯丁的话反驳说："上帝既是至善，他决不容许在其造物中有恶的存在，除非他能依其全能和至善而化恶为善。"对于第二点，阿奎那回答道，凡自然的事物，无不依靠比它更高的存在作为根据，而有目的的事物，也无不依靠比人的偶性变化和有缺陷的理性或意志更高的原因。

阿奎那于是就提出著名的上帝的存在的五种证明，但它们却是亚里士多德式的。第一个证据是从运动来的。凡运动的事物必被其他事物所推动，然而运动的推动不能推至无穷，因为那样也就没有推动者。除非有第一推动者，否则运动是不可能的，而这个不动的推动者就是人人所了解的上帝。第二个证明方法是从因果关系来的。在可感觉的事物中有彼此相继的因果关系。但是这些因果关系不可能无尽无穷地推下去，那样就没有第一原因了，于是也就没有中间因和终极因了。所以我们不得不假定有第一因的存在，即上帝。第三种论证是从偶然性和必然性的性质来的。有一些事物存在，它也可以不存在，因此它不可能永远存在。假使一切事物都有不存在的时候，那么，一定有一个时期全然无物存在，由于不能无中生有，则现在也必定是全然虚无了。因此，必不是一切存在都只是或然的。我们不得不假定有某事物其本身就是必然的，不假于别物的且为别物的必然原因，对它就称之为上帝。第四种方法是从事物美、善、真的等级来的。我们之所以可以比较事物的大小多少，是因为他们之间必相对于一个最大最高者而有种种等级。亚里士多德在《形而上学》第二卷中说，最伟大的真理也是最伟大的本体，此本体就是上帝。第五种方法是从宇宙的目的来的。所有自然都趋向某一目的，以实现最大的善好。然而没有知识的自然之所以能趋向一目的，除非是存在一个有知识、有智慧的主体作为万物的目的，这一主体通称为上帝。比较安瑟尔谟的论证和阿奎那的论证可以看出两种不同的路数，一个是柏拉图主义的，一个是亚里士多德主义的。[①]

◎ 波那文图拉

在1274年，有两位基督教神学教会博士双双辞世，他们是阿奎那和波那文图拉（St. Bonaventura，1217—1274）。阿奎那死后的封谥是“天使博士”，而波那文图拉的封谥是“六翼天使博士”（1587），其地位显然比阿奎那还高。他早于阿奎那被册封为圣徒（1482）。但是，500年后二人的地位境遇却大不相同。自1879年因列奥十三的《永恒之父通谕》而兴起了新托马斯主义之后，阿奎那一直处于天主教神学和哲学的中心，而波那文图拉却没有得到相应的承认。波那文图拉是阿奎那的私交好友，又是主要的论敌。与作为学者和讲师的阿奎那不同，波那文图拉于1257年出任方济各会会长，成为方济各会中仅次于创始人方济各的第二重要的人物。方济各会是奥古斯丁思想的维护者和亚里士多德主义的抵制者，带有极其虔敬和某种保守的性质。奥古斯丁派的对手主要是巴黎大学的布拉班的西格（Siger of Brabant，1240—1284），他是激进的拉丁阿威罗伊主义者。在当时，三位巴黎大学的顶尖人物奥古斯丁派的波那文图拉、阿威罗伊派领袖西格和阿奎那之间形成了三足鼎立的局面，尽管西格和阿奎那都是亚里士多德主义者。

波那文图拉不像阿奎那那样博学，但是，作为方济各会的第二创始人，他改变了方济各会最初由方济各所奠定下来的宗旨。方济各会在波那文图拉手里不再是仅仅崇尚苦行劳动、博爱万物的原始精神的托钵僧修会，更是研修学问的修会。波那文图拉使它从苦行的修会变成崇尚学术研究的修会，学术研究成为方济各会延续至今的传统和标志。（方济各会到了另一个天才司各特手里，才最终确定下来自己的基本形态。方济各会的司各特和奥卡姆都是一个时代的象征。）

号称“方济各第二”的波那文图拉是奥古斯丁精神的传人，但却是一种融入了经院哲学的方法的奥古斯丁派。他对亚里士多德主义发起了猛烈的攻击。灵魂与上帝的密契是通过耶稣基督作为中介的神秘主义之路，而不是通过关于世界的实体的理论。对上帝的认识是灵魂与上帝契合的有益帮助。所以，对于那些在波那文图拉看来无益于使人的灵魂亲近上帝的学问，比如亚里士多德的形而上学，他只是把它视为一种可敬的自然哲学而已。

波那文图拉在《心向上帝之旅》（*Itinerarium Mentis in Deum*，1259）的序言中说：“我首先恳请读者不要固执地以为：只要诵读无须恩膏，只要思辨无须热忱，只要研究无须惊异，只要慎思无须欣喜，只要勤奋无须虔诚，只要认识无

---

① 参见 John E. Wippel，*The Metaphysical Thought of Thomas Aquinas*：*From Finite Being to Uncreated Being*，Washington，D. C：The Catholic University of America Press，2000。

须爱慕，只要理解无须谦逊，只要努力而无须神圣的恩典，只要明辨而无须启示的神圣智慧，这对他们就已足够了；相反，首要的毋宁在于：依靠神圣的恩典，谦逊而虔敬，痛悔而热忱，为喜油所涂抹并爱慕渴望神圣的智慧，愿意推崇、惊异上帝并品尝到他的甘甜。”

波那文图拉不像阿奎那那样区分了神学与哲学，而是强调二者不可分割的一体性。自然的人和历史中的人，同时也就是追求超自然的人，领受恩典的人，追求自己的灵魂与上帝的神性相契合的人。如果说从阿奎那那里能分割出一种相对独立的哲学的话，那么在波那文图拉那里很难找到一种具有哲学形态的知识，一种在启示和信仰之外的独立的理性。波那文图拉从根本上来说是伟大的神学家，但是这也不妨碍他经常思考一些艰深的哲学问题。①

波那文图拉在《论学艺回归神学》(*De Reductione Artium ad Theologiam*，1252）中专门讨论神学和“七门自由艺术”（septem artes liberales，简称“七艺”）的关系：“各样美善的恩赐和各样全备的赏赐都是从上头来的，从众光之父那里降下来的。”(《雅各书》1：17）所以，我们的全部知识都要以《圣经》的奥秘知识为依归，通过它，所有知识之光归于上帝而获得其起源。波那文图拉在一开篇就说：“虽然一切认识的光都是内在的（即在那本源之光内)，但我们还是可以合理地把它们区分为外在的光明，即机械技艺之光；较低级的光明，即感性认识之光；内在的光明，即哲学认识之光；较高级的光明，即恩典和《圣经》之光。第一种光是为了技艺的形象而照耀，第二种光是为了自然的形式而照耀，第三种光是为了理性的真理而照耀，第四种亦即最后一种光是为了拯救的真理而照耀。”机械技艺分为七种：纺织、机械、农业、狩猎、航运、医药术和戏剧。哲学分为三种：语言哲学（包括语法学、逻辑学和修辞学)、自然哲学（包括物理学、数学和形而上学）和道德哲学（包括修身哲学、家政哲学和政治哲学)。对《圣经》的理解分为三种：信仰上的寓言意义、生活上的道德意义和回归上帝的神秘意义。波那文图拉在《心向上帝之旅》中描绘了人的灵魂如何经过历练而回归于上帝的阶梯上升的旅程。

的确，奥古斯丁主义的波那文图拉最为关注的主题就是灵魂与上帝的关系，或者说是有限的灵魂如何经过内在的反省经历不同的阶段走向完美的作为绝对的善的上帝。灵魂向上的皈依到上帝，也就是波那文图拉所强调的回归（reductio）和旅程（itinerarium)。灵魂最美丽的事情就是在上帝的形象中沉思上帝的恩典，借着爱的力量与上帝密切结合。灵魂的最高阶段是在天堂之中见到上帝的荣光。波那文图拉的思想因此呈现出一派沉思内省的风格，它不追求外在于人的灵魂的

① 参见 Etienne Gilson，*The Philosophy of St. Bonaventura*，Trans. by Illtyd Trethowan and Frank Sheed，Paterson，NJ.：St. Anthony Guild Press，1965。

各种外在世界的证明和探索。这种沉思的风格就像是拉丁教父大格里高利一世在《伦理丛谈》中、安瑟尔谟在《宣讲篇》和《沉思录》中、明谷的伯尔纳在《沉思录》和《〈雅歌〉布道辞》中、圣维克多的雨果在《心灵的保证》中等所展示的那样，我们在波那文图拉的《独白》(*Soliloqoium*)中感受得最真切。或许可以夸张地说，波那文图拉是准存在主义者，因为他关注基督徒自身的生存方式，关注人的灵魂的状态，关注基督徒的真正的灵魂的安宁和完善。灵魂不是一个容器或者一团气体，而是一团火焰，一种向上的喷涌。当上帝之光点燃一个人的灵魂，他就开始超越了自己狭隘有限的存在，上帝的光就充满了他的内心，通过耶稣基督和三位一体的中介而进入上升的天路历程。波那文图拉的神秘主义是关注基督徒的灵魂的生存哲学，它必然缺少某种哲学的思辨性和体系性。这是他的哲学的独特之处。

在波那文图拉那里，上帝不是阿奎那式的超越的不动的第一推动者，而是以个人的灵魂在上帝自身的光中可以领受的完美的存在。可以说这更多的是预设了完美和善本身的柏拉图式的思想，上帝就像是完美的理念本身。每一个被上帝创造的造物都是分有上帝形象的上帝的踪迹。按照所分有的不同比例，事物与上帝的关系也有不同的亲疏远近的距离。灵魂总是比世界离上帝更近些。人的灵魂是身体的形式，而且是整个身体的形式，而不仅仅是某个部位如大脑的机能。每个人的灵魂与身体都是不一样的，或者说是个体化的。在这一点上他和阿奎那一样，也反对拉丁阿威罗伊主义者的亚里士多德主义，即认为灵魂在每个人身上都具有宇宙精神这种单一的实体观点。灵魂可以与肉体分开而最终成为不朽。对于基督教的柏拉图主义和奥古斯丁主义来说，灵魂不朽或完美就是对上帝的存在最好的证明。精神性的灵魂总是渴望完美和幸福，因此灵魂总是一种从低级的理性向高级的理性上升的运动。这种灵魂内在的上升的运动就是对上帝存在最好的证明，他不需要像亚里士多德那样以外在于灵魂的方式进行论证。这是波那文图拉和阿奎那迥然相异的地方，代表着两种截然不同的思考上帝的方式。传统上一般认为奥古斯丁以及波那文图拉所表达的是基督教的爱的虔敬主义和神秘主义，而阿奎那则是基督教中的理性主义者加亚里士多德主义者。其实，阿奎那的神学思想中同样有一种根深蒂固的神秘主义因素，这种因素与奥古斯丁并没有什么不同或悖离。只不过在阿奎那思想中，理性主义似乎完全淹没了他的神秘主义，而在波那文图拉的思想中，我们则可以清楚地看到一个完整的神秘主义体系。

五、现代之路：司各特与奥卡姆

13 世纪末和 14 世纪伟大的神学家中有三位英国方济各会修士：科学革命的

先驱、“卓越博士”和“悲惨博士”罗杰·培根（Roger Bacon，1214—1292），天才早逝的“精细博士”邓·司各特（Johannes Duns Scotus，1265—1308）和极端唯名论主义者、“不可征服的博士”奥卡姆（William of Ockham，1285—1349）。

牛津大学的罗杰·培根比弗朗西斯·培根早三个世纪就把握了归纳法和演绎法的实证科学精神及其实用前景，并成为科学启蒙的时代预言家和批评家。他在《大著作》的开篇提出必须清除“四种障碍”即权威、习俗、意见、浮夸的智慧，开辟新的学术研究之途。新的学术包括数学、语言学、透视学、实验科学和伦理学五个部分，其中对数学和实验科学的提倡堪称科学先驱。他因标新立异的改革计划而被修会囚禁，命运悲惨，时间长达 14 年。他具有百科全书式的知识，是基督教人文主义最杰出的代表，也是近代人文主义的无可争议的先驱。其实，大阿尔伯特和格罗赛特斯特的罗伯特等人早就提倡观察与经验的科学研究了。当然，相对于其他神学家来说，阿奎那也具有很大程度上的基督教人文主义色彩。通常我们认为 13 世纪的经院哲学根本不懂经验研究，只懂逻辑、辩证和思辨，这恐怕是错误的。

◎“精细博士”司各特

邓·司各特天才而短暂的一生（43 岁）的生平已不可考，其流传下来的数量可观（全集共 26 卷）的著述也需要认真考订，其中最重要的是《牛津评注》和《巴黎评注》。处于世纪之交的司各特是阿奎那的事业的继承人，他的神学仍然是一种 13 世纪的事业，即成体系的综合性的建构，被倡导“现代路线”（via moderna）的唯名论者视为和大阿尔伯特、阿奎那一样的“老路线”（via antiqua）；同时，司各特也是一个独立的思想者，空前绝后的辩证技巧和精细的逻辑分析能力使他的思想风格十分独特，没有体系，只有问题分析，颇有某些现象学精神。司各特的意志论最终成为奥卡姆和路德的先驱。他是 14 世纪当之无愧的开路者。司各特最具有颠覆性的思想就是关于意志自由的思想，他固然像整个奥古斯丁传统那样将意志视为高于理智，但是他又进一步认为意志也高于爱，因为自由意志是一种实践的因素，而不是关于上帝之爱的灵魂沉思的因素。

正是通过司各特，作为内在的意志行为的实践概念获得了它对后世思想具有决定意义的形态。作为意志的实践与作为理智的理论开始截然分开，并且获得了对理论和沉思的绝对优先性。这一点可以说是从中世纪哲学通往现代哲学的一个重要的转折点。

司各特对于存在及其本质，对于共相等问题的探讨受到阿维森纳的亚里士多德主义的影响，成为他思想灵感的重要来源。“精细博士”司各特对于“存在”一词的分析达到了令人眼花缭乱的地步，他第一个严格地区分了上帝和存在两个概念。根据亚里士多德的观念，人的理智认识的首要的对象就是虽然超出具体存在者，但是我们仍然对它有所把握的“存在本身”（ens in quantum ens），但是司各特反对亚里士多德和阿奎那的“存在的统一性是一种类比的统一性”的观点。他指出，存在不是专门用来指出上帝的，上帝也不是以人的理智就能直接认识的，上帝的存在是不可被证明的，阿奎那所做出的五种证明都是无效的，因为上帝是无限的存在。司各特在哲学中引入了“无限”的概念，影响甚为深远。

司各特的思想很大一部分在于指出自然神学的不足，也就是说从哲学和形而上学论证一个意志的上帝和无限的上帝是不可能、也不足取的。因为上帝不是形而上学的对象。[①] 对于上帝的存在来说，形而上学的论证，就像阿奎那所做的那样，是次要的。上帝创世的行动是上帝的意愿和意志，而不是上帝的理智活动。司各特并不特别关注基督教柏拉图主义和奥古斯丁主义的完美的概念，或者最高的存在、至善的概念，而是强调上帝的无限性才是真正的完美。在上帝的无限与人的有限之间具有某种可类比性，同时有限又不能穷尽无限。上帝的无限性与上帝的意志是司各特最为重要的两个概念。这两个概念都是不可为哲学的自然理性所证明的。在这一点上，司各特显示出他与阿奎那、根特的亨利的对立。活生生的上帝乃是意志的上帝，而不是亚里士多德式的理智的沉思的上帝。同样，世界也是上帝意志的造物，是偶然性的，而不是亚里士多德式的永恒的自然和世界。我们在这里看到了司各特对于奥古斯丁的意志论的推进。司各特的意志主义，包括上帝的绝对意志，世界的偶在性，意志作为人的自由能力对于人的自然能力的理智的优先性等是整个哲学史上最为重要的转折点之一。这一因素是古典哲学中所没有的，是通过基督教引入到整个西方思想之中的。在司各特之后的哲学中，理性主义与意志主义的斗争始终是潜伏着的一条重要的线索。

上帝的意志是无限的和自由的，意志的上帝超越了各种理性的证明。所有的上帝存在的证明都是后天的，都不是真正有效的。就这样，司各特在从根上斩断神学与哲学的关系上迈出了致命的一步。同样，灵魂不朽和灵魂的幸福（至福）的哲学论证也是后天的，因而也是无效的。人的灵魂具有理智和意志两种特殊的能力，但是人的理性只是人的自然能力，只有人的意志才是人的自由的能力。人的自由意志是人之为人的特征。但是人的自由意志所担承的伦理责任本身不是任意的，而是具有理性的标准和良知自明的自然法或自然道德律的。这一点也继承了奥古斯丁的传统。

司各特并没有像奥卡姆那么激进和猛烈地以意志批判理智和理性。上帝的意志就是在上帝的理智中的意志，因此上帝的意志恰恰是最理性的。也就是说，上

---

① 参见 Allan B. Wolter (ed.), *The Philosophical Theology of John Duns Scotus*, Ithaca: Cornell University Press, 1990。

帝的自由也就是上帝的必然性，只有在上帝那里，这两个概念才是完全不矛盾的。上帝的意志的无限性对于上帝自身是必然的。上帝的自由只是相对于有限性的存在而言的。意志最完美的形式就是自由，这只是上帝所有的自由，人并没有完美的自由意志。人的自由意志是以上帝的完美的自由为目的的。这样，司各特就为人的自由意志奠定了坚实的基础。关于上帝的和人的意志与理智的关系，上帝的和人的自由与必然的关系，在德国哲学家莱布尼茨和谢林那里仍然是一个核心主题。在意志论这一问题上，司各特在上帝的自由和人的灵魂的自由两个范畴内表现出极其连贯的一致性，这深深地影响到了奥卡姆以及整个近现代思想。这就是司各特思想的意义。司各特主义从一开始就被方济各会接受为对抗阿奎那的指导原则，在 14 世纪、15 世纪已经压倒托马斯主义而成为经院哲学的代名词。司各特的地位也与阿奎那和波那文图拉并驾齐驱。

◎ 奥卡姆和他的剃刀

与司各特一样，奥卡姆的生平资料为我们所知的也寥寥无几，他可能做过司各特的学生。[①] 关于他，我们最熟悉的就是“奥卡姆剃刀”，也就是经济原则：“如无必要，勿增实体”（Entities should not be multiplied unnecessarily）——虽然这并不是他的原话。奥卡姆用以剔除那些不可直觉的事物以免增加不必要的原因和要素的剃刀有两把：具体的经验的个体性与上帝的绝对意志。在这两把剃刀之下，中世纪繁琐的经院哲学所剩无几，但是它同时却开辟出一条通往现代世界观的新路。

对奥卡姆思想来说有一个决定性的事件，这就是奥卡姆在牛津大学的讲稿《箴言四书评注》中的 51 个命题在 1323 年被牛津大学校长控为异端邪说，他要于次年到阿维尼翁教廷接受审查。期间他结识了同在接受审查的方济各会会长米切尔，并为其方济各式的使徒自甘贫困论辩护。放弃上帝赋予的自然的财产权而追求精神的财富乃是方济各会的根本原则，这也符合《圣经》中的教诲。

由于担心即将面临的迫害，1328 年接受教廷审查的米切尔、奥卡姆、马西里乌斯及其合作者扬登的约翰这四个当时举足轻重的人物一起叛逃到意大利比萨，寻求神圣罗马帝国皇帝路德维希的庇护，并与教皇决裂。奥卡姆对皇帝说：“请你用刀剑保护我，而我将要用笔保护你。”奥卡姆反过来指控教皇约翰二十二世为异端，因为教皇怕使徒自甘贫困的说法威胁到他所享有的一切权力、财产和荣耀。于是，在与教皇决裂后的约 20 年时间里（1328—1349），奥卡姆成为教皇至上论最猛烈的抨击者。奥卡姆认为绝对的教皇权力的观念是不可胜数的腐败和

---

① 参见 Pail Vincent Spade (ed.), *The Cambridge Companion to Ockham*, Cambridge: Cambridge University Press, 1999。

罪恶的根源，它意味着所有的本应一律平等的基督徒却都成为了教皇的奴隶，这与《圣经》的教诲完全背道而驰，因此这种教皇权力至上论乃是为教皇暴政进行辩护的异端邪说。

奥卡姆在一篇著名的论文《关于教皇权力的八个问题》中指出，教权的范围在于精神生活，而非世俗事务；教权的来源在于全体基督徒的意愿，而非使徒彼得的授权；世俗权力则来源于人民的意愿和授权而非教会，阿奎那也强调过这一点；教权必须受到教会普选出的宗教会议代表以及《圣经》教诲（也即通晓《圣经》的神学家）的检查。当然，即使是强调个体地位的奥卡姆也没有发展出来一种基于个人的自然权利和个人信仰、良心的自由理论，而是更为强调民主性。奥卡姆这位小兄弟会的大人物简直像是一个现代的革命先知。①

我们必须从这样一个视角来看奥卡姆的地位，那就是奥卡姆对整个中世纪形而上学的根基的批判和颠覆，用当时的话讲就是以“现代之路”批判“老路线”。奥卡姆的时代与阿奎那的时代是截然不同的两个时代。如果从共相之争来看，可以说13世纪是一个实在论的世纪，而14世纪就是一个唯名论的世纪。因此，真正的“现代之路”恰恰是从这个时候开始的。唯名论的精神代表着一种科学的、批判的、哲学的、怀疑的精神。奥卡姆的批判的精神直接与近代哲学的起源接壤，甚至可以说他就是近代哲学的真正起源和奠基者，而不是笛卡尔。我们通常会认为近代哲学是笛卡尔所奠基的，这并不错，但是我们很少去思考是谁奠定了笛卡尔的思想基础。我们通常急于并乐于看到我们非常熟悉的那些近现代的哲学问题和主题，而对思想的发展和近现代哲学本身的计划没有任何兴趣；似乎哲学也像自然科学一样，后来的将包含并因而取代以前的体系。其实，从13世纪开始，中世纪晚期的哲学便已经开始了一场新的运动，奥卡姆就是这场“现代之路”运动的领袖。奥卡姆的著作通常被分成《政治著作》（1940—1997）、《神学著作》（1967—1988）和《哲学著作》（1974—1988）三大类出版。奥卡姆不仅以其逻辑上的创见而名传后世，其政治思想也影响深远。

作为一代宗师，奥卡姆通常被视为怀疑主义者，经院哲学的革故鼎新者；作为政治神学家，奥卡姆被视为世俗的王权论者。司各特和奥卡姆二人极其有力地攻击了13世纪的经院哲学。尽管他们的思想未被教会接受，但是很快被大学接受。这两位方济各会的博士竟然慢慢地改造了这个修会的奥古斯丁和柏拉图主义的传统，而成为亚里士多德主义的拥护者。司各特还有一些奥古斯丁和阿威罗伊的影响，奥卡姆的亚里士多德主义就比较纯粹了。于是，奥卡姆成为15世纪思想的先驱。声势浩大的奥卡姆主义运动无论在大学、在修会，还是在社会上，都

① 参见 A. S. McGrade, *The Political Thought of William of Ockham*, Cambridge: Cambridge University Press, 1974。

成为 14 世纪一种巨大的世俗化和“现代化”的力量，各种领域都从神学和统一的形而上学中分离出来。这是一种新的世界观。由此看来，马基雅弗里、莫尔、胡克、博丹、格劳修斯、路德、斯宾诺莎等后来的思想家可以说都是受益于奥卡姆和奥卡姆主义的。[①]

奥卡姆坚持个体存在的优先性，因为只有个体的存在、个别的事物才是可以直接感觉和直觉到的。对那些抽象的东西人们没有直接的直觉，因而也没有直接的理解。人凭借直觉就可以理解并知道一个事物是否存在。奥卡姆反对实在论和本质的著名说法是他的“奥卡姆剃刀”。这把剃刀无疑是亚里士多德式的，不仅基于亚里士多德的实体理论和四因说，还基于他的范畴理论和逻辑的方法，奥卡姆用它剔除了基督教柏拉图主义的因素。奥卡姆对语言的分析之精细恐怕 20 世纪的语言分析学派也不得不佩服。奥卡姆的哲学的经验主义因素直接就支持了当时对物理科学的研究，就像罗杰・培根所倡导的观察和实验那样。当然，只有到了文艺复兴时代，比如在伽利略那里，吸收了希腊数学家的成果并将数学用于对物理科学的解释之上，才真正地建立起近代的科学文明。

奥卡姆以亚里士多德的逻辑尖锐地批判了奥古斯丁、阿奎那和司各特等人的实在论，尤其是那些关于存在的思辨以及那些对上帝存在及其属性、灵魂不朽之类的证明。奥卡姆的“词项逻辑”成为唯名论彻底战胜实在论的主要工具。奥卡姆指出，共相就是命题中的词项，具有代表或“指代”（supposition）个别事物的概念的普遍功能，也就是说它可以指代殊相的指称，而殊相则直接指称或指代个别事物。通过区别词项的两种功能——直接指称和对直接指称的指代，奥卡姆就解决了共相的性质这一困扰整个 13 世纪的问题。奥卡姆极其细致地分析了表示类、共同属性和关系的这三种共相（即类实在、内在本质、关系实在）都不是在个体之外独立存在的实体和本质，因此按照经济的原则可以剔除这些根本没有经验证据的设定。

奥卡姆指出，对事物的认识应该从简单的、个别的直观认识及其形成的命题开始，直到复合的认识，并通过自明或证据以判断命题的真假，而不是像实在论那样从复合的认识中抽象出单一的本质。这种反本质主义开创了英国经验论的传统。当然，我们不能把这种思想与近现代的经验主义混为一谈。这些观点使得奥卡姆的“真实的科学”和新改造过的唯名论不同于托马斯和司各特的温和的实在论。这意味着延续了一千多年的整个西方神学的形而上学的基础受到了攻击和威胁，或者说基督教本身的信仰同时也受到了严重的威胁，因为它等于直接否定了从奥古斯丁到阿奎那、司各特都一直坚持的那些根本的前提。甚至我们也会说，

---

① 参见 Marilyn McCord Adams, *William Ockham*, vol. 1～2, Notre Dame, J. N.: University of Notre Dame Press, 1987。

在某种程度上奥卡姆也反对了亚里士多德的哲学，因为这种哲学仍然是古典哲学。因此，奥卡姆可能并不是能与阿奎那、波那文图拉、司各特并驾齐驱的大神学家，却是比他们都伟大的哲学家。[①] 从奥卡姆那里开始，神学与哲学分离了。神学与哲学彻底分离的格局是 14 世纪的思想运动的结果，最终经过启蒙运动，哲学战胜了神学，科学战胜了哲学和神学。

◎ 教皇制度的批判者

在政治神学方面，批评教皇制度的世俗主义者有两位极其有名：法国的巴黎的约翰（John of Paris，1250—1306）和意大利的帕多瓦的马西里乌斯（Marsilius of Padua，1275—1342）。前者著有《论教皇与国王的权力》，是双重权力论争中的王权派主将之一。后者著有《和平的保护者》(Defensor Pacis)，但该书直到 1517 年才在宗教改革运动中出版并大受欢迎。马西里乌斯曾和奥卡姆是好朋友，他们一起投奔巴伐利亚的路德维希皇帝，一起反对教皇制度，伸张对世俗权力的要求。奥卡姆和马西里乌斯都是教皇制度的死敌，尽管他们的理论根据各异。他们比路德的宗教改革早两个多世纪批判天主教的教皇制。马西里乌斯的思想继承了意大利的地方精神，尤其是吉卜林党人的传统，这一传统坚持教会和世俗权力分离的原则，支持皇帝对世俗权力的要求，反对教皇谋取世俗的统治权，而且教皇必须受到颇为民主的宗教会议的约束和审查。它还受到坚持启示与理性分离论的阿威罗伊主义传统的影响。阿威罗伊在哲学上能引出一种自然主义的经验论，在政治上能引出一种实证主义的立场，致力于把政治从道德中解放出来，把个人意志置于客观的现实之上，把社会秩序归结为机械上的平衡，用契约来代替自然。在这一点上，奥卡姆与马西里乌斯是一样的。事实上，正是这种理性主义政治哲学的传统奠定了整个现代性计划的基础。

《和平的保护者》是一份为至高主权的国家申辩的辩护词，它坚持一种建立在法律与道德相分离基础上的国家的自主。全能的国家要求社会生活中的全部权力，国家拥有立法权、执法权和审判权以及国家的统一。世俗的国家并不满足于把教会驱逐到精神领域，它还要求承担精神上的使命，从世俗的统治者中选拔神职人员，并最终使宗教事务成为世俗国家职能的一部分。书中有一要点须加指出，否则人们会以为这些话是路德所说："所有不属于内心的恩赐生活的一切，所有教会生活的一切，都属于现世和归国家所有。所有执行现世的道德法规的一切，都不再属于教会而属于国家。"这个爆炸性的理论将为马基雅弗里、路德、霍布斯、卢梭、黑格尔和奥古斯特·孔德等人开辟出一条国家至上的新道路。

---

① 参见 Armand Maurer, *The Philosophy of William of Ockham in the Light of its Principles*, Toronto: Pontifical Institute of Mediaeval Studies, 1999。

海德格尔在研究司各特的时候说过，在中世纪逻辑和经院哲学的研究与神秘主义是互为表里的，没有神秘主义的生活，经院哲学是盲目的；而没有逻辑的研究，神秘主义就是空洞的。基督教神秘主义者从教父时代的尼萨的格里高利与伪狄奥尼索斯，12 世纪的明谷的伯尔纳，圣维克多的雨果和理查，到 13 世纪的波那文图拉，具有连续一贯的传统。14 世纪著名的基督教神秘主义者最为重要的有三位德国多明我会修士：埃克哈特大师（Meister Eckhart，1260—1327）及其弟子陶勒（John Tauler，1300—1361）、苏索（Henry Suso，1295—1366）以及受埃克哈特强烈影响的比利时的吕斯布鲁克。他们既注重作为基督徒的灵修实践，又注重对上帝的沉思，所以，一般来说，他们与那些默默无闻的隐修士相比更像是神学家。德国的思辨神秘主义对整个德国的唯心主义哲学具有不可估量的影响。可以说，德国的多明我修士建立了一种德国人的基督教。14 世纪最有影响的虔敬运动是自由精神兄弟会（Brethen of the Free Spirit）。这个兄弟会的虔敬主义哺育了 15 世纪、16 世纪的宗教改革者路德和人文主义者爱拉斯谟。

六、文艺复兴：但丁与马基雅弗里

◎ 文艺复兴的人文主义

到了 15 世纪、16 世纪，文艺复兴时期的哲学就愈加呈现出五花八门的形态，可以说，文艺复兴就是希腊哲学的全面复兴。意大利佛罗伦萨的柏拉图重镇和帕多瓦的亚里士多德重镇在 15 世纪的地位就像巴黎大学在 13 世纪和牛津大学在 14 世纪的地位一样。人们可以在意大利文艺复兴时期发现各种各样的柏拉图主义、亚里士多德主义、斯多亚主义、伊壁鸠鲁主义、怀疑主义以及各种自然哲学家。文艺复兴之所以能在教皇与霍亨斯陶芬家族争夺统治权的四分五裂的意大利兴起，恰恰是因为这里具有良好的和崭新的政治气氛和教育观念，代表并孕育了未来的欧洲政治精神。意大利是最早进入文明生活习惯的欧洲国家。意大利的旅行、航海成就（如十字军东征、马可·波罗、哥伦布）和自然科学的领先地位给他们打开了一个空前广阔的天地和心胸。他们需要重新发现古典的智慧以引领他们创造新的世界。意大利的但丁、彼得拉克、薄伽丘以及马基雅弗里这四位意大利近代文化的缔造者都毫无例外地是古典文化大师。

文艺复兴乃是意大利人创造出来的新文化运动，它以重返古代希腊和罗马文化的方式反对中世纪的文化和生活方式，开拓新的文明和政治。文艺复兴恰好是中世纪大一统的反面，各种发现、思潮、学派以及政治派别十分混乱。一种可以相互沟通的共同语言和共同的文化已经崩溃了，统一的西欧政治秩序和文化也一去不返了，这就是那些为中世纪的衰落而哀挽的人的理由。但在另一方面，对人的概念的重新定义产生了一种新的人文主义或人本主义（humanism）。19世纪人们所说的人文主义就是15世纪的“人的研究”（studia humana），是指那些相对于基督教的世俗学问。当然，不能忽视的一点是，这些人本主义者很多人恰恰来自基督教，如天主教徒的莫尔与爱拉斯谟这对挚友。人文主义的核心精神就是摆脱了中世纪各种束缚的个人主义，那些伟大的文艺复兴艺术家们以细腻优美的风格表达了“人性的发现”，无论是诗歌、小说、传记、传奇，还是风景画、人物画、建筑、雕塑。冒险探索的精神和个人自由意识的觉醒预示了现代世界的曙光。[1]

文艺复兴最普遍的是罗马拉丁学术的复兴，当时，对拉丁文学的发现也意味着对中世纪拉丁哲学的攻击，因为他们从中发现了一种与中世纪截然不同的优雅高贵、活泼自如的生活方式。希腊学术的复兴主要集中在佛罗伦萨、罗马和帕多瓦。文艺复兴时期的佛罗伦萨对柏拉图的重新发现是一个重要的哲学事件，它被用来对抗中世纪的亚里士多德主义，例如用柏拉图的辩证法来对抗中世纪亚里士多德的辩证法和三段论。首先是罗马人瓦拉（Valla Lorenzo，1407—1457），这位文献校勘或历史评判法的创始人，证伪了“君士坦丁赠礼”[2]，又证伪了狄奥尼索斯，校勘了《新约》，鉴别了大量的古典文献，对于古典的复兴居功至伟。费奇诺（Marsilius Ficinus，1433—1494）以拉丁文重新翻译了第一部《柏拉图全集》(1469)，并旁及希腊化时期的各种文献。在他主持的佛罗伦萨的柏拉图学园里，另一位著名人物是31岁就英年早逝的皮科（John Pico，1463—1494）。柏拉图哲学的复兴是文艺复兴中重要的一章。而在其他方面，利普修斯（Justus Lipsius，1547—1606）复兴了斯多亚哲学，与笛卡尔进行论争的伽桑狄（Pierre Gassendi）复兴了伊壁鸠鲁主义，蒙田则振兴了怀疑主义。

与文艺复兴时期的文学（彼特拉克、薄伽丘、瓦拉、乔叟、莎士比亚、拉伯雷、塞万提斯等）、艺术（波提切利、达·芬奇、米开朗琪罗、拉斐尔等）、科学（哥白尼、特勒肖、伽利略、开普勒、哈维等）、航海（哥伦布、麦哲伦）上的巨大成就相比，哲学的成就似乎不是那么明显。那个时代伟大的哲学家也就算是库萨的尼古拉和布鲁诺了，他们非常相似的思想预示了通往斯宾诺莎和莱布尼茨的哲学之路。但事实上，如果没有文艺复兴时期对整个古典哲学的全面的发掘，就没有冲破中世纪哲学的近代哲学的新的探索。更重要的是，文艺复兴真正取得伟大的成就的领域是在政治哲学：马基雅弗里、莫尔、胡克、博丹、格劳秀斯等，可谓群星闪耀。这些政治哲学家的兴起反映了教会权力的分裂和世俗的政治社会的兴起。其实，新教的宗教改革与人文主义运动都可以视为对14世纪的中世纪

---

① 参见［美］杜布斯：《文艺复兴时期的人与自然》，杭州，浙江人民出版社，1988。

② 中世纪罗马教廷文书局伪造的一个文件，成文于公元8年，后被编入《伪伊西多尔教令集》，其目的是为教皇觊觎世俗政权制造理论根据。

精神的衰落所做出的不同的反应。天主教的宗教改革者采取种种措施改革教会，但改革的速度没有赶上它分裂的速度。尽管教会改革取得了种种成就，但是分裂和衰落的大势已经无可收拾。相反，世俗的哲学家们，如马基雅弗里、博丹、霍布斯和斯宾诺莎等都试图在现代世俗国家中安置自己的哲学：马基雅弗里试图诉诸施行现实主义政治的厚黑的君主，博丹诉诸历史，霍布斯诉诸建立在自然人畏死的激情上的国家的绝对主权，斯宾诺莎诉诸保护哲学的民主政体。他们都因其无神论、非道德和中立态度而饱受后人诟骂，但尼采则非常同情他们，这在整个政治哲学史上形成了一个独特的景观。我们将要介绍这四个深刻的现实主义者中排名最前的马基雅弗里。但是，在介绍马基雅弗里之前，我们先要介绍对西方中世纪进行审判的第一人：但丁。他是意大利文艺复兴真正的开端。

◎ 中世纪的审判者：但丁及其《神曲》

但丁（Dante Alighieri，1265—1321）生于佛罗伦萨的小贵族家庭。他最为人津津乐道的事情是他对贝雅特丽齐的精神之恋，但丁只在 9 岁和 18 岁的时候见过她两次面。对天使女性（仙女）的爱与对智慧的爱、对上帝的爱水乳交融地合为一体。但丁的第一部作品《新生》（*La Vita Nuova*，1293）就是在贝雅特丽齐逝世 4 年后献给她的诗篇，篇末他还许诺要为她立一座前所未有的纪念碑（即《神曲》）。

从 1307 年开始，但丁着手创作《神曲》（*La Divina Commedia*），开篇的主题就是："我走过我们人生的一半旅程，却又步入一片幽暗的森林，这是因为我迷失了正确的路径。"豹子（代表肉欲）、狮子（代表骄傲）和狼（代表贪婪）挡住了他的前路，他的导师维吉尔解救了他并将引领他走完最可怕的地狱。到 1313 年前后他就完成《地狱篇》（*Inferno*）和《炼狱篇》（或译为净界，*Purgatorio*），在逝世前不久完成《天堂篇》（*Paradiso*）。

《神曲》三篇都以"群星"（Stelle）这个关键词结束，意味着经过漫长的旅途，才能重见引路的群星，重见以自己的爱推动它们的上帝（《天堂篇》33：145）。在这个以托勒密精致的宇宙体系建构起来的天堂中，三位一体的上帝是整个旅程的终点，神秘的数字"3"在《神曲》中无处不在。在但丁流放期间发生了法国国王腓力四世逮捕了教皇卜尼法斯八世（1294—1303），法国人挟持教廷的"阿维尼翁之囚"长达 70 年（1308—1378）。但丁的《神曲·地狱》的某些章节影射了这一政治事件以及支持党争中黑派的教皇。为了支持意大利皇帝亨利七世的事业，但丁写下了著名的《帝制论》［或译为《论世界帝国》（*On World Government*，*De Monarchia*），1310—1312］①。可惜，雄才大略的亨利七世 1313

① 参见［意］但丁：《论世界帝国》，北京，商务印书馆，1985。

年就去世了。但丁所谓的理想主义或浪漫主义的世界帝国论乃是一种深刻的现实主义，是一种对中世纪的政治制度的深刻的否定性的认识，是一种指向未来的甚至比康德的《论永久和平》中的哲学规划更为远大的政治构想。当然，这一构想与马基雅弗里、霍布斯、博丹、斯宾诺莎等人的国家主义的现实主义仍然有决定性的差别，因为但丁并不像这些人那样全心全意地相信现实的政治制度以及各种设计方案，并把精神的力量也全部委托给这个世俗的机器。

在《地狱篇》（34）中，地狱的最底层（犹大环）就是谋杀了恺撒的布鲁图斯、卡修斯和出卖耶稣的犹大，他们代表了世界帝国和上帝之国秩序的破坏者。人们非常容易在《炼狱篇》第 16、29、32、33 首处看出但丁对佛罗伦萨的现实政治的描述和批判。的确，但丁生活在一个视野更为广阔的时代中，他目睹了基督教会的腐败及其福音的复兴，他也看到了世俗权力的斗争与腐败。神圣罗马帝国四分五裂，法国控制教廷的“阿维尼翁之囚”下的教廷同样腐败和混乱。旧式的帝国大势已去，重振的希望十分渺茫，新的帝国和教会正在期待之中。世界帝国的重建必然涉及世俗与精神两种权力上的更新，腐败的世俗国家与精神贫乏的教会都需要彻底改变。但丁思考并期待着会有伟大的君主（比如亨利七世）来创造统一的帝国，也期待着腐败的精神世界否极泰来。但丁思索着由新的精神秩序建立起新的世界帝国。

在《天堂篇》中，但丁为我们描述了灵魂的象征秩序：在第四重天——太阳天上（《天堂篇》10～14），我们找到了神学家：大阿尔伯特、阿奎那、波那文图拉、西格、方济各、多明我；在第五重天——火星天上（《天堂篇》15～18）有忠于上帝的战士；在第六重天——木星天上（《天堂篇》18～20）有正义的君主，在第七重天——土星天上（《天堂篇》21～22）有沉思的生活；在第八重天——恒星天上（《天堂篇》23～27）有得胜的圣灵：基督、圣母玛利亚、彼得、雅各、约翰，他们考问了但丁的神学知识；在第九重天——水晶天上（《天堂篇》28～29）有贝雅特丽齐以及九级天使；最后由伯尔纳引导，到达灵魂永久的居所——天堂。贝雅特丽齐所引导的上升之途也对应着维吉尔引导的下降之路。

这就是我们不能把但丁视为一个宗教狂想主义者，而是一位精神现实主义者的原因。

◎ 意大利文艺复兴的终结者：马基雅弗里

但丁死后 200 年，佛罗伦萨的新政治现实主义精神又孕育出一位伟大的思想家马基雅弗里，他们二人分别标志着意大利文艺复兴的真正的开端和结束。马基雅弗里（Niccolo Machiavelli，1469—1527）生于乱世之秋。1494 年，统治佛罗伦萨 60 年“黄金时代”的美第奇家族被宗教改革家萨沃纳罗拉领导的起义推翻，强大的法国查理八世入侵意大利，内忧外患交织。1498 年，受过严格的人文主义训练的29岁的马基雅弗里受命为最高行政机关十人执政团的第二国务秘书，负责佛罗伦萨共和国的军事和外交事务。他改革军队，放弃雇佣军而建立国民军，十年间出使法、德、瑞士等大国之间，为共和国效力了14年，直到1512年共和国覆灭。这位佛罗伦萨的国务秘书因涉嫌反美第奇家族而含冤入狱，在被罢官放逐之后，马基雅弗里在佛罗伦萨附近的一个小村庄过着贫苦的生活。15年间，马基雅弗里白天种地，晚上看4个小时的古书，“与古人晤对”，从自己充满悲情的政治失败和意大利的兴衰史中探求政治之道。1527年，德国和西班牙军队洗劫罗马，佛罗伦萨人民乘机起义，再度驱逐了复辟的美第奇家族，恢复了共和国。但马基雅弗里依然无望重返佛罗伦萨，在孤独寂寞中死去。马基雅弗里的死标志着意大利文艺复兴的终结。

马克思说过，从马基雅弗里开始，人们才认为权力是法的基础。马基雅弗里使政治的理论摆脱了道德的束缚，使政治从基督教道德中分离出来。这是西方的一个基本共识。人们将这种赤裸裸的、独立于宗教和道德的政治理性主义叫做马基雅弗里主义。

马基雅弗里首先是政治哲学家，以《君主论》(1515) 和《论李维前十书》(1517) 名垂青史；他是历史学家，受朱利奥·美第奇的委托，著有探讨佛罗伦萨千年兴衰的《佛罗伦萨史》(1525) 8卷。在《佛罗伦萨史》(卷5：1) 中他说：“可以看得出来，在兴衰变化规律的支配下，各地区常常由治到乱，然后又由乱到治。”[①] 他也是军事家，著有《战争的艺术》(1520)，《君主论》中也多次强调建立国民军抛弃雇佣军的必要性；他是政治家和外交家，出任过佛罗伦萨执政团的国务秘书，出使各个城邦；他还是诗人和喜剧作家，写过许多诗和一部性爱喜剧经典《曼陀罗花》(*Mandragola*，1518)，上演时非常成功，人称“意大利的莫里哀”。这部喜剧讲的是一个有德性、有欲望、又有智慧的年轻人卡利马科 (Callimacco) 从一个权威的老法官 (Nicia) 手中争夺据说是世上最美丽的女人 (Lucretia) 的故事。卡利马科的智慧就是能看穿老人的道德德性的虚伪和女人虔敬的道德德性的愚蠢。他用智慧设巧计，诱惑并改变女人的贞洁，他用激情的力量去破坏、蔑视、控制和征服他们的软弱。如果不懂这部喜剧，《君主论》可能就不易读懂。马基雅弗里给自己写的墓志铭是：“喜剧作家和悲剧作家”，但是在马基雅弗里那里，我们找不到像修昔底德作品那样令人悲凉的东西，也根本没有《神曲》中的地狱和天堂，这是一个新世界，一个现代的世界。

马基雅弗里不一定是他那个时代最有德性的人，但是无疑是最有智慧的人。他最善于保护自己以及自己的学说，以至于在漫长的几个世纪之中人们竟然无法彻底理解他的哲学意图。在他的两本著作《君主论》和《论李维》中，

① ［意］马基雅弗里：《佛罗伦萨史》，231页，北京，商务印书馆，1982。

马基雅弗里展示给我们两副截然不同的面孔。《君主论》显示的马基雅弗里是提供残忍厚黑的僭主指南的“恶的帝王教师”，而《论李维》和《佛罗伦萨史》显示的马基雅弗里则是共和主义者，是政治自由的“伟大导师”。[1] 就此而言，佛罗伦萨的马基雅弗里继承了罗马共和主义者西塞罗和加图的传统。作为哲学家，他的最高理想可能不是成为哲学王，而是教育、培养或建议一位开明的君主。同时，他的理想也在于引导城邦、国家和人民的政治共同体走向自治、独立和强大。与后来的霍布斯等人不同的是，马基雅弗里并不信任纯粹制度性的主权国家与法律，他仍然希望出现一位拥有非凡能力的伟大的新君主，一位政治秩序的创始人和建立者。卢梭认为，《君主论》是一部引导人们起来反对僭主暴君，并使美第奇家族遭到人民审判的著作。其实，在《君主论》中，马基雅弗里多次隐秘地提及共和国，而《论李维》则是兼论共和国和君主国。因此两本书的视角并非作为理想的古代共和与作为现实的现代君主制之间的区分。马基雅弗里认为，共和制的弱点在于不能足够强大以保持自身不被毁灭，因此共和国的任务必须由一位君主来完成。但是君主唯一的任务就在于创建和保卫共和国，共和国的内政应交由法律和人民来治理。马基雅弗里的双重面孔来自其高超微妙的写作艺术，这使得能侦探他的思想意图的人非常之少。所以，如果我们不把这两本书视为分别论述了一个主题而又相互补充的著作，而是视为论述了相同主题的相互对照的著作，那么我们可能对马基雅弗里的政治哲学将有深入的理解。

◎《君主论》：现实主义的政治原则

19 世纪以来，民族主义的兴起使人们重新思考《君主论》的作者马基雅弗里，比如，克罗齐和葛兰西就认为，马基雅弗里思考的使命被认为是民族的独立和政治民族的成熟。在 20 世纪政治中立化的年代中，马基雅弗里又突然成为实证主义政治学的鼻祖。其实，如果我们从马基雅弗里所开拓的现代性的各种变体和运动中去审视他的思想，倒是很容易发现他的理论的幼稚和政治的不正确。但是那样就根本无法理解他的学说“新”在何处，或者说他所发现的“世界的真理”究竟是什么。同时也无法意识到，无论我们是以迎接天使的态度还是以反对魔鬼的态度对待他的思想，我们可能已经暗中接受且无法摆脱其思想的前提了。只有把他放在他的思想形成的那个时代以及更为久远的古代的视界之中，我们才能理解他的思想计划的“新”。

《君主论》开篇的献词讲“理解君主的是人民，理解人民的是君主”，但是他仍然可以胜任写这样的书的任务，这隐含的意思就是唯有他才能同时理解君主的

① 参见马基雅弗里：《佛罗伦萨史》，178～179 页。

本性和人民的本性。我们在《君主论》中看到，马基雅弗里并不关心事物应该如何或在想象中如何，而是关心事物实际上是如何的。他对政治之外的东西不抱任何幻想，他总是冷峻地考察实际存在的事情。这就是现代现实主义政治原则的开端。古代人并不是不讲“帝国秘术”，但是只有到了马基雅弗里这里，他才不怕担骂名，公然将之宣称为最高的哲学原则，并讨论了君主的慷慨、仁慈、残酷、荣誉等品质和德性，这是一种新的君主伦理学。

马基雅弗里并不否认古典德性的高尚，但是拒绝认为这些虚幻不实的德性会带给人实实在在的幸福的生活。古典所认为的骄傲自大在马基雅弗里那里反而是高贵的德性。马基雅弗里轻蔑那些道德德性，推崇政治德性和社会德性。我们在《君主论》中看到，命运对于马基雅弗里来说是与德性同样重要的概念。他将德性与命运对立起来：当德性战胜命运的时候，是上升的过程；当命运战胜德性的时候，就是下降的过程。不仅仅要热爱命运，而且首要的是征服命运。能征服命运的德性，这就是马基雅弗里哲学的核心。这就是成为主人的意志，而不是成为奴隶的意志。

马基雅弗里指出了现实中最好的君主的榜样。君主必须清醒地知道自己的实力。他应该清楚地计算自己军队的力量、城市的防御力量、人民的支持力量等。从他自己的经验来说，必须拥有国民军，而不能信任雇佣军，也不能信任援军，君主必须训练和缔造自己的军队。至于哪些德性对于君主是实实在在的有用的东西，马基雅弗里认为，君主必须使用慷慨以获取支持和尊敬，而不是获得有名无实的荣誉。吝啬才能成事。君主宁肯让人敬畏也比被人爱戴要好，因为被人爱戴是基于人民的意志，而让人敬畏则是基于君主的意志。他根本不需要为仁慈之名而顾忌残忍，只要他能取得权力斗争和战争中的胜利。残酷的博尔贾平定罗马尼阿并使其和平，而免遭残酷之名的人却使城邦毁灭，结果对人民更为残酷。汉尼拔残酷无情，所以即使在他兵败的时候也不会发生任何兵变。可畏也就是让人暗中敬畏的原因。

因此，对于君主来说，最重要的就是避免滥用那些道德德性沽名钓誉。君主必须以半人半兽为师法，而非以半人半神为师法。野兽的方法就是“狐狸与狮子”：狐狸就不必信守诺言，同时还能找到各种借口为自己开脱狮子呢。人的方法就是对各种传统的道德德性都不要信以为真，只本着实力行事；但要处处装作有美德的样子，千万不能在言谈之中违反这些美德。对于君主来说，他的德性就是能作恶也能行善，但是无论在什么时候他都必须装作是行善。新君主的典范塞韦罗就兼有狮子的凶猛威严和狐狸的狡猾，他受到人民的敬畏，但是军人并不憎恨他。他的声誉抵消了人们对他掠夺钱财可能产生的憎恨。君主尤其要避免人民的愤怒。对于没有能力的那些罗马皇帝，想要效仿塞韦罗却是极其危险的，原因恐怕就在于无法抵消人民的憎恨。避免被贵族蔑视，避免被人民憎恨，这是马基雅弗里论述君主伦理学的总纲。堡垒在人民的愤怒面前是没有用的。君主不仅要不被人民憎恨，还要被人民尊敬。他要表现得爱才，积极参与支持各种团体的活动等等，但是真正赢得人民尊敬的还是建功立业。君主还必须能识别自己的大臣，亲贤臣，远小人，善于征求意见，远离谄媚者。因此，对于君主来说，人民和军队是两个最重要的事情。

但是，马基雅弗里并不是简单地将罗马帝国流行的帝国秘术公之于众，而是相信他可以使这些地下流传的东西成为一种新的哲学，这一哲学的目标是新君主。新君主的德性基于公共的善好而非哲学家的善好，基于可以塑造的人性取代了永恒不变的人性，基于人的身体和欲望取代了灵魂和理性，基于机械论的冷漠的自然取代了宇宙目的论的自然，基于政治德性而非道德德性，基于新的能力对命运和机遇的征服，基于超善恶的强力，基于对整个政治社会的信任和对彼岸事情的弃置不顾，基于荣誉和畏死的恐惧而非高贵的人格……马基雅弗里兼有诗人和哲学家的力量，兼有对自然的认识和对公共利益的热爱。马基雅弗里是第一个现代式的革命鼓动家和宣传家。对古人非常倾慕的马基雅弗里似乎想回到某种古代世界之中，但是，他的哲学却是古代世界最大的颠覆者。

《论李维》是马基雅弗里献给他的两个青年朋友的，而《君主论》则是献给洛伦佐·美第奇的。马基雅弗里说他发现了新大陆：一种效仿和复兴古代习俗制度的新共和制。这本书明显表现了一种反基督的罗马异教的思想。马基雅弗里让基督教的君主国和罗马异教的共和制相互纠缠厮打，以《圣经》的名义打击亚里士多德，又以罗马历史学家李维来暗中攻击基督教。他颇有用心地使用李维的著作，在表面赞美李维的背后笔削李维的历史，以适应他自己的目的，即恢复古罗马共和以及攻击基督教。对于马基雅弗里来说，历史本身而非理解历史就是新的权威。他没有将基督教视为永恒的启示，而是视为一种历史的宗教，一种引起永不间断的宗教斗争和教派斗争的宗教，一种使人、民族、国家和政治衰弱的宗教。宗教只是政治的工具和武器；一个无神论的强者可以征服和主宰神意和命运。这一观点是所有近代政治哲学家们对历史现实的共识。《论李维》以赞颂法比乌斯结束。马基雅弗里已经通过写作效仿了法比乌斯的功业。

马基雅弗里十分坚决地抛弃了基督教的道德，甚至是罗马的英雄形象。他试图成为新共和制度的建立者，也就是成为新君主：拥有耶稣的心和恺撒的头。马基雅弗里是现代最早的渎神者，是批判基督教的思想家。他以历史的态度对待《圣经》，上帝的概念在他那里不过是强者的傀儡。所有的基督教的德性在他看来都是虚假无力的，败坏人心的。上帝就是最大的僭主，因为他以爱的名义剥夺了人的尊严和人的自爱。马基雅弗里对上帝存在不置可否，对灵魂之事存而不论。神意强不过强者的力量，强者具有强大的自由意志，可以征服偶然和机遇，不惧怕任何神意和命运。对于他来说，基督教只是一部神话，一首诗，一种创造物。

就权力意志的宣传术而言，马基雅弗里哲学是尼采哲学的先驱。他是近代政治哲学的创始人，是古代政治哲学的背叛者，因而是近现代欧洲虚无主义的起源。而尼采则自称是陷于欧洲虚无主义危机中的“未来的哲学家”，和马基雅弗里有着同样的抱负，但也隐藏着同样的危险。

七、宗教改革：路德与加尔文

◎ 马丁·路德的宗教改革

15 世纪末至 16 世纪初是一个世界危机的时代，教皇的统治在民族国家兴起的冲击下已经摇摇欲坠，奥卡姆、马西利乌斯、牛津大学的维克利夫、捷克人扬·胡斯以及文艺复兴中的人文主义者纷纷起来批判教会和教廷，教廷的内部改革步骤已经不能满足人们急切的要求了，巴黎大学、牛津大学、剑桥大学、佛罗伦萨大学、帕多瓦大学、博洛尼亚大学等世俗研究已经足以挑战教会教义的权威，教廷与社会上一样，也充斥着腐化堕落。人们充满了巨大的宗教需求，各种异端的政治启示录、末世论以及神秘主义四处流行。总之，这是一个从上到下蕴藏着种种危机的时代。正是在这样的时代背景下，德国人马丁·路德（Martin Luther，1483—1546）横空出世，使西方的宗教信仰在中世纪晚期的巨大危机中重返《圣经》和耶稣基督的纯正的本源之上，同时也彻底地改变了整个西方世界的历史。①

成为新教创始人之前的路德是一个虔敬的天主教徒，在虔敬的天主教徒之前的路德是一个聪明的法学学生。他先后经历了生活的危机和信仰的危机，才真正坚定地成为先知式的人物。路德的父亲是农民，他的祖父也是农民，他家世世代代都是农民。他的父亲望子成龙，从小对他惩罚很严，14 岁的路德就在父亲严厉的目光下，一路乞讨、忍饥挨饿，到离自己家不远的城市求学。这个脸色苍白、体形干瘦的贫苦小孩有着一张动人的脸庞。在乞讨的经历中他有幸遇到了一位有名的富商的夫人乌尔苏拉女士，她收留了这个可怜但很聪明的小孩，使路德在痛苦的童年之后过着幸福的少年时代。乌尔苏拉就是他的第二个母亲。17 岁的时候，路德到当时德国最好的大学埃尔福特大学求学，5 年后获得硕士学位。他的父亲希望他能成为一名法学家，但是接下来的几件事让路德在 1505 年进入埃尔福特修道院，成为一名修士。他在埃尔福特修道院图书馆第一次看到一本陈

① 参见［美］罗伦培登：《这是我的立场：改教先导路德传记》，南京，译林出版社，1993；［俄］梅列日科夫斯基：《宗教精神：路德与加尔文》，上海，学林出版社，1999。

旧的厚厚的《圣经》，读过之后让他震惊和恐惧。有一次，路德准备和朋友结伴出游，可出发前他的朋友却因土匪行劫而死于非命。死亡再次震惊了他。另有一次在回学校的田间路上，突如其来的风暴以一道闪电击中了路德，幸存的路德趴在地上向圣安娜呼救。这一刻他意识到自己要成为一名修士。他的新教名是：奥古斯丁。

路德深切地感受到了奥古斯丁神学的巨大力量，获得灵魂拯救的问题困扰着他，他开始折磨自己的身体以求出路。路德的宗教经验中有一种类似于摩尼教的二元论的东西，但是他所恐惧的不是魔鬼，而是未来的末日审判后的下地狱，灵魂不能得到拯救。这种经验来自于奥古斯丁的只有极少数人才能获救的苛刻的预定论。当时的路德还不能参透其中的因信称义的恩典救赎的奥秘。对审判的上帝或地狱的恐惧，是那个时代的一种普遍的宗教经验，一种道德上与精神上的恐惧。进行末日审判的上帝对于路德来说是最可敬畏的。在他 1507 年作为神甫第一次登台领导弥撒的时候，当他试图说出上帝的名字时，他恐惧得不能说出话来，浑身颤抖。直到 1515 年彻底悟道之后，他才从这种内心的恐惧中解脱出来。1510 年他怀着无比虔敬到罗马朝圣，在那里他看到了罗马教廷的腐败和渎神。1512 年，路德获得新建立不久的维登堡大学神学博士学位。在此后的 14 年时间里，这里成为基督教宗教改革的核心重镇。1515 年，32 岁的无比虔敬的天主教徒、奥古斯丁修会修士路德成为管辖 11 个奥古斯丁修道院的副主教，在修会中拥有很高的地位。此时的路德是修道院里的教师，是圣餐会上的主持人，是乡村教会的教区神甫，是研究生的导师，是渔场的负责人，是小镇纠纷的仲裁人，是《圣经·诗篇》和保罗书信的讲师。就在 1513 到 1517 年这几年期间，路德深入研究了《圣经·诗篇》(第 22 篇)、保罗的《罗马书》和《加拉太书》中的因信称义的道理以及奥古斯丁的预定论。经过近十年的内心痛苦的挣扎、肉体痛苦的折磨和精神执著的寻求，路德终于把自己的精神接到保罗和奥古斯丁的精神上，找到了恩典救赎的道理。路德个人的彻悟将给世界带来一次翻天覆地的革命：宗教革命。

1516 年，路德就曾给他的学生写了一个《九十五条论纲》(或称作《九十五条悖论》)。1517 年 10 月 31 日，路德在维登堡教堂的门上张贴了《九十五条论纲》，反对教皇利奥十世为了修建圣彼得大教堂而向人们出售赎罪券。路德新领悟到的道理就是，救赎的力量在于上帝，而不在于教皇及其赎罪券。教皇的赎罪卷就是对抗上帝的恩典，相信赎罪券可以救赎自己的人注定要被上帝永罚。应当追随耶稣基督，而不是为求得心安理得不受末日的惩罚去买赎罪券。

不出一个月，《九十五条论纲》就传遍了整个德国、整个欧洲，人们都知道一个德国的穷苦的修士向庞大的基督教世界的主人、意大利的罗马教皇发起了一场力量不对称的攻击，并纷纷预测他将被押解到罗马处以死刑，因为此前胡斯和萨沃纳罗拉以及成百上千的异端和女巫已经被教廷活活烧死。鉴于领主选帝侯腓特列的庇护，路德得以在1518年10月在奥格斯堡接受来自罗马教廷的代表、当时著名的托马斯研究专家卡耶坦的异端审判。路德没有屈服于教廷代表的调节、劝告和威胁，在答辩之后潜逃出城，并向宗教大会提出申诉。1519年7月教廷再次派出代表艾克博士在莱比锡与路德进行为期3周的大辩论。教廷准备以41项罪名将异端路德治罪，开除教籍。路德与教皇的对抗达到了高潮。

1520年12月10日，路德带领奥古斯丁修会的修士和维登堡大学的教授、学生的队伍来到城东，开始焚烧教皇决定处罚他的通谕以及其他教会法典，并扬言要把敌基督的教皇绞死或烧死。激情洋溢的路德写成了4篇著名的论文：《论善功》、《致德意志基督徒贵族》、《教会的巴比伦之囚》和《论基督徒的自由》，提出了路德宗的唯信主义的认信纲领，奠定了宗教改革的神学思想基础：唯有《圣经》（sola scriptura）、唯有基督（solus christus）、唯有恩典（sola gratia）和唯有信仰（sola fide）。1521年4月18日，路德抱着殉道者必死的决心来到夹道欢迎他的德国的沃尔姆斯市为自己辩护，聚集在这里的有德国皇帝查理五世、6位选帝侯、24位公侯、7位大使以及其余主教、亲王、公爵等共计120人。在这场事关个人生死的辩论中，路德顶住了皇帝和罗马教廷，在修士对教皇的较量中取得了决定性的胜利。

离开沃尔姆斯，被通缉的路德隐藏在瓦尔特堡，开始专心致志地从希腊文翻译第一本德语《圣经》，以取代拉丁文《圣经》，使每一个德国人都能直接从《圣经》中获得救赎的力量。在此之前，人们是无从读到《圣经》的。1521年12月到1522年3月，路德完成了《新约》的翻译，全部《圣经》于当年9月25日出版。人们疯狂地阅读着上帝的话语，就像这些话是刚刚说出的、这本书是刚刚写成的一样。之后，路德返回维登堡登坛布道，推动着整个德国的宗教改革运动，成为德国新教无可争议的精神领袖，在路德的身边聚集着以梅兰希顿、阿格里克拉、约纳斯为首的无数追随他的信徒。路德的精神唤起了闵采尔的德国农民起义，也唤起了茨温利和加尔文在瑞士的宗教革命。从此，不仅整个西方世界分裂成两大信仰阵营，而且新教内部也分裂成不同的阵营。宗教改革在信仰上重返了真正的基督教精神，但是在政治神学上却彻底分裂了大一统的基督教教会，直到20世纪，基督教世界的重新联合也没有完全实现。

1525年6月1日，42岁的路德与一个维登堡的普通修女卡特琳娜结婚，并生有6个子女，此外他还收养4个孤儿。路德以此亲自对抗教廷几百年的修士不准结婚的制度，羞辱教皇。在路德的身上，洋溢着无尽的人性的光辉。他那些近乎粗俗的、平易的谈话充满了智慧和对人心的体贴。但是支持对闵采尔农民起义的镇压无疑是他一生中最大的污点。海涅在《论德国宗教和哲学的历史》中说，路德是最具有代表性的德国人，故而他兼有德国人的所有优点和弱点，他既神秘又务实；既是冷静的神学学者，又是热情的时代喉舌和上帝的先知；既解放了信仰的自由，同时又使教会受制于世俗国家。

◎ 基督徒的自由

在《被束缚的意志》一文中，路德与他最重要的敌手、人文主义者爱拉斯谟（Erasmus，约1466—1536）就自由意志问题进行论辩。在经典的《论基督徒的自由》（1520）中，路德从因信称义、恩典与律法、上帝之道、信仰与顺从等几个方面正面阐述何谓基督教的自由。基督徒的自由来自上帝的自由，来自对既隐藏又启示的上帝的信赖。若没有上帝的自由，人的自由就是一种虚无中自我虚造的自由。路德的辨证神学认为，基督徒是全然自由的众人之主，不受任何人管辖；与此同时，基督徒是全然顺服的众人之仆，受任何人管辖。这正如保罗所说："我虽是自由的，然而我甘心作了众人的仆人。"（《哥林多前书》9：19）这也正如耶稣基督本人，他虽是万有之主，却为人间女子所生，且生在律法以下，因此他一面是自由的，一面又是奴仆；一面有上帝的形象，一面又有奴仆的样式。基督徒的自由就在于因信而接受上帝之道，背着自己各自的十字架追随基督。

路德认为，就人的灵魂来说，人是一个内心的、属灵的、全新的人；而就人属血气的肉体来说，他就是一个外在的旧人。一个新的、属灵的、内心的人，一种基督徒的生活，一种对公义的诉求以及基督徒的自由所最不可少的上帝之道，就是基督的福音。正如耶稣基督所说："复活在我，生命也在我，信我的人，必永远不死。"（《约翰福音》11：25）"天父的儿子若叫你们自由，你们就真自由了。"（《约翰福音》8：36）"人活着，不是单靠食物，乃是靠上帝口里所出的一切话。"（《马太福音》4：4）灵魂缺少别的都不要紧，但不可缺少上帝的道。因为这道就是生命、真理、光明、平安、喜乐、公义、救恩、自由、智慧、能力、荣耀和我们所不能想象到的诸般幸福之道；就是先知在《诗篇》第119篇以及《圣经》许多别的地方，用这么多叹息之声想念并用这么多名字称呼的上帝之道。基督奉圣父差遣降世，不为别的，单是为传上帝之道，而整个属灵的共同体，即使徒、教父、主教和神甫蒙召受职也单是为了传道，所有信徒也要竭力传道，使上帝之道有如活水。唯有用信领受上帝之道，人才能得救赎，正如保罗所说："你若口里认耶稣为主，心里信上帝叫他从死复活，就必得救。"（《罗马书》10：9）还说："律法的总结就是基督，使凡相信他的都得着义。"（《罗马书》10：4）还说："义人必因信得生。"（《罗马书》1：33）

上帝之道不是用什么善功和好行为，而是单用信才能领受的。人的称义也单是因信，而不是因任何行为；因为若可因别的称义，就不必需要上帝之道，于是也不必需要信了。知道需要那为人人受苦而复活的基督，信仰基督，就因这信而成为新人，使人一切的罪都得赦免，得以称义。因信称义意味着内心的人不因什么外在的道德行为或其他的权威、机构、仪式（如教皇、教会、圣礼等）得称为义，得以自由，得蒙拣选救赎。上帝的应许是圣洁的、真实的、公义的、自由的、和平的、充满诸般善好的，凡用坚固的信依附这些应许的灵，就分享这些应许所有的能力，为这能力所贯注。正如《圣经》所说："他就赐他们权柄，作上帝的儿女，就是赐给凡信他名的人。"（《约翰福音》1：12）这就是基督徒的自由，即人们的信仰；这自由并不是让人消极无为甚至堕落行恶，而是意在强调律法与行为在人的称义与得救上没有任何优先性。

基督徒的心灵若坚定不移地信靠上帝的应许，便是看上帝为真实的、公义的神，心灵就全然听从上帝的旨意，尊他的名为圣，在凡事上顺从上帝。信仰上帝必然顺从上帝，诫命便由这种从信而来的顺从而成全。信将人的心灵与基督结合，人便在基督里面脱离了一切的罪，再不惧怕死亡和地狱，并领受新郎基督永远的公义、生命与恩典。这就是信徒在基督里所有的恩典。所有普通信徒都是服侍基督的祭司（神甫）。被委托和派遣的管家的职分不能变成炫耀的权势和可畏的专制，使我们丧失了基督教所讲的恩典、信和对基督的认识。基督徒虽然不受万事管辖，倒是管辖万事的，但他若是妄想借着某种善行成为义、得自由、蒙拯救，做基督徒，他就立刻丧失他的信与信的一切好处。认识和传扬基督就是使人信仰基督，使他做人人的基督，并使凡论他所说的和他的名所表示的，都能在人们当中发生效力。这才是自由的上帝为何道成肉身赐给我们的自由，而不是由政府和政治制度所保证的自由。①

◎ 加尔文的宗教改革

让·加尔文（Jean Calvin，1509—1564）同路德、茨温利（Huldreich Zwingli，1484—1531）一样，是宗教改革家，同时他也是伟大的基督教神学家。在神学方面，加尔文的造诣要比路德深刻得多，他遍注《圣经》诸篇，不过，路德最先开创了崭新的神学范式。在为人与神学方面，路德与加尔文有着截然不同的风格。就路德来说，他的神学中洋溢着人性的光芒；而加尔文的神学则洋溢着上帝的恩典的凯旋。路德更注重上帝的人性，强调耶稣基督的十字架受难是为了人的救赎；而加尔文更注重上帝的神性，强调人的顺从和为上帝的荣耀而战。路德更强调因信称义和恩典的力量，加尔文在强调这些东西的同时却更强调类似于新的律法的秩序、纪律、顺从和战斗。法律的因素在加尔文那里似乎比同样也学过法律的路德的影响要大得多。在《基督徒的自由》中，路德论述了基督徒因信称义的自由；在《基督教原理》中，加尔文用了 9 章的篇幅论因信称义（Justification），用了另 9 章的篇幅论成圣（Sanctification）的生活，即配得上上帝的恩

---

① ［德］阿尔陶斯：《马丁·路德的神学》，228～290 页，南京，译林出版社，1998。

典的、只是顺从上帝和荣耀上帝的基督徒生活方式和纪律，因为荣耀上帝乃是基督徒一生唯一的追求。

路德经过前半生的挣扎才从奥古斯丁的预定论的折磨中摆脱出来，而加尔文以坚定的意志恢复并推进了神意和预定论的教义。加尔文在《基督教原理》中说："永远的拣选，上帝借此预言一些人得救，一些人灭亡。"这最典型地体现了加尔文为人的风格和神学的风格。加尔文的预定论与阿尔闵派（Arminian）针锋相对，就像当年奥古斯丁与贝拉纠针锋相对一样，他坚持耶稣基督之死的救赎虽为所有人免除了罪，但却只为所拣选的人而死。

在德国，路德宗是十分保守的教派，而加尔文宗却孕育了现代资本主义精神和民主制度，正如特洛尔奇和韦伯所说的那样。这可能与路德身上那种强烈的民族意志有关，而加尔文的身上更多的是一种普世的全人类的意志。如果说路德的神学产生了康德的哲学，一种虔敬的哲学，那么加尔文的神学产生了卢梭的哲学，一种诉诸全人类的意志的哲学。路德反对闵采尔领导的德国农民宗教起义，加尔文烧死血液循环论先驱塞尔维特，两个事件折射出了两个人截然不同的神学政治：路德只是德国宗教改革的精神领袖，而加尔文却是日内瓦共和国的统治者。

比路德小 26 岁的让·加尔文出生于法国诺瓦雍一个中等人家。他美丽的母亲具有高贵的仪表和迷人的魅力，以虔敬著称，加尔文继承了他母亲的这些特征。和路德一样，加尔文在小的时候就显示出了与众不同的天分，还有他严于律己律人的贵族气派。他的天分使他年纪轻轻就已经成为当时欧洲最博学的人，他的权力派头却没有妨碍他身上那种将所有人吸引到自己身边的迷人的魅力。加尔文具有钢铁一般的意志，像一个真正的男子汉。谁一旦成为他的朋友，就会终生感受到他的温暖和友谊；谁若成为他的敌人，谁就会从骨头里感到他的阴森可怕。在他小时候，他的父亲通过圣职买卖为他得到一个教堂的教职，这份教职的收入足以在他 14 岁母亲去世后让他顺利地进入巴黎大学受到贵族的教育了。1528 年，18 岁的加尔文离开巴黎蒙太古学院的时候，36 岁的西班牙人罗耀拉也来到这里。与路德的决定正相反，加尔文听从父命，从学习神学进入奥尔良学院改学法律。所以加尔文并未受到正规的神学教育，他当时更倾向于基督教人文主义。此后几年的时间里，加尔文过着双重的生活，一面继续做着两个教堂的神父，一面秘密地成为一个新教教徒，参加新教徒的秘密集会，直到 1534 年他才放弃了教职以及教职的收入，或者更为准确地说放弃了大公教会。这一年他因为朋友考普（Nicolas Cop）写了一篇新教徒呼吁战斗的讲演稿而受到官方的追捕，连夜从巴黎逃亡，他的好朋友当时被国王抓住并烧死。

泛神论、无神论、神秘主义和宗教狂热主义，比如当时颇为激进的再洗礼派，正在威胁着新教的基本原则，使新教逾出基督教的正轨，像它的死敌罗马天主教一样面临着分裂为诸多教派、由普世教会沦为受到各国保护和控制的一国教会的危险。25岁的加尔文对宗教改革后信仰分裂的危机洞若观火，他立即认识到必须要有一部能与天主教系统神学和教义相抗衡的新教的神学纲领，才能统一新教的信仰，避免新教的分崩离析。加尔文的自信有如为圣灵所充满的先知，当那些世人景仰的宗教改革的领袖们还在争论细枝末节的时候，他却坚定地着眼于全局，在一年之内写成了《基督教原理》（*Institutio religionis Christianae*）。1536年，逃亡中的加尔文在巴塞尔以拉丁文出版这部不朽的基督教巨著《基督教原理》，并迅速风行。这是第一部包含了全部福音信条教理的系统神学著作，于是它立刻就成为新教的第一经典。将《基督教原理》列为与马基雅弗里的《君主论》一样的影响世界历史进程、改变欧洲面貌的十本著作之一绝不为过。自路德翻译德文《圣经》以来，《基督教原理》堪称宗教改革最重要的成绩。

这本书从他1534年25岁时写作第一版开始，不断修订再版，直到1559年他身患重病将不久于人世，历时25年始告完成，最后的篇幅是第一版的5倍。1541年加尔文又亲手将这本书译成法文出版。此书最初是一本为法国新教徒辩护的护教论，后来慢慢地成为一部系统的教义学著作，其系统性堪与阿奎那的《神学大全》相媲美。全书按照使徒信经的圣父、圣子、圣灵、教会的次序安排章节，共4大卷。这本书的写作特别能体现加尔文的独特个性，就像一个人文主义者一样，对文体修辞精益求精，近乎完美无瑕。他以近乎完美的人的语言去服务于上帝的语言，也即上帝之道。这都源于他内心中那种深沉持久坚定不移的情感，向上帝奉献最好的东西以荣耀和赞美上帝。加尔文在“唯有《圣经》、唯有恩典、唯有信仰”之外又加上了“唯有荣耀”（sola gloria）。书中对上帝的主权毫不犹豫的宣告，那坚定不移的逻辑、不可撼动的结构，立时影响了加尔文同时代的人们。宗教运动需要天才的路德去发动，又需要另一个天才的加尔文去结束。先知路德点起了宗教改革的熊熊之火，革命家加尔文则将火势控制在一定的范围之内。正如《拿破仑法典》标志着法国革命的完成一样，《基督教原理》也标志着宗教改革的完成。加尔文为自己也为整个新教教会首次确立了严格而系统的信条，从此新教只需要将这些神学教义由观念世界转化为现实。

1536年，加尔文听到法国国王大赦的消息之后准备从流亡中回国。在途径日内瓦时，他遇到了在此进行宗教改革的法国流亡新教徒法雷尔，他竭力邀请加尔文来到已经脱离了天主教的日内瓦，在这个新兴的城市中开创新教的事业。日内瓦于是成了加尔文在地上建立上帝之国的第一块基石。开始，日内瓦市政府任命他为《圣经》讲士。加尔文着手起草教会的典章制度，但是由于他的激进和严厉而被日内瓦市政府和人文主义者驱逐出日内瓦。1538年底，加尔文出任布塞尔所领导的宗教改革重镇斯特拉斯堡的主教，受到了布塞尔很大的影响，参与了大量的论战和讨论，这使他成为一个跳出日内瓦城、具有世界性眼光的宗教改革家。

1540年，日内瓦的神职人员向市国民大会提议请加尔文回来主持事务，整顿秩序。然而，只要日内瓦未曾无条件投降，加尔文就依然坚定不移，直到市政府和全体市民宣誓接受忏悔，加尔文才做了让步。加尔文宣称他准备接受他从前的职务，条件是他必须要获得绝对的权力。于是，战败的日内瓦城市便是这样迎接征服者加尔文进城。1541年加尔文草拟了《教会律例》，成为整个日内瓦的宪章，也成为加尔文宗教会的宪章。加尔文按照《教会律例》的原则在日内瓦建立了一个政教一体的城市。直到1555年，在长达14年的时间里，加尔文一直和拉伯雷、爱拉斯谟的自由主义的门徒作战，他以严刑拷打、流放、火刑、镇压才最终取得了胜利，这时日内瓦几乎成了一座令人恐怖的城市。但是在加尔文余下的十几年时间里，他亲手将这座城市缔造成一个基督教新教的圣地、欧洲的心脏，所有被迫害的新教徒都向往和奔赴的地方。加尔文建立了日内瓦大学，建立了日内瓦新的教会及其新的教会制度，比如长老制和新的教会仪式，建立了一个崭新的日内瓦城，一个秩序井然、美丽清洁但有些令人窒息的城市。这就是加尔文毕生的事业。

加尔文工作勤奋，30岁后就疾病缠身，终年54岁。作为唯一一个日内瓦的宗教权威和政治领袖，加尔文远远不如他作为一个伟大的宗教改革家以及基督教神学家的地位。《基督教原理》与日内瓦的专制的神权城邦相比，就像是一道天上投下的灿烂光芒，恰好照在一个将全体市民投入到劳动改造之中的监狱之上。

第三部分

近代哲学：自然的探究与理性的启蒙

一、引言：什么是“Modern”

“Modern”这个词的确是意味深长的。

当苏格拉底的学生阿尔基比亚德（Alcibiades）那一代的希腊人自封为“现代人”的时候，与他们相对立的是那些横眉冷对的老政治家。当文艺复兴时期，重新发现了古代经典的人称自己为“现代人”的时候，则是与那些沉溺于中世纪的人相对立。在经院哲学的末期，奥康的威廉被称为“现代人”，因为他拒斥了以往的经院哲学；而在19世纪，许多民族主义者称自己为“现代人”，是因为他们的革命行动。年轻的浪漫主义者们激烈地宣称他们是“现代人”，而与那些仍然醉心于古典的人分道扬镳。“现代”的步伐太快了，直到现在，几乎每一个新的时尚、新的观念、新的发明、新的工具，都以“现代”为名推销自己，这里的“现代”不仅仅是“最近”的，而且意味着最新的、最好的。“现代”似乎暗示着一场战斗的开始，它既带着自命不凡的傲慢，又发出一声造反的呐喊，摆出一种决绝乃至毁灭性的姿态，而它的矛头所指乃是过去的一切东西。因此，“现代哲学”（modern philosophy）这个名头就是对持续了上千年的中世纪（所谓“黑暗时代”）的讨伐。它攻击的是统治着那些岁月、钳制着思想的教会，是“权威”

这个观念本身。①

但在中文的语境中，对“modern”② 一词的译解却是颇费思量的。中文里有“当代”、“现代”和“近代”的区分，这三个时代由近及远，与古代相对照，也是顺理成章。但在西文（如英文）中，却只有“同时代”（contemporary）和“现代”（modern）之分。如果说“当代”大致与contemporary相对应，那么，“现代”和“近代”却都是西文里的modern那个时代。在西文的用法中，“modern philosophy”通常是涵盖了17～19世纪的西方哲学，有时还上溯到16世纪，延伸至20世纪，这既与西方现代化的历程一致，也与“现代性”（modernity）乃至“后现代性”这些概念匹配。但当我们把这一时期区分并翻译为“近代西方哲学”和“现代西方哲学”之后，本来并不复杂的东西却成了容易混淆的问题。这些区分和翻译是如何产生的，我们不打算追究；但它们导致的混淆，还是要澄清。不过，我们仍然没有胆量将其一以贯之地译为“现代”，因为语言的约定俗成，哪怕是以讹传讹的结果，也是难以更改的事实。当我们在下面使用“近代”或“现代”的时候，大家最好在脑海里浮现出“modern”的身影；也许中性的××世纪更少歧义。

学者们通常把公元1500年左右视为“现代”的起始点。就在这个时期之前还不到十年的时候，哥伦布率领的航船登陆在后来被称为“新世界”的大地上，不仅永远地改变了地理学，也改变了世界政治；而在这个时期之后十多年的时候，马丁·路德把他的《九十五条论纲》钉在维登堡（Wittenberg）教会的大门上，宗教改革由此开始，从而引发了欧洲几个世纪的剧变，例如“新教伦理”的确立和近代资本主义的兴起。这样看来，这个任意确定的时间倒是意味深长的。

总的来说，近代早期，特别是15世纪、16世纪的西欧人正处在新旧交替时期的夹缝之中。欧洲人在各种危机的打击下，以一种并没有明确意识到的却又十分主动的态度进行社会改革，比较成功地以一种新的经济、政治、社会、思想和文化体系逐步取代了旧的文明和封建主义制度。对于这一时期的西欧改革，如果从被动的方面来理解，是要摆脱和消除中世纪的封建制度、传统和原则，瓦解、取消封建等级制、特权制，废除教会干涉世俗政治的传统和政教合一的模式，消除因封建主义危机所引起的无政府状态和人民生活的贫穷困苦。如果从主动的方面去看，包含着多方面的改革目标：经济改革的目标是发展工商业和市场经济，促进资本主义；政治改革的目标是通过王权、新贵族和资产阶级之间的联盟，建立近代民族国家和官僚化体系的新君主制中央政府；宗教改革的目标

---

① 参见R. Solomon & K. Higgins, *A Short History of Philosophy*, New York: Oxford University Press, 1996, p.175。

② 英文modern一词可追溯至近代拉丁词modernus（“现代的”），源自modo（“刚才”、“立即”），它作为“现在的或最近的时代”（of present or recent times）的意义而被记载，最早是在1585年。

是建立各国的民族教会，政教分离，把教会的财产收归世俗政府所有；文化改革的目标是建立与时代发展相适应的新文化，强调人的尊严和创造力，强调世俗主义和个人主义，摆脱禁欲主义和彼岸思想对人们的束缚。这一时期西欧改革运动的成功使得西欧的大部分地区过渡到新的近代资本主义文明之中，但还有一些国家因封建传统过于强大，地方主义过于顽强，仍然沉沦在封建割据和16世纪“神圣罗马帝国”的梦想之中，导致民族国家、主权国家的发展进程缓慢，工商业和农业发展迟钝。[①]

不过，历史学家可以不带感情色彩地秉笔直书，做出上述评判；而对于亲历这场大变局的个人，特别是用理智的双眸凝视时代的人来说，这一时期既是西欧历史高歌猛进、激动人心的时代，同时也是最为血腥和残酷的时代，即使绵延近千年的宗教战争也难以比拟。例如蔓延整个欧洲的三十年战争（Thirty Years' War）[②]，从1618年一直持续到1648年，造成的人员伤亡可与14世纪的黑死病[③]相比。近代哲学思想无论多么深奥晦涩，那潜藏在灰色的理论背后的思考，正是如何克服世界的可怕状况，制止连绵不断的宗教褊狭和政治纷争。近代哲人之为近代哲人，在于他们不再乞灵于无法预测的天意，也不把人世的兴衰荣辱归于上帝的旨意，而是清醒而坚定地意识到理性和经验的伟大意义。文艺复兴时期的文化巨匠莱奥纳多·达·芬奇（1452—1519）不断提醒自己：“经验，这位赋予自然界和人类之间的解释者指出，自然作品中，受必然性约束的人类只能按照理性行事，理性是指引工作方向的舵。”“感觉是大地，理性则是来源于大地的思考”[④]。大约一个世纪之后，弗兰西斯·培根，一位鼓吹科学的伟大复兴，并让经验与理性建立真正合法婚姻的思想家，喊出了那个划时代的口号：“知识就是力量。”

如果知识就是力量，那么知识就是解释世界和改造世界，增进人类福利和效用的工具；如果人类能够完善他的经验能力和理性能力，那么知识就会在他们手中成为力量；如果我们透过用理性和经验磨制的知识之镜去看待人类的历史、现状和未来，那么以必然性为红线的世界就会以真面目示人，而一切迷信偏见、宗教狂热和精灵鬼怪都将被驱逐出这个业已敞开在人类思想面前的世界。因此，近代哲学不仅仅是一部观念史，这部思想的传奇不仅仅伴随着科学的兴起、理性的

① 参见朱孝远：《近代欧洲的兴起》，426～427页，北京，北京大学出版社，1997。

② 三十年战争是指奥地利哈布斯堡王朝与德意志诸侯在争取欧洲均势的50年间（1610—1660）于1618—1648年那一段时间的斗争。三十年战争最后以签订威斯特伐利亚和约而告终。和约使瑞典、法国及其盟友得到大片领土，承认荷兰和瑞士的独立，确认德意志诸侯的主权，加强帝国议会的权力，削弱皇帝和选侯的权力，规定天主教徒、路德宗信徒和加尔文宗信徒享有平等的权利。

③ 黑死病是1347—1351年间在欧洲暴发的大瘟疫。有的历史学家说，当时约有三分之一的欧洲人死于这场灾难。

④ 引自［美］艾玛·里斯特编：《莱奥纳多·达·芬奇笔记》，9～10页，北京，三联书店，1998。

神化（apotheosis）和知识的奠基，它更是一部权力和政治史。

在这部宏大的思想、权力和政治史中，既有科学革命、宗教改革、思想启蒙和政治变革等激动人心的狂飙突进，也引发了自然科学、人文科学和社会科学的知识分野；既出现了海边沙滩上大写的“人”字和追求完善的“人性”，也凸显了人类中心主义和欧洲中心主义。在这里，我们能够看到向自然进军的欲望和雄心如何导致了对人类思维本身和人性自身的探寻，而对思想和人性的挖掘又导致了权力和政治制度的种种蓝图。人类想把握世界的客观性，而对客观性的把握必须以对主观性的批判为前提。一旦主观性确立了自身，思想家们就有足够的思想资源和内心资源，能够漠视或否认那些曾经深入人心的权威和权力神授的政治领袖；一旦主观世界的奥秘敞露于思维着的头脑，人类就能够与客观世界达成和解，进而让世界按照精神的理性秩序发展变化。

不必说让－雅克·卢梭从财富和技术的进步中看到了道德的堕落和人性的沦丧，也不必说以“平等、自由、博爱”为旗帜的法国大革命也会导致革命的恐怖，更不必说资本来到世间，每一个毛孔都滴着血和肮脏的东西；因为熟悉欧洲近代史的人都知道，这决不是一首田园牧歌或英雄史诗。然而，正是因为这段历史、这段思想史，西方才真正成为西方，至少“如果把欧洲各民族在我们这个时代以前的 220 年中的思维活动作一简短而十分确切的叙述，就会发现他们一直是依靠 17 世纪的天才在观念方面给他们累积的财富来活动的。这个时代的人继承了 16 世纪的历史性革命所具有的观念酵素，同时他们又把涉及人生各方面的现成思想体系传给后代”①。

二、近代哲学与科学的变奏

◎ 近代科学的产生

当古代文明的夕阳斜晖消逝在 6 世纪、7 世纪的黑夜中的时候，在中世纪早期的欧洲，古代学术经典只剩下只言片语，虚心地探究自然的愿望和力量也渐渐地消失了。在早期基督教笼罩下的氛围中，自然知识只有在它是一种启发的工具，可以证明教会的教义和《圣经》的章节的时候，才被重视。批判的能力不复存在，凡是与神父们所解释的《圣经》不违背的，人们都相信；凡是相违背的，往往被指斥为异端邪说。一句话，在中世纪早期的黑暗时代，自然沦为上帝的造

① ［英］怀特海：《科学与近代世界》，38～39 页，北京，商务印书馆，1959。（此书写于 1925 年，故有 220 年之说。）

物，哲学变成神学的婢女，理性成为信仰的附庸，而科学作为世俗的学问，当然更无足论了。

当西欧学术处在万马齐喑的时候，在君士坦丁堡的东罗马帝国的拜占庭宫廷中，在叙利亚至波斯湾的阿拉伯国家中，却保存了不少源于希腊、罗马和犹太民族的混合文化。欧洲渐渐地接受并慢慢地吸收了阿拉伯的知识，在 9 世纪、10 世纪，已经出现了知识的复兴。及至 12 世纪，城市的复兴哺育出知识分子，知识分子的诞生又孕育了现代意义上的大学，大学在 13 世纪基本上获得了独立于王权的自由。12 世纪一座最有声望的学府沙特尔修道院的伯纳德长老有句名言："我们是站在巨人们（指古典作家）肩膀上的侏儒。我们的视野比他们更宽广和更远大，并非因为我们目光更尖锐和身材更高大，而是因为他们把我们举了起来，并抬到同他们一样的巨大高度。"① 这句名言在中世纪引起了巨大的回响，它表现的正是文化进步的要义，也是历史进步的要义。这难道不是文艺复兴的前奏吗？这同样预示着经院哲学的衰落。

经院哲学曾经是辉煌的，上帝也仍然是至高无上的，但文艺复兴的大师们更愿意从另一个不同的角度去理解上帝、宇宙和人。哲学上说，文艺复兴开启了从希腊哲学的人文主义的复兴直至逐渐形成自然科学世界观的过程。因为人文主义哲学运动内在的推动力也就是对崭新的世界知识的迫切需求，而在自然科学的建立及其突飞猛进的过程中，这种需求最终得以实现。而其赖以实现的基本方式和关键思想，则是由于吸收了希腊哲学而产生的强烈刺激。因此，近代自然科学是人文主义的女儿。

1453 年，苟延残喘的拜占庭帝国首都君士坦丁堡终于被奥斯曼帝国攻陷，但"拜占庭灭亡时所救出来的手抄本，罗马废墟中所掘出来的古代雕刻，在惊讶的西方面前展示了一个新的世界——希腊的古代；在它光辉的形象面前，中世纪的幽灵消失了"②。一大批饱学之士逃往西方。他们的到来导致西欧人重新发现了古希腊哲学特别是柏拉图，正如几个世纪之前阿拉伯人让亚里士多德复兴一样。在 15 世纪，古希腊理论注入西欧，为实验科学的奠基创造了条件。一方面，西欧人从古希腊哲学中获取了充分的概念和理论，从中世纪的经院哲学的训练中获取了逻辑方法和思辨能力；另一方面，欧洲人探索和控制自然的兴趣刚刚苏醒，而这恰恰是文艺复兴的世俗化进程中产生的典型兴趣。③ 奠定了 20 世纪自然科学范式的爱因斯坦也曾经说过："西方科学的发展是以两个伟大的成就为基础的，那就是：希腊哲学家发明了形式逻辑体系（在欧几里得几何学中），以及

---

① 引自［法］J. 勒戈夫：《中世纪的知识分子》，10 页。

② ［德］恩格斯：《自然辩证法》，5～6 页，北京，人民出版社，1984。

③ Gunnar Skirbekk and Nils Gilje, *A History of Western Thought*, Routledge, 2001, p. 151.

(在文艺复兴时期）发现通过系统的实验关系可能找出因果关系。”[1]

总的来说，近代科学的产生经历了一个漫长而复杂的过程，它被后来的科学史家称之为“科学革命”（the Scientific Revolution)，有人认为这场革命起于1500年，止于1800年；有人则认为仅仅是指17世纪充满创造力的科学进展。但无论如何，没有文艺复兴所开启的人对自然的那种浮士德式的兴趣，就不可能从炼金术中诞生出科学实验和科学发现；没有来自希腊人的概念和理论，也不可能进行系统的理论探究，建立起科学的理论体系；如果没有在中世纪经受的逻辑方法的熏陶，科学大厦的基础就不会牢固，科学大厦建筑工艺也会破绽百出；最后，如果没有数学、几何学这些形式逻辑系统，确定性和精确性的知识就无从谈起，世界的秩序也就无由发现。

欧洲人确实是幸运的，他们汲取了古往今来的各种知识体系，将形而上学的理论兴趣、形式化的逻辑方法与经验性的探究意图结合在一起，更借助开疆拓殖和新型生产方式的推动力，爆发出一次伟大的科学革命。这种天时地利的融合在人类历史上还是头一次：古典时期的希腊人有思辨能力和理论体系，却对自然没有太大的经验性的兴趣；古代中国人有经世致用、格物致知的愿望，可惜缺乏适当的理论以建立系统化的自然知识。幸运的欧洲人就利用了这一次，便奠定了西方文明的优势和强势地位，直至今日。

◎ 17世纪科学革命两个主题

或许可以用两个主题来概括17世纪的科学革命——新柏拉图主义传统和机械论哲学。前者以几何学关系来看待自然界，确信宇宙是按照数学秩序建构的；后者则确信自然是一架巨大的机器，并寻求解释现象后面隐藏着的机制。[2] 当然，这两个思想运动的追求并不是相同的，对机械论因果关系的阐释有时与通往精确描述之路背道而驰，科学革命的充分完成要求消除这两个主导倾向之间的紧张。

新柏拉图主义导致了世界观的数学化，使人们能够在世界中发现、理解普遍必然的秩序，正如伽利略所说：“人类理智可以理解某些命题，即某些相当精确的数学命题，并由此具有了如同大自然一样的绝对确定性……其客观确定性与神所知的命题是相等的，因为它成功地理解了必然性。”[3] 正是这样的理想，激励着哥白尼、开普勒和伽利略建构起“天上的动力学和地上的力学”。

---

① 许良英等编：《爱因斯坦文集》，第1卷，574页，北京，商务印书馆，1976。

② 参见［美］理查德·韦斯特福尔：《近代科学的建构》，1页，上海，复旦大学出版社，2000。

③ ［意］伽利略：《托勒密与哥白尼关于两大宇宙体系的对话》，引自John Cottingham，*The Rationalists*，Oxford：Oxford University Press，1988，p. 1。

◎ 日心说的挑战

哥白尼（Nicolaus Copernicus，1473—1543）在临终前发表了著名的《天体运行论》，以日心说取代了当时教会所认可的托勒密（Ptolemaeus）的地心说，这便是伟大的“哥白尼革命”。对于生活在21世纪的文明人来说，日心说虽然也不完全准确，但至少地心说是错误的；太阳是太阳系的中心，地球是围绕太阳旋转的一颗行星，这已是再简单不过的科学常识。但我们同时也常说“太阳从东方升起”之类“地心说”的表达方式。这就是说，日心说与我们直接的日常生活经验不符，日常生活所经验的地球确实是不动的，而太阳确实是东升西落的。那么，我们是应该相信日常生活的亲身经验和基督教会一直坚持的亚里士多德—托勒密地心说体系，还是应该相信根据更系统的天文观测和更简洁的数学模型而确立的日心说呢？在系统观察的经验和理性能力与生活经验和信仰权威之间发生冲突的时候，究竟该何去何从？

对于奉科学为圭臬的今天，这不是一个问题；但对于当时的学者、教士和普通民众来说，这的确是一个挑战。因此，哥白尼只好选择了死后发表他的革命理论（1543）；天主教的宗教裁判所在鲜花广场上烧死了坚持和宣扬哥白尼学说的布鲁诺（1600）；伽利略也因此遭到了教会谴责和监禁（1632）。

这究竟是怎样一个挑战呢？首先，日心说并不是一个全新的理论，古希腊天文学家阿利斯塔克（Aristarchul of Samos，约公元前310—前230）就已经提出了地球自转和绕日公转的思想，但哥白尼在宗教改革和文艺复兴的巨浪中，向教会和它的权威亚里士多德提出挑战，无疑宣告了理性能力和科学经验与宗教权威之间的一场搏杀。在这场惊心动魄的思想斗争中，起决定作用的却是几何的简单性思想。这在哥白尼的后继者开普勒那里最为充分地表现出来：如果承认哥白尼最初的假设，即太阳系的中心是太阳而非地球，那么一种圆锥曲线就足以描述每一颗行星的轨道，地心说中偏心圆和本轮的全部复杂性已淹没在椭圆的简单性之中了。对物理原因和对几何结构的研究是结合进行的，二者不过是同一事物的不同方面，因此，数学的模型战胜了经验的常识，以手指天的柏拉图取代了观法于地的亚里士多德。

其次，日心说颠覆了直接的日常生活经验，我们必须远离熟悉的角度，而从一个全然不同的视角观察宇宙和我们在宇宙中的位置：人是观察宇宙的主体，是认识的中心，但他却认识到，他自己并不是宇宙的中心。人在宇宙中占据着独一无二的地位，这种昔日的乐观主义信念如今俯仰之间已为陈迹，他不得不意识到自己不过是宇宙中的一粒尘土。后来，达尔文的进化论和弗洛伊德的无意识理论更把人从上帝的产儿变成了猿人的后裔，把自鸣得意的理性压缩为无意识冰山的一角。从此，人必须正视他的真实处境和地位了。

然而，这为什么不是值得庆幸的事情呢？苏格拉底终生孜孜以求的不正是“认识你自己”这个德尔斐神谕吗？我们哭斯歌斯的大地不再是宇宙的中心，不再具有独一无二的优越性，这不正是事实的真相，不正是我们在探索自然的过程中发现的崭新的自我形象吗？启蒙之为启蒙，其根源不正是这种世俗化、科学化的信念吗？从此之后，人所依赖的就是他自己的理性、推理、观察、实验，人所竭力追求的也就是他自己的幸福、欲求和价值。上帝仍然是上帝，可人已经成为了世界的主体；这一主体地位不是因为他在宇宙中的地位，而是因为他对自身地位的理性认识。几何学的集大成者欧几里得曾说，在几何学中，没有专为国王铺设的道路。几何学对任何人都是平等的，因为理性是这个世界上分配得最平均的东西；反过来说，谁把握了几何学，磨砺出理性的锋芒，谁就是国王！

伽利略死于 1642 年，就在这一年，牛顿诞生了（Isaac Newton，1642—1727）。正是这两位天才奠定了经典物理学和近代自然观的基础，同时也是对亚里士多德自然观的颠覆。亚里士多德是形式逻辑（演绎法）的奠基人，同时也是归纳法的创立者之一，他并非不重视经验的探究，他不但建立了科学的一般分类，而且几乎对当时一切知识都系统地考察过：物理学、气象学、动物学、植物学、生理学……“亚里士多德详述了全部人类概念，把它们加以思考；他的哲学是包罗万象的。在整体的某些特殊部分，亚里士多德很少以演绎和推论迈步前进；相反，他却显出从经验着手，他论证，但却是关于经验的。他的方式常是习见的方式，但有一点却是他所独具的，就是当他这样做的时候，他始终是极为深刻地思辨的。”① 但正是这种思辨的气质和方法，与伽利略和牛顿格格不入。在亚里士多德那里，一切物体都有其自然的位置，都依据其本性在宇宙中占据这一确定的地位，重的物体“自然”下落，轻的物体（如火焰）“自然”上升，它们可以根据“四因说”而得到解释：动力因、质料因、形式因、目的因。但在伽利略和牛顿看来，宇宙并不是等级制下的有限宇宙，而是开放的，无限的；宇宙到处都是同一的，都遵循着自然法则。更重要的是，对于近代物理学来说，这种自然法则不是思辨的形而上学论证，而是用数学语言书写的；发现自然法则的方法既不是归纳，也不是演绎，而是假说—演绎法。

伽利略有一段广为引用的名言：“哲学是写在那本永远在我们眼前的伟大书本里的——我指的是宇宙——但是，我们如果不先学会书里所用的语言，掌握书里的符号，就不能了解它。这书是用数学语言写出的，符号是三角形、圆形和别的几何图像。没有它们的帮助，是连一个字也不会认识的；没有它们，人就在一个黑暗的迷宫里劳而无功地游荡着。”② 当亚里士多德主义者谈论着那些关于质

① ［德］黑格尔：《哲学史讲演录》，第 2 卷，282 页，北京，商务印书馆，1982。

② 引自［美］克莱因：《古今数学思想》，第二册，33 页，上海，上海科学技术出版社，1979。

的名词的时候，例如流动性、刚性、要素、潜能、自然位置、自然的和猛烈的运动，伽利略却选择了一组全新的、可以测量的概念，使得它们的测度可以用公式联系起来。这组概念包括距离、时间、速度、加速度、力、质量和重量等。这些概念我们是太熟悉了，不觉得有什么奇怪，但在伽利略的时代，这是彻底的改造，至少作为基本概念来说是如此；这些概念在了解和掌握自然的努力中，已被证明是最有帮助的。牛顿在《自然哲学的数学原理》中继续追随伽利略："我们的目的，是要从现象中寻出这个力的数量和性质，并且把我们在简单情形下发现的东西作为原理。通过数学方法，我们可以估计这些原理在较为复杂情形下的效果……我们说通过数学方法，是为了避免关于这个力的本性或质的一切问题，这个质是我们用任何假设都不会确定出来的。"因此，数学决不只是一种更方便、更简洁、更清晰、更普遍的语言工具，它已经上升为一种为自然科学提供最基本的概念的存在论。力是什么？各种力的机制、本质是什么？牛顿无须关心，只要他知道 $F=ma$，知道力等于质量乘以速度，他就可以用这个数学符号来谈论"力"。

◎ 近代科学的假说—演绎特征

实验科学的正式形成是在 17 世纪，它使用的是数学语言（公式、模型和推导）和描述性的概念（质量、力、加速度等等）。这种科学既不是归纳的，也不是演绎的，而是假说—演绎的（hypothetico-deductive）。①

归纳（induction）是从若干有限的一类事例得出一个有关此类事例的普遍结论，而从确定的前提借助推理规则必然地推导出某些论断则是演绎（deduction）。归纳的缺点是：即使我见过的1 000只天鹅都是白的，我也无法有效地断定所有天鹅都是白的，因此归纳的结论不具有普遍有效性。

"人固有一死；苏格拉底是人；苏格拉底是会死的。"这个演绎推理在逻辑上是正确的，但它并没有提供新的知识：结论已经包含在大小前提中了。

因此，如何得到既具有普遍有效性又能够引入新知的方法，对于实验科学来说就是当务之急。后来康德提出的"先天综合判断如何可能"的问题也是在应对这个难题。

对伽利略和牛顿来说，他们的方法是假说与演绎、观察与抽象的结合。一个小球从斜面滚下，两个小球在桌面上碰撞，这是观察；而 $F=ma$ 则是物理关系的数学抽象。小球、斜面、桌面是可观察的，但"力"、"质量"、"加速度"则是不可观察的，它们是与假说联系在一起的被构造出来的概念，其间的关系以数学的形式表达出来，这种形式是被我们创造出来的。从观察到公式，其间有一个跳

---

① Gunnar Skirbekk and Nils Gilje, *A History of Western Thought*, Routledge, 2001, p. 152.

跃。这个跳跃恰好表明实验科学是一个复杂的过程，而不是单一的归纳或演绎。

伽利略和牛顿一样，认为科学工作中的演绎数学部分所起的作用比实验部分所起的作用要大。由一个单独的原理推出大量定理所引起的自豪感，不亚于该原理本身的发现所引起的自豪感。他们期望通过直观或通过关键性的观察和实验来了解广泛、深刻、简单、清晰而且不变的数学原理，然后从这些基本原理导出新的定律，完全和数学本身构造它的几何的方式一样，大量的活动是演绎部分；整个的思想体系就是这样导出的。[①]

我们不妨用下面的图来直观地反映这种新方法的特色[②]：

演绎

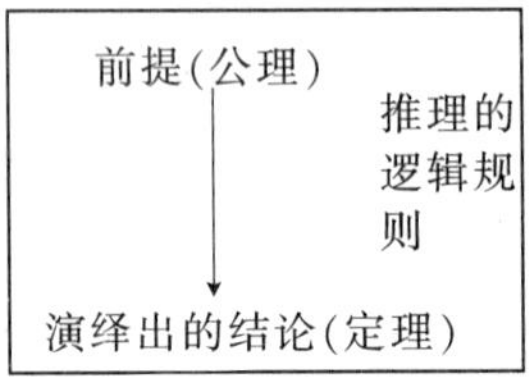

归纳

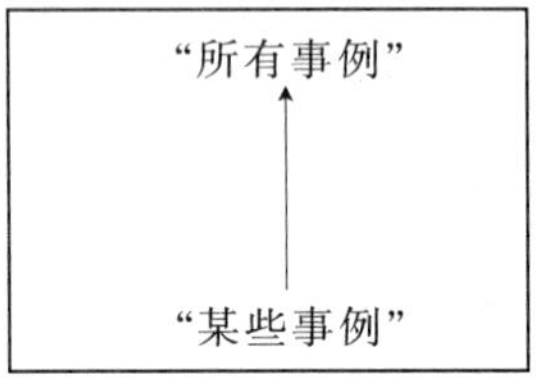

假说—演绎方法

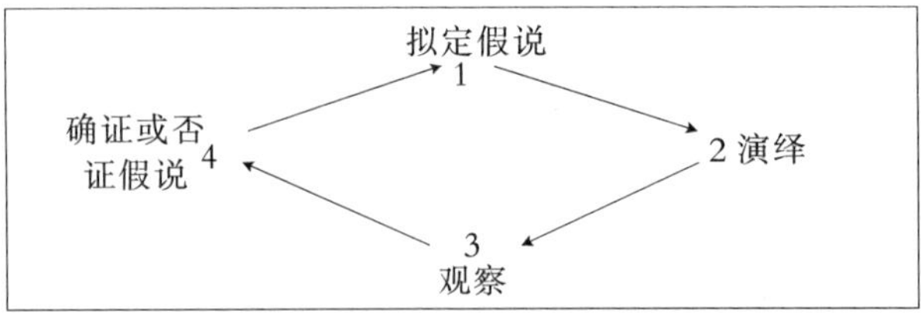

◎ 机械论的世界图景

让我们转向近代科学的第二个主题：机械论（mechanism）。机械论的世界图景是我们耳熟能详的。“在17世纪，人们认识到‘宇宙微粒论’（corpuscularian）或‘机械论’哲学浮现出来了，它远比以往的任何科学或哲学在解释自然的特殊现象方面都成功得多，而且作为关于物理世界的一般性思想框架，不断指导着直到今天的哲学和科学探究。”[③] 机械论哲学继承了古希腊哲学家德谟克利特的原子论，认为物体只是由处于运动中的物质微粒构成的，只不过这些微粒是惰性的，被剔除了活的要素，并且它们的表现性质只不过是运动中的

① 参见［美］克莱因：《古今数学思想》，第二册，36页。

② Gunnar Skirbekk and Nils Gilje, *A History of Western Thought*, Routledge, 2001, p. 154.

③ Daniel Garber, Michael Ayers (eds.), *The Cambridge History of Seventeenth _ Century Philosophy*, Cambridge: Cambridge University Press, 1998, p. 33.

物体撞击我们的神经所激发的感觉。人们所熟悉的感觉经验的世界原来是一种假象，正如太阳的东升西落其实也是一种假象一样，世界其实是一部机器，它由不活跃的惰性物体组成，按物理的必然性运动，而且与各种思维存在物无关。机械论的自然是没有活力的，物质不可能是自身运动的原因，17 世纪的人们普遍认为上帝创造了物质并使之处于运动之中，有了这第一推动，就不需要任何东西保持物质的运动，运动是一种状态，它遵循的是惯性定律，运动不灭，动量守恒。

因此，近代哲学之父勒内·笛卡尔就说："我的全部物理学就是机械论"。其实其他许多哲学家大概也会这样说。他们既抛弃了亚里士多德主义的质料与形式，也抛弃了柏拉图主义对万物的等级划分的目的论，而把世界描述为"一架机器"，更确切地说，是一架"自动机"（automaton）。库萨的尼古拉和布鲁诺有关宇宙一切部分同质的观点经过努力而得到承认，"自然是永远和到处同一的"。因此，自然界被夺去了精神，自然现象只能用自身来解释；目的论、神人同形同性论必须和精灵鬼怪一起为机械论的理解让路，不能让"天意成为无知的避难所"。同样，精神也失去了自然界，对自然的机械论的非精神化导致了心一物二元论及其变种。"英国的新柏拉图主义者，如卡德沃思和亨利·莫尔，竭尽所有古代的辩证法伎俩去攻击这种新形而上学的机械的—反目的论的基本论调，但徒劳无功。"[①] 直到德国古典哲学革命的爆发，机械论才在哲学中遭到有效地反击，但在科学中仍然大行其道。当然，机械论哲学也并不是一种单一的理论，而是一群相互竞争的"新哲学"，混合了许多不可调和的因素：阿基米德的力学，传统化学和医学，人文主义的伊壁鸠鲁主义，经院哲学的唯意志论和唯名论，以及其他许多或新或旧的哲学思想。

17 世纪确实到处回响着机械论自然哲学的呼声，这一时期几乎所有创造性的工作都是在机械论哲学的框架中得以展开的。它与自然界的彻底数学化有矛盾，但在一定的程度上也能够并行不悖，共同引发了近代早期理智生活中一个主要的结构变化——科学革命。这场科学革命着眼于快速推进的研究前沿，只用几年就可以做出新的发现，并进行讨论，然后又向别的方面推进。欧洲的知识分子对这一迅速发现的运动十分自觉：只要找到了发现的方法，未来的问题就会迎刃而解。从这一点出发，科学研究文献确实在不断地加速积累。因此，可以把科学革命前后的科学分别称为传统的和快速发现的科学（rapid-discovery Science）。而用后来托马斯·库恩（Thomas Kuhn）的术语说，这种快速发现模式显然造就了欧洲近代科学革命的范式（paradigm），在欧洲科学家共同体中产生了高度的共识。达成共识并不等于说其中不存在分歧，而是说科学争论在几年时间内就可

---

① ［德］文德尔班：《哲学史教程》，下册，552 页，北京，商务印书馆，1993。

以得到解决，当科学共同体集中精力对付新问题的时候，就会认为旧问题业已解决。而且，欧洲的知识分子非常清楚这种特点，在1600年之后，他们倾向于把科学和数学提升为可能达到的最高水平的共识的范本。

◎ 怀疑主义与确定性的寻求

欧洲快速发现的科学的出现使科学与哲学的区分日益尖锐。这里关键的差异是科学达成了高度的共识，而哲学的争论仍然往往是悬而未决的。哲学与科学的对立在1600年之后首次成为明确的关注点。不过，这一时期的科学网络与哲学网络之间在很大程度上是重叠的。就科学而言，它往往表现为两副面孔：一是正在创制的科学，其活动有如哲学；二是业已完成的科学，在研究前沿之后的科学，关于它的共识和知识累积占了主导地位。科学之所以能够达成社会共识，是因为研究前沿一直在转移，而且这比固守陈旧的争论更容易出人头地。然而研究前沿之所以能够不断转移和推进，第一个原因是自然主义的经验论与哲学家竞争性的知识共同体相联系，经验方法与理性论辩联姻，从而弥补了经验论自身无法达到的高水平的理智魅力和系统性。

在勾勒了近代自然科学的两大主题之后，我们或许可以概括近代哲学的若干重要特征：除了数学化的和机械论的世界图景之外，还有确定性的寻求、能力的寻求和理性对自然的祛魅。

机械论的世界图景并不是一蹴而就的，其间经历了哲学的重大转型。经院哲学的危机伴随着怀疑主义的风潮，近代哲学则试图重建知识的确定性，以抵御怀疑主义这一“游牧民族”的侵扰。地理学、人文主义、医学、天文学以及数学的新发现和宗教知识与日俱增的分歧造成了信仰的危机。这既是理智生活重组的契机，也为怀疑主义敞开了空间。1562年和1569年，希腊怀疑主义的主要文献——恩披里柯的著作——被重新发现并译为拉丁文出版，立刻加强了16世纪怀疑论的、反理智的和信仰主义（fideism）的潮流。这一潮流中的作者质疑任何新理论的价值，坚持认为如无信仰则无法获得终极的知识。“新怀疑主义”通过法国思想家蒙田等人的作品而对整个哲学的面貌产生了影响。他们的著作迅速被译为外文，广泛传播，成为17世纪初期先锋派知识分子的流行观点。在法国，宫廷圈子中有一大批追随者，这些人把哲学上的怀疑主义与马基雅弗里的政治学和对“新科学”活跃的兴趣结合在一起。每当新的独断论者提出一套揭示实在真实本质的方法，他们就举起怀疑论的武器予以回击。

16世纪末和17世纪初怀疑主义所引发的危机，直接导致了对确定性的寻求。培根、霍布斯、笛卡尔、斯宾诺莎和莱布尼茨都试图回应这一理智上的挑战。他们坚信，只要找到了正确的方法就可以发现一条可靠的道路，去获得关于真实世界的确定知识。笛卡尔从普遍怀疑入手所建立的第一哲学和形而上学的基础“我思”（cogito），正是对怀疑主义的坚决否定。虽然怀疑主义从未停止对他们的挑战，但正是他们构成了17世纪哲学史的主流，向世人展示了人类理智的坚强能力。然而，在17世纪末，怀疑主义又一次卷土重来，皮埃尔·贝尔用《历史与批判词典》杀出了回马枪，被伏尔泰称之为“启蒙时代的弹药库”。休谟和伏尔泰对启蒙时代乐观的理性信念进行了温和的怀疑，遭到德国古典哲学激动人心的高峰性回应。理性与经验、确定性的建构与理性的怀疑精神构成了近代哲学的两个焦点，由此形成的张力铺展为300年间博大精深的理智生活。这些哲学传奇我们将在后面详述。

从另一个方面来看，对确定性的寻求是对能力或力量的追求。在近代，与之俱来的是对人之自主和能力的巨大肯定。而怀疑论恰恰是对这种能力有节制的否定。数学、科学和技术上的突破唤醒了曾经沉睡的理性，在它们的帮助下，人们着手实现把握自然的计划，开始意识到自己就是他的世界的真正的创造者，而呼之即出的新哲学即表达了这一见解，也为之做了辩护。尽管遭受到许多挫折和阻力，但追求自身能力的趋向逐渐获得了能力，并在近代世界观的主流观念上打上了深深的烙印。培根一语道破了“知识就是力量”的近代理想：“人类知识和人类权力［能力、力量］归于一；因为凡不知原因时即不能产生结果。要支配自然就须服从自然；而凡在思辨中为原因者在动作中则为法则。”[①] 霍布斯在政治和道德哲学中、笛卡尔在认识论和形而上学中，都以人类个体自我对其自主和能力的确认为出发点。力量和能力的斗争贯穿在认识、道德、政治和生存等诸多层面。

当机械论的宇宙在人类面前袒露出自身结构时，对确定性的寻求和对能力的确证为自然之光或理性之光所照明。理性使自然透明起来，为自然“祛除了魔力”，这就是“世界的祛魅”（the disenchantment of the world）。神或者被剥夺了除创世能力之外的一切因果性能力，或者被等同于自然界本身。在伽利略、笛卡尔、波义尔和牛顿及其同道看来，物理学中客观化的、机械论的和还原论的方法的成功使人们揭开了自然的神秘面纱，并认为这种方法可以用于一切事物，因为事物被理解为因果关系的必然链条。真知识是清楚分明的，是能够充分说明一切事物或现象的原因和必然性的。当笛卡尔勇敢地宣称“给我广延和运动，我就能创造出宇宙”的时候，当前批判时期的康德满怀信心地说“给我物质，我就用它造出一个宇宙来”的时候[②]，当批判时期的康德让知性为自然立法，把现象界建构为自然界的时候，当拉普拉斯面对拿破仑的诘难“为什么不提宇宙体系的创造者”，而答之以“我用不着那样的假设”[③] 的时候，理性对自然的祛魅达到了

① ［英］培根：《新工具》，8页，北京，商务印书馆，1984。

② ［德］康德：《宇宙发展史概论》，17页，上海，上海人民出版社，1972。

③ ［英］丹皮尔：《科学史》，上册，259页，北京，商务印书馆，1975。

高峰。当黑格尔改造了斯宾诺莎哲学，把世界的本质完全理念化的时候，真理就已经实现在现实的理智当中。世界的祛魅与历史的祛魅是一脉相承的。霍布斯、洛克等人已经把人类史理性地假设为从自然状态向社会状态的迈进；斯宾诺莎更是尝试恢复《圣经》的文字原貌与历史真相；康德在《世界公民观点之下的普遍历史观点》中要求："把普遍的世界历史按照一场以人类物种的完美的公民结合状态为其宗旨的大自然计划来加以处理的这一哲学尝试，必须看作是可能的，并且甚至还是这一大自然的目标所需要的。"① 祛魅的起点和终点都是世界、历史和人生的理性化原则。与此相伴而生的价值观一方面充分地张扬了个体的主体性和自由精神，另一方面也稳步确立了人类中心主义和欧洲中心主义。斯宾诺莎不无自豪地说："所以自然中除人以外的任何东西，为了照顾到人类本身的利益起见，实没有保持其存在的必要，但是理性指示我们，保存它们或消灭它们，全视其不同之用处为准，或视其是否足以适应我们的需要为准。"② 欧洲中心主义在19世纪达到高峰。

三、理性精神与形而上学的突破

◎ 近代哲学之父笛卡尔

法国人具有笛卡尔精神。他们从小就知道，笛卡尔是法国人都珍视的伟大的思想大师，是制作一切层次的自然之光的技师，是那个躲在暖和的房间里与自己的思想谈天就发现了大自然一切机制结构的钥匙的人，也是那位一往无前、探寻道路走出森林的大名鼎鼎的骑士。他们说，笛卡尔精神一言以蔽之，就是运用一种确实可靠的方法探求真理。

哲学史家也具有笛卡尔情结。黑格尔就曾赋予笛卡尔一个无与伦比的地位："……新世界的哲学……是从笛卡尔开始的。从笛卡尔起，我们踏进了一种独立的哲学。这种哲学明白：它自己是独立地从理性而来的，自我意识是真理的主要环节。（哲学在它自己的土地上与哲理神学分了家，按照它自己的原则，把神学撇到完全另外的一边。）在这里，我们可以说到了自己的家园，可以像一个在惊涛骇浪中长期漂泊之后的船夫一样，高呼'陆地'。笛卡尔是那些将一切从头做起的人们中间的一个；近代的文化，近代哲学的思维，是从他开始的。"③ 20世

① ［德］康德：《历史理性批判文集》，18页，北京，商务印书馆，1990。
② ［荷］斯宾诺莎：《伦理学》，233页，北京，商务印书馆，1983。
③ ［德］黑格尔：《哲学史讲演录》，第4卷，63页，北京，商务印书馆，1978。

纪的大哲学家、现象学的创始人胡塞尔也承认："笛卡尔开创了一种全新的哲学：通过改变哲学的整个风格，哲学做出了一种彻底的转向，即从朴素的客观主义转向了超越的主观主义。"① 在这个意义上，笛卡尔是近代哲学之父。

但笛卡尔自己是这样说的："正如喜剧演员刻意遮盖脸上的赧色，便以角色的服装为遮盖，同样，当我登上至今我一直以观众的身份出现的世界舞台的时候，我戴上面具行走。"② 笛卡尔为什么要"以观众的身份出现"？因为"要生活得愉快，就得躲起来生活"。他力求与世隔绝，这对他是一种自卫，用以抵御他时时刻刻紧张意识到的、逼迫着他的重重障碍：宗教的，世俗的，政治的……为什么又"戴上面具行走"？因为他无法逃避，他要信仰上帝，他要探求真理，他要发掘人心神妙莫测之中最深奥的秘密。他那个时代的科学家中许多人用限制科学研究对象的方法，力求规避信仰与理性的尖锐冲突，上帝的归上帝，恺撒的归恺撒，因为整个时代的宗教氛围就是不宽容。但笛卡尔却采取了相反的态度，要把科学真理与形而上学真理结合起来，要把整个人类知识培育为根深叶茂的大树。笛卡尔固然是在宗教权威的背景下成长起来的，但同时也是近代科学革命的理性精神的产儿，而且还是这场革命的弄潮儿。因此，他试图找到一条让欧洲走出宗教纷争和折磨的道路。有人通过怀疑主义而推荐宽容精神（如蒙田），笛卡尔却把怀疑主义推向极致，让理性这道自然之光指引方向。

1596 年 3 月 31 日，勒内·笛卡尔（Rene Descartes，1596—1650）出生于法国都兰和普瓦提埃之间的海牙小镇（1801 年改称笛卡尔海牙，1967 年之后更简称为"笛卡尔"，故居也变成了一个小博物馆）。他少年时期好学上进的故事就不说了，值得一提的是，那个时候的笛卡尔就对貌似真实、实则根基不劳的学问看不上眼，更不愿意靠它们博取功名利禄。笛卡尔在 40 岁的时候回忆道："一到年龄容许我离开师长的管教，我就完全抛开书本的研究。我下定决心，除了那种可以在自己心里或在世界这本大书里找到的学问以外，不再研究别的学问。"③ 其实，那时年方 20 的笛卡尔在开始他的游历和军旅生涯的时候，批判精神未必达到了这样的高度。

他首先来到巴黎，在那里他仍然是个大少爷，家里人从来舍不得让他缺钱花，还有一个人专门伺候他。他玩马，赌博，还舞刀弄剑。如果说他写写东西，写的也是论击剑的文章。即使决定投笔从戎的时候，也是下决心绝不到任何地方去充当演员，而是到处去当观众，看看尘世大舞台上形形色色的国家里登台表演的种种角色。他去当兵只是为了更加依其本来面目研究人的各种道德风俗，尝试使自己经受世事沉浮的一切考验。尽管三十年战争已经在 1618 年爆发，但他当

① ［德］胡塞尔：《笛卡尔式的沉思》，7 页，北京，中国城市出版社，2002。译文有改动。

② 引自［法］弗雷德里斯：《勒内·笛卡尔先生在他的时代》，12 页，北京，商务印书馆，1997。

③ ［法］笛卡尔：《谈谈方法》，9 页，北京，商务印书馆，2000。

兵，却没仗打；他自嘲是一个无所事事的人混迹在无知的大兵之间。不过，大概有两件事影响了笛卡尔。一是与贝克曼的偶遇，二人开始交流研究物理学和数学的心得，使笛卡尔不至于过分的闲散。二是1619年11月的一次狂热和三个怪梦：他脑子里盘旋的是给他的“精神之父”许下的诺言，他约言要写的论证，以及用怎样的方法深入探究科学领域的最深处。这使他的心灵激烈动荡，持续不断地在心灵里进行自我论争，因而疲惫不堪，以至于陷入一种狂热。由于发现了科学的基础，或者不如说是他方法论的初步原则，笛卡尔兴奋地一连做了三个梦，仿佛是上天所赐一样。大概和中国思想家王阳明的“龙场悟道”一样，笛卡尔的哲学之路真正开始了。

1621年，笛卡尔偃武修文，重归故里。之后，笛卡尔主要旅居巴黎，在学长梅森（Marin Mersenne，1588—1648）的学术圈子里一举成名。说到学术圈子，17世纪哲学史其实可以通过相当少的社交圈子而加以追溯。这是些严格意义上的“学圈”，因为这些群体定期聚会，其成员彼此相知。他们自身就意识到各自的圈子，可以指名道姓地谈论它们。他们通常还有研究计划，并发布关于研究成果的声明。在这一时期，理智生活走出教会和大学，而这些圈子正好为之提供了独立的舞台和舞台的背景道具，并对思想成果的物质基础重新整理，开始了思想的重新结盟。近代欧洲的核心圈子改造了交流的手段，他们建立了可靠的通信网络，创造了第一批知识分子期刊，出版业的每一步新发展都在把自己与著名的知识分子团体联系起来。

1623年，梅森离开了他在巴黎隐修院的单人房间，与伽桑狄（Pierre Gassendi，1592—1655）密切合作，建立了一个通信网络，联系了开普勒、伽利略、康帕内拉、笛卡尔、霍布斯、托利切里、费马以及当时其他数学家和科学研究者。梅森是组织上的领袖，即使在笛卡尔隐居荷兰的日子里，他仍然能够通过梅森而与思想家进行不断的交流；而笛卡尔则是圈子里思想上的领袖。1627年，笛卡尔开始写作《指导心灵探求真理的原则》，但最终没有写完。这一时期，数学以及数学与自然科学的关系，是笛卡尔关注的中心，他认为，表面上种类繁多、情形各异的现象，其实能够用极少的最简单、最普遍的原则加以解释。他关于几何学的大部分著作都是在这一时期完成的，这奠定了他作为解析几何创始人的地位。

1628年，笛卡尔只身来到荷兰，随身只带着手稿、《圣经》和托马斯·阿奎那的《神学大全》，他在那里隐居，潜心思考和著述。他为什么要去荷兰？他到那里去寻求的不是言论自由，也不是宗教自由，而是一种哲学上的驱使：要想重新看待世界，就首先必须远离尘嚣，倾听自己内心的声音。如果说此前的十年主要是阅读世界这部大书，那么今后的岁月则要由外返内，反思这部大书，发掘内心的奥秘了。实际上，笛卡尔并不是人们想象的那样，强烈倡导建立在观察基础上的世俗科学。他基本上是个形而上学家，并不怀疑上帝，正如他不怀疑人类理智的力量，能够从自己的思维出发在基督教教义范围内重建宇宙一样。①

在这里，笛卡尔完成了《论光，或论世界》、脍炙人口的《方法谈》和伟大的《第一哲学沉思集》。《论世界》虽完成于1632年，但在笛卡尔死后才出版，得到的评价也不高。伏尔泰批评道："如果想讨论笛卡尔的物理学，除了假说之外，里面还能发现什么？看见他那时代最伟大的几何学家放弃指导他的几何学而迷失在想象生涯中，我们能不痛心吗？"而牛顿常常重复的批语是：错误。

1632年，伽利略出版了《托勒密与哥白尼关于两大宇宙体系的对话》，旋即遭到宗教裁判所的禁令。次年，年逾古稀的伽利略在酷刑的威胁下，向宗教法庭认罪，并被判处软禁。笛卡尔是赞同伽利略所阐发的日心说的，一得知审判的结果，便"大吃一惊，以至于差不多下了决心烧掉我所写的一切，至少不让人看见那些材料"②；他只求休息和心灵的安静。但他仍然忍不住要发表自己的思想，只是将其与容易引起麻烦的《论世界》分开，而以《屈光学》、《天象学》和《几何学》出版（1637），并加上了那篇著名的《方法谈》。

◎"笛卡尔回忆录"：《方法谈》

《方法谈》其实像是一部自传，或者"笛卡尔回忆录"，娓娓道来，不但是伟大的哲学著作，更是杰出的法语散文。"为了不至于在行动上犹疑不决，为了今后还能十分幸运地活着"，笛卡尔在第三部分中为自己定下了三条准则：

（1）服从我国的法律和习俗，笃守我靠上帝保佑、从小就领受的宗教，在其他一切事情上以周围最明智的人为榜样；

（2）在行动上尽可能坚定果断，一旦选定某种看法，哪怕它十分可疑，也毫不动摇地坚决遵循，就像它十分可靠一样；

（3）永远只求克服自己，不求克服命运，只求改变自己的愿望，不求改变世间的秩序。

在第五部分中，他提出了著名的论断"我思故我在"；在第二部分中，他提出了探寻真理方法的四项基本原则：（1）凡是我没有明确地认识到的东西，我决不把它当成真的接受。也就是说，要小心避免轻率的判断和先入之见，除了清楚分明地呈现在我心里、使我根本无法怀疑的东西以外，不要多放一点别的东西在我的判断里。（2）把我所审查的每一个难题按照可能和必要的程度分成若干部分，以便一一妥为解决。（3）按次序进行我的思考，从最简单、最容易认识的对象开始，一点一点逐步上升，直到认识最复杂的对象；就连那些本来没有先后关

① 参见［法］弗雷德里斯：《勒内·笛卡尔先生在他的时代》，109页。

② 同上书，178页。

系的东西，也给它们设定一个次序。（4）在任何情况之下，都要尽量全面地考察，尽量普遍地复查，做到确信毫无遗漏。强调认识的清楚分明、强调对问题的分析、强调由简至繁的认识次序、强调认识的全面性，这四条原则宣布了斗争的决心，宣告了一个前进的运动，笛卡尔吹响了余音不绝的理性的号角。

1641 年，笛卡尔发表了更为详尽地阐发其哲学的形而上学基础的伟大著作《第一哲学沉思集》。此书不像学术论文，却像是一套思想训练，读者要想从中受益，就必须做好准备随作者一起去沉思，沿着《方法谈》规定的原则去怀疑，去思考——从自身的存在开始，然后是上帝的存在，最终获得关于自然世界的性质及其与心灵之关系的知识。书中笛卡尔本人的六个沉思篇幅并不大，但出版时附上了当时不少著名学者、哲学家、神学家的质疑和笛卡尔的答复。

1644 年，笛卡尔出版了《哲学原理》，此书是专门为大学教科书而设计的，显然他希望自己的哲学体系能够在大学里被接受和思考。这时的笛卡尔已经是名满欧洲的大学者了，波希米亚公主伊丽莎白也与笛卡尔保持着通讯联系，求教哲学问题。1645 年，伊丽莎白提出了灵魂与肉体的关系问题，笛卡尔便着手撰写《灵魂的激情》，“专供公主使用”。瑞典女王克里丝汀娜也因为阅读《哲学原理》而爱好笛卡尔的哲学，邀请他前往斯德哥尔摩。笛卡尔犹豫再三，还是于 1649 年远赴瑞典。这时的欧洲已经发生了重大的变化，由于威斯特伐利亚和约的签订，三十年战争终于结束了；克伦威尔在英国宣布废除王制，建立共和。和平邻近了，然而我们的哲学家却忍受不了瑞典的严寒和清晨 5 点觐见女王的痛苦，他长期以来的晚起习惯被打破了，最终得了致命的肺炎。1650 年，笛卡尔去世，享年 54 岁。13 年前笛卡尔下决心为自己也为人类研究延年益寿的医学，自认为能够活 100 多岁的时候，大概没想到“这下子可得走了”（笛卡尔的最后一句话）。

◎“我思故我在”

笛卡尔曾把哲学比作一棵大树，根部是形而上学，主干是物理学，而由主干生长出来的支干则是其他各门科学。根深才能枝繁叶茂，因此形而上学作为基础必须是坚实可靠的。可是，当时的形而上学不仅是一个残酷的战场，而且也是模糊不清的领域。几何学的初始概念，大家都接受，而形而上学却缺乏清楚分明的基本概念，难以产生丰富的成果；并且，恰恰由于形而上学缺少这样的阿基米德点，所以不断遭到怀疑论的挑战。笛卡尔敢于迎接挑战，把普遍怀疑贯彻到底，于是展开了著名的“第一哲学沉思”。

我可以怀疑，既没有上帝，也没有苍天，也没有物体，也很容易假设我们自己甚至没有手、没有脚，最后竟然没有身体。总之，以往我们所确知的一切可能都是虚幻的。当我们通过这种方式怀疑一切的时候，这个怀疑本身却表明了一条无可置疑的真理，即“我在怀疑”本身是无可置疑的。我可以怀疑一切，但是我不能怀疑“我在怀疑”。因为我对“我在怀疑”的怀疑仍然是“我”在怀疑，因而它恰恰证实了我在怀疑的真实性。怀疑也是一种思想。因此可以说，“我在思想”是一个无可置疑的事实。显然，我在怀疑，我在思想，必然有一个在怀疑在思想的“我”存在。因为说某个东西在思维着，而它在思维时却又不存在，这是自相矛盾的。换言之，怀疑必然有一个怀疑者在怀疑，思维必然有一个思维者在思维。因此，“我思故我在”（*Cogito*，*ergo sum*. I think therefore I am.）乃是一条真实可靠、连怀疑派的任何一种最狂妄的假定都不能使之动摇的真理，我们可以毫无疑虑地把它当作形而上学的第一条原理。甚至我还可以设想有一个我不知道是什么的非常强大、非常狡猾的骗子，他总是用尽一切伎俩来骗我。因此，如果他骗我，那么毫无疑问我是存在的；而且他想怎么骗我就怎么骗我，只要我想到我是一个什么东西，他就总不会使我成为什么都不是。“那么我究竟是什么呢？是一个在思维的东西。什么是一个在思维的东西呢？那就是说，一个在怀疑，在领会，在肯定，在否定，在愿意，在不愿意，也在想象，在感觉的东西。”①

不过，“我思故我在”并不是逻辑推论的结果。在笛卡尔看来，思想乃是发生在我们之中、并被我们直接意识到的一切，然后从这一直接意识又上升到了反思的层次。笛卡尔之所以绕了一大圈才回到对我思的直接认识，是因为他要通过普遍怀疑而抛弃怀疑一切的怀疑论；对我的思想的直接认识就是精神对自身的确认，也就是自我意识和自我反思的活动。尽管对“我思故我在”的各种诠释300多年来汗牛充栋，莫衷一是，但它仍然是一个哲学史上的奇迹，这个奇迹就在于，它确立了我思或认识主体的独立性和优先性。我思想，所以我存在，所以我“是”——我肯定自身，肯定思想本身。我通过确立认识主体而确立了认识的客体或对象。同时，这个我思并不是胡思乱想，而是一种理性的思维。因此，笛卡尔的“我思故我在”实际上是为反思意识、主体原则和理性精神确立了阿基米德点。

但是，“我思”并不仅仅是认识的主体，它同时还是形而上学的实体。这个实体是一切变化的根源，但它自身不变；是各种性质的承载者或本质，但它自身却不是某种性质；是表述它的谓词的主词，但它自身却不能用于表述其他东西。笛卡尔从对思维的直接认识上升到了反思的形而上学，从而把“我思”建立为实体，并从这样一个实体出发，又建立起上帝这个绝对的实体——“一个无限的、永恒的、常住不变的、不依存于别的东西的、至上明智的、无所不能的以及我自己和其他一切东西（假如真有东西存在的话）由之而被创造和产生的实

① ［法］笛卡尔：《第一哲学沉思集》，27页，北京，商务印书馆，1986。

体”。[1] 为什么笛卡尔要建立这样一个上帝观念，并竭力证明它的存在呢？因为“顺着这条道路我们就能从深思真实的上帝（在上帝里边包含着科学和智慧的全部宝藏）走向认识宇宙间的其他事物”[2]。上帝是真理的源泉，因此必须是绝对完满的存在。有了这样一个上帝，不会骗人的上帝，我们才能相信“凡是我们十分明白、十分清楚地设想到的东西，都是真的”——清楚分明为真——比如我们的外部世界。上帝保证了我们的观念的实在性，保证了物质世界的真实存在，因而也保证了我们关于物质世界的认识的客观有效性。这样，笛卡尔就反过来依托上帝这个无限实体，确立了心灵和广延（物质世界）这两个有限实体。

然而，正是由于广延实体在“我思故我在”的思想进路中一开始就是被怀疑和悬置的东西，尔后又是借助上帝才确立起来的，因此广延与心灵是各自独立、互不相干的。[3] 广延的物质世界是一架机器，人的身体也无非是物质世界中的一架架自动机而已；心灵仿佛是一个机器中的幽灵，心灵实体是观念的世界，每一个心灵都是独一无二的。身体可能轻而易举地被毁灭，心灵则由于其本质而可臻不朽。这样的观点被称为“身心二元论”，它对此后的哲学思想有着巨大的影响，同时也成为 20 世纪哲学批判的靶子之一。

1632 年，伽利略发表了划时代的《托勒密与哥白尼关于两大宇宙体系的对话》，隐居荷兰的笛卡尔也赞成其中的日心说。就在这一年，荷兰伟大的思想家本尼狄克特·德·斯宾诺莎（Benedict de Spinoza）出生于阿姆斯特丹的一个犹太商人家庭。他的祖先原是居住在西班牙的犹太人，1492 年由于西班牙宗教法庭的迫害逃亡到葡萄牙，后来又于 1592 年迁至当时以信仰自由、容忍异族著称的阿姆斯特丹。

◎ 斯宾诺莎的生涯

1600 年，西欧（即易北河以西的欧洲）人口大约有6 000万（其中 60%～70%的男性和 90%的女性是文盲），到 1750 年基本上超过了7 500万，因此 17 世纪哲学家所居住的地方，其人口约等于今天英国和爱尔兰的人口。[4] 人口最稠密

---

① ［法］笛卡尔：《第一哲学沉思集》，45～46 页。

② 同上书，55 页。

③ 后来，为了克服过于僵化的二元论，笛卡尔找到了大脑中间我们一般称之为松果腺的腺体，认为它就是心灵与身体这两个运动过程的交换台。这就是笛卡尔的心身交感论。斯宾诺莎评论道：这样一位下定决心，除了依据自明的原则外绝不妄下推论，除了清楚明晰地见到的事物外，绝不妄下判断，并且屡次指责经院派想“用神奇的性质来解释隐晦的事物”的哲学家，竟会提出一个比任何神奇的性质还更加神奇的假设。（《伦理学》第五部分序言）

④ *The Cambridge History of Seventeenth Century Philosophy*, p. 9. 同时大学入学率非常高，超过 20 世纪 50 年代的英国。大学入学率与文盲率的“双高”，显然是由于基础教育不普及所致。

的城市和地区在大陆的两侧，即意大利和尼德兰[1]。二者不但是当时欧洲的经济中心，而且其文化优势亦与其经济地位相匹配：欧洲近代早期的艺术史所讲述的几乎完全是在这两个地区工作的艺术家。哲学不完全如此，但在这两个文化中心（再加上巴黎）之外工作的哲学家多少总觉得自己是乡下人。荷兰共和国的自由空气使它成为出版业的中心，许多冒天下之大不韪的著作就是在这里印行并散布到欧洲全境的。

阿姆斯特丹容忍犹太教，但犹太教却不容忍斯宾诺莎，因为他漠视犹太教的教规仪式，拒不执行犹太教的繁文缛节的饮食戒律，不参加犹太教的礼拜活动，而且，据说他公开对人说他不相信灵魂不灭，否认天使存在，主张上帝是具有广延的存在。斯宾诺莎并非不信仰犹太教，但他信仰的犹太教的上帝却是一个理性上帝。他接受了意大利哲学家布鲁诺（Bruno，1548—1600）的思想，即上帝与自然是同一的；他也赞成伟大的犹太哲学家迈蒙尼德（Maimonides，1135—1204）的观点，《圣经》中的任何一节，只要它与理性相冲突，就必须重新予以解释，以便使它与理性相一致；他尤其重视笛卡尔的哲学，特别是他的实体理论，并在此基础上建立起自己独特的思辨体系。

犹太人的王国早已败亡，维系和约束犹太人的是犹太人公会，公会的首领无法容忍斯宾诺莎离经叛道的渎神言论，但最初仍然试图让这位昔日的“希伯来之光”回心转意。当希望最终破灭之后，他们将 24 岁的斯宾诺莎开除教籍，这是他们所能做到的最大的惩罚：“我们咒逐、孤立、憎恨和咒骂斯宾诺莎……主将永不饶恕他；主将对这个人表示愤怒和给予惩罚，并使他领受《摩西律书》所载诅咒的所有灾祸；主要在普天之下毁他的名；并且对于他的堕落，主将按照载入《摩西律书》中的苍天之下的所有诅咒把他逐出以色列人的十二支族。我们命令：任何人都不得以口头或书面的方式与他交往，不得对他表示任何好感，不得与他同住一屋，不得与他同在两米的距离之内，不得读他著述和书写的任何东西。”[2]

面对如此残酷的诅咒和惩罚，斯宾诺莎坦然而从容，因为他有强大的内心资源，他对上帝、自然和人类的理智之爱绝非尘世的口舌是非所能动摇。斯宾诺莎被逐出了犹太社群，却被送入了整个人类的怀抱。人生的磨难塑造了伟大的思想。

> 当我受到经验的教训之后，才深悟到日常生活中所习见的一切东西，都是虚幻的、无谓的，并且我又确见到一切令我恐惧的东西，除了我的心灵受

---

① 荷兰（Holland）在当时是尼德兰（Nederland）的一个省份。尼德兰在荷兰文里本是“低地”的意思，意指当时隶属于西班牙的莱茵河下游地区的一些水位低的省份，直至 1588 年北方七省取得了独立、成立联省共和国后，为了同南方仍隶属于西班牙的尼德兰各省区别开来，北方七省的联省共和国有时在口语上简称为荷兰。当时荷兰省无论在人口、财富和对外关系上，都是首要的省份。

② 引自［荷］斯宾诺莎：《神、人及其幸福简论》，41～42 页，北京，商务印书馆，1987。

它触动外，其本身既无所谓善，亦无所谓恶，因此最后我就决意探究是否有一个人人都可以分享的真正的善，它可以排除其他的东西，单独地支配心灵。这就是说，我要探究究竟有没有一种东西，一经发现和获得之后，我就可以永远享有连续的、无上的快乐……由此可见，所有这些恶的产生，都是由于一切快乐或痛苦全都系于我们所贪爱的事物的性质上。因为凡是不为人所贪爱的东西，就不会引起争夺：这种东西消灭了，不会引起悲伤，这种东西为人占有了，不会引起嫉妒、恐惧、怨恨，简言之，不会引起心灵的烦扰。所有这些心灵的烦扰都起于贪爱前面所说过的那种变幻无常的东西。但是爱好永恒无限的东西，却可以培养我们的心灵，使得它经常欢欣愉快，不会受到苦恼的侵袭，因此，它最值得我们用全力去追求，去探寻。①

德国文学家海涅评价道："斯宾诺莎的生涯没有丝毫可非议的余地，这是可以肯定的。它纯洁、无疵，就像他那成了神的表兄耶稣基督的生涯。而且有如基督，他也曾为了自己的学说而受苦，并像基督那样戴上了荆冠。"② 为了维持生计，斯宾诺莎以磨制镜片为业。这是他从犹太人学校里学来的一种手艺，因为每个年轻的犹太人都要学习一种手艺以作将来谋生的手段。但也正是这一工作，不仅辛劳，而且要吸入大量粉尘，严重地损害了他的健康，最终导致他英年早逝。

这样的人不会缺乏真诚的朋友。一批志同道合的朋友聚集在他身边，成立了以他为核心的哲学小组。1660 年，斯宾诺莎离开了喧嚣的商业城市阿姆斯特丹，迁居宁静的莱茵斯堡。在这里，他潜心著述，为朋友们写下了《神、人及其幸福简论》、《笛卡尔哲学原理》，还为自己的哲学思想写下了《知性改进论》这篇未竟的导言，并开始构思他的代表作《伦理学》。这时的斯宾诺莎并非与世隔绝，相反，他与当时主要的学术圈子保持着一定的联系，并与比他年长 17 岁的英国皇家学会秘书奥尔登堡保持着终生友谊和长期通信。

◎《神学政治论》

1663 年，斯宾诺莎迁居伏尔堡，集中精力撰写《伦理学》。这时，荷兰的政治和宗教局势发生了重大变化，主张建立君主制的奥伦治皇族与以德·维特（De Witt）兄弟为代表的共和派之间发生了争执，思想自由和信仰自由也受到了威胁。斯宾诺莎认为有必要驳斥普通神学家的偏见，使宗教信仰无碍于哲学的探讨，同时也有必要洗刷连续不断地加在他头上的无神论的罪名，并竭尽所能保护思想和言论的自由，以免遭受专制者和牧师们的肆无忌惮的损害。他中断了《伦

① ［荷］斯宾诺莎：《知性改进论》，18～21 页，北京，商务印书馆，1960。

② ［德］海涅：《论德国宗教和哲学的历史》，见《海涅选集》，257 页，北京，人民文学出版社，1983。

理学》的写作，转而撰写《神学政治论》。1670 年，《神学政治论》问世，斯宾诺莎在谈到该书的写作目的时，不无自豪地赞美他的荷兰共和国："我们幸而生于共和国中，人人思想自由，没有拘束，各人都可随心之所安崇奉上帝。自由比任何事物都为珍贵。我有鉴于此，欲证明容纳自由，不但于社会的治安没有妨害，而且，若无此自由，则敬神之心无由而兴，社会治安也不巩固。我相信我做此事，也非无益之举。"① 斯宾诺莎认为，思想自由本身就是一种德行，对于科学与艺术是绝对必须的，不能禁绝，因此，真正扰乱和平的人是那些在自由的国家中想方设法削减自由的人。他还认为，强制言论一致是不可能的，给人以自由对于公众的安宁、忠诚以及统治者的权利来说，非但无害，反而是维护。思想自由和信仰自由是必须的。

《神学政治论》主张将理性与信仰分开，依理性去解读《圣经》，这引起了正统派和神学家的猛烈攻击，斥之为"一个叛逆的犹太人和魔鬼在地狱里杜撰而成"的无神论著作。斯宾诺莎为了避免危险，于 1670 年迁居海牙，得到荷兰省长德·维特的保护。此时正值英法两国对荷宣战，一支 12 万人的法军入侵毫无戒备的联省共和国，德·维特与路易十四的和谈未能成功，保皇派和加尔文教派利用这一时机立刻展开了一场支持年轻的奥伦治公爵、反对德·维特的斗争，他们在 1672 年煽动暴徒闯入海牙一所监狱，把当时正在那里探视他兄弟的德·维特连同其兄弟一起杀死。斯宾诺莎闻知这一暴行，义愤填膺，置生死于不顾，立即写了一张"野蛮透顶"的标语，欲张贴街头，伸张正义。不过，由于房东及时发现，恐他遭到暗算，将他锁在家里不让外出，他才免于不幸。然而，痛定思痛的斯宾诺莎在最后一部未竟之作《政治论》中，对政治体制做了更为务实的思考，论证了如何使之不蜕变为暴政，公民的和平与自由不因之而受到损害的问题。

这时，斯宾诺莎的盛名和"恶名"皆已名满天下，据说他当时在海牙如同名胜古迹一样，凡游历海牙的人无不以瞻仰斯宾诺莎的风采为荣幸。1673 年 2 月，普鲁士帕拉廷选帝侯卡尔·路德维希亲王，正如他的姐姐波希米亚公主伊丽莎白眷恋笛卡尔一样，也敬佩斯宾诺莎的哲学天才，派人给斯宾诺莎写了一封信，聘请他到海德堡大学任哲学教授。斯宾诺莎对这一邀请最初非常感兴趣，认为这是他能公开讲学的好机会，但后来一想到邀请书中说"你将有充分的自由讲授哲学，深信你将不会滥用此种自由以动摇公共信仰的宗教"，他犹豫了 6 个星期，最后以"我不知道为了避免动摇公共信仰的宗教的一切嫌疑，我的哲学讲授的自由将被限制于何种范围"的答复，婉言拒绝了这一邀请。②

---

① ［荷］斯宾诺莎：《神学政治论》，12 页，北京，商务印书馆，1963。

② 参见洪汉鼎：《斯宾诺莎哲学研究》，48～49 页，北京，人民出版社，1993。

◎《伦理学》：神即自然

1665 年，斯宾诺莎的代表作《伦理学》完稿。这部经过 14 年精心撰写的哲学经典堪称前无古人、后无来者，因为它采用了几何学的写作和论证次序：定义、公理、公设、命题、绎理，每一个证明都以 Q. E. D.（证讫）结尾。斯宾诺莎说："我将要考察人类的行为和欲望，如同我考察线、面和体积一样。"[①] 斯宾诺莎之所以要这样做，一方面是因为几何学只需要若干定义、公理和推理规则就可以推导出严格而完美的演绎体系，从而成为其他知识所效法的范本；另一方面，在斯宾诺莎看来，几何学的展开过程与世界的逻辑结构之间有某种形式上的同构，世界可以"由神的本质的必然性推出"，在形式上，这种推理关系是从根据到后果（ground—consequence），而在实质内容上，则是知识论的，其推理关系是从原因到结果（cause—effect）。当然，斯宾诺莎的初始定义和公理与几何学的完全不同，它们不过是带着这样的面具的命题而已。虽然如此，《伦理学》以其形式上严格而和谐的层层推进，令人叹为观止。

从另一个角度看，也可以把《伦理学》区分为两种并列的叙述方式：一是由命题、证明和绎理构成的连续的链条或波浪，另一个则是由附释构成的断断续续的线索。前者无情地强迫我们的头脑按照它的因果链条推进，而不必考虑它们的实际后果，与任何个体的状况无关，只需要我们心灵的思辨；后者则仿佛是一座座火山，充满了心灵的激越和欢乐，与痛苦进行着持续不断的实践斗争，于此山观彼山，从一个附释跳至另一个附释，揭示出冷静的理论活动背后的激动人心的实践意蕴。[②]

与笛卡尔寻找上帝存在的分析思路不同，斯宾诺莎的哲学体系是从上帝或神这个绝对无限的实体展开的。他提出了一个令他毁誉交加的伟大命题：神即自然。在永恒的秩序下，从理智的角度看，自然即神，具有绝对无限的神性，它以自身为原因，因此是自因（causa sui）的唯一实体，不假他物即可独立自存；而在绵延的（时间性的）秩序下，从经验的角度看，自然表现为各种样式（mode）。样式是神的属性的变异，或者说是以不同形态表现着神或自然这一绝对的唯一实体。广延和思想是能够为我们所知的神的两种属性，人的身体和人的心灵就是分别表现这两种属性的样式。

笛卡尔的二元论在身体与心灵、物体与思想之间劈出了鸿沟，而斯宾诺莎则要弥合这条鸿沟。广延和思想是神的两种属性，也是我们认识神或自然的两种方

---

① ［荷］斯宾诺莎：《伦理学》，97 页，北京，商务印书馆，1983。

② Gilles Deleuze, *Expressionism in Philosophy: Spinoza*, Trans. Martin Joughin, New York: Zone Books, 1990, p. 342～350。

式，二者是平行的；广延的样式（身体）与思想的样式（心灵）之间也是平行的。身体的感触、激动在心灵中具有与之相对应的观念，身体的情状便是心灵中的情感。也就是说，无论是世界还是人，我们都可以从两个平行而对应的方面去加以描述和理解，既可以是物理学的，也可以是心理学的或观念论的。

斯宾诺莎的论证思路是围绕观念与情感之间的斗争而展开的。人既然是神的变异，为什么人不是生而自由，依本性行事，自充分而恰切的观念开始理解呢？这仿佛是一种神义论的质询：为什么在神的光芒普照之下，还有罪恶和痛苦呢？因为人是思想的样式与广延的样式，即心灵与身体的统一体。当身体在物理学的规律下与外在物体发生作用的时候，在心灵之内必然会产生相应的结果，即情感，而它的形式或本质是一种被动的、模糊的观念，它之所以是被动的，是因为身体必然被动而偶然地遭遇外物的作用，而且这种偶然遭遇是混乱无序的，因此在心灵中的对应观念亦是模糊的。这是人类生存的实际境遇。模糊的观念是最原始的观念，它不但是错误的根源，而且是“喜怒哀乐，虑叹变慹，姚佚启态”（《庄子·齐物论》）等被动的情感、心灵的奴役的根源。由此，虽然身心平行，各不相属，但又建立起观念与身体的本质、身体情状与心灵情感的直接对应或沟通，避免了松果腺一类“以神奇的性质来解释隐晦的事物”的虚构观念；又由于身体的情状是无法避免的，所以心灵的德性就在于克制情感。因此，如果人试图解奴役而任自由，去伪存真，就必须以充分而恰切的真观念克服被动的情感，产生主动的情感和主动的行动，而这正是理智的能力、人的德性之所在。当理智在永恒的形式下理解人和世界，它必定会升华为对神的爱，通过这种理智的爱，我们便能臻天人之境，通自由之途。因此，模糊的观念必须被充分的观念所取代，被动的情感必须被主动的情感所克服，偶然的遭遇必须被必然的行动所战胜，波动的能力必须被永恒的能力所征服，胜利属于理智的能力，归于对神的理智的爱。这就是《伦理学》的主旨，这部形而上学著作因此被称为《伦理学》。

1677 年 2 月 21 日，斯宾诺莎因肺病而过早逝世，终年 45 岁。罗素曾说：“斯宾诺莎是伟大哲学家当中人格最高尚、性情最温厚可亲的。按才智讲，有些人超越了他，但是在道德方面，他是至高无上的。”[①] 斯宾诺莎的哲学可称为一座迷宫。在他死后，迷宫中出现了众多的斯宾诺莎形象：有神论者毁之为邪恶的无神论者，致使斯宾诺莎在死后的近百年间被否定、被漠视，而泛神论者则誉之为“令神陶醉的人”、“最具基督品格”的人；诗人们在其中品味出宇宙的欢歌和心灵的宁静，改革者则偷运出他与迷信搏斗、批判性地解读《圣经》的军火。经过了一个世纪的非议和诋毁之后，斯宾诺莎终于得到世人的承认和爱戴。也许海涅的话代表了德国浪漫主义运动的观点：“我们所有的哲学家，往往自己并不自

① ［英］罗素：《西方哲学史》，下卷，92 页，北京，商务印书馆，1976。

觉，却都是通过巴路赫·斯宾诺莎磨制的眼镜在观看世界。”①

◎ 莱布尼茨的野心

德国浪漫主义诗人施勒格尔曾说过一句很有意思的话：“众所周知，莱布尼茨让斯宾诺莎给自己配眼镜，这是莱布尼茨与斯宾诺莎哲学唯一的一次交往。但愿莱布尼茨也让斯宾诺莎为自己装一双眼睛，以便能从远处窥探哲学中他不认识而斯宾诺莎却熟谙的地域！”②

斯宾诺莎并没有为莱布尼茨磨制镜片，只是送给他一部《伦理学》的抄本。由于莱布尼茨惧怕为斯宾诺莎无神论的“恶名”所牵累，后来坚决与斯宾诺莎划清界限。不过，这一方面因为二人的志趣不同，另一方面则因为二者的哲学思想具有极大的差异。

斯宾诺莎是构造体系的大师，而莱布尼茨（Gottfried W. Leibniz，1646—1716）则以柏拉图为楷模，认为最好的哲学著作应当是对话录；斯宾诺莎长期过着半隐居的生活，淡泊明志，宁静致远，而莱布尼茨则是一位公共人物，他的爱慕虚荣使他花费过多的时间穿行于各大宫廷之间，周旋于王公贵族之侧；斯宾诺莎虽然兴趣也比较广泛，但能够把自己限制在最紧迫的事业上，而莱布尼茨则把他罕见的天才发散到各个领域，无论是理论的还是实践的。在实践活动上，他既对采矿、政治改革、财政、立法、光学、运输问题等感兴趣，也到处筹建科学研究机构和学术刊物。他周游列国，遍访名家。据说从20岁之后，他每年要写300多封信，有15 000多封信件保存至今。在理论研究上，他对哲学、神学、法学、数学、医学、历史学和语言学都有很深的造诣。他为和牛顿争夺微积分的创始人这个头衔争得十分激烈，许多至今仍然沿用的微积分符号都是他天才的发明；他受到中国《易经》的启发而发明了二进制，雄心勃勃地制造了计算器；他提出了一种人工语言或理想语言的设想，他自己将其称之为哲学语言或普遍语言。按照他的设想，这种语言的基本记号含义精确，结构简单，揭示了命题的逻辑形式。一旦出现争执不下的问题，与其坐而论道，不如拿纸笔一算便一目了然。后来有人把数理逻辑的诞生归之于他的设想。

一言以蔽之，莱布尼茨一生被这样一个不可能实现的野心所支配，那就是他企图在理智和政治活动的各个领域中都出人头地。令人惊异的不是他经常失败，而是他已经取得的如此之多的成就。他的成功在于呕心沥血的工作、善于吸收他人的思想以及对自己心灵的极度信任的一种罕见的结合。无论何时，只要他抓住一个新课题，他就查阅所能找到的与此有关的一切材料，但他并不屈从于传统的

① ［德］海涅：《论浪漫派》，见《海涅选集》，104页。

② ［德］施勒格尔：《雅典娜神殿断片集》，§270，103页，北京，三联书店，1996。

观念和假设。另一方面，他希望产生一些与他的天才相当的不朽作品，它们应该既是完满的，也全都是他自己的。这种愿望使他不可能完成任何东西。除了他的笔记、信件和文章，他从来没有写出一部有关他特别感兴趣的问题的专著来。[①]

莱布尼茨经常被人们提到的著作包括：《神正论》（*Essays in Theodicy*，1710）、《单子论》（*Monadology*，1714）以及与英国哲学家洛克论战的对话体著作《人类理智新论》（1703）。

◎"单子论"

如果说笛卡尔最为关心的是如何以理性而不是信仰为出发点，以自我意识而不是外在事物为基础，为人类知识的大树奠定一个坚实的地基；斯宾诺莎最为关心的是如何确立人类知识和人的德性与幸福的共同的形而上学基础；那么在莱布尼茨数不清的兴趣中，最强烈的哲学兴趣是为个体的实体性和世界的和谐寻找形而上学的基础。通常的哲学史主要是根据他所谓的"单子论"（Monadology）来加以阐述的。笛卡尔的三大实体是心灵、物体和上帝，人被二元化了；斯宾诺莎的实体是唯一的神或自然，心灵和身体只是神的两种样式；而莱布尼茨则要让作为个体的每个人成为独立自主的实体，"不可分的点"。"单子"（monad）这个概念源于希腊语 monas，意即一个或单纯，个体（individual）也是不可分的意思，作为个体的单子既不是数学上的抽象的点，也不是物理学上无限可分的点，而是既现实存在又真正不可分的实体，是"形而上学的点"。

在《神正论》的"序言"中，莱布尼茨认为，我们的理性常常迷失于两个著名的迷宫之中：一个是关于自由与必然的大问题，尤其是在恶的产生和起源方面；另一个是有关连续性与不可分的点的讨论，因为恰恰是这些单子构成了连续性。莱布尼茨的单子是无限多的单纯的精神实体，没有部分，没有广延，因此也就没有可供某物出入的窗户，没有真正的相互作用。世界上没有两片相同的树叶，也没有两个相同的单子，这是普遍差异的规律。因此，每个单子就都既"携带着过去"又"孕育着未来"，都具有表现自身欲求的力量，是出于自身目的而活动的实体。

单子有"知觉"，能够凭这种能力像一面镜子一样反映整个宇宙。因此，自然是"大宇宙"，单子是"小宇宙"，它们是"宇宙活生生的镜子"。由于每个单子知觉的清晰程度不同，它们都以自己的方式表象宇宙，因而相互之间具有质的区别，但单子与宇宙间你中有我，我中有你，整个宇宙也就表现为一个普遍联系的整体。万事万物都是千差万别的，单子之间具有无穷的等级，因此单子构成的宇宙是连续的，自然界决不做飞跃。如果说斯宾诺莎的世界是几何学的，那么莱

---

① 参见［英］罗斯：《莱布尼茨》，37～38页，北京，中国社会科学出版社，1987。

布尼茨的宇宙则是微积分的。

在各种等级的单子中，人是较高级的，因为人的灵魂具有更清晰的知觉和自我意识，即理性灵魂；在人之上还有无数更高级的生物或单子，例如“天使”；最高的单子就是上帝，上帝是唯一的创造一切单子的最完满的单子。上帝在创造每一个单子的时候就已经预见到了一切单子的全部发展情况，在安排好了每个单子各自独立的发展变化的同时，也使其余的单子各自做相应的变化发展，因而全部单子的变化发展就自然而然地和谐一致，始终保持着整体的连续性，这便是“预定和谐”的原则。心灵和肉体既不用借助松果腺而交感，也无须作为神的两种属性而平行对应，一切都已经准备妥当了。整个宇宙就好像是一支庞大无比的交响乐队，每件乐器各自按照预先谱写的乐谱演奏不同的旋律，而整个乐队所奏出来的是一首完整和谐的乐曲。

当然，除了上帝之外，没有完全与物质形体相脱离的灵魂单子。但单子是自发的，当它具有理智的时候，它的自发就会成为自由。因为理智能够让我们认识自己和上帝，获得必然和永恒真理的知识。我们固然是由上帝所预定的必然性所决定的，但遵循理智，认识并服从这种必然性恰恰是最大的自由，正如我们这个现实世界是一切可能世界中最好的世界一样。因此在莱布尼茨表面上的乐观主义背后，隐含着一种肯定个体的欲望与力量、弘扬理性精神以及希望这个世界和谐而宽容的理想。

罗素对莱布尼茨的评价恰好与斯宾诺莎相对照：“莱布尼兹是一个千古绝伦的大智者，但是按他这个人来讲却不值得敬佩。”① 不过，就此而言，斯宾诺莎的观点倒更值得回味：“我十分注意避免对人们的行为加以嘲笑、表示叹惋、或给予诅咒，而只是力图取得真正的理解。”② 莱布尼茨去世之后，他的哲学为其门徒克利斯蒂安·沃尔夫（Christian Wolf，1679—1754）所继承和系统化，同时也被大大地简化和庸俗化了，后来合称为“莱布尼茨—沃尔夫理性主义形而上学体系”。不过，在20世纪，莱布尼茨的荟萃百家、广博深湛的哲学思想被进一步挖掘出来，他的虚荣心大概也可以在九泉之下得到满足了。

通常我们把笛卡尔、斯宾诺莎和莱布尼茨称之为近代理性主义的代表，而将洛克、贝克莱和休谟称之为近代经验主义的代表。前者好像自行吐丝织网的蜘蛛，安坐在扶手椅中构造精细的形而上学体系；后者则像是蚂蚁，辛勤地搜集材料，热衷于观察。前者强调理性高于感觉，理性自身就可以获得真实的天赋知识；后者强调感觉经验的优先性，认为一切知识都起源于经验和观察。前者认为逻辑和经验事实分属两个不同的领域，方法各异，不容混淆；而后者则认为逻辑

① ［英］罗素：《西方哲学史》，下卷，106页。

② ［荷］斯宾诺莎：《政治论》，6页，北京，商务印书馆，1999。

本身既属于理智，亦属于世界，逻辑方法可以解决事实问题……总之，近代哲学被简化为两大对立的阵营，直到康德完成了伟大的综合为止。这种简明扼要的勾勒非常适合于教科书的叙述，因此一直为人们津津乐道。事实上，哲学的历史和智慧的探险本身是无法这样简化的，许许多多相互缠绕纠葛的线索无法割裂为针锋相对的两个派系。理性主义和经验主义这两个生硬的标签，即使在叙述中无法避免，但最好还是让它们从思想中不要过分僵化和简化。

四、经验的谦恭与温和的怀疑

对了解西方哲学史的读者来说，一听到经验主义这个词，首先想到的就是英国经验主义，就像在有教养的欧洲人心中，尤其在黑格尔一代的德国人心中，一提到希腊这个名字，自然会引起一种家园之感一样。英国有重视感觉、强调经验的悠久传统，但并不能完全归之于经验主义。与欧洲大陆哲学一样，英国哲学是以文艺复兴著称的欧洲精神觉醒的成果之一，但与大陆哲学、特别是德国哲学不同，英国哲学家并不是伟大的体系构造者。自 16 世纪至 18 世纪，没有一个重要的哲学家试图从自己的观点出发，对整个思想领域进行完全的概观，并融会贯通，构成体系。纯净严整的哲学体系未必是重要的，过早地把观念归纳为一个体系也有几分危险。当哲学史家把某个哲学家的思想强行构成或纳入一个体系，并用普遍化的术语来描述它们时，也常常失之偏颇。英国的思想家，尤其是洛克，常常在博学的德国史学家手里失去了用武之地，因为后者关注的与其说是思想，不如说是体系。此外，没有一个民族的哲学比英国哲学更不关心学派。英国哲学的许多大著作家都是一些闲暇之士或事业家，他们从事哲学研究，但不是以此为职业，而是由于受到哲学问题恒久兴趣的吸引。他们不易联合成为思想学派，有时也不太在乎逻辑的专门技术，每一个人都有从他自己的角度观察问题的倾向，但是，他们却都致力于达到对个人自身在宇宙中的地位的某种理解。[①]

◎ 培根的四假相说

当然，英国哲学家中并不乏雄心勃勃的人士，比如弗兰西斯·培根（Francis Bacon，1561—1626）。培根的雄心壮志是撰写一部百科全书式的巨著《科学的大复兴》（又名《伟大的复兴》），包括六个部分，但只完成了前两部分，这就是他的两部主要哲学著作《论学术的进展》和《新工具》。他高呼“知识就是力量”，

① 参见［英］索利：《英国哲学史》，305～306 页，济南，山东人民出版社，1992。

吁请“科学的伟大复兴”，他推崇的是通过经验和归纳来获取知识，要求从事实中合乎规则地抽取概念，而不是用三段论式的推理来“帮助着把建筑在流行概念上面的许多错误固定下来并巩固起来”。他认为，希腊人的智慧是耽溺于争辩的坐而论道，并轻蔑地斥之为“无聊老人对无知青年的谈话”。对他来说，解释自然只不过是人类以理智克服自然的手段，而他的目的，是让人们能够按照自然的本来面目去认识自然，并且支配和利用自然，为人类自身谋福利。培根批判经院哲学、崇尚实验科学的努力，正是当时的时代精神的体现；而他的批判精神，也是近代哲学一以贯之的崭新传统。

培根给我们印象最深的批判便是“四假相说”。所谓假相（idols，亦译作“幻相”、“偶像”），即盘踞在人的头脑中的一些错误观念，它们形成了成见或偏见，使人们不能正确地认识真理，严重妨碍了科学的复兴。培根根据来源把假相分为四类，既有源于人类天性中的普遍缺陷的“族类假相”，使人以自己的主观感觉和成见而非客观事物本身为尺度，从而在对自然事物的认识中掺杂着许多主观的成分，也有由于个人的特性、教育和环境而产生的“洞穴假相”。“剧场假相”把各式各样的哲学体系以及错误的论证方法移植到人们心中，使人们把并不真实的布景当作了世界的场景。但最麻烦的还是“市场假相”。人们相互往来，如同市场上的交易一样，必然会使用语言，但如果对名称和概念的规定和理解不当，就会以假冒真，名实不符，造成错误的观念，形成假相。“它是通过文字和名称的联盟而爬入理解力之中的。人们相信自己的理性管制着文字，但同样真实的是文字亦起反作用于理解力；而正是这一点就使得哲学和科学成为诡辩性的和毫不活跃的……因此我们常见学者们的崇高而正式的讨论往往以争辩文字和名称而告结束……”①

要克服这四种假相，一方面要尊重经验，因为一切认识都起源于经验，感觉表象是认识的起点；另一方面，要在经验能力和理想能力之间建立一个真正合法的婚姻，我们要效法的既不是蚂蚁，也不是蜘蛛，而是蜜蜂。“历来处理科学的人，不是实验家，就是教条者。实验家像蚂蚁，只会采集和使用；推论家像蜘蛛，只凭自己的材料来织成丝网。而蜜蜂却是采取中道的，它在庭园里和田野里从花朵中采集材料，而用自己的能力加以变化和消化。哲学的真正任务就正是这样，它既非完全或主要依靠心的能力，也非只把从自然历史和机械实验收来的材料原封不动、囫囵吞枣地累置于记忆当中，而是把它们变化过和消化过放置在理解力之中。”②

后人把培根称为近代实验科学的鼻祖之一。确实，晚年官场失意的培根把精

---

① ［英］培根：《新工具》，32页，北京，商务印书馆，1984。

② 同上书，81页。

力完全投入到文学、哲学，特别是科学研究当中。正如培根所说：顺境的美德是节制，逆境的美德是坚忍，后者是较为伟大的一种德性。

有一天天气非常之冷，培根在回家的路上买了一只鸡，把它杀了，将雪塞满了鸡的肚子，看看寒冷是否能延迟腐化。他刚做完了这件事，就觉得浑身发冷，最终一病不起，卒于 1626 年 4 月 9 日。

◎ 洛克：天赋观念批判

不过，要说英国经验主义的奠基人，当首推约翰·洛克（John Locke，1632—1704）。洛克既是启蒙运动的先驱，又是英国经验主义的开路先锋。他的《人类理智论》[①]（1689）在 18 世纪的影响除《圣经》外无可比拟；他的两篇《政府论》（1690）激励了美国和法国革命，堪称自由主义的"圣经"；他坚定地捍卫宗教和政治中的理性精神，这与出生于同一年的斯宾诺莎颇有相通之处。后来，年轻的伏尔泰则满怀憧憬地把洛克的思想带到了巴黎。

"观念"一词在洛克的哲学中是举足轻重的概念。在他看来，存在于或发生在心灵之中的任何东西，要么是观念，要么包含观念，人类的一切知识都起源于观念，以观念为基础。在《人类理智论》中，"观念"（idea）一词的出现频率超过了其他任何名词；甚至比"he"、"have"、"for"等常用词都要多。以观念立论，区分心物，乃是笛卡尔哲学的影响使然；但从观念出发，走一条经验主义而非理性主义的道路，却是洛克与笛卡尔不同的旨趣和风格。其间最大的差异则是有关"天赋观念"（innate idea）的论争。

所谓"天赋的"，其实是内在的、固有的，好像是与生俱来的一样。有人认为，宗教、道德、数学和逻辑学中的一般观念和原则是人们所普遍同意的，这就证明它们在人们心中是天赋的。笛卡尔甚至极端地认为，神所创造的永恒真理是我们的心灵与生俱来的，正如一位国王把他的法律印在臣民心中一样，如果他有如此威力的话。[②] 当然，笛卡尔更多的是从理性能力、思想官能方面谈论观念，在这个意义上，甚至感觉观念也是内在的，天赋的，因为心灵的天然倾向就是去经验痛苦、颜色等由肉体运动所呈现出来的东西。他的天赋观念基本上是指"共同概念"（common notion）和关于非物质实体的观念（包括神）。莱布尼茨则认为，天赋观念和真理是作为倾向、禀赋、习性或自然的潜在能力，天赋地存在于我们心中，并不是作为现实作用而天赋地存在于我们心中。心灵是有纹理的大理石，石头的纹理潜在地与某一现象相合，决定了大理石适合于雕刻的图形；感觉

---

① 中译本名为《人类理解论》，北京，商务印书馆，1959。

② Descartes，"Letter to Mersene"，15 April 1630（AT VII 188），Quoted from *The Cambridge History of Seventeenth _ Century Philosophy*，Cambridge：Cambridge University Press，1998，pp. 1073～1074.

所起的作用好比是使纹路凸显出来的工作。工匠们都知道如何按照天然的纹理加工石料，使雕像清晰可见。但洛克却认为，“人们只要运用自己的自然官能(natural faculties)，则不用天赋印象的帮助，就可以达到知识的确定性”[①]。人的心灵就如同一块“白板”(tabula rasa)，上面原本没有任何标记，后来通过经验便在上面印上了印痕，形成了观念和知识。洛克的自然官能除感官的印象之外，还包括心灵的分辨力（discerning)、组合功能（compounding)、命名和抽象作用等，可以把通过感官获得的简单观念加工为复杂观念。因此，人心虽是一张白纸，但并不缺乏必要的天赋能力。天赋观念常常会蜕变为偏见、迷信、甚至无知的避难所，恰恰需要人类的思维能力去加以批判，这正是启蒙的精神。

对天赋观念的批判需要我们对我们的思维、概念和语言进行一番大扫除，传统哲学的论辩及其术语（如实体、无限、天赋观念等）都需要清理，它们貌似深刻的智慧，实则是含混不清的典型。清除这些容易误导的抽象乃是十分重要的治病救人的活动，语言的澄清能够把我们从固有的错觉和妄想中解放出来，让我们放弃那些基于不清晰的扭曲的观念，从而在公共事务和科学研究中进行合乎理性的探讨。很明显，这些观点既是对培根的继承，也吸收了笛卡尔的理性精神，对20世纪的分析哲学也有一定的影响，有学者认为“语言转向”就始于洛克。

◎ 第一性质与第二性质

洛克的经验论仍然采用了笛卡尔心物二元论的基本框架，这就使物体的性质与观念的性质之间的关系成为一个难题。一切观念来源于经验，经验就是对外部事物的感觉和对内部心理活动的反省，它们在心灵上留下的痕迹就是观念。一个雪球在我们心中产生了白、冷、圆等观念，但这些观念却是与人的感觉器官相互作用的结果，可以叫做“附属性质”；另一方面，雪球的体积、形象、数目、运动、静止等“原始性质”，却不是感觉直接经验的结果。因此，洛克不得不沿袭当时的流行见解，区分了物体的两种性质和及其所产生的两种观念，那些原始性质被称为第一性质（primary qualities)，没有它们，物体就是不可想象的；而附属性质则被称为第二性质（secondary qualities)，这种第二性质是物体中的一种“能力”，它可以借物体各部分的大小、形状、组织和运动等，在我们心中产生色、声、味等感觉。所以，我们所感觉到的物体的第二性质其实并不是它们的真实存在方式，只不过是第一性质的变形而已。第一性质的观念是对物体性质的真实反映，它与第二性质的观念之间的关系是“原型”与“摹本”的关系。因此，“物体的第一性质的观念是和第一性质相似的，它们的原型确实存在于物体里面，

---

① 参见［英］洛克：《人类理解论》，第1卷，第2章，6页，北京，商务印书馆，1959。（译文有改动）

第二性质在我们心中产生的观念则根本不与第二性质相似。并没有什么与我们的观念相似的东西存在于物体本身之中。这些性质在我们用来称呼的物体里面只不过是一种在我们心中产生这种观念的能力；观念中的甜、蓝和温暖，只不过是我们称之为甜、蓝和温暖的物体本身里面的不可见部分的某种大小、形相和运动而已”[①]。

不过，区分这两种性质及其观念真的有意义吗？我们能够想象没有颜色的广延或物体吗？如果答案是否定的，而且我们认为颜色是依赖于认识主体的性质，那么，断言第一性质独立于人而存在，就是成问题的；但如果所有性质都依赖于认识主体，则无法谈论客观存在的性质，又会陷入所谓唯心论的窠臼。这些问题后来在英国经验主义的自我批判中得到了进一步的探讨，这场批判的代表人物就是贝克莱和休谟。

◎ 贝克莱：存在就是被感知和感知

爱尔兰的乔治·贝克莱主教（George Berkeley，1685—1753）曾经因为一句“存在就是被感知”（To be is to be perceived）而臭名昭著，被称为最极端的唯心主义或观念论的代表。然而，提出这样一个哲学命题，不仅需要理智的洞察力，更需要理论的勇气，况且，它并不是那么容易驳倒的。这个命题的提出及其反驳恰恰反映了思想的探索和批判精神。在这里，Idealism 这个概念主要是在观念论的意义上使用的，通常与实在论（Realism）相对。

就贝克莱本人而言，他的意图是倡导常识而反对形而上学，坚持基督教神学的观点而对抗无神论和唯物论。洛克区分了第一性质和第二性质，实际上也就是区分了世界如其所是的样子和世界对我们所显现的样子。世界实际上是怎样的，这是不依赖于我们的感觉的，我们只能推论出这种本质来。贝克莱则认为，超越我们的感知的不可感的“物质”根本就是不可理解的，构成我们所经验的世界的也根本不是这种对象，我们所感知的世界就是实际存在的唯一的世界。洛克的区分没有意义，因为所谓第一性质其实是我们通过感觉性质推断和抽象出来的。在思想实验中，我们可以取消玫瑰花的红色，但如果要谈论它的广延（长宽高），就必须考虑到它的颜色，因为我们正是通过颜色的对比而把玫瑰花与其背景区分开来的。因此，除了我们用感官所感知的事物之外，还有什么上述的对象呢？并且，在我们自己的观念或感觉之外，我们究竟能感知什么呢？存在就是被感知。

不过，更准确地说，存在就是被感知和感知。因为“被感知”预设了一个感知者，一个主体，一个在感知的灵魂或心灵。但人们不禁要问，如果存在就是被感知和感知，那么当我看到一束玫瑰花时它存在，如果转过身去，不再看它、感

---

① ［英］洛克：《人类理解论》，375 页。

知它，玫瑰花是否就不存在了呢？贝克莱的看法是，存在是被一个有意识的存在者感知到，某个东西存在并不意味着它实际上被感知到，而是在通常的条件下，它能够被感知，也就是说，重要的不是实际的被感知，而是可感知性。而且，感觉经验是十分清晰、明确、固定的，并不像意志或意愿那样可以随心所欲，在通常的条件下，感觉经验带来的观念是一致而稳定的，这也是我们往往认为“物体”实际上存在一样，其实它们不过是稳定而有序的观念集合。不可感知的东西是非常识的形而上学的产物。比如物质（matter）概念，除非它是一束玫瑰花、一堵墙等具体感觉经验的集合，否则就是不合理的抽象概念，哲学上的物质概念恰恰也指称不可见的物质实体——支持各种偶性的基质，这样的物质概念根本就是无。又如“红”这一抽象观念：我们无法想象对所有浓淡不同的红色来说都相同的特征，因为如果说我心中关于红色的一般观念不同于任何一种具体的红色，那是荒唐的；但如果说同时是所有红色，这又是不可能的，因为每一种红色都是独一无二的；要是说同时既是又不是所有红色，则是自相矛盾的。因此，贝克莱认为，我们心中与一般名词相对应的观念都是特殊和个别的，只是名词的用法使它看起来像是一般的、普遍的而已。在当时的英语口语中，观念（idea）这个词与图像（image）是同义词，似乎可以说，观念就是一幅图像；不能被设想为图像、无法表象的观念就是伪观念。

然而，我如何能够保证现在看到的玫瑰花就是刚才看到的那一束呢？就是你看到的那一束呢？即使在通常的条件下，感觉经验也总是有差异的，总不能因为我们的感知有差异，就否认那一束玫瑰花的存在吧？贝克莱把物质实体请了出去，目的是把上帝请进来。上帝保证了经验的规则性和秩序，上帝是一切经验的来源，他维持着一切的持续发生。但上帝不是观念，我们无法感知上帝。因此，上帝的存在就是一个推论，这个推论的前提有两个：物质是死的，观念是被动的；因此。假如有一个更有力的精神产生观念、秩序和善，这就是从感觉经验推断出的超越经验的上帝。这样，贝克莱的宇宙中就存在着三种居民：第一种是只存在于感知者心中的观念；第二种是可以感知观念的被创造的精神，即我的心灵和其他所有人的心灵；第三种是永恒无限的精神，亦即上帝。

上述思想在贝克莱还是二十几岁、血气方刚的青年时就已经形成了，体现在《视觉新论》（1709）、《人类知识原理》（1710）和《海拉斯和斐洛诺斯的三篇对话》（1713）中。晚年的贝克莱长途跋涉，实地考察爱尔兰的社会状况，探究其落后贫困的原因，提出了发展经济的设想，同时也注意到狭隘经验论的局限性，重视理性在认识过程中的地位。他晚年的代表作是《西利斯》（1744）。

◎ 英国经验论的“逻辑终局”：休谟

按照通常排列的英国经验论谱系，大卫·休谟（David Hume，1711—1776）

是近代早期哲学中最后一位代表。他生活在启蒙时代，与法国的伏尔泰和卢梭是同时代人。他与贝克莱一样是从洛克的经验论出发的，不过他在经验论上比洛克和贝克莱更彻底，合乎逻辑地得出了怀疑主义的结论。罗素称他是英国经验论的“逻辑终局”①。康德则认为“自从有形而上学以来，对于这一科学的命运来说，它所遭受的没有什么能比休谟所给予的打击更为致命”②。经验的谦恭与温和的怀疑不仅是休谟思想的特色，而且是他的人生态度，甚至是英国哲学气质的写照。

休谟生于苏格兰首府爱丁堡，父母皆出自名门望族。在很早的时候，休谟就被爱好文学的热情所支配，这种热情是他一生的主要情感。当他 15 岁离开爱丁堡大学时，除了哲学和一般学问的钻研外，他对任何东西都感到一种不可抑制的嫌恶。在深入研究他所喜爱的东西的过程中，他形成了一个完整的哲学体系——1739 年他 28 岁的时候匿名出版了哲学巨著《人性论》（*A Treatise of Human Nature*）。与贝克莱一样，休谟也是少年老成、大器早成的思想天才。

然而，休谟对他这本革命性著作出版后所受到的冷遇深感遗憾，他期待的是好评如潮，但听到的却只是一片反对声，遇到的只是漠视、嘲弄和不解。尽管初出茅庐就遭此惨败，天性愉快而乐观的休谟不久就恢复了常态。他首先把这种冷遇归咎于文字上的不成熟，因此他后来又于 1748 年和 1751 年分别出版了《人类理智研究》和《道德原理研究》。除了上述著作和大约写于 1750 年但死后才敢发表的《自然宗教对话录》以外，休谟实际上已金盆洗手，不再在哲学园地上耕耘了。其原因大概有两个，一是同时代的人无法理解他的哲学，从而使他缺乏激励去从事更为深入的研究；二是他一生的支配性情感与其说是科学上的好奇心，倒不如用他自己的话说是“追求文名”（love of literary fame）。这两个原因也许本是一回事。这一情感使休谟成为哲学家中的文学家。他的文笔在清新流畅之中融入了委婉绵密的精细分析，在舒卷自如的笔调之中流露出温文尔雅的俊逸风格，他思想深刻而绝无晦涩臃肿的毛病，复杂的思想经他娓娓道来则恰如剥茧抽丝，细腻可读。康德不无羡慕地说：并不是一切人的文笔都能像休谟的文笔那样既漂亮又动人。

当休谟在哲学上获得了自我满足之后，就开始在其他领域内追求他的文名了。首先是历史，他撰写的《大不列颠史》（*History of Great Britain*）等著作使他声名鹊起，当然也受到不少攻击。当时休谟作为历史学家的名声实际上要比他作为哲学家的名声大得多。其次是道德和政治，还包括经济学——在这一领域他取得的名声足以与他伟大的朋友、经济学家和伦理学家亚当·斯密媲美。

---

① ［英］罗素：《西方哲学史》，下卷，196 页。

② ［德］康德：《未来形而上学导论》，5～6 页，北京，商务印书馆，1982。

休谟绝非学院式的人物，虽然他曾在爱丁堡和格拉斯哥为获得哲学教席而做过两次不成功的尝试。他首先是一个文人（a man of letters），其次是一个从事实际事务的人（a man of affairs）。他在当时的文人圈子里颇受欢迎，因为他好交际，幽默诙谐，心地和善，坦诚待人，有点真诚的虚荣之心，但全无嫉妒之情。休谟在《自传》中的自我评价是："平和而能自制，坦白而又和蔼，愉快而善与人亲昵，最不易发生仇恨，而且一切感情都是十分中和的。"[①] 休谟还风趣地把自己的特征分为16项，让我们来看看几个幽默的特征：（1）好人而以做坏事为目的；（3）非常用功，但无补于人亦无益于己；（8）非常"怕难为情"，颇谦虚，但绝不卑逊；（13）有热诚而不信宗教，讲哲学而不求真理；（14）虽讲道德，然不信理智而信本能；（15）好与女子调情，而决不使未嫁的姑娘的母亲发急，或已嫁的姑娘的丈夫拈酸。

唯一一件让休谟无可奈何的友情风波发生在他和卢梭的关系上，这在当时成为轰动一时的公案。1762年，卢梭发表了名著《爱弥尔》，触怒了天主教会。教会对他施加了疯狂的迫害。为逃避迫害，卢梭颠沛流离，奔波于巴黎、日内瓦和伯尔尼等地，但仍无安全的栖身之所。这时休谟雪中送炭，邀其赴英国避难。当时这两位气质迥异的思想天才虽相知已久，但并未谋面。休谟钦佩卢梭的才学，卢梭也认为休谟是真正的哲学家和公正的历史学家。休谟经过精心安排之后，几经周折，终于在1766年1月陪同卢梭来到伦敦安下身来，并未经征询卢梭的意见就设法向乔治三世为之申请年金。殊不知，卢梭不断避免向现存政权做任何即使表面上的妥协，兼之伦敦所流传的种种流言飞语，使生性多疑的卢梭旧病复发，在受迫害妄想症的刺激下，无端地猜疑休谟同法国的哲学家合伙迫害他，说休谟带他到英国来是为了污辱他。休谟对此苦不堪言，多次写信解释和劝抚，都无济于事。这一切使休谟不得不说："卢梭是个怪人。"次年，误解君子之腹的卢梭改名换姓，潜回法国。不久，休谟就收到达兰贝尔的来信说卢梭终于向人解释他错待了休谟。除此之外，休谟与法国的其他启蒙思想家，如狄德罗、霍尔巴赫、爱尔维修、达兰贝尔、布丰和马蒙德尔等人都意气相投，从无芥蒂，其交往也是丰富多彩、富有情趣的。

1775年春天，休谟得了肠胃病，这种病最终成了他的致命杀手。但面对死神的召唤，休谟一直保持着乐观的性格。他的研读仍如以往那样热烈，他的谈笑仍如以往那样快活。他在《自传》中平静地谈到即将到来的死亡："我想，一个人已经到了65岁，就是死了，也只是截去几年病魔缠身的光景。而且我虽然看到，有许多征象预示着我的文名终究会显耀起来，可是我知道我也只有不多几年

① ［英］休谟：《人类理解研究》，7页，北京，商务印书馆，1957。

来享受它。我到此时对于生命算是最无牵挂的了。”① 在临终前，他读到了亚当·斯密的名著《国富论》，并委托这位比他小 12 岁的亲密朋友全权处理他的全部手稿和信札，出版他的遗著。1776 年 8 月 25 日，这位不朽的思想家和他不朽的文名一起告别了不朽的 18 世纪。

◎《人性论》

休谟的代表作当然是《人性论》。从这部书我们可以看到 17 世纪那些伟大的理性主义形而上学体系的影响，如笛卡尔、莱布尼茨、斯宾诺莎和马勒伯朗士等人的思想；其次是物理学家牛顿的影响，他采取了以实验来验证假说的方法，揭开了自然界神秘的面纱；第三则是英国经验论者的影响，这些思想家总是带着怀疑的眼光去审视大陆理性主义者堂皇的体系，试图不带任何偏见地考察人类心智的能力和原则，以确立人类知识的限制和人类义务的基础；最后但并非最不重要的是宗教之间的重大冲突和宗教论争的影响，先是天主教和新教之间的矛盾，后来是有神论和泛神论之间的对立，还有怀疑主义与理性主义之争。

无论在《人性论》中，还是在《人类理解研究》中，休谟的策略都是把牛顿式的实验方法融入英国经验主义对人类心智的力量和原则的探究之中，其目的是要建立一种关于人性的真正的实验科学。这种科学试图提供一块试金石，以检验理性主义形而上学各种武断的假设。在《人性论》的引言中，年轻气盛的休谟甚至宣称“提出一个建立在几乎是全新的基础上的完整的科学体系，而这个基础也正是一切科学唯一稳固的基础”。但在《人性论》第一卷第四部分中，又出现了一种新的武器——怀疑主义。休谟先是用它来攻击敌人，然后再解除其武装使之与自己和平共处。怀疑主义的论断在逻辑上是无法回答的，但相对于统治我们日常生活的自然情感和信念而言，它们就失去效力了。因此，怀疑主义可以用来揶揄神学家们，或者使他们相互争吵，并可以用作任何一种独断论的解毒剂。同时，它们对常识、数学、道德和实验科学没有威胁，这些是由自然情感和信念来保证的。自然主义把这位怀疑论者身上的刺拔掉了，使他与经验科学家相和谐。

《人性论》以一种近乎独断论和先天知识的手法开篇：“人类心灵中的一切知觉（perception）可以分为显然不同的两种，这两种我将称之为印象（impression）和观念（idea）。”前者是强烈而生动的，后者是比较不强烈而生动的。任何彻底的二分法总是值得怀疑的，这次也不例外，原因是他无法完全抛开在当时占主导地位的心物二元论。

休谟的经验论思想也许可以归结为两个命题：（1）我们的所有观念均源于感觉印象和内在情感，也就是说，我们甚至无法设想不同于我们经验的任何事物。

① ［英］休谟：《人类理解研究》，7 页。

(2) 事实无法由推理先天地得到，而必须从经验中发现或由经验推断出来。从这两个命题可以得出这样一个结论：形而上学体系所告诉我们的关于上帝存在、世界本原以及其他超验事物的说法是没有意义的，即使有意义，也无法被证明为真。

◎ 休谟的“显微镜”、“剃刀”和“叉子”

为了证明自己的观点，休谟使用了三个工具——“显微镜”、“剃刀”和“叉子”。

“显微镜”是分析和还原，它的作用是：如要检验和理解一个观念，首先应把它还原为组成它的简单观念，如果此后还有模糊不清的，则唤起它由以起源的印象。这相当于用具体的事例来澄清一般的概念问题或特殊的哲学问题。

“剃刀”与“显微镜”相关，是一把锋利的手术刀。如果一个名词唤起了一个观念，但这个观念却无法被分析成能够产生印象的简单部分，那么这个名词就是无意义的。休谟的这一剃刀术与20世纪逻辑实证主义的证实原则可以说是一脉相承的。二者都试图严密地建立一种一般原则，即如果要理解一个语词或表达式，我们必须知道如何把它们与我们碰到的或可能碰到的具体事例联系在一起；换言之，一个命题的意义在于它的证实方式。可以说，休谟之所以能够在哲学上取得许多重要的成果，在很大程度上要归功于他的“剃刀术”。

坚持观念起源于经验的经验主义者们，在解释一般名词（通名）所代表的一般观念时总会遇到麻烦。休谟举起“剃刀”和“显微镜”分析了抽象观念。由于我们只能看见特殊的人、个别的三角形、浓淡不同的红色和运动的物体，因此对“人”、“三角形”、“红色”、“运动”等一般名词来说，如何由特殊过渡到一般是一个大问题。洛克的解释是，因为我们拥有抽象能力，可以由特殊的感觉观念制造出一般观念，后者反映的只是事物对所有人来说都相同的共同特征，而去掉了因人而异的具体特征。但贝克莱则指出，如果你把一个人的所有个性特性都从观念或形象中一笔勾销，那还会剩下什么所谓“人”的形象呢？休谟继承了贝克莱的观点，同时更进一步提出：如何解释特殊观念能够“代表”同类的其他特殊观念？因此他求助于观念间的联系（association）理论。他认为，在时空中相近或相似的印象所产生的观念是相互联系的，也就是说心灵有一种从一个观念向另一个观念转移的倾向，这一倾向把在时空中近似的几种特殊事物联结起来而形成了一般名词，后者所代表的一般观念也是由相似的特殊观念联结而成的。因此名词之所以能够代表一般观念，是由于它倾向于唤起某类观念集合中的所有成员并联结而成一般观念，这些成员则是因近似而成为集合的，其数量是不受限制的。

休谟的“叉子”把知识的对象分成了两种类型：“观念的关系”和“实际的事情”，由此产生了两种知识：逻辑知识和经验知识。他认为这两种知识就是可发现的全部真理的领域。它与传统意义上必然真理与偶然真理的区分相对应，与此前莱布尼茨提出的推理的真理和事实的真理以及后来的分析命题和综合命题的区分则更为接近。

首先，某些真理依赖于我们的观念。它们说明了我们观念间的关系，观念不变，关系亦不变。这种观念间的关系是知识和科学研究的主要对象，如几何、代数、算术诸学科。其次，另外一种真理并不依赖于有关的观念，而决定于事实的情况；事实的反面总是可能的，因为它本身不含有任何矛盾。观念间的关系可以通过两种方式来发现，一种是直观（intuition），另一种是证明（demonstration）。事实的知识也可以通过两种方式来发现，一是观察，一是推断（inference）。休谟着重考察的是经验推断的性质，他认为这种推断总是要依赖于因果关系。如果我观察到 A 而由此推断出 B，那么只是因为我相信 A 和 B 之间存在着因果联系。

从这种理论出发，休谟可以解释四个问题。（1）推理就是从印象 A 到生动的观念 B 的推论；（2）与当下的印象 A 相联系的生动的观念 B 产生了 B 的信念；（3）使我们决意从观念 A 向观念 B 转移、或从印象 A 向观念 B 转移的情感倾向，就是必然联系观念的起源；（4）既然使我们“决意”去这样做的原因仅仅是过去的观念结合的不断重复，而不是任何推理，那么这个原因就是习惯。习惯联想就是因重复而造成的观念结合。在休谟看来，所谓“设想（conceive）”、“知道”或“相信”不过是拥有观念而已，即拥有恒常结合的观念或生动而稳定的观念；而观念仅仅是印象的复制品，我们无法设想、知道或相信没有印象的事物。因此，我们没有关于心灵的印象，心灵只是“一束知觉”——印象或观念。我们的身体也是如此。所以“心灵实体”和“肉体实体”根本就是毫无意义的形而上学的呓语，而且，贝克莱为上帝保留的超越的实体地位也十分可疑了。

◎ 习惯是人生的伟大指南

休谟提出的实际上是一个基本的人性原则：因果推断是由于习惯（custom）而发生的——“因果的必然联系是我们在因果之间进行推断的基础。我们推断的基础就是发生于习惯性的结合的推移过程。因此，它们是一回事。”[①] 根据经验而来的一切推论都是习惯的结果，而不是理性的结果。传统哲学中有关世界的“必然真理”、“绝对真理”其实不过是习惯的联想而已。在这里，我们固然可以说，休谟贬抑了理性的作用，但不能说这是非理性的。因为“习惯是人生的伟大指南”、“理性是情感的奴隶”固然是结论或原则，但更是经验事实；因为习惯固然是人生的伟大指南，但并不意味着理性不是一种人性和人生的指南，而毋宁说

① ［英］休谟：《人性论》，190 页，北京，商务印书馆，1980。

休谟在这里是指出了人的理性能力的局限，并为之划界——一方面使理性不作超验的使用，不去探究那些终极的、无限的东西，另一方面在习惯和自然情感的基础上，谦恭地发挥它应有的作用。

休谟认为，数学和经验推理都是自然的，因为它们都遵循自然的心灵的决定作用；而且，他发现如果把自己限定在“日常生活（common life）”之中，他既可以保持怀疑主义态度，也可以去感知、记忆、计算和推论，日常生活中的问题凭借自然的推理就可以解决。因为“自然凭借一种绝对而不可控制的必然性，不但决定我们要呼吸和感觉，而且也决定我们要进行判断”①。

这种怀疑论有两个基本特征：一是温和的非独断性，二是拒绝超越常识。它允许丰富的理智生活，允许在此基础上建立关于人的科学。如果形而上学能够包含对其“崇高”观念的经验研究的话，那也是自然的。因为好奇心是人类的自然动机，好奇心的满足也会带来自然的愉快。因此，要想使我们得到有益的结论，怀疑的力量是必须的；但还要进一步相信，除了自然本能的强大力量外，没有任何东西可以使我们摆脱这种怀疑的力量。而且，休谟说，即使我们不做上述研究的话，神学家们也会越俎代庖；如果我们对他们把危险的经院教条改头换面为形而上学的做法不予理睬的话，他们就会渔翁得利。所以，“我们如果在手里拿起一本书来，例如神学书或经院哲学书，那我们就可以问，其中包含着数和量方面的任何抽象推论么？没有。其中包含着关于实在事实和存在经验的推论么？没有。那么，我们就可以把它投到烈火里，因为它所包含的没有别的，只有诡辩和幻想”②。

◎ 休谟的道德理论

休谟的道德理论是其人性理论的重要部分，大致可以概括为三个论点：（1）理性自身无法解决道德问题；（2）道德情感是道德的根源和道德评价的标准；（3）道德情感仅仅为快乐的或有用的东西所驱动。在理性与激情的关系上，休谟说出了一句石破天惊的著名断语：“理性是，而且只应当是情感的奴隶。”还可以补充一句：“心里的激情，欲念的搅扰，爱憎的激荡，都足以把它（理性哲学）的结论消散了，都足以使深奥的哲学家成为一个凡夫俗子。”③

另一方面，休谟还提出一条关于伦理判断的原则：从“是”中无法推出“应当”（No *ought* is from an *is*）。休谟说，在他所遇到的每一个道德体系中，作者都是照平常的推理方式开始的，然后或者确证了上帝的存在，或者对人事作了一

① ［英］休谟：《人性论》，209页，北京，商务印书馆，1980。

② ［英］休谟：《人类理解研究》，145页。

③ 同上书，10页。

番议论；可是突然之间，他大吃一惊地发现，作者由“是”或“不是”转换为“应当”或“不应当”，例如从“上帝是造物主”转换为“我们应当服从上帝”。既然这个“应当”或“不应当”表示一种新的关系或肯定，所以就必须加以说明，虽然这往往得不到充分的说明。

我们不妨用休谟的一段名言来概括他的精神气质：

> 由此看来，自然似乎指示给我们说……你可以尽量爱好科学，但是你必须让你的科学成为人的科学，必须使它对于行为和社会有直接关系。它又说，奥妙的思想和深刻的研究，我是禁止的，如其不然，那我将严厉地惩罚你，我将说它们给你带来沉思的忧郁，将使它们把你陷在迷离恍惚的境地，将使你的自命的发明在发表出去以后受到人们的冷淡的待遇。你如果愿意做哲学家，尽管做好了，但是你在你的全部哲学思维中，仍然要做一个人。①

五、理性、自由与进步：启蒙思想

◎ 启蒙哲学的要义

美国第三任总统、《独立宣言》的起草人托马斯·杰斐逊（Thomas Jefferson，1743—1826）曾经说过：民众的普遍启蒙，会让暴君和对身心的压迫像黎明时分的恶魔一样消逝无踪。对于启蒙思想家来说，启蒙就是让光明照亮民众的心灵，让黎明驱散黑夜。按照近代思想家的看法，理性就是一种自然的光明，烛照心智，扫除蒙昧。17 世纪至 18 世纪的欧洲启蒙运动高举理性的旗帜，认为一切事物都必须在理性法庭面前接受无情的审判，以决定其存亡。它不仅涉及宗教信仰、文学艺术、哲学思想、自然科学，更涉及政治制度、国家体制、道德体系等社会生活的各个方面。也许除了人文主义以外，任何运动都没有像启蒙运动那样强有力地驱散了笼罩着西方世界的迷信和不合常理的笼罩在人们头上的浓雾。

概括地说，启蒙哲学的要义在于：理性人皆有之，而非某些人的特权；人性本善，人生的目标是此岸的世俗幸福，而不是彼岸的神圣恩宠。这个目标只要借助科学即可实现，因为知识就是力量，前进中最大的障碍是无知、迷信和不宽容。要想克服这些障碍，我们需要启蒙（不是革命）。启蒙与德性的进步相辅相成，通过启蒙，世界就会进步。从政治和社会思想来看，首先，自然法保障了个人的权利；其次，关于开明的自利（enlightened self-interest）的道德理论认为，

① ［英］休谟：《人类理解研究》，12 页。

我们应当追求自身的最好状态，在社会学意义上，自利的和谐是存在的，因为为自身利益而奋斗有助于增加每个人的福利；再次，理想的国家是保护财产权利和个人自由的，也应当是有效率的。[①]

启蒙运动遍及欧洲各国，而以法国与德国的运动最为典型，但英国也绝不能被忽略。法国的著名启蒙思想家有伏尔泰、卢梭、孔狄亚克、摩莱里、马布里、拉美特利、狄德罗、爱尔维修、霍尔巴赫等；德国有莱辛、赫尔德、席勒、歌德、福尔斯特等，康德为德国启蒙运动盛期的著名代表；而英国则是启蒙思想的发源地，特别是洛克，在世界历史上，作为政治哲学家的影响之深远，几乎无出其右者。他不但为英国光荣革命作了论证，而且他提出的天赋权利、立宪政府和反抗暴政的权利是法国革命在理论上的一个重要根据，并很快被美国思想界所接受，为殖民地反抗英国的压迫提供了大量的理论依据，在《独立宣言》中，大段的文字几乎都是《政府论》下篇的翻版。

◎ 霍布斯：自然法与《利维坦》

在讨论洛克之前，我们先看看稍晚于培根、较早于洛克、与笛卡尔基本同时的英国思想家霍布斯（Thomas Hobbes，1588—1679）。霍布斯的兴趣在于数学、物理学、光学、政治学，这种兴趣又与对体系、综合和几何学方法的偏爱结合在一起。科学在整体上始于“第一哲学”，它从一系列定义、区分和论证开始，阐明其机械论哲学的基本概念。因此，霍布斯服膺经验论的基本原则，但也重视理性认识；他长于分析和归纳，但也热衷于演绎和综合。这显然来自笛卡尔哲学的影响。

在他看来，哲学是关于物体（body）的科学。物体可以分为两大类：一类是自然物体，它是自然的作品；一类是人工物体，即国家，它是由人们的意志和契约造成的。由此而区分出哲学的两个部分，即自然哲学和公民哲学。由于在自然物体和人工物体之间还有第三种特殊的物体亦即“人”，他既是自然的物体（作为自然的产物），又是人工物体（国家）的创造者和组成部分。所以《论物体》、《论人性》、《论公民》组成了霍布斯完整的哲学体系，而他最著名的作品则是《利维坦》（*Leviathan*，1651）。

霍布斯处于英国政治史上风雨飘摇的时代。贵族与议会之间的内战造成的社会动荡，人与人之间为了生存而展开的残酷竞争，让霍布斯感受到和平与秩序的急迫性，为此就必须建立一个在拥有专制权力的君主统治下的强有力的政府，以保证生命和财产的安全以及契约的履行。这便是他支持专制君主制的原因。尽管如此，和平与秩序是第一位的，而政府是否是世袭的君主制则是次要的，“君权

① 参见 Gunnar Skirbekk and Nils Gilje，*A History of Western Thought*，Routledge，2001，p. 244。

神授”的宗教与世俗权力的盟约更不足为训。总的来说，霍布斯的政治思想具有强烈的个人主义（individualism）与强烈的专制主义（absolutism）色彩，社会的原子化与严格的政治控制可以携手而行，因为当人们不是因为社会纽带而联系在一起的时候，就有必要使用外部力量以防止无政府状态的产生。人们需要运用理性，冷酷无情地理解政治生活和经济生活，美好的愿望和脉脉的温情只存在于诗人的田园牧歌当中。

就作为原子的个体而言，人首先是一种“自然物体”，因而就人的“自然本性”而言，正如文艺复兴时期人文主义者所认为的那样，一切福利中最大的福利就是自我保存。但由于资源和财产的稀缺，为求自保和名利则难免互相争斗。霍布斯承认，这种“自然本性”也就是人的“自然权利”（natural right）。在国家产生之前或在国家之外，当人们在没有公共权力树立绝对权威的情况下完全按照自然本性而生活的时候，就处在“自然状态”之中。在“自然状态”中，由于每个人都要去实现自己占有一切的自然权利，于是就发生了人与人之间的争斗，“一切人反对一切人”，如同古罗马的谚语所描绘的：“人对人就像狼一样”。这样，无节制的自然权利反而走向了人人自危的反面，占有一切的自然权利和欲望，就不得不让位于更为根本的“自我保存”的本性。于是，理性——或者说是对利益和安全的计算与推理——就指导人们，只有接受那些大家都必须遵守的共同的生活规则（“自然法”，natural law），才能避免战争，确保和平。这种“自然法”就是在一种自然主义的观点下由理性建立起来的道德法则，它是衡量善恶的一般标准，例如正义、公道、谦让、慈悲等，总之就是“像我们愿意别人对待我们那样对待别人”。用近代自然法理论的先驱格劳秀斯的话说，“自然法是正确的思想所下的命令，它按其是否符合于理性，指出一种行为本身具有道德根据或道义上的必然性；因此，这样一种行为不是为自然的造物主即上帝所禁止，就是由他吩咐去做的”①。如果人们要想确保和平与安全，就必须用“自然法”来约束“自然权利”。这是第一次让渡权利的契约行为。

然而，“自然法”毕竟只有道德上的约束力，没有一个强有力的公共权力的制约，仍难以发挥作用。于是，人们为了达到自我保存的目的，便相互约定，实行权利的第二次转让即第二次订约：每个人都放弃了管理自己的权利，把它授予一个人或一些人所组成的会议，于是便形成了一个统一的公共权利，以这种形式联合在一个人格里的人群就叫做“国家”，在国家认为适当的时候，可以利用大家的力量和工具来谋求民众的和平与公共防御。这样，个人主义最终导致了专制主义，霍布斯借用《圣经》中的巨大海兽“利维坦”来比喻威力无比的“国家”，认为只有它才能保护我们，甚至称之为“有死的上帝”或“人间的上帝”。虽然

① 引自［美］萨拜因：《政治学说史》，481页，北京，商务印书馆，1986。

国家的政体形式可以分为君主制、贵族制和民主制，但君主制是最为优越的。因为权力集中于一人，有利于维护国家的统一和强大，防止内乱和混乱状态的发生。而且，由于契约是由人们相互之间订立的，统治者并非订约的一方，也就不存在违约的问题，统治者的权力一经建立就不应当而且不能够转让和分割，人民也不能违背契约而收回权力，未经君主同意不得废除君主制，不得废除君主，将统治权转让他人。[①]

◎ 洛克：天赋人权与三权分立

霍布斯所制定的以人性论、契约说为基础的国家学说，以冷酷无情的理性分析揭开了笼罩在统治权力之上的“君权神授”的神圣面纱，对当时的社会政治理论（如斯宾诺莎、洛克）产生了深刻的影响，实际上也规定了近代国家的一般理性原则和意识形态。但历史并没有像霍布斯的理论所期望的，在英国出现一个像法国的太阳王路易十四那样“朕即国家”的绝对专制君主，反而通过 1688—1689 年的“光荣革命”，宣告了君主专制制度在英国的终结。为这场革命作论证的正是洛克和他的《政府论》。

洛克的天才的主要标志既不是学识渊博，也不是逻辑缜密，而是集中了无与伦比的常识，他借助于这些常识把以往的经验所产生的关于哲学、政治、伦理和教育的主要认识集中起来，纳入他这一代更为开明的思想之中。他把这些道理用简明、朴实而有说服力的语言传给 18 世纪，成为英国和欧洲大陆 18 世纪以后政治哲学赖以发展的源泉。[②]

洛克与霍布斯一样，都将个体视为基本要素，但最初的自然状态并非如霍布斯设想的“一切人反对一切人”的战争状态，而是一种人人平等自由的和平状态。此时虽然没有政府和法律，但却不是放任状态，因为有一种人人遵守的自然法在起作用。“理性，也就是自然法，教导着有意遵从理性的全人类：人们既然都是平等和独立的，任何人就不得侵害他人的生命、健康、自由和财产。”[③] 平等意味着成为自身的主人的自由，只要这种自由不妨害他人。既然这种平等和自由意味着我们能够自由地管理我们的身体，保障生命和健康，因此也意味着应该掌握我们通过身体所获得的一切，即我们劳作的结果——财产。自然状态的缺陷仅仅在于它缺少执法官、成文法和固定的惩罚办法之类的组织手段来使权利规范

① 后来，由于政治形势的变化，霍布斯修改了他的观点，认为人民订约的目的是为了保护自身的利益，这就构成了统治者最根本的职责。如果统治者不能尽职，那么臣民就可以解除对原统治者的服从义务，以便寻求新的保护。不过，霍布斯一再说，人民只要臣服于一个新的统治者，那就必须做一个真正的臣民，不能破坏正当订立的契约。

② 参见［美］萨拜因：《政治学说史》，587 页。

③ ［英］洛克：《政府论》，下篇，6 页，北京，商务印书馆，1964。

生效。当个体试图走出自然状态，进入一个在政治上有序的社会的时候，并非如霍布斯所言是因为畏惧死亡，而是因为这些自由的公民们明白了自身的利益，认识到他们在一个有序的社会中比在自然状态中更安全，生活在一个由法律和代议制政府统治下的社会当中，每个公民的正当权利，特别是财产权，能够得到保障。于是，人们自愿订立契约，建立起一个以保护公民的自然权利为唯一目的的民主政府；当政府与人民发生冲突时，人民是最高的裁判官，因为政府只是接受人民委托的受托人。一个合理的推论是，立法权应当由人民的议会来行使，而行政权和外交权虽应归于政府，但政府应当尊重个体不可剥夺的权利，这便是洛克三权分立的分权思想。

这样看来，洛克与霍布斯的一个差别，便是他区别了社会与国家。社会以一种受调节和控制的方式自发地发挥作用，即使在自然状态下，理性的能力仍然足以维系一个社会，而个体的自然权利的使用并不足以导致社会的崩溃。而国家则代表政治上的安排，是政治契约的产物。一个在政治上有序的社会不是专制，而是一个由大多数人统治的、服从某些规则的国家。个体自由的最大化和以个体权利为基础的立宪政府是一而二，二而一的。对霍布斯来说，国家的目的是保障和平，保护个体的生存；而对洛克来说，国家的目的根本上是保障私有财产。

在这里，洛克的思想与古代和中世纪的通常观点相左，也与同时代的斯宾诺莎不同。传统观点认为国家的任务主要是伦理性的，使好的生活成为可能，使个体在社会共同体中完成伦理性—政治性的自我实现。斯宾诺莎的政治哲学直接从人欲横流的自然状态跨入理性自律的国家状态，从个体的德性伦理跨入了强调义务、责任和服从的规范伦理。就现实而言，从自然状态向国家的过渡伴随着自然权利的让渡，但从理性的角度看，只不过是消除了某些自然权利本身的错误和混淆。因为，既然大多数人不但不能成为自身的真正的法官，而且滥用出自自身的法律判决他人，所以必须把对他人行使的权利、法律和裁判权收归国有，这反而是保证了他们各自的权利。民主政体的基础和目的就在于避免不合理的欲求，竭力使人受理智的控制，使人和睦协调。也许在他们看来，洛克强调国家应当首先保护财产，这是令人震惊的。但对洛克来说，对私有财产的保护是个体权利不可剥夺这一普遍原则的基本要求，同时也是英国光荣革命的要求。

当然，我们可以说，对财产的保护实际上是对资产阶级和地主财产的保护，洛克作为自由主义意识形态的代言人，一个当时英国现状的辩护者，通过普遍而人性化的原则——天赋人权不可剥夺——而使政治和经济上的不平等合法化了。但同样的思想在其他国家，如法国，则导致了激烈的社会批判乃至暴力革命。通过启蒙运动中的法国哲学家和美国革命，洛克的政治思想产生了巨大的社会影响。

◎ 启蒙运动的法国特色

洛克属于17世纪的英国，他对启蒙运动最大的影响却发生在18世纪的法国和美国。当时的法国深受君主专制主义和宗教迫害之苦，实现政治改革和宗教宽容的呼声传遍了整个法国。随着昔日武功赫赫的路易十四的独裁政府逐渐衰落，法国人对政治的兴趣从17世纪末就犹豫不定地开始了，尔后便持续上升。18世纪前半叶，涉及政治和社会课题各个方面的书籍出版之多令人惊讶。从1750年到法国革命爆发前，法国人对社会和政治问题的讨论简直像着了迷。文学的每一分支——诗歌、戏剧和小说——都成了议论社会问题的工具。整个哲学界，甚至可以说整个学术界，都致力于这一方面。

随着笛卡尔哲学逐渐为经院哲学式的教条主义所损害，洛克的哲学和牛顿的科学遂成为18世纪的思想圭臬。洛克的人权概念和自由主义是对抗专制君主制和贵族特权的利器，牛顿的自然科学则是反抗宗教和教会权威的武器。启蒙运动的泰斗伏尔泰于1726—1729年旅居英国，《论法的精神》的作者孟德斯鸠十年之后也来到英国。伏尔泰把洛克哲学带到法国，洛克的经验主义哲学便成了法国启蒙思想的基础，对英国政治制度的赞赏也成了法国自由主义的基调。但不同的是，英国革命的历史特色及其相对的保守性在法国无法重演，因为在法国启蒙主义者眼中，君主专制已经达到极致，任何进行有效改革的尝试都不可能与恢复传统的政治制度相联系；理性处于同习俗和传统全然对立的地位，这在洛克的学说中可从未出现过。天赋人权在洛克那里根植于英国的政治和社会土壤之中，但到了法国就成了思辨的、抽象的，因而也是激进的，这种激进特征更因为政治的不自由、阶级的不平等和宗教的不宽容而进一步加剧，最终以法国大革命的暴力形式爆发出来。在这场运动中，法国启蒙主义者抱有一种进步的乐观主义精神，力图以理性对抗传统，并希望以理性精神为武器，在与特权和无知的斗争中实现人类的幸福和进步。当然，这样一种进步观并不完全是知识分子的思想创造，而是与中产阶级和资本主义的发展水乳交融的。

◎ 孟德斯鸠：法的精神

出身于穿袍贵族世家的孟德斯鸠（Montesquieu，1689—1755）在他“理性和自由的法典”《论法的精神》（1748）中，以法哲学的形式全面系统地阐述了他的社会政治理论。在法语中，Loi一词如同英语中的Law一样，有法、法律、规律等多种含义。孟德斯鸠从广义上将“法”规定为“由事物的性质产生出来的必然关系”[①]，也就是贯穿于一切事物之中的必然性和规律性。就此而论，万物皆

① ［法］孟德斯鸠：《论法的精神》，上册，1页，北京，商务印书馆，1987。

有其法，法是宇宙的根本理性和各种存在物之间的关系，同时也是存在物彼此之间的关系。[①] 就人类而言，人类的一般法就是人类的理性，每个国家的政治法律等社会制度都是人类理性在特殊情况下的具体体现。法律制度不仅与国家政体的性质和原则有关，而且与各个国家的气候、土壤、面积大小等自然条件有关，与各国人民的生活方式也有关系。所有这些因素综合起来就构成了“法的精神”，只有符合这一精神的社会制度才是最好的制度。

与当时的启蒙思想家一样，孟德斯鸠厌恶法国的专制君主制，但又对共和制不抱希望，所推崇的只是英国的开明君主制，因为君主制区别于专制制度的标志是它遵循固定的根本法进行治理，只有这样的制度安排下，公民才有自由可言。“在一个国家里，也就是说，在一个有法律的社会里，自由仅仅是：一个人能够做他应该做的事情，而不被强迫去做他不应该做的事”；“自由是做法律所许可的一切事情的权利；如果一个公民能够做法律所禁止的事情，他就不再有自由了，因为其他的人同样会有这种权利”[②]。这至今仍然是对政治自由的经典表述。另一方面，要实现政治自由，首先就要防止权力的滥用。一切有权力的人都容易滥用权力，这是万古不变的经验。“要防止滥用权力，必须以权力约束权力。”[③] 于是，孟德斯鸠在洛克分权理论的基础上更完备地提出了立法权、行政权和司法权三权分立、相互制衡的思想，这一思想至今仍然是西方社会的基本政治原则。

◎ 启蒙运动的泰斗伏尔泰

在启蒙运动的法国哲学家中，伏尔泰（Voltaire，1694—1778）无疑是灵魂和导师。他在英国流亡期间，仰慕英国的出版和言论自由以及宗教的宽容。“我不同意你说的每一个字，但是我愿誓死保卫你说话的权利。”[④] 这句话从一出口，就注定要成为自由主义的不刊之论。同时，他还考察了英国政治制度，研究了洛克哲学和牛顿物理学，他的第一部哲学和政治学著作《哲学通信》就是上述活动的总结。

1729年伏尔泰从英国返回法国。和情人夏德莱夫人一起生活的十多年，是他学术生涯中最为辉煌的时期，不仅写作了历史著作《查理十二世史》、《路易十四时代》，哲学著作《形而上学论》、《牛顿哲学原理》等，还创作了大量的诗歌和文学作品。1752年，伏尔泰在法国和瑞士边境的凡尔那定居，他的别墅成为当时启蒙思想家们的活动中心和反对封建制度及宗教迫害的圣地，他被人们尊称为“凡尔那教长”。这个时期他又出版了《哲学辞典》、《风俗论》、《共和思想》

---

①② ［法］孟德斯鸠：《论法的精神》，上册，1页。

③ 同上书，187页。

④ ［美］伯恩斯、拉尔夫：《世界文明史》，第2卷，304页，北京，商务印书馆，1987。

和《无知的哲学家》等著作，以及哲理小说《老实人，或乐观主义》、《天真汉》等文学作品。这铺天盖地的文字本身就已构成了对天主教会的巨大威胁，更何况这些作品又以最多样化的形式出现：从严肃的论文到催人泪下的悲剧，到灵活的小品、对话、小说、书简——伏尔泰在他批判宗教神学的笔战中无所不用，这就使他的作品既能最快捷、最广泛地得到传播，又能在读者的眼泪和笑声中产生深刻的社会影响。1774 年，对伏尔泰深恶痛绝的路易十五去世，1778 年，84 岁的伏尔泰终于凯旋巴黎，并当选为法兰西学院院长，旋即不幸逝世。

伏尔泰的成就几乎遍及人文科学的所有领域。他继承了法国怀疑论的传统，批判宗教神学和形而上学，以洛克的经验论和牛顿的物理学为基础，阐发了他的启蒙思想。他的最大长处是顽强斗争而又机敏过人，总是能使他的论敌陷于窘境。一方面，他是 18 世纪公认的语言大师。在继承了古典主义简洁、明快风格的基础上，他以敏锐的洞察力和超人的雄辩才华，形成了独特的论述风格。他常常以三言两语就能清晰地表述出别人需十几页才能说明的问题。另一方面，既然政治制度没有头脑，无法与之展开论辩，讽刺就成为他最有效的武器。伏尔泰文笔的辛辣也是他那个时代无人可望其项背的。他以最尖酸刻薄的语言、最机敏俏皮的嘲讽，使一切旧秩序中的“圣物”、“权威”威信扫地。因此，与其关注他的思想有哪些创新之处，倒不如强调他是倡导宗教宽容、言论自由、天赋人权、反对专制的启蒙精神的引路人。

他把自由看作人的天赋权利，自由就是试着去做你的意志绝对必然要求的事情的那种权力，它表现为人身和财产的自由、言论的自由、信仰的自由等，这种天赋的权利是神圣不可侵犯的，它只受合乎自然权利的法律的支配。

他赞赏中国古老的文明，“中国的儒教是令人钦佩的。毫无迷信，毫无荒诞不经的传说，更没有那种蔑视理性和自然的教条”①。这些评价是否合理并不重要，因为他的目的是在讽刺欧洲天主教会的迷信、狂热和四分五裂。

◎“百科全书派”的领袖狄德罗

正是在伏尔泰的斗争精神激励下，“百科全书派”（Encyclopaedists）应运而生，并一呼百应，成为法国启蒙运动的中心。“百科全书派”的领袖狄德罗（Denis Diderot，1713—1784）发出了战斗的号角：“人们在用最后一个教士的内脏作绞索把最后一个国王绞死以前，他们决不可能自由。”②

1745 年，有出版商准备将美国人钱伯斯主编的《百科全书和艺术与科学百科辞典》（1728 年出版，1745 年发行第五次修订版）译成法文出版，将狄德罗看

① ［法］伏尔泰：《哲学辞典》，331 页，北京，商务印书馆，1991。

② 引自［美］伯恩斯、拉尔夫：《世界文明史》，第 2 卷，305 页。

作理想人选。经协商，狄德罗同意接手这项工作，但他随即发现，该书已经不合时宜，而应当重新编辑一套体现出人类知识体系、最新科技成就的百科全书。他提出了一个宏大的编写计划，自己担任主编，并且邀请当时在科学界已负盛名的青年数学家达朗贝尔担任副主编。一大批著名学者聚集在狄德罗的周围，撰稿人约有160人之多，孟德斯鸠、伏尔泰、卢梭、孔多塞、马布里、魁奈、杜尔哥、伊丰长老等都参与其中，布丰、孔狄亚克和爱尔维修等人也鼎力相助。狄德罗本人一共为《百科全书》撰写了1 139个词条，内容涉及哲学、文学、道德、语言和科技，其中最为困难的关于工艺和技术方面的词条几乎由狄德罗编写。

狄德罗为《百科全书》的编写奋斗了27个春秋。《百科全书》的编写过程也是同专制制度和宗教偏见斗争的过程。1750年，狄德罗发表了《百科全书》发刊词。1751年7月1日，第一卷在一片胜利气氛中出版，全名为《百科全书，和科学、艺术、技艺详解辞典》。在卷首画上，伊奥尼亚的神庙里，"真理"披着发光的面纱，神采奕奕，驱散了乌云。"真理"的右边，理性和哲学撩开她衣服的卷褶，神学跪着承受上空射来的光辉。历史在写史记，而时间充作扶手。下方排列着几何、天文、物理、光学、植物学、化学、农学。最下面是好几种源于科学的技艺和职业。"真理"的左面，"想象"正准备美化她并给她加冕。她高居于诗歌、音乐、绘画、雕塑和建筑之上。

不过，今天的读者如果希望在这部巨著中读到一些极具颠覆性思想的文章，以为书中会充满妙趣横生的警句，则难免大失所望。百科全书派的《百科全书》并不是我们所熟悉的《大英百科全书》那样的知识汇集，虽然它力图概括真正的科学、技术和工艺的进步，它总的笔调也是改良主义的温和口吻。狄德罗的假天真和含沙射影让神圣的教条变成了无足轻重的东西。而他的"阴谋"像是一个巨大陷阱，一条曲径，一座迷宫。陷阱被掩饰起来。复杂的参阅系统让读者从一个恭顺的条目查阅到一个内容是革命的条目，在这个条目中，起先恭敬地考察的成见却被置于理性批判的审查之下。

毫无疑问，该书问世之后立即遭到了反动势力的攻击和围剿，1752年《百科全书》第2卷出版后，国民议会便立即下令禁止该书的发行，并要求没收原稿。由于来自外部的打击，达朗贝尔辞去了《百科全书》副主编的职务。伏尔泰也建议将出版工作移至国外，以避风险。几乎同时，合作者中又出现了重重矛盾，卢梭甚至公开宣布与狄德罗等人绝交。紧接着，狄德罗的挚友爱尔维修又遭到宣传唯物主义的指控，魁奈等人也相继退出。在极端困难的条件下，狄德罗独自坚持工作，在1765年终于完成了全书的后10卷。1766年出版商勒伯勒东因秘密出版《百科全书》而被当局抓进监狱，狄德罗在随时都有可能被逮捕的险恶条件下，以出版插图版11卷为掩护，而将10卷辞典正文全部送至地下印刷厂。

1772年，狄德罗主编的《百科全书》全部出齐，文字部分17卷，图版11

卷，共计 28 卷。1773 年又经孔多塞和哈勒增加了补遗 5 卷，索引 2 卷，共计 35 卷，至 1780 年出齐。《百科全书》在欧洲产生了巨大的反响，由于征订者众多，书价被提至每卷 980 里弗，相当于当时一个中产阶级几个月的生活费，但几乎每卷的印数都超过 4000，而且至 1782 年止，虽八次再版，仍满足不了需要。因为狄德罗主编的百科全书不是一般性的工具书，而是反对专制制度和宗教狂热，倡导理性和启迪思想的武器，是一项由一个文学家和艺术家的社会集体承担的启蒙事业，承担者由于人类的总体利益和彼此友善的感情结为一体，他们都是真正的人道主义者，而狄德罗本人也被称之为替现代人盗火的“真正的普罗米修斯”，戴上了“启蒙时代的苏格拉底”的桂冠。

◎ 法国唯物论者

狄德罗是唯物论者，但他为后世所看重的主要还是文学和美学思想。他的唯物论思想受到另一位唯物论者拉美特利（Julien Offray de La Mettrie，1709—1751）的影响。拉美特利是一位著名的医学家，医学家似乎天然就是唯物主义者，因为对人体的观察、实验、解剖和治疗很难再让人信服唯心论的一些主张。莱布尼茨的单子论将物质心灵化，笛卡尔的二元论认为人身上有身心两种不同的实体，就好像他们亲眼见过并曾经好好数过一样，完全是异想天开的玄想和空谈。人不是别的，人是机器；更准确地说，“人体是一架会自己发动自己的机器，一架永动机的活生生的模型。体温推动它，食料支持它。没有食料，心灵就渐渐瘫痪下去，突然疯狂地挣扎一下，终于倒下，死去”①。拉美特利的思想卑之无甚高论，但它是一种把机械论思想推至极端的典型形态，并从这种唯物论得出了无神论的结论。仅此一点，足以在哲学史上立足了。

前面我们已经看到，“百科全书派”的圈子里可谓群星荟萃，汇集了当时思想家和学术界的精英。他们之中的许多人，我们现在已经淡漠了；与英国哲人的精细和德国哲人的精深相比，他们似乎有些肤浅了。不过，如果我们真的捧读他们的著作，他们对经验的守护、对真理的追求以及对理性和进步的热忱就会扑面而来，令人感奋。

爱尔维修（Claude Adrien Helvetius，1715—1771）是狄德罗的挚友，他像拉美特利一样是在洛克影响下的经验论者，一样认为人是一部机器，“为肉体的感受性所发动，必须做肉体的感受性所执行的一切事物”②。他与霍布斯、洛克一样，其出发点都是个体，但不同的是，自我保存在霍布斯那里是首要的，在洛

① 引自北京大学哲学系外国哲学史教研室编译：《西方哲学原著选读》，下册，107 页，北京，商务印书馆，1982。

② 引自北京大学哲学系外国哲学史教研室编译：《18 世纪法国哲学》，494 页，北京，商务印书馆，1975。

克那里是不可剥夺的权利，但对爱尔维修来说，最重要的却是快乐的最大化，因此趋乐避苦是肉体感受性的本质特征或人的本性。从这种感觉论的人性论出发，可以上升到一种以利益为核心的功用主义伦理学：自爱是其他一切欲望和感情的基础；利益是我们的唯一推动力；在良好的法律制度下，如果每个人都争取自身快乐和利益的最大化，就会实现所有人的最大幸福。爱尔维修的出发点是个体的快乐和利益，他的归宿却是公共的福利或利益，并认为这是最高的法律，是衡量一切制度、法律、道德、习俗的准绳，也是进行公民教育的道德学准则。但无论从理论还是经验上，我们都找不到真正有力的根据。尽管如此，以利益原则为核心而揭穿神学的谎言和理论的幻觉，以公益原则为标准反抗君主专制和阶级不平等，这些思想对法国革命的影响却不可低估。

霍尔巴赫（Holbach，1723—1789）男爵乃是18世纪法国最激进、最彻底的唯物主义者和无神论者，虽跻身贵族且家财万贯，却以此资助自由思想家们的活动，家中“沙龙”就是“百科全书派”集会的场所，而且自己也为《百科全书》撰写了不少条目。他一生著述等身，如《袖珍神学》、《自然的体系》、《健全的思想》和《社会体系》等，或揭批基督教神学之荒谬，或建构哲学体系，对法国革命的号召力不可忽视：“由于这一切，人过去始终是，而且现在仍然是没有经验的毛孩子、胆怯的奴隶和无知的人，他害怕独立思考，而且从来没有能力从神甫们当年把他的祖先们带进去的这个迷宫中走出来；人认为自己注定要在神灵的统治下永远苦恼不堪，虽然他只是根据世上的神职人员离奇失实的传说才知道这些神灵的。这些神职人员之所以给他钉上盲目接受的各种观点的镣铐，这或者是由于他们自己本来就是对他实行独占统治的人，或者是为了把他这个无依无靠的人交给极端专横的、其残酷并不亚于各种神灵的暴君去任意摆布，要知道暴君就是神灵在地上的代理人。”① 这段话毫无疑问是一篇法国革命讨伐君主专制的檄文。

◎ 启蒙思想的反题：卢梭

不过，在与百科全书派相联系的人物中，有个人物却是比较难以捉摸而又极其重要的。他的禀性腼腆温柔，但在激情奋发的时候却是那样激烈、高傲而不可驯服；他性格敏感，思想敏锐，但又是一个无系统的思想家，没有受过严格的逻辑训练；他是启蒙思想家中的一员，但当启蒙思想家们为理性、文明、科学和进步而高唱赞歌之时，他却发现使人文明起来的东西，同时也是使人类没落下去的东西（私有制）；他渴望自由与平等，但又发现“人是生而自由的，但却无往不在枷锁之中。自以为是其他一切主人的人，反比其他一切更是奴隶”②。他倡导

① ［法］霍尔巴赫：《健全的思想》，16页，北京，商务印书馆，1966。

② ［法］卢梭：《社会契约论》，8页，北京，商务印书馆，1980。

合理的社会契约、公意和人民主权的民主共和国，成为法国大革命的领袖罗伯斯庇尔的思想导师，但他的道德理想国的内在理路却有导向专制集权主义的嫌疑。他就是让—雅克·卢梭（Jean-Jacques Rousseau，1712—1778）。

卢梭是一个钟表匠的儿子，生于瑞士日内瓦一个流亡的法国新教徒家庭，从民主政体的日内瓦走到封建专制主义之都巴黎，从下层人民中走进了法兰西思想界，像他这样一个身上带着尘土、经常衣食无着的流浪汉，和整个贵族上流社会当然是两个不同的世界，即使和同一营垒的其他启蒙思想家孟德斯鸠、伏尔泰、狄德罗也有很大的不同。孟德斯鸠作为拥有自己的庄园、同时经营工商业的穿袍贵族，一生过着安逸的生活；伏尔泰本人就是一个大资产者，家有万贯之财，一直在社会上层活动；狄德罗也出身于富裕的家庭，虽然也曾一度清贫，毕竟没有卢梭那种直接来自社会底层的经历。卢梭当过学徒、仆人、伙计、随从，像乞丐一样进过收容所，只是在经过长期勤奋的自学和个人奋斗之后，才逐渐脱掉听差的号衣，成了音乐教师、秘书、职业作家。这就使他有条件把这个阶层的情绪、愿望和精神带进18世纪的文学。他第一篇引起全法兰西瞩目的论文《论科学与艺术》（1750）中那种对封建文明一笔否定的勇气，那种敢于反对“人人尊敬的事物”的战斗精神和傲视传统观念的叛逆态度，正反映了社会下层那种激烈的情绪。奠定了他在整个欧洲思想史上崇高地位的《论人类不平等的起源和基础》（1775）和《社会契约论》（1762）对社会不平等和奴役的批判，对平等、自由的歌颂，对“主权在民”原则的宣传，也正体现了18世纪平民阶层在政治上的要求和理想。他那使得“洛阳纸贵”的小说《新爱洛伊丝》又通过一个爱情悲剧为优秀的平民人物争取基本人权，而带给他悲惨命运的《爱弥尔》则把平民劳动者当作人的理想。因此，当卢梭登上18世纪思想文化的历史舞台的时候，他也就填补了那个在历史上长期空着的平民思想家的席位。[①]

◎ 人类的不平等与道德理想国

卢梭的坎坷命运使他对社会的不平等和道德的堕落感同身受，反过来又对自由和平等满怀渴望。要解决人类不平等的起源和基础问题，首先必须回溯到人类的“自然状态”，展示人的本性。在自然状态中，人类处于原始蒙昧的状态，在不知道社会、私有制和家庭，因而没有“你的”和“我的”观念的状态下度过了许多世纪。“在这种状态中，既无所谓教育，也无所谓进步，一代一代毫无进益地繁衍下去，每一代都从同样的起点开始。许多世纪都在原始时代的极其粗野的状态中度了过去，人类已经古老了，但人始终还是幼稚的。”[②] 但人类有一种独

① 参见［法］卢梭：《忏悔录》，译序，4页，北京，人民文学出版社，1980。

② ［法］卢梭：《论人类不平等的起源和基础》，109页，北京，商务印书馆，1962。

特的“自我完善化”的能力，凭借这种能力和各种因素的会合，进入了社会状态，生产和技术发展了，但私有制也应运而生了。私有制是人类“自我完善化”能力的必然结果，它的产生使人类从此由自由平等的自然状态陷入了没有自由、没有平等的社会痛苦之中。私有制是文明社会的基础，又是人类一切灾难痛苦的罪魁祸首；它并非天赋的自然权利，而是历史的产物。它一方面产生了统治和奴役的关系，另一方面产生了暴力和掠夺的关系，社会陷入了可怕的战争状态。富人为了保护自己的利益，欺骗穷人订立契约，建立了国家政权。终于，富人对穷人的统治被合法地确立起来，他们的财产受到了政治法律制度的保障。随着政治法律制度的发展，权力逐渐被固定下来，人们开始将公共权力托付给私人，这就为个人将国家占为己有创造了条件。政府腐化败坏的结果是合法权力变成了专制权力，统治者把自己看作主人，而将臣民看作奴隶，不平等的发展达到了顶点。因此，伴随着人类文明进步的是不平等的深化和普遍的道德堕落。

当然，人类不可能重新退回到自然状态之中，私有制不可能被消除。但卢梭并不悲观，他自信能够找到一条通往道德状态的道路：要想实现人类的平等和自由，一方面要限制和约束私有制，另一方面要重新订立合理的社会契约。新契约的要旨在于“每个结合者及其自身的一切权利全部都转让给整个的集体”[①]。这种转让的条件对每个人都是同样的，因而每个人并没有把自己奉献给任何人，反而从所有订约者那里获得了自己转让给他们的同样的权利，所以每个人在订约后仍然只是服从自己本人，而且像以往一样自由。“我们每个人都以其自身及其全部的力量共同置于公意的最高指导之下，并且我们在共同体中接纳每一个成员作为全体之不可分割的一部分”[②]。所谓“公意”是公共利益的代表，它是从作为个人意志的总和的“众意”中除掉相异部分而剩下的相同部分，因而永远是公正的。“公意”在具体政治实践中表现为法律。法律就是作为立法者的全体人民对作为臣民的全体人民所作的规定。所以，法律不仅保障公民的权利平等，而且是自由的基石，“唯有服从人们为自己制定的法律，才是自由”[③]。

于是，这一契约行为就产生了一个道德的和集体的“共同体”，即由全体个人的结合而形成的公共人格，以往叫做“城邦”，现在称为“共和国”。共和国的主权即最高权力属于全体人民。在人民主权的国家中，每个人都具有统治者与被统治者的双重身份，统治者与被统治者在此只有相对的意义。为了使社会契约不至于成为一纸空文，任何拒不服从公意的人，全体就要强迫他服从，这就等于说“迫使他自由”。只有在这样的社会契约之下，人类从自然状态进入社会状态所发生的变化才是合理的，在他们的行为中正义代替了本能，而他们的行动也就赋予

---

① ［法］卢梭：《社会契约论》，23页。

② 同上书，24～25页。

③ 同上书，30页。

了前所未有的道德性。虽然在社会状态下人失去了许多自然的东西，但是却使人们从中得到了巨大的收获，从愚昧的受局限的动物变为有智慧的生物，真正的人。更重要的是，这样的社会契约不但没有摧毁自然的平等，反而以道德和法律的平等代替了自然所造成的生理上的不平等，从而实现了人与人之间的真正的平等。

这是一种对道德理想国的憧憬，但它未加说明也不可能说明的是实现这一乌托邦的制度安排和技术操作。

如果说霍布斯的国家是一个“魔鬼”，洛克的国家是一个“看守人”，卢梭的国家则是一个“世间的上帝”。它至善至纯，既是最高的外在权威，也是最高的内在权威，它的统治权力的合法范围不能局限于约束公民的外在行为，而应深入公民内心深处，管理公民内心的道德活动。

法国大革命，特别是罗伯斯庇尔执政后，一步一步展示了卢梭政治哲学的实践逻辑。1793 年 6 月 19 日，雅各宾派执政期间，《世界信使报》载文说：“人，仅仅是政府塑造的模样。在一个民主政体下，在一种如此纯洁的空气里，在一个如此美好的政府下，母亲毫无生产痛苦就生下了她的孩子。”不唯如此，卢梭亦被神化。“革命与贵族都援引卢梭的权威作为头条理由，这不是因为卢梭的政治著作，而是因为卢梭神话已经成为受教育阶层共同思想背景中的组成部分。一方面，新统治者与卢梭崇拜之间有着官方的合法联系；另一方面，许多人则分别援用卢梭的权威或支持或反对统治者。”

卢梭几乎是革命者唯一的思想权威，百科全书派由于与卢梭的抵牾而被弃置一旁，“自然、科学、理性”迅速地被卢梭式的革命座右铭取代为：“良知、公意、起义”。

法国大革命和卢梭政治哲学的后果，至今仍然是受到广泛争论的著名公案。大革命无疑是一次“壮丽的日出”，代表法国的“青春、热情、自豪、慷慨、真诚的年代”，以疾风暴雨式的激烈行动涤荡了法国乃至整个欧洲的封建制度。但另一方面，法国革命的结局说明，在近代条件下，只动员政治层面的直接民主制而不开拓社会层面上的自由，这就只是通过一段短暂的混乱无序，给独裁强人上台执政铺平道路。独裁强人真正不可逾越的障碍，只能是社会层面的自由与政治层面的间接民主制（即代议制）这两者之间形成牢不可破的结合。①

◎ 保守主义之父：柏克

保守主义之父埃德蒙·柏克（Edmund Burke，1729—1797）对法国大革命持一种激烈的批判态度，不过从哲学上说，这是一种对启蒙运动时期自由主义的

---

① 参见朱学勤：《道德理想国的覆灭》，上海，上海三联书店，1994。

怀疑和反思。自由主义认为理性高于传统，而柏克的保守主义则认为传统高于理性；自由主义的重心是个体，而柏克思想的重心是社会共同体和历史。例如，柏克认为，英国宪法不像美国宪法那样是一部成文法典，而是世代累积起来的宪法性的法律条文和惯例。它就这样一直不断地成长和变化，而且在柏克看来，总是变得越来越好。它的种种优点来源于其悠久的历史，在漫长的历史中它吸收了许多人、许多代的智慧和经验。但是，柏克唯恐它太易被鼓动家们，尤其是不慎重的理论家们的任性和激烈的不妥协态度所毁坏。

在社会的阶级依托上，自由主义是上层市民阶级的意识形态，而保守主义则是市民与贵族的思想习惯；就基本概念而论，前者围绕个体、契约和国家而展开，后者关注的是社会共同体中的人；从思想特征上看，前者是一种非历史的个人主义—自我本位的思想倾向，强调快乐或利益的最大化以及不受强制的个人自由，后者更注重历史—文化的背景和共同的价值规范，以及在一个历史性的有机社会中和谐地实现自身的能力。从理论上说，自由主义和保守主义都是有价值的思想形态，在社会政治层面上发挥着各自不同的作用，时至今日仍然是西方世界的主流意识形态之一。我们需要的是理解和分析，而不是简单的贴标签。

启蒙运动完整而深刻的哲学意义，是在由康德的批判哲学所开创的德国哲学中得到总结和发挥的。在《何谓启蒙》一文中，康德曾经义正词严地说："启蒙就是人从自己造成的未成年状态中走出。未成年状态就是没有他人的指导就不能使用自己的理性。倘若未成年状态的原因不在于缺乏理性，而在于缺乏无需他人的指导就使用自己理性的决心和勇气，那么，这种状态就是自己造成的。Sapere aude!（要敢于认识!）要有勇气使用自己的理性！这就是启蒙的格言。"①

六、康德的批判哲学与德国哲学的展开

在某种意义上说，康德乃是现代哲学的预言家和奠基者，他的思想是"蓄水池"：以往的哲学流进来，再由此流向20世纪的各种哲学。我们可以把康德哲学看作进入哲学王国的桥梁和关隘。这就是说，学习哲学，首先应该读康德。在国外，哲学教师们发现，学生们在学习哲学的时候首先应该破除那些独断的观念，也就是未经审查就盲目地相信某种教条和成见，必须树立某种批判精神，而要达到这个目的，再没有比康德哲学更合适的"教材"了。

① 参见［德］康德：《历史理性批判文集》，22页，北京，商务印书馆，1990。

◎ 康德其人

康德（Immanuel Kant，1724—1804）貌不惊人，身材矮小，体弱多病，学究气十足。他终生独身，生活单调乏味，除了教书写作，还是教书写作，而且几乎没有离开过家乡哥尼斯贝格，不像后来的费希特、谢林和黑格尔那样活动在莱比锡、海德堡、柏林等大城市。地处普鲁士边陲的哥尼斯贝格乃是边防重镇，那里的军人多于当地的居民，远离政治经济和文化的中心，现已不属德国，虽然现在那里的人们经常闹着要回归德国。康德出身贫寒，从1740年开始在哥尼斯贝格大学读书，后来由于经济上的原因，没有进行论文答辩就离开学校去做家庭教师。1755年，康德成为哥尼斯贝格大学哲学系的编外（无薪）讲师，开始了长达41年之久的教学生涯。他先后讲授过数学、物理学、自然地理学、人类学、逻辑学、形而上学、伦理学、自然神学、教育学等课程，甚至开设过要塞建筑术和烟火制造术。经过多次申请，他终于在1770年成为逻辑学和形而上学教授。

人们通常以康德1770年的教授就职论文《论感觉世界与理智世界的形式和原则》为标志，将他的哲学划分为“前批判时期”和“批判时期”两个阶段。实际上，康德的哲学思想经过了一个长期艰苦的探索过程，以至于直到12年后《纯粹理性批判》发表之时，他的批判哲学才真正达到了成熟。康德哲学之所以被称为“批判哲学”，一方面是因为他的主要著作都冠以“批判”之名：《纯粹理性批判》、《实践理性批判》和《判断力批判》，另一方面也是为了突出其不同于独断论的基本原则。

在康德批判哲学的形成过程中，有两个人起了极其重要的作用，一个是休谟，一个是卢梭。

◎ 康德面对的三大哲学困境

当康德登上哲学舞台的时候，正是近代哲学陷入困境之时。近代科学的迅速发展向哲学提出了许多问题，尤其是科学知识的科学性即“普遍必然性”的基础是什么的问题，所以认识论问题越来越成了哲学家所关注的问题。早期近代哲学家们为了解释科学知识的来源、确定性和范围等认识论问题而分成了经验主义与理性主义这两大倾向，但最终都陷入了困境，这一困境集中体现在休谟的怀疑论之中。康德对休谟评价很高，他曾经说过：“我坦率地承认，就是休谟的提示在多年以前首先打破了我的独断主义的迷梦，并且在我对思辨哲学的研究上给我指出了一个完全不同的方向。”① 康德爱屋及乌，根据祖上的一些传闻，以为自己有苏格兰血统，事实证明他弄错了。虽然如此，康德与休谟在思想上的共鸣却是

① ［德］康德：《未来形而上学导论》，9页。译文有改动。

有目共睹的，以至于引出了“普鲁士人休谟”和“苏格兰人康德”的戏称。

休谟不仅使理性主义，实际上也使经验主义自己的理想陷入了困境。如前所述，他把知识分为两类，一类是关于观念之间关系的知识，一类是关于外在事实的知识。关于观念之间关系的知识与外在事物没有关系，只要符合自己的法则而不矛盾就一定是普遍必然的。关于事实的知识就不同了。由于关于事实的知识必须建立在感觉经验的基础之上，所以这类知识只能是或然的。由此可见，经验主义的理想固然破灭了，理性主义的理想也一样陷入了困境：理性主义试图从理性固有的一些天赋观念推演出全部知识，而休谟却证明理性所固有的观念只是知识的很小部分，而且仅与自身相关而与外在事物没有关系。结果，我们不仅不能证明科学知识的普遍必然性，而且理性本身也因之成了问题。

当然，对于近代哲学来说，这还不是最严重的问题。更严重的问题是，在启蒙主义的基本精神内部发生了矛盾，这就是理性与自由之间的冲突。冲突的根源在于，近代哲学家们所倡导的理性主要是一种“科学理性”，这就使哲学在自然科学的影响之下形成了一种机械决定论的自然观。哲学家们试图将科学方法推广到人类知识的一切领域，他们相信无论自然、社会还是人类自己统统服从于统一的法则，那就是自然的因果律，一切事物都可以由此而得到合理的说明。因此，人与自然万物没有什么不同，一样服从于共同的自然法则，他不过是一架更精密更复杂的机器而已。结果，当哲学家们把科学理性贯彻于人类知识的所有领域的时候，不仅自由而且人本身的价值和尊严都成了问题。当启蒙主义者鼓吹文明、科学和进步之时，卢梭则开始了对启蒙主义的深刻反思。他将自然与文明、道德与科学对立了起来，揭示了两者之间的矛盾和冲突。

如果说休谟的怀疑论使康德深入到了科学知识的基础问题，那么可以说卢梭对于启蒙主义的反思则使康德意识到科学知识的局限和自由问题的重要意义。

康德从小体弱多病，为了有时间和精力完成他的历史使命，康德从青年时代起就为自己制订了严格的生活规则，例如早上几点起床，几点吃饭，几点午睡，几点起来散步，等等。他一生严格遵守这些生活规则，准时到了可以让邻居用来对表的程度。然而也有例外：为了阅读卢梭的《爱弥尔》，康德甚至放弃了散步，而且从此在他的书房里多了一幅卢梭的肖像。康德曾经这样描述卢梭对他的巨大影响；我过去认为唯有知识能够造福于人类，所以我以有知识为荣，鄙视那些无知的人们。是卢梭纠正了我的偏见，教会了我尊重人。从卢梭那里，康德意识到，具有多少科学知识与人的道德尊严以及人生的意义和价值没有关系。一个没有知识的人完全可以是有德性的，而一个有知识的人却不一定是有德性的。换言之，道德不是建立在科学知识的基础之上，而且道德比科学知识具有更重要的地位，因为是道德而不是科学与形而上学密切相关。

对康德来说，无论知识问题还是自由问题，其实都与另一个更重要的问题相关，那就是形而上学问题。

形而上学是古典哲学的核心部门，它要解决的是宇宙万物统一的基础、本质和根据的问题，因而被人们看作是解决一切哲学问题的基础和前提。由于形而上学一向标榜科学，或者说它的最高理想就是成为科学乃至“科学之科学”，因而对许多哲学家来说，如果形而上学不能被证明是科学，那么人类知识的大厦就面临着失去基础的危险，现在哲学家们面临的正是这样的危险。在形而上学问题上，哲学在哲学家们众说纷纭、莫衷一是的争论中，几乎变成了“一切人反对一切人”的战场，我们实在无法在它之中找到一丝一毫科学知识的特征。更严重的是，正是形而上学企图成为科学的理想缔造了一种科学思维方式，并且形成了科学万能的观念，尽管这种“科学世界观”促进了自然科学的进步和发展，但是它亦将我们逼入了有可能丧失自由、泯灭人性的困境之中。

然而在康德看来，形而上学虽然作为科学是不可能的，但是形而上学却体现了人类精神终极关怀的最高理想，这就是企图超越自身有限性，通达至高无上的自由境界。我们不可能使形而上学成为科学，但这并不意味着形而上学没有意义。按照康德的看法，恰恰相反，对人类精神来说，形而上学是远比科学更重要的东西。我们一方面应该制止形而上学追求科学的妄想，另一方面也要为它另找出路。这两方面是联系在一起的，当形而上学试图成为科学的时候，它的所作所为等于“南辕北辙”，不仅与终极关怀的理想背道而驰，而且有可能损坏终极关怀的理想的实现。通常我们都是把康德看作是形而上学的激烈的批判者，实际上康德是要通过批判传统形而上学，为形而上学找到一条出路。而康德钟情于形而上学的深层原因乃在于终极关怀的问题、自由的问题。

这就是康德所面对的哲学问题，我们可以把他的问题概括为“在一个严格遵守自然法则的世界上，人究竟有没有自由，有没有独立的价值和尊严”的问题，也可以说是科学主义与人文精神的关系问题。我们如果问：200 年前的康德哲学与我们有什么关系？关系就在于我们与康德面临的是同样的难题，因此他对问题的解决方式对我们仍然是有意义的。

从 1770 年教授就职论文以后，康德开始了长达 12 年之久的艰苦思考时期。他本来允诺要写作一本非常重要的哲学著作，但工作的进展比他最初预想的要艰难得多。结果 12 年之后，康德感到，如果他再不把研究成果公之于众，他很可能没有时间来完成他的伟大计划了。于是，仅用了短短的四五个月时间，康德完成了《纯粹理性批判》。在哲学史上，恐怕没有哪部著作像《纯粹理性批判》这样酝酿时间之长，写作却如此仓促。如果你在阅读《纯粹理性批判》时感到语言太过晦涩而且矛盾和漏洞比比皆是，请不要过分自责缺乏对哲学的理解力，其中也有康德的错。当时就有人抱怨康德的著作使用从句太多，有时一个句子超过了一页还没有划句号，十个手指头都用上也数不过来。

《纯粹理性批判》晦涩难懂是出了名的。出版了这本书之后，康德期待着人们的评论甚至批评，因为他自己很清楚这本书对哲学的意义和价值。然而，书出版之后却如石沉大海，了无声息。直到一年之后才有了第一篇书评，而且这篇书评完全误解了康德，它一方面批评康德语言晦涩，另一方面把康德看作是贝克莱式的感觉主义的唯心论者，这就使康德难以忍受了。于是，他在思考实践理性的问题之余，写作了《纯粹理性批判》的简明本《未来形而上学导论》，在语言上下了很大的功夫，结果这本书成了康德所有著作中语言最清晰的著作。

在《纯粹理性批判》第二版序言中，康德说明了他解决哲学问题的根本原则，这就是他的"哥白尼式的革命"。

◎"哥白尼式的革命"：主体与自由

首先要注意的是，康德哲学毕竟是200年前的哲学，在18世纪人们的观念中，绝对真理，亦即普遍必然性的科学知识是存在的，其典范就是欧几里得几何学和牛顿力学，它们是放之四海而皆准的真理，这可以看作是康德哲学的一个不言自明的出发点和基础。所以，虽然经验主义与理性主义都无法证明科学知识的普遍必然性，但是对康德来说，科学知识的科学性是不成问题的，成问题的是我们怎样证明科学知识的科学性。

在认识论问题上，康德主张"调和"经验主义与理性主义。他一方面同意经验主义的原则——一切知识都必须开始于经验，另一方面亦赞同理性主义对经验主义的批评——对科学知识来说仅有经验是不够的，它们的普遍必然性只能是先天的。但是这样一来，我们便陷入了两难困境：如果知识必须建立在经验的基础之上，知识就不可能有普遍必然性；如果知识有普遍必然性，它就必须是先天的而不可能建立在经验的基础上。康德用一句话把这个难题摆了出来：我们如何能够先天地经验对象？[①] 在康德哲学中，"先天的"（a priori）与"后天的"（a posteriori）是一对基本概念。"后天的"意即单纯经验的，就知识而言表现为个别、偶然和相对的。"先天的"意即独立于经验而且是经验的先决条件，就知识而言表现为普遍和必然的。显然，如若我们承认普遍必然的科学知识是存在的，它就必须同时具有经验和先天这两方面的因素，问题是，看起来水火不相容的后天的经验与先天的因素如何能够结合起来？

我们如何能够先天地经验对象？如果按照形而上学关于知识的传统观念——其实现在仍然是我们大多数人的基本观念，亦即知识必须符合对象才能成为真实可靠的知识——我们永远也不可能证明科学知识的普遍必然性。因为我们既无法说明外部事物及其属性如何能够挪到意识之中来，更不能证明必须建立在经验基

① ［德］康德：《未来形而上学导论》，40页。

础上的知识如何具有普遍必然性。经过长时间的深入思考，康德如同当年将地球与太阳之间的关系颠倒过来的哥白尼一样，把知识与对象之间的关系颠倒过来，让对象反过来符合知识亦即主体固有的认识形式。在康德看来，问题由此便得到了完满的解决：一方面，我们的知识的确必须建立在经验的基础之上，但是另一方面，进行认识活动的主体本身亦具有一整套认识形式，由于这些认识形式在经验之先并且作为经验的条件而存在于我们的头脑之中，所以“人同此心，心同此理”，相同的“理”对于不同的经验材料的加工整理的规则是相同的，形成的知识有了共同的规则，也就有了普遍必然性（先天性）。换言之，经验为知识提供材料，主体则为知识提供对这些材料进行加工整理的形式，知识就其内容而言是经验的，但就其形式而言则是先天的。科学知识的普遍必然性由此就得到了证明。

这就是被人们称之为“哥白尼式革命”的康德哲学革命。它的核心思想是对知识与对象之间的关系的“颠倒”，强调不是主体围绕着客体转，而是客体围绕着主体转。

然而，问题到此还没有得到彻底的解决。

康德的“哥白尼式革命”以其独特的方式证明了科学知识的普遍必然性，突出了主体在认识中的地位、作用和能动性，但是与此同时也产生了极其严重的消极后果。因为如果不是知识必须符合对象而是对象必须符合主体的认识形式，那就意味着事物对我们来说被划分成了两个方面：一方面是通过主体的认识形式所认识的事物，康德称之为事物对我们的“显现”（Erscheinungen，appearance），另一方面是未经认识形式限制，因而在认识之外的“事物自身”、“物自体”或“自在之物”（Dinge an sich，things in themselves）。主体先天的认识形式虽然构成了知识之普遍必然性的根据，但是亦限制了我们对事物的认识：我们只能认识事物对我们的显现而不可能认识事物本身。这样一来，不仅自然科学要求按照自然本来的面目认识自然的原则发生了动摇，而且更严重的是，形而上学企图超越自然的限制而把握宇宙自然之统一的本质和规律的理想，注定是不可能实现的。这就是说，自然科学是可能的，而形而上学是不可能的。从这个角度看，“哥白尼式革命”归根结底是对理性认识能力的限制，所以其结果是消极的。

然而在康德看来，这个消极的限制完全可以转化为某种积极的成果。虽然认识形式的限制体现了认识能力的有限性，但是另一方面它也表明在我们的认识领域之外还有一个不受认识形式限制，因而可能是无限自由的领域，换言之，我们所认识到的事物并非终极的存在，只不过是某种东西对我们的表现，由于这个事物自身落在了我们的视野之外，当然就不受我们的目光的限制。事物自身虽然不可认识，但是这并不妨碍我们把它思想为不受限制因而是自由的存在。于是，对理性的认识能力的限制，就为理性的另一种能力亦即实践能力开辟了无限广阔的天地，因为实践理性或者说道德意志乃是以自由为根据的。如果事物对我们来说不是表现为两个方面，我们可以认识事物自身从而形成普遍必然的科学知识，那就意味着一切都在认识形式的限制之下，因而不可能有自由的存在。但是，如果事物对我们来说划分为两个方面，结果就不一样了：事物划分为“表现”和“事物自身”两个方面，人亦如是。一方面，人作为自然存在物服从于普遍必然的自然法则，在这个领域中他是没有自由的；而另一方面，人又是“人自身”，因而亦具有不受自然法则限制的一面。换句话说，人具有两重性，他是一种“有限的理性存在”。假如我们无限地扩张理性的认识能力，其结果势必把一切都变成了必然的东西而使人失去了自由。而当我们限制了理性的认识能力的时候，这就有可能为自由保留一片天地。所以，康德认为，我们有必要限制知识，以便为道德信仰留地盘。①

由此可见，康德的哲学革命应该包含两方面的内容：一方面，它通过主体先天的认识形式来确立科学知识的普遍必然性；另一方面，则通过对认识能力的限制为自由开辟道路，而且这后一方面真正体现了康德哲学的根本精神。

理解康德的思想并不是一件容易的事，因为他不仅一下子颠倒了人们日常生活的观念，实际上也颠倒了传统哲学的观念。如果不深入了解康德的思想，很容易把他看作是唯心主义者，而且是像贝克莱那样的主观唯心主义者。

按照人们朴素的观念，我们所感知到的周围世界是不依我们的意识而客观存在的，我们的感觉经验就是对它们的反映。洛克式的经验主义就是这样。康德一反这种“照镜子”式的消极反映论（镜式隐喻），主张一切知识固然来源于经验，但是对于认识来说仅仅有经验是不够的，我们还必须有加工整理经验材料的认识形式。就此而论，康德的确以先验论的方式发挥了主体的能动作用。另一方面，按照传统哲学的观念，日常生活中我们所感知到的东西都不过是现象，现象背后的本质才是真实的存在，认识必须以此为对象。康德将自柏拉图以来长期统治哲学家头脑的这种观念彻底颠覆了：现象是可知的领域，我们对此完全可以形成知识乃至科学知识；现象背后的东西则是不可知的，因为它们不是认识的对象。

我们经常批评康德哲学是二元论和不可知论，这种批评固然不错，但是具体情况还要具体分析。当我们说康德“陷入了”二元论和不可知论的时候，好像二元论和不可知论是康德哲学无可奈何的结果，其实不然。在某种意义上说，二元论和不可知论是康德哲学非常自觉的出发点。康德哲学的出发点是人的两重性：人是有限的理性存在。康德正是以限制知识为代价，为道德、自由和形而上学留地盘的。康德生活的时代，休谟的怀疑论和 18 世纪法国唯物主义不仅动摇了宗教信仰的权威，也动摇了理性的基础，他所肩负的历史使命就是为失去了信仰等

① 参见［德］康德：《纯粹理性批判》，第二版序言，北京，商务印书馆，1960。

精神支柱的人们重新确定终极关怀的方向。

正如哥白尼的日心说最初只是假说一样，康德的“哥白尼式的革命”也是一种假说。如果我们要证明它是正确的，那就必须考察理性本身，证明人类理性的确具有一些先天的认识形式，而且这些认识形式在认识中具有法则的作用。康德把这项分析考察理性的工作称之为“批判”。

在《纯粹理性批判》一书的第一版序言中，康德解释了“批判”的含义：所谓“批判”不是对书本或者理论学说的批评或驳斥，而是对理性之认识能力的“分析”。亦即根据理性具有普遍必然的科学知识例如数学和物理学——这是康德时代公认的两门科学，对理性的一般认识能力进行分析，其目的是最终确定形而上学的命运。① 因此，所谓“批判”不是革命大批判，而是对理性的分析和考察。在康德看来，以往的形而上学错就错在它们通常只是武断地论定，当它们提出这样或者那样的理论教条时，没有去考察一下我们的理性究竟有没有这样的认识能力。与这种“独断论”不同，康德主张在对事物下判断之前，先来分析我们的认识能力。康德对理性认识能力的批判是其哲学思想的基础，在此基础之上，他对理性的全部领域进行了考察，从而形成了由三大批判组成的“批判哲学”：第一批判《纯粹理性批判》主要考察理性的认识能力，康德称之为“理论理性”；第二批判《实践理性批判》考察理性的实践能力或者说意志能力，康德称之为“实践理性”；第三批判《判断力批判》考察的“判断力”则是在理论理性与实践理性之间起沟通作用的中间环节。

让我们从第一批判开始，进入康德哲学的王国。

◎ 先天综合判断

如果我们要分析理性的认识能力，那么就需要先找到一个合适的入手之处。对康德来说，这个入手之处就是知识。知识的基本单位不是概念而是判断，因为单纯的概念不能构成知识。我们可以把判断分为两大类：一类是分析判断，一类是综合判断。所谓“分析判断”指的这样一类判断，在它之中判断的宾词原本就蕴含于主词中，是从主词之中抽出来的，例如“物体是有广延的”。在 17 世纪、18 世纪的自然哲学中，物体的定义就是广延——“物体即广延”，因此当我们说“物体是有广延的”时候，广延原本就蕴含在物体的定义之中。这种 A＝A 的分析判断是先天的，亦即是具有普遍必然性的判断，但是由于宾词本来就在主词之中，所以并不是严格意义上的知识，因为它并没有给我们的知识增添新的内容。所谓“综合判断”就不同了。综合判断指的是宾词是后来通过我们的经验加在主词之上的，例如“这朵玫瑰花是红的”，其中的“红”并不是从玫瑰花中抽出来

① 参见［德］康德：《纯粹理性批判》，第一版序言，见《西方哲学原著选读》，下卷，239 页。

的，而是我们经验的结果。由于这种判断为我们的知识增添了新的内容，所以只有综合判断才是真正意义上的知识。不过，并不是所有的综合知识都是科学知识，因为科学知识不仅要有经验添加的新内容，而且还必须具有普遍必然性。因此“综合判断”还可以划分为“后天的综合判断”与“先天的综合判断”，唯有“先天综合判断”才能构成科学知识。将知识划分为分析判断和综合判断，休谟比康德更早，但“先天综合判断”则是康德首先提出来的。不过，后来的哲学家们对此褒贬不一，逻辑实证主义就认为“先天综合判断”纯属子虚乌有，相比之下还是休谟有道理。

那么，科学知识作为先天综合判断其中的“先天性”是从哪里来的？知识可以分为质料与形式两个方面。质料是通过后天的经验所获得的知识内容，使这些经验质料构成知识则是主体认识能力的工作，因而主体的认识能力就构成了知识的形式。如果科学知识具有普遍必然性，这种普遍必然性就只能有一个来源，那就是主体的先天认识形式。于是，科学知识的普遍必然性问题也就是“先天综合判断是如何可能的”问题，而解决这个问题的关键就在于证明理性的确具有先天的认识形式。康德把专门研究主体之先天认识形式的理论称之为“先验哲学”(transcendental philosophy)。先验哲学的问题就是先天综合判断如何可能的问题，它具体分为“数学知识是如何可能的”、“自然科学知识是如何可能的”和“形而上学是如何可能的”等三个问题。康德分别通过对感性、知性和理性的分析来回答这三个问题，而他最关注的是主观的认识形式如何具有客观有效性的问题。康德所谓的“客观有效性”与我们所说的不同，它意指认识形式如何是构成经验和知识不可或缺的前提条件，如果我们能够证明这一点，那么科学知识的普遍必然性也就得到了证明。

◎ 感性：空间与时间

感性是接受表象的直观的能力。我们的一切知识都是从感觉经验开始的，但是如果没有接受感觉经验并对之进行综合统一的认识形式，知识也是不可能的。因此主体的感性直观能力有两个方面，一是经验直观，一是先验直观，前者是后天的质料，后者则是先天的形式。那么，感性的直观形式是什么呢？康德认为是空间与时间。通过空间，外部事物的经验被给予我们；通过时间，内心的意识活动被我们所经验。因此，前者是外直观的形式，后者则是内直观的形式。

康德的时空观与众不同。在康德的时代，关于空间与时间有两种观点，占主流的是牛顿的观点，他把空间与时间看作是一对具有绝对意义的框架，所有的事物被摆放在其中，从而获得了空间上的位置和时间上的顺序。与此不同的是莱布尼茨的观点，他认为空间与时间不过是事物之间的相对关系，因而只是现象关系。康德的时空观类似两者的“综合”：空间与时间是“绝对的”即普遍必然的，但同时也是纯粹主观的形式。按照康德的说法就是：空间与时间具有“经验的实在性”与“先验的观念性”。意思是说，空间与时间作为感性直观形式使我们的感觉经验有了普遍必然的秩序，这种秩序只对经验有效，因为它们是主观的形式。在康德看来，如果不这样解释空间与时间，便无法说明空间与时间的普遍必然性，从而也就无法说明算术和几何学的普遍必然性：它们是关于空间和时间的科学，除非空间与时间具有普遍必然性，否则数学和几何学就不可能是科学。

也许我们不能同意康德将空间与时间纯粹主观化的观点，但是这并不意味着他的思想没有意义。与经验主义把感觉看作是消极地接受外部事物刺激的“白板说”不同，康德主张我们的感觉也有自己的形式，这无疑是正确的，他的错误在于把感觉的形式先天化了，而且无法解释我们为什么以空间与时间而不是别的什么东西作为直观形式，但是康德毕竟说明了即使是在感觉经验之中主体也具有主观能动性。与那些把感觉看作是无条件地接受外部经验的观点相比，康德的观点一方面说明了主体在感觉经验中的能动作用，另一方面亦说明了感性认识的局限性。

康德的结论是：空间与时间不是物自身的存在方式，也不是事物之间的现象关系，而是主体的先天直观形式。由此我们便说明了数学知识之普遍必然性的根据，不过这同时也证明我们只能认识事物对我们的表现而不能认识事物自身。在康德看来，我们人类理性只有一种直观形式，这就是感性直观形式——空间与时间，而不具有理智直观。换句话说，离开了感性直观形式就没有经验质料被给予我们，也就没有知识的发生。

◎ 知性为自然立法

对于知识而言，仅仅有感性直观形式是不够的，还必须有知性的参与才能构成知识。感性的作用是接受经验质料，知性的作用则是对这些经验质料进行综合统一以构成知识。感性的特点是接受性，而知性的特点是构成性，感性之所司在直观，知性之所司在思维，两者缺一不可。如果说感性的先天认识形式是空间与时间，那么知性的先天认识形式是什么呢？康德认为是知性纯概念，亦即“范畴”。

我们的知性有两方面的功能：一是逻辑功能，一是认识功能。前者在知识的基础上规定着思维的判断形式，这是形式逻辑的范围；后者则为我们提供新的知识，这是“先验逻辑”的领域。自亚里士多德以来，我们的形式逻辑已经相当完备了，没有人怀疑形式逻辑是普遍必然的亦即“先天的”，因而为形式逻辑提供知识内容的先验逻辑也一定是先天的，因为它是形式逻辑的基础。所以，形式逻辑与先验逻辑是对应的，在每一个判断形式的背后都有某种先验的要素作为它的基础，这种先验要素就是范畴。于是康德把形式逻辑的判断形式整理出来，建立了由量、质、关系和样式四组十二个判断形式所组成的判断表，并且一一对应地建立了先验逻辑的范畴表。

范畴证明的困难在于说明属于主观范围的范畴对于经验如何具有客观有效性，亦即主观的范畴如何是经验的先天条件。人们在法律上常常要区分事实问题和权利问题，我事实上占有某物并不意味着我有合法的权利占有某物，这很可能是两回事，关于权利问题的证明就被称之为“演绎”（deduction）。我们每时每刻都在使用范畴，这是事实，问题是这样的使用究竟是不是合法的。因此，康德从法律中借用了这个概念，把他关于范畴用于经验之客观有效性的证明称之为“先验演绎”。“先验演绎”分为“主观演绎”和“客观演绎”，这部分内容是《纯粹理性批判》中最晦涩难解的部分，以至于康德称之为形而上学中最艰难的事业。

“演绎”的困难在于知性范畴与感性经验毕竟是间接的关系，在通常观念中，即使没有范畴的参与，我们一样可以形成经验，而康德要证明的却是范畴是经验的先天条件，换言之，离开了范畴我们就不可能形成经验，其困难的程度可想而知。康德解决问题的关键在于，如果我们确定认识的对象不在认识之外，而是认识范围之内的对象，亦即作为“现象”的物，那么把感性杂多表象连接在一起，从而形成经验对象，仅仅有感觉经验就不够了，还必须有知性能动性的“综合”，因为这种把感性杂多“抓”在一起形成经验对象的作用不可能来源于感性，而只能出自知性范畴。换句话说，感性提供给我们的只是杂多表象而不是经验对象，经验对象并非感性所予而是知性范畴的综合统一功能所形成的。由此，我们就证明了知性范畴对于经验的客观有效性，因为它是经验和经验对象共同的先天条件。

康德的上述思想看起来非常晦涩而且异于常识，但却也有它的道理。康德以前的哲学家们一说到对象，通常把它与事物等同：知识在我之中，对象则在我之外。康德认识到，无论在我之外有没有对象，认识的对象都在可经验的范围内。反过来说，认识不可能以物自身为对象，只能以意识中的对象为对象。所以，康德的范畴演绎要解决的不仅仅是知识的可能性问题，也包括对象的可能性问题。如果我们所认识的对象归根结底只是可经验的范围内的对象，我们的确有可能说明知识的普遍必然性，但也不可避免地会导致事物自身不可知的结论。正是在这个意义上，康德提出了“知性为自然立法”的思想。对康德来说，所谓“自然”并不是自然本身而是一切可能经验之表象的总和，这个表象的领域就构成了“现象界”，连接表象的法则就是知性的法则，也就是范畴的作用。康德一方面把科学知识的对象确定为现象从而证明了科学知识的普遍必然性，另一方面亦把认识限制在了现象之内，主张知性范畴只能在经验上使用而不能超验地用于物自体之上，这就在证明数学知识和自然科学知识的普遍必然性的同时，证明了以往知识类型的形而上学的不可能性。人们经常误将康德的这个著名命题说成是“人为自然立法”，并且视之为人性论或者人道主义的命题，显然误解了康德的本意。康德通常是不讲“人”的，更不讲“人性”，因为一说到“人”或者“人性”，说的大多是人的自然属性，所以康德不说“人”而说“有理性的存在”。

那么，既然范畴只能用于经验而不能用于超验的物自体，为什么以往的形而上学总要迫使范畴去做它不可能做的事呢？在康德看来，这与我们的理性有关。

◎ 理性：形而上学批判

我们的认识从感觉经验开始，通过知性范畴的综合统一而形成了知识。然而人类理性并不就此而满足，它还要使知识成为体系，追求知识的完满性，这就要靠理性的作用。

感性的先天认识形式是空间与时间，知性的先天认识形式是范畴，理性的先天形式就是“理念”。与感性和知性不同，理性的作用是“调整性”的，它与经验无关而只与知识相关，其作用只是引导知识进一步完善，将知识调整成为体系，而理性调整知识的工具就是理念。理性有三种理念，就是“灵魂”、“宇宙”和“上帝”，它们分别代表着主观世界、客观世界和世界之全体的统一性，这种统一性只是某种“理想的统一性”而不是“现实的统一性”。这些理念只是调整知识的工具而不是知识的对象，因而与物自体一样都属于不可知的领域，所以将这些理念视为认识对象的形而上学归根结底是不可能成立的。由于人类理性总是要穷根究底，它认识了经验还不够，非要去追问经验背后的根据是什么，并且认为只要我们穷尽了经验所及的现象就能够认识现象之整体背后的根据，这就使它错误地把理念的“理想的统一性”当作了“现实的统一性”。在康德看来，任何表象都是可以经验的，但是表象之全体却是不可能经验的，而且我们只有一种认识工具，那就是只能在经验中使用的知性范畴。因此，当理性要求认识现象背后的统一根据的时候，它就不可避免地迫使范畴作超验的使用，由于我们对此没有任何经验，所以不可能形成科学的知识。形而上学的错误即源于此。

当一个无知的孩子站在开阔地带放眼望去，地平线之极处天与地似乎是交融在一起的，于是他幼稚地认为，只要走到那里，就可以平步青云，一步登天。殊不知他每向前走一步，地平线就会向后退一步，他实际上永远也不可能走到地平线的尽头。形而上学家们就像这个孩子一样，他们幼稚地以为只要我们认识了所有的现象，就可以由此而通达现象背后的东西，他们不知道，在我们与事物之间永远隔着一道经验的帷幕，认识是无论如何也不可能超越经验的。

因此，康德把他对理性之理念的考察称之为“关于幻相的逻辑”，其目的就是揭示以往形而上学之所以陷入众说纷纭、莫衷一是之困境的原因。他对形而上学根据三个理念而形成的“理性心理学”、“理性宇宙论”和“理性神学”进行了全面系统的批判，给传统形而上学以毁灭性的打击。

在康德对形而上学的批判之中，最著名的是他关于理性二律背反的思想，而这些思想中最重要的则是第三组二律背反，即自由与必然的二律背反。所谓“二律背反”指的是当理性迫使范畴作超验的使用时，由于没有经验的依据，所以对于同一个对象就可能形成两种相互对立的理论，而它们各自却又都是自圆其说的。以第三组二律背反为例：

正题：仅仅用自然因果律是无法说明自然的，因此，有必要假定自然有一个自由因。

反题：没有自由，世界上的一切都服从于自然因果律。

康德认为，这组二律背反与其他二律背反一样是由于理性将不是认识对象的自然整体当作认识对象所造成的，但是如果我们在现象与物自体之间做出区别就可以解决这个相互矛盾的二律背反。当我们说自然中的一切都服从自然因果律因而没有自由的时候，它是对现象领域的规定。而当我们说有必要假定自然有一个自由因的时候，它指的则是物自体的领域。既然我们的表象归根结底是由于外部事物的刺激而发生的，因此表象的系列就应该有一个原因，否则表象就可能是虚幻的。当然，我们无法从经验上证明自然界本身是否有一个自由因，但是的确有一种存在是可以用自由因来说明的，这就是“人类理性”。人类理性能够对自己发出应该做什么的命令，因而它事实上是可以有自由的因果作用的。自然中只有必然存在的东西，而“应该”则属于理性的能动作用。无论有多少自然的因素压迫我的意志都不可能引起“应该”，也不可能制止“应该”。

自由与必然的二律背反在康德哲学中具有极其重要的意义，它是我们从理论理性过渡到实践理性的唯一可能的途径。因为这组二律背反的解决表明，我们虽然不可能认识自由，但是可以思维自由而不至于陷入矛盾。既然自由是可能的，那么以自由为其前提和基础的伦理学或者道德学说就是可能的。于是，康德下面要做的工作就是证明道德和伦理学的可能性。

在西方哲学史上，康德对形而上学的批判是最深刻、最系统和最全面的，以至于现代西方哲学在批判形而上学时经常引之为自己的同道。然而，康德与现代哲学家们不同，他批判形而上学的目的并不是要彻底摧毁形而上学，而是试图使形而上学获得新生。因为在他看来，形而上学根源于人类理性要求超越自身的有限性而通达自由境界的最高理想，对人类理性来说这种理想无疑是合理的也是性命攸关的，因为这关系到它安身立命的根本问题，所以我们无论如何也要寻找到某种可能的方式来满足理性的需要。因此，康德批判形而上学的目的是为了说明以往那种以科学自居的形而上学不但不可能而且有毁灭理性最高理想的危险，形而上学的出路不在科学知识而在道德自由之中。

◎ 实践理性与动机论的伦理学

人类理性有两种功能，一是认识功能，一是意志功能，康德称前者为理论理性，称后者为实践理性。在近代哲学中，康德是把实践范畴引入哲学的第一人，不过他所说的实践还只限于伦理学的范围。

对康德来说，人是有限的理性存在，他既是一种自然存在，又是一种理性存在。人的这种两重性就决定了他同时是两个世界——自然界和理性界——的成员，因而受两种法则——自然法则和理性法则——的支配。人之为人的基本特征，人之为人的所有问题，人之为人的价值和尊严，归根结底统统与此相关。如果人只是自然存在物，那么他就会只服从自然界的法则。如果人是纯粹的理性存在，那么他就会只遵从理性的法则而活动。但是人却介于这两者之间，因而这两种法则都对他发生作用。当然，这两种法则对他的作用是不同的。人首先是自然界中的一员，而自然法则是必然的法则，所以他终其一生都始终在自然法则的限制之下，作为自然存在物，他不得不服从自然法则。理性法则就不同了。理性法则只对人的理性发生作用，只有当人遵从理性法则而行动的时候，他才算得上是有理性的存在。所以，自然法则是人不得不服从的法则，而理性法则则是人应该遵从但却不一定遵从的法则。

理论理性是必然的领域。虽然“知性为自然立法”，但是作为一种自然存在，我们自己也在知性法则的限制之下，换言之，作为现象界中的一员，我们也必须服从必然的自然法则，因而是不自由的。有人可能会问：既然自然界的法则源于我们的知性范畴，知性决定着自然的规律，难道我们不是自由的吗？首先，知性范畴是先天的认识形式，这不能由我们随意更改、任意决定。其次，人类理性只能提供知识的形式而不可能由其自身产生知识的内容即质料，只有当感觉经验为我们提供了感性质料的时候，这些形式才能发挥立法的作用。所以当我们作为知识的对象的时候，我们也必须服从这些法则并且受到感性的限制。正是由于这个原因，我们通常总是把知性法则看作是不以我们的意志为转移的外在的客观规律。

与理论理性的自然法则相比，实践理性的理性法则是完全不同的。如前所述，人是有限的理性存在。作为一种自然存在，人与自然万物一样不得不服从自然法则的统治，而作为一种理性存在，他又可以遵从理性自身的法则行动。由于人终其一生都生活在自然界之中，所以他始终都不得不服从必然的自然法则的制约，而只有当他克服了感觉欲望的限制，完全按照理性的法则行动的时候，理性法则才能发生作用。因此，自然法则是人必须服从的法则，而理性法则不是人必须服从而只是他应该遵守的法则。这并不是说理性法则弱于自然法则，而是说它们发挥作用的领域和方式是不同的。自然法则支配的是人的自然性的一面，而理性法则影响的则是人的理性。由于人始终是有限的理性存在，所以他不得不服从自然法则，而应该遵守理性法则。因此，理性法则作为人应该遵守的法则其表现方式与自然法则不同：自然法则体现为以“是”为系词的叙述式，而理性法则乃是由“应该”联结起来的命令式。换言之，理性法则对人表现为命令他“应该做什么”的道德法则。

康德的伦理学是典型的动机论。在他看来，一个行为是否具有道德意义是不能从结果或者行为本身来判断的，它只能以动机作为评判的标准。因为同一个行为可以有许多种不同的动机，而这些动机并不都是善良的，例如诚实而不说谎这个行为，我可能因为害怕失去信誉而不说谎，我可能迫于外在的强力而不说谎，我可能因为诚实会给我带来利益而不说谎，我也可能仅仅因为不应该说谎而不说谎。显然，只有最后一种行为是有道德意义的。

人的行动是由动机支配的，也就是说，人的行动是一种有目的的活动。作为我们行动的动机或目的的东西通常都具有经验的内容，都可以像自然的因果关系那样得到说明，例如我的所作所为都有目的，都可能是出于某种物质欲望，为了满足某些主观上的需要。与 18 世纪法国启蒙思想家们的功利主义伦理学相反，康德反对人完全受自然本能支配的因果决定论，而试图证明人不同于一切自然存在的价值与尊严，证明人的自由。按照他的观点，我们的意志可以按照两种方式决定自己的行动，其一是主观准则，其一是客观法则。当意志对自己的规定仅仅对其个人是有效的时候，这种规定就是主观准则；而当意志的规定不仅对其个人有效，而且对一切有理性的存在都普遍有效的时候，这种普遍的规定就是客观法则。因为一种实践的法则一定是普遍必然的，它是对一切有理性的存在者的意志都有效的客观法则，而依据经验不能提供给我们任何实践的法则，建立在经验基础上的实践原则只是个人的幸福原则，没有普遍必然性；所以一个有理性的存在必须把他的准则思想视为不是根据经验质料而是根据形式而决定其意志的原理；这样一个完全以理性自身的纯粹形式作为自己法则的意志是一个自由意志，因为它意味着理性所遵守的是自己为自己确立的法则。因此，意志的“自律”是一切道德法则所依据的唯一原理，而纯粹实践理性的基本法则就是：你行动所依据的意志准则应该同时也能够成为普遍立法的原则。[①] 因此，道德法则是一种命令式，但并不是所有的命令式都是道德法则。一般说来，有两类命令式，一类是假言命令，一类是定言命令。所谓“假言命令”是一种有条件的命令式，它以“如果……，就……”为形式，例如“如果我说谎，就会失去信誉”，因此为了不失去信誉，我应该诚实。这就是说，“我应该诚实”在这里是有条件的，诚实不是目的本身，而是实现别的目的的手段。这样的诚实固然不错，但却算不上是道德

① 参见［德］康德：《实践理性批判》，17～33 页，北京，商务印书馆，1960。

行为。所谓“定言命令”与此不同，它是一种无条件的命令式，或者说，在这种命令式中，目的与手段是统一的。同样是诚实，当我不是为了别的目的而只是为了诚实而诚实的时候，即是说，我只是因为“你应该诚实”这一命令而诚实，这样的行为就有了道德价值。

康德就是用这种方式来证明自由的实在性。在此之前，我们只知道有自由却不知道自由是什么，自由对我们来说只是一个“否定性”的消极概念——自由只是不受经验的限制，现在我们则发现了自由的积极意义：自由即自律。由此可见，自由与道德法则其实是一体的，所谓道德法则乃是理性自己为自己所确立的法则，理性自己立法自己遵守。因此，自然法则与道德法则之间的区别是，首先，自然法则作为知性的法则适用于经验现象的自然界而属于理论理性的认识领域，在这个领域一切自然存在物包括人自己在内统统服从必然的法则，而道德法则作为理性为自己所确立的法则属于实践理性的实践领域，这是一个自由的领域。其次，自然法则作为科学的判断其形式是以“是”为系词和联结方式的叙述式，而道德法则的判断形式则是以“应该”为系词和联结方式的命令式。最后，自然法则是“他律性”的，而道德法则是“自律性”的。显然，相应于“知性为自然立法”，“理性为自身立法”是人类理性更高的立法权，康德高扬主体能动性主要不是体现在认识论上，而是体现在伦理学中。

康德通过使意志的动机与行为的效果“划清界限”的方式来维护道德的纯洁性，但是这样一来就产生了另一个问题：如果一个人的意志可以遵从理性自身的法则行事，这种道德法则与经验无关，亦与行为的结果无关，它属于纯粹理性的理想世界，而行为则不可避免地要落入由必然的自然法则所统治的现象世界，这就意味着动机与效果是完全分离的，它们分别属于两个不同的世界——道德法则仅与意志的动机有关而与效果无关，动机的效果则只受自然法则的支配而与道德法则没有任何关系。既然如此，道德法则如何能够产生与之相应的行为效果呢？属于理智世界的目的如何能够在感觉世界之中得到实现呢？如果动机与效果完全是两回事，我们怎么知道一个人的动机是善良的而不是伪善的呢？不仅如此，如果人类理性属于两个世界，那么他在这两个世界中都应该得到满足，换言之，道德之德性只是无条件的善而不是“至善”，“至善”既包括德性，也包括幸福，它是以德性为第一要素的德性与幸福的统一。这一系列问题都需要康德说明理智世界与感觉世界之间的关系，为此他提出了实践理性的“公设”。人类理性由于敬重道德法则而向往一个无条件的对象即“至善”，“公设”就是这个由道德法则而成立的“至善”所必不可少的理论假设。

实践理性有三个“公设”，就是“意志自由”、“灵魂不朽”和“上帝存在”。我们必须假设有一种摆脱了感觉世界的限制而依据理智世界的道德法则决定自己意志的能力即自由，否则实践理性就不能以“至善”作为它的最高理想；由于人类理性的有限性，我们在今生今世无论如何也不可能达到“至善”这一无限完满的境界，所以必须假设灵魂不朽，“至善”才有其实践上的可能性；最后，为了保证理智世界中的德性在感觉世界之中有其相应的效果，为了保证德性与幸福都能够得到实现，我们必须假设有一个上帝使这两个世界能够协调一致。表面看来，康德似乎在这里开了一个“后门”，以实践理性的“公设”把被《纯粹理性批判》排除在外的那些超验对象又召了回来，表现出了理论上的某种不彻底性。不过我们也应该看到，实践理性的“公设”只是道德实现的条件，而不是道德本身的条件。换言之，仅就道德法则而论，它是无条件的，并不需要灵魂不朽和上帝存在为其基础和前提，但是一涉及道德法则的实现，那就不是道德法则力所能及的范围了。显然，这是康德哲学二元论性质的必然结果。

二元论是康德哲学的基本性质，如果没有表现与物自体、现象界与本体界、自然法则与道德法则、必然与自由、理智世界与感觉世界等的二元对立，就没有康德哲学。我们可以说，康德正是从二元论的立场出发来从事他的批判工作的。然而，二元论可以是康德哲学的出发点，但却不是康德哲学的最终目的，他不可能将二元论贯彻到底，因为他必须面对理论理性与实践理性之间的协调统一的问题。

◎ 判断力批判：理论理性与实践理性的统一

康德在哲学领域中所做的一项重要工作就是为理性的两种功能——理论理性与实践理性“划界”，目的是使它们互不侵犯，相安无事，各行其是，各得其所。然而，它们之间的界限固然分明了，两者之间的统一性甚至整个哲学体系的统一性却成了问题。于是康德写作了《判断力批判》，试图以“判断力”作为中介来解决理论理性与实践理性的统一问题。

既然理论理性与实践理性同属一个理性，它们之间就应该是有联系的，不过由于两者的性质不同，因而它们的统一不能是“同一性”而只能是“综合性”的，亦即一种功能居于统治地位而另一种功能居于从属的地位。我们当然不能让理论理性统治实践理性，那意味着只有必然的自然法则起作用而自由和道德肯定不复存在。反之，由实践理性居于统治地位却是可能的，因为理智世界的自由因在感觉世界中应该得到实现，这样设想两者之间的关系是合乎理性的。然而，理智世界与感觉世界毕竟是两个截然不同的领域，前者服从于自然之必然的机械因果法则，后者则由目的性的自由因果规律所决定。倘若意志作为理智世界中的自由因在感觉世界中的确能够产生某种必然的结果，理性的目的在自然中的确可能得到实现，那么它们就必须满足一个最基本的条件，这就是自然界的规律性至少与按照自由规律而实现目的的可能性是相互协调的，换言之，感觉世界或自然界也应该具有“合目的性”。只有这样，从自然领域过渡到自由领域，自由的目的在自然之中得到实现，才是可能的。因此，在理论理性与实践理性之间应该有一个连接两者的中间环节，这个“中介”虽然自身没有独立的立法领域，但是它的先天原理却是使理论理性的自然法则与实践理性的道德法则协调一致、相互过渡的“调整性法则”，这个中间环节就是“判断力”。

无论是思想还是认识，其表达方式都离不开判断，而判断之为判断总与特殊和普遍之间的关系有关，例如“这朵玫瑰花是红的”，“张三是人”等，其中“玫瑰花”和“张三”是特殊，“红”和“人”则是普遍。所谓“判断力”就是把特殊包含在普遍之下进行思想的能力。判断力分为两类，一类是“规定的判断力”，一类是“反思的判断力”。当普遍法则是给定的时候，将特殊归摄于普遍法则之下的判断力就是“规定的”，而当特殊的东西是所予的时候，判断力必须在缺乏概念的情况下为自己寻找一个借以判断的规律，它就是“反思的”。“规定的判断力”是将直观杂多归摄在知性所予之自然法则之下的认识能力，它本身没有特定的法则，而是在知性的先验原理之下工作的。但是知性的先验原理毕竟是最普遍、最一般的法则，而自然中的存在却是千差万别、多种多样的，这些无限多样的特殊事物不可能统统由知性的一般法则规定出来，有时涉及某个特殊事物的特殊规律仅仅与这一个事物的一般可能性有关。虽然这些特殊规律只是偶然性的经验的法则，但是既然知性为自然立法，它就要求自然中的所有事物一无例外地服从它的先验法则，否则知性就不可能将一切可能的经验构成一个统一的自然秩序。于是，只有“规定的判断力”就不够了，知性还需要一种为特殊事物寻找特殊法则，谋求从特殊上升到普遍的判断力，而且为了保证无限多样的事物归属于统一的自然秩序，它亦需要一个先验原理作为反思这些事物的基础，这种判断力就是“反思的判断力”，这个先验原理就是“合目的性原理”。反思判断力的“合目的性原理”使我们能够将自然看作一个无限多样的种类相互递属从低到高进展的目的系统，这可以解决自然与自由之间的沟通问题，不过这个原理只是主观的调整性原理而不是客观的构成性原理。我们在自然之中所能看到的只是严格的机械因果关系，或许永远也无法知道自然本身究竟是不是合目的的体系，但是这并不妨碍我们从理性自身的需要出发将自然看作是合目的的。

自然的合目的性包括两个方面，一个是“形式的合目的性”，一个是“质料的合目的性”，亦即主观的合目的性和客观的合目的性，前者是自然合目的性的美学表象，后者则是自然合目的性的逻辑表象。因此《判断力批判》相应地分为两大部分：“审美判断力批判”和“目的论判断力批判”。

“审美判断力批判”研究的是“主观目的性”亦即自然在形式上的合目的性，由此，康德建立了一套美学体系。众所周知，康德不仅在西方哲学史上引起了一场哲学革命，而且在西方美学史上也是开宗立派的大师。然而令人惊异的是，康德在美学上的贡献似乎与他本人的审美经验无关，而完全是纯粹理论思辨的结果。康德的艺术修养十分贫乏，由于身处边陲，远离当时德国文化艺术的中心，他既不懂音乐，亦不了解当时的文学作品，在其著作中所引用的作品实在品位不高，这一切都与他的后继者们如黑格尔形成了鲜明的对比。实际上，康德研究美学问题并不是出于对美学的爱好和关心，而是完全出于其哲学理论的需要。不过也正是因为如此，更使我们禁不住对他在美学上所取得的伟大成就肃然起敬，这除了用理论之思辨达到了一定的深度具有某种相通性来说明而外，实在没有别的解释。

在美学史上，康德是主张美的本质是主观的而且是纯粹形式的这一派的重要代表。审美判断所关涉的是主体对于事物的纯粹形式的把握，与被把握的对象没有直接的关系。换言之，一个事物被称为是美的，并不在于事物本身的性质，而是因为它符合了主体的某种形式，从而引起了主观上愉快的美感。“感时花溅泪，恨别鸟惊心”，其实并不是花在流泪，鸟在惊心，而是人在流泪，人在惊心，“一切景语皆情语也”。

康德对美的分析表明，美是纯粹形式的因而是先天的主观合目的性。对象既可以是认识的对象，同时也可以是审美的对象。作为认识的对象，事物服从于知性之必然的自然法则，而作为审美的对象，事物对我们来说是美的实际上与事物本身的性质无关，而仅仅是因为它符合了主观的目的性。因此，美感一方面的确是对自然的静观，但是由于它只是出于主观的形式而不受感官对象的限制，所以是一种对自然的无涉功利的自由观照，从而使它成为对于机械性之自然的必然性的认识，与对于实践目的性之自由的自觉之间的中间环节。当然，审美判断归根到底只是主观的合目的性，如果我们试图将自然与自由这两大领域统一起来，仅仅有主观上的合目的性是不够的，我们还必须说明自然不仅在形式上符合主观的形式，而且在“质料”上其自身就具有客观的合目的性，这就构成了“目的论判断力批判”的主题。

自然在客观上的合目的性不能是“外在的目的”而只能是“内在的目的”。当然，我们在自然中所能证明其存在的只有机械的因果规律，不过也的确存在着一种仅仅用机械因果关系无法说明而必须视之为自然目的的事物，这就是“有机体”。虽然在自然中有机体的存在只不过是一个特例，但是为了说明它的存在就必须引入目的概念，这就为自然的合目的性原理提供了客观的基础。因为我们只有将整个自然亦看作是一个有机体或目的系统，才能合理地说明有机体这个自然的特殊产物的存在必然性。至于机械因果性原理与目的性原理之间的矛盾，只要我们将规定的判断力与反思的判断力区别开，认识到合目的性原理不是认识的“构成性原理”而只是我们看待自然的一种“调整性原理”，就可以得到合理的解决。

然而，自然的合目的性原理毕竟只能用来解释自然中的事物，当我们把自然看作是一个目的系统而追问它的最高目的是什么的时候，这就超出了自然的界限而关涉到某种超自然的原因，因而不是自然目的论所能说明的了，康德为此提出了一种“道德目的论”来解决问题。

如果我们把自然看作是一个从低到高的目的系统，那么我们不仅可以追问存在于其中的事物是为了什么目的而存在的问题，而且也一定会进一步追问自然这个目的系统本身的目的亦即自然的“最高目的（letzter Zweck）”是什么的问题。自然的“最高目的”应该是自然中的一切事物都为之而存在的目的，而且是自然目的系统的顶点，因而这个“最高目的”只能是人。因为在自然界之中人与众不同，他可以形成目的概念，以其理性将一切有目的的东西构成为一个目的体系，并且使它们从属于他的目的之下。那么，这个最高目的在人身上又体现在什么地方？在康德看来，自然的最高目的就是人的文化。人这种理性存在具有一种对于各种目的的“适宜性”，他可以使自己适合任何目的，利用它们为自己服务，而人对于任意目的的适宜性亦即自由的产物就是文化。换言之，文化是人自由地运用一切自然目的的能力的产物，它是人的主观形式在客观世界中的实现。因此，人的文化是自然的最高目的，亦是自然这个目的系统进化的最高层次，自然就在人的文化之中得到了充分的自我实现。于是在人类理性认识自然、改造自然“使自然人化”的过程中，就形成了一个“人化的自然”亦即文化世界。当然，文化作为自然的最高目的仍然属于自然的范畴，但是它毕竟是自然与自由相互结合的产物，所以构成了从自然向自由过渡的桥梁。然而问题到此还没有结束，因为我们不仅要追问自然是为了什么目的而存在的（最高目的），而且还必须追问这个最高目的又是为了什么目的而存在的，如果我们不想无休止地追问下去，那就必须为自然的最高目的确立一个自身就是目的的目的，这就是创造的“终极目的（Endzweck）”，惟其如此我们才能使自然这个目的系统得到完满的说明。由于这个“终极目的”是无条件的，所以它必须一方面具有超自然的性质，另一方面又与自然中的存在相关。这就要求自然中有这样一种存在，它既是自然存在物，同时具有不受自然限制的自由，这种存在就是人类理性。由于人类理性的自由体现在它的道德活动之中，所以自然之“最高目的”中的“终极目的”就是人类理性的“至善”。因此，自然的“最高目的”与创造的“终极目的”之间的关系，就是文化与道德之间的关系。卢梭通过对启蒙主义的反思以科技文化与道德自由之间的冲突为启蒙主义敲起了警钟，他的思想对康德批判哲学的形成具有深刻的影响，以至于人们将康德的伦理学思想称之为“卢梭式革命”。康德一方面在理论理性与实践理性之间作了严格的区别，另一方面亦试图使它们协调一致，从而全面地解决卢梭的问题。在康德看来，我们可以将文化（技能文化和教育文化）看作道德意识的必要条件，只有当人类充分文明起来之后才有可能超越自然而达到自由。所以文化与道德之间的关系应该是这样的：文化作为自然与自由结合的产物，构成了两者之间的“中介”，因而文化是道德的准备条件，道德作为文化的目的则规定着它的方向。不仅如此，由于目的论的引入，从自然、文化到道德的“演进”，使原本主要是静态结构分析的批判哲学融入了某种动态的生成性因素。

◎ 康德哲学的遗产

人们经常称康德哲学是进入哲学王国的桥梁和关隘，这就是说，康德以其理性批判深入到了哲学的基础和前提之中。哲学之为哲学，根本上乃是一种理性的理论思维活动。在康德之前，哲学家们有意无意地把理性看作是哲学思考自明的前提，而没有对这个所谓自明的前提进行深入的考察，即便是笛卡尔将“我思”视为形而上学的第一原理，也没有对这个“我思”作进一步的分析。康德对哲学的最重要的贡献之一就是使哲学深入到了理性批判的维度，他要求我们在以理性进行哲学思考乃至建立哲学体系之前，先将理性本身考察清楚，以免陷入独断论的陷阱。在他看来，如果没有对理性的批判，我们就不可能保证任何理论的有效性。康德在他的哲学思考中始终贯彻了这种批判精神，他从不回避、讳言或者掩盖自己所面对的问题，为后来的哲学家们树立了一个光辉的典范。

康德在对理性的批判过程中所使用的方法是，排除一切经验的东西，寻找某种先验的因素，在解决科学知识之普遍必然性的问题时，这种层层剥离的科学方法就为他的认识论确立了坚实可靠的基础。不仅如此，康德所做的一项重要工作就是通过理性批判为理性的诸功能“划界”，他以限制科学知识的方式为自由、道德和形而上学留地盘，以此来解决人类理性如何在严格服从必然的自然法则的同时仍然能够保持其自由的问题。今天，当我们为科技社会的异化问题所困扰的时候，康德限制科学知识，以道德理想为人类文明确立某种绝对的价值方向的哲学精神无疑具有深刻的启发意义。

因此，康德哲学的魅力不仅表现在他的批判精神和科学精神上，而且表现在他对人类理性的终极关怀的探索之中。如果说前者显示给我们的是一种无法抗拒的理论力量，那么可以说后者给予我们的则是某种令人赞叹的崇高的情感。在《实践理性批判》的结尾处，康德留给我们这样一段脍炙人口的名言：“有两种东西，我们越是经常、持续地对它们反复思考，它们就总是以时时翻新、有增无已的赞叹和敬畏充满我们的心灵：这就是在我之上的星空和在我之中的道德法则。”[①] 很少有人读到这段话时不被它打动心弦。

在我之上的星空与在我之中的道德法则，代表了康德哲学的两大主题，这就是自然与自由、感觉世界与理智世界，它们都与我们的生存意识息息相关。自然从我在外部感觉世界中所占的位置开始，并把我在其中的联系扩大到重重世界、

① ［德］康德：《实践理性批判》，164页。

层层星系的无限空间之中，以及体现着它们的循环运动、生成与延续的无限时间之中。每念及此，不知有多么渺小的我们，无不对这个几乎难以用语言来描述的广阔无垠的宇宙产生出某种敬畏之情。自由就不同了。它开始于我的无形的自我和人格，并把我呈现在一个具有真正无限性的理智世界之中，尽管这是只有理性才能思想的世界，然而我发现，我和这个世界的联系不是单纯偶然的而是普遍必然的，而且可以通过这个具有本体意义的世界与所有那些有形世界发生关系。显而易见，这个理智世界更令我们赞叹不已。虽然这两个世界都与我的存在有着极为密切的关系，但是它们对我的意义却截然不同。就有形的感觉世界而言，我们作为自然中的一个成员与其他一切自然存在物一样，只不过是自然无穷无尽的因果锁链上的一环。在浩瀚无边的宇宙之中，我们的家园——地球——不过是沧海一粟，一颗无足轻重的沙尘，我们自己则是活动于这粒沙尘上的微不足道的渺小生物。我们不知道自己凭什么被赋予了极其短暂的生命，也不知道自己究竟何时何地将交出生命，重新加入到自然之永恒的物质循环之中去。从这个意义看人类，他仅仅是有限的自然存在物，即使他有认识能力，可以认识这个宇宙的自然法则，甚至这自然法则就是由他的知性赋予自然的，那也无济于事，因为无论如何他都是一种自然存在物，其地位与一块石头或者一棵树没有什么两样。然而就那无形的理智世界而言，情况就发生了变化。因为这样一个超感觉世界向我们表明，人不仅是自然存在物，而且是理性存在者，而作为理智世界中的一员就无限地提高了他作为人格、理智的地位和价值。在人格中，道德法则的自律性呈现出某种独立于动物性、乃至独立于全部感觉世界的生存方式，它表明作为理性存在的人具有自己为自己立法，完全由其自身决定自己存在的真正的自由。当他遵从道德法则行动的时候，他就摆脱了仅仅作为一个“物件”的他律地位，而具有了超越于一切自然存在物之上，不受自然限制的自由和尊严。当然，我们不可能从认识上来确证这个理智世界的实在性，但是在实践领域它至少可以通过道德法则所引出的“至善”而推导出来，而且这个终结目的决不仅限于今生今世的条件与界限，它使我的存在指向永恒。

当晚年的康德困于体系的建设而深感力不从心时，他的后继者们已经开始构造一个个庞大的新哲学体系了：1794 年费希特出版了《一切知识学的基础》；1800 年谢林发表了《先验唯心论体系》；至于黑格尔则从 1802 年开始酝酿他的哲学体系，至迟在 1805 年康德去世不久，他便着手写作《精神现象学》了。

◎ 费希特的“知识学”

费希特（Johann Gottlieb Fichte，1762—1814）像康德一样出身贫寒，大学毕业后靠做家庭教师糊口。有一次，一位大学生请他帮忙补习哲学，使得费希特第一次读到了康德的著作，他立刻为之深深地吸引，并且产生了亲眼见一见这位哲学家的强烈冲动，于是他动身前往哥尼斯贝格。然而见到康德之后，费希特感到很难引起康德的注意，他便把自己关在小旅店里闭门不出 35 天，从康德哲学的原则出发，写作了一篇宗教哲学的长文《试评一切天启》，呈给了康德。康德大加赞赏之余，不仅将论文推荐给了出版商，而且推荐费希特到大学去任教。或许是出版商为了吸引人们注意而玩弄的诡计，这篇长文出版时没有标明作者的姓名，人们根据论文的思想猜测这是期待已久的康德关于宗教的批判著作。当康德站出来澄清真相之后，费希特名声大振，俨然被看作是康德哲学的继承人。

费希特的确是康德哲学的继承者，但是他逐渐对康德哲学的二元论产生了不满，认为真正的哲学应该是从一个最高原则出发推演出来的统一的体系，而康德哲学显然不能满足这个条件。于是费希特着手改造康德哲学，清除了物自体，以绝对自我为核心建立了一个叫作“知识学”的哲学体系。费希特把知识学看作是康德哲学的彻底发挥，言外之意是，他的知识学是比康德哲学更彻底的康德哲学。

康德哲学是不彻底的。它一方面在主体之外设定了一个不可知的自在之物，另一方面在主体之中亦设定了一个不可知的自在之我。在费希特看来，物自体或自在之物是没有必要的假设，而且与康德哲学的基本原则是矛盾的：既然知性范畴只能应用于经验范围之内而不能作超验的使用，那么自在之物的假设就是非法的，因为那等于把因果范畴使用于经验范围之外了。实际上我们根本用不着假设自在之物也一样可以解决问题。按照费希特的观点，哲学的任务是说明一切经验的根据，因而哲学就是认识论，费希特称之为“知识学”（Wissenschaftslehre）。在认识中有两个因素，一个是物，一个是理智。如果抽去了物，就保留下了一个理智自身。如果抽去了理智，就保留下了一个物自身。因而只有两种哲学是可能的，这就是独断论（它的极端形式是唯物论）与唯心论。两者争论的焦点是，究竟应当为了理智的独立性而牺牲物的独立性，还是反过来为了物的独立性而牺牲理智的独立性。由于独断论无法说明从物到理智的过渡，因而无法说明知识并且将其从一个最高原理中推演出来，而唯心论能够做到这一点，因此只有唯心论的立场是可能的。当然，这并不是说所有的唯心论都是可能的，真正合理的唯心论应该是从康德哲学出发的批判的唯心论或先验唯心论。于是，费希特便为了自我的独立性而牺牲了物的独立性，将康德的理论理性和实践理性合为一体，形成了“绝对自我”的概念。所谓“绝对自我”既不是经验的自我，也不是超验的自我，而是所有的自我意识中的先验要素，即自我意识一般。这个“绝对自我”是一切知识和经验的实在性的根据和先验的源泉，因而也是知识学的最高根据和出发点。

在某种意义上说，费希特将康德的理论理性和实践理性融为一体，赋予了自我以行动的功能。如果人类知识是一个统一的体系，它就应该有一个绝对第一的和无条件的原理。如果它的确是绝对第一的原理，它就只能是不可证明和不可规定的。所以，这个第一原理是一种“本原行动”，即集行动与事实、原因与结果于一身的东西，它存在于意识之中，是一切意识的基础和出发点。那么，我们到哪里去寻找这个绝对第一的原理呢？

在进行反思的道路上，我们必须从任何人都毫无异议地同意的某个命题出发。这类命题可能有很多，自由的反思从哪一点出发都是可以的，现在我们选择最直接最简单也是距离我们的目标最近的命题，即“A 是 A”（A＝A）这一同一命题开始我们的反思。显然，承认“A 是 A”不需要也不可能有任何其他的条件和前提。然而，“A 是 A”所确定的只是形式而不是内容，它只是说：“如果有 A，则有 A”，至于 A 是什么，这个命题并没有告诉我们。那么，在什么条件下才有 A 呢？任何判断或命题都是自我的判断或命题，自我是下判断的“逻辑主语”，因而“A 是 A”这个命题是自我按照必然联系所进行的判断，而这个必然联系就在自我或意识之中，只能是由自我自己提供给自己的。当自我按照必然联系说“A 是 A”的时候，才能有 A。

设定“A 是 A”要求作为主词的 A 与作为宾词的 A 之间具有必然的联系，两者之间有同一性，而 A 与 A 自身的同一性是以自我的同一性为其前提的。这个永远同一的东西就是“我是我”。“我是我”不仅确定了形式，而且也确定了内容。所以，“我是我”是无条件有效的，它表明“我是”，“我在”，实际上有我。因此，“一切意识经验的事实的理由根据就在于，在自我中的一切设定以前，自我本身就先已设定了”①。

这就是知识学的第一原理，本原行动展开的第一种方式：自我设定自己本身。所谓“设定”（setzen）就是在意识中摆放、确立起来。自我设定它自己，也就是在意识中确定了它自身的存在。“自我就是自我”是无条件地绝对有效的，人类的一切精神活动都是以这个绝对的自我为根据的，意识及其事实就是本原行动本身及其结果。在“自我设定它自己”的命题中，设定的主体与设定的对象在作为本原行动的自我中联系起来，它们在内容上是完全等同的。而从形式上说就得出了形式逻辑的同一律——“A＝A”。在费希特看来，正是知识学的第一原理在形式上的绝对性赋予了逻辑学的同一律以普遍有效性：“不是命题‘A＝A’充当命题‘我存在’的根据，毋宁是反过来，命题‘我存在’充当命题‘A＝A’的根据。”②

知识学的第二原理是“自我设定非我”。我们仍然从一个任何人都承认是完全明确和不容置疑的最简单的命题入手，这就是“非 A 不＝A”。设定非 A 显然

---

① ［德］费希特：《全部知识学的基础》，10 页，北京，商务印书馆，1986。

② ［德］《费希特著作选集》，第 1 卷，508 页，北京，商务印书馆，1990。

与设定 A 是不同的行动，差别不可能从同一中引申出来。它是“反设定”（Gegensetzen），也是一种本原行动。既然第一原理设定的是自我，那么“反设定”的出现就必须对自我进行直接的反设定。然而，对自我的反设定的结果只能是“非我”。所以，知识学的第二原理就是“自我设定非我”。

非我是对自我的否定和限制，这个非我就是作为对象出现在意识中的客观世界，然而非我却是由自我设定出来的。这就证明了费希特的观点：不仅知识的形式，而且知识的内容，都是由自我“设定”而来，康德的物自体是完全没有必要的假设。抽掉“自我设定非我”的内容，就得出了否定性的范畴。在形式逻辑中，就是矛盾律。

知识学的第三原理是由先行的两个原理规定的。只要设定了非我就不能设定自我。因为设定了非我就否定了自我。但是，另一方面没有自我就没有非我，因为只有在自我中设定了一个自我，才能设定一个与之对立的非我。于是我们发现，这两个原理既相互矛盾又相互需要。那么，如何把自我与非我、A 与非 A、存在与非存在、实在与否定，结合在一起加以思维呢？怎样才能保证这两个原理既扬弃又不扬弃自己呢？答案只能是：“它们彼此相互制约。”[①] 所以，第三原理可以这样来表述：“绝对自我”在自身中对设（Entgegensetzen）一个有限的非我与有限的自我相对立。换言之，有限的自我与非我从属于绝对的自我，两者的对立是在意识的同一性中发生的，从而由绝对自我统一在一起。因此，A 部分地是非 A，非 A 部分地是 A，它们互为根据。抽掉第三原理的内容，将对立双方通过限制性概念所达到的单纯形式保留下来，就得出了根据律或充足理由律的命题形式。

现在，康德关于“先天综合知识如何可能”的问题就得到了最令人满意的解决。第三原理中对设出来的自我与非我的可分割性，已经将相互对立的自我与非我综合起来了，而且是“先验地”综合起来的。这是知识中最高的综合，其他所有的综合都必然包含在这个最高的综合之中，因而它指出了知识学以后的发展演绎的道路。

知识学的三条原理为我们提供了三种活动——其实不应该说三种行动，而应该说是同一行动的三个方面。这就是正题、反题、合题，与之对应的是“实在性”、“否定性”和“根据性”三个范畴。在此，费希特做了一项非常重要的工作，他试图将康德的消极辩证法改造成为积极的辩证法，并且使康德静态的范畴体系表现为一个相互推演的发展过程，从而对谢林和黑格尔的辩证法产生了极其深刻的影响。

费希特从知识学的基本原理出发试图清除康德的二元论，建立一个统一的哲

---

① ［德］费希特：《全部知识学的基础》，25 页。

学体系。然而，从根本上说，费希特并没有解决康德哲学的难题。他虽然清除了自在之物，但是他的知识学毕竟局限在意识范围之内，仍然无法克服坚硬的外部自然，而且绝对自我只是经验和知识的实在性的根据，而其自身的实在性却是无法证明的。费希特自己很清楚这一点，他所能做的只是将其交付给信仰。而最初是他的追随者的谢林，已经酝酿出自己的"先验唯心论体系"。

◎ 谢林的"同一哲学"

谢林（Friedrich Wilhelm Joseph Schelling，1775—1854）生于德国符腾堡莱昂贝格（Leonberg）一个新教牧师家庭。他少年早慧，15 岁便获准破例进入图宾根神学院，与年纪较长的黑格尔和荷尔德林同窗。在这期间，法国大革命和康德、费希特哲学给予青年谢林以深刻的影响。谢林哲学大体上可以分为对比鲜明的两个时期：充满理性主义激情的真诚的青春思想和后期的宗教神秘主义哲学。谢林自己把他早期的思想概括为同一哲学，它包括阐释绝对从客观到主观的自然哲学和绝对从主观到客观先验哲学两部分，晚年主要讲授神话哲学与启示哲学。

谢林最初是费希特的追随者，他同意费希特的观点，即哲学应该是从最高的统一原则出发按照逻辑必然性推演出来的科学体系，但是他意识到费希特哲学存在着深刻的局限性。费希特消除了康德的二元论，抛弃了物自体，以绝对自我为基础和核心建立了一个知识学的体系，然而他的哲学体系缺少坚实的基础，因为在自我之外仍然有一个无法克服的自然或客观世界。在谢林看来，绝对自我不足以充当哲学的最高原则，因为它始终受到非我的限制。首先，费希特认为自我无意识地设定非我，这种观点是自相矛盾的。自我之为自我不可能是无意识的，如果它无意识就不是自我。其次，自我与非我是相互限制的，因而所谓绝对自我是有条件的，实际上并不绝对。一方面，没有自我就没有非我；另一方面，由于非我是自我实现自身的需要和场所，因而没有非我也就没有自我。按照谢林的观点，哲学的最高原则既不是自我也不是非我，既不是主体也不是客体，而是超越于自我与非我、主体与客体之上的"绝对"。于是，谢林改造了斯宾诺莎的实体学说，以自然哲学来弥补费希特知识学的缺陷，建立了一个客观唯心主义的哲学体系。

谢林是作为费希特哲学的信徒走上哲学舞台的，但是从一开始他就有着与费希特不同的哲学旨趣和思想倾向，这种差异决定了谢林哲学的独特地位。正如德国现代哲学家海德格尔所说，从 1794 年发表第一篇哲学论文开始，在以后的十几年中，谢林每年都有一部或多部哲学作品问世，这些著作将费希特的唯心论带入了一个全新的领域，并将一般唯心论引向了一条崭新的道路。[①] 如果说费希特

---

① 参见［德］海德格尔：《谢林论人类自由的本质》，4 页，沈阳，辽宁教育出版社，1999。

主要关注的是自我、主体或人的问题，那么对自然、客观世界的重视则成为谢林哲学的发源地与生长点，这也是谢林为德国古典哲学开辟的一个重要的领域。

青年谢林最初是沿着费希特“自我设定非我”的唯心主义路线来构想哲学的可能性的，他批判康德的物自体，认为主体驾驭着客观世界。但是，斯宾诺莎的实体学说使他认识到，知识学还不是全部的哲学，如果说它阐述了绝对在主观世界中的变化形态，那么另一个变化形态则表现在客观世界中。于是，谢林不再把非我看作由自我设定的，而是把自然看作是与自我一样无条件地具有实在性的东西。这样一来，自然哲学就成为哲学不可或缺的组成部分。自然哲学不像自然科学那样仅仅着眼于自然的表面与外在的客观事物，只考察自然界的局部现象，而是把自然看作是一个整体，着眼于自然的内在的动力结构和普遍原理，探究自然之为自然的构成条件。因此，谢林把自然哲学称为“思辨的物理学”，它为自然科学提供前提和准则。

自然是喑哑的或无意识的理智，即尚未成熟的理智，因而在它的现象中仍然无意识地透露出理智特性的光芒。一切自然科学的必然趋向是从自然出发而达到理智的东西，它们的最高成就就是把一切自然规律完全精神化。所以，自然哲学乃是一个主观性不断增长的过程，它所阐述的是无意识的理智由“原始冲动”而两重化，在同一与差别的矛盾的推动下，从“质料”、“无机物”到“有机体”，最终产生精神的发展过程。谢林的自然哲学以有机的和辩证的整体观念为一向由机械论占统治地位的科学界带来了一股清新的空气，不仅使科学家们发现了一种不同以往的看待自然的全新方式，而且为浪漫派崇尚自然的情感提供了哲学基础。它补充和修正了费希特哲学忽视客观、自然的局限，成为德国古典哲学从主观性向客观性过渡的关键环节。

当然，自然哲学只是哲学的一部分。哲学的另一个主要组成部分是先验哲学。自然哲学从客观出发，描绘的是从自然到精神的历程。先验哲学从主观出发，研究的是精神生活的发展，即从主体到客体、从精神到自然的创造过程。

谢林把先验哲学称为“关于知识的知识”，而“一切知识都以客观的东西与主观的东西的一致为基础”①，也就是说，在先验哲学中，主观的东西与客观的东西是统一的，二者同时存在，是一个东西。按照谢林的观点，先验哲学的根据只能是这样一个“点”，在这个“点”内，同一的东西与差别的东西是同一个东西，如果知识中没有这样一个“点”，表象与对象就不可能符合一致。在同一命题“A＝A”中，“A＝A”以“我＝我”为前提，亦即以“思维的同一性”为前提：当我说“A＝A”时，我是在把作为主词的A与作为宾词的A结合在一起，这要求思维与自身的同一性。于是，我们就找到了知识中的那个“点”，这个

① ［德］谢林：《先验唯心论体系》，6页，北京，商务印书馆，1976。

“点”就是“我＝我”，即“自我意识”。在费希特那里，“我＝我”只是自我设定自己的同一性命题，需要设定非我才能有差别命题。谢林则认为，在这个“自我意识”中就包含着同一与差别的统一，因为“我＝我”乃是自我以自身为对象，一方面有同一性，另一方面自我主词的我与自我宾词的我亦表现为差别性。所以“自我意识”本身就是同一与差别的统一，因而这个“同一命题”其实也是“综合命题”。

因此，自我意识就是知识中的最高原则，它是唯一可能的同一而综合的命题。所以，就像在自然哲学中自然的统一体表现为原始的两重性一样，在先验哲学中，自我意识在同一性中表现出一种原始两重性，反之，亦在原始两重性中表现出同一性，这就构成了先验哲学发展的内在矛盾运动。因而，自我意识是先验哲学的最高根据，一切先天综合知识都是从这个最高的综合中产生的。谢林一方面进一步发展了费希特正题、反题、合题的辩证法，另一方面在其哲学中更加鲜明地贯彻了历史主义的原则。所有这些，都为黑格尔完成形而上学做好了准备。

然而，谢林哲学也遇到了难题：他坚持认为绝对是无差别的同一性，这就在有差别的世界与无差别的绝对之间设置了一条难以逾越的鸿沟。从无差别的绝对同一性出发，我们很难说明这个无差别的绝对同一性如何产生出有差别的世界，也无法说明以主体和客体之差别为前提的认识活动如何能够把握这个绝对同一性。谢林认为，对于这个无差别的绝对同一性是不能用概念来认识和表述的，对此我们只能诉诸“理智直观”。然而理智直观乃是纯粹内在的，它缺少客观实在性，所以这个理智直观必须借助于美感直观或“艺术直观”，因为只有天才在艺术直观中才能于物我两忘的境界中超越主体与客体的界限。于是谢林亦走向了神秘主义。谢林的晚期哲学表现为一种天启哲学或神话哲学，应该说是其哲学发展的必然结果。

20 世纪有些哲学家将康德之后的德国哲学看作是一种倒退——从批判哲学倒退到了形而上学。的确，从康德、费希特、谢林到黑格尔，并不是康德哲学唯一的出路，但是不容否认的是，这毕竟也是一条出路，因为从康德哲学出发并非只有一条路。在某种意义上说，康德、费希特和谢林都试图解决形而上学的问题，他们都试图重建形而上学，然而却都没有能够从根本上解决问题。于是，实现使形而上学成为科学这个理想的艰巨任务，就落到了黑格尔的肩上。

七、黑格尔的精神历险

1806 年 10 月，正值德法耶拿大战，黑格尔携带着《精神现象学》手稿离开了耶拿。后来在给友人的信中，黑格尔写道：我见到了拿破仑这位“马背上的世界精神”。而此时此刻黑格尔心中怀抱的远大理想是成为哲学中的“绝对精神”。

◎ 黑格尔的生平与时代

黑格尔（Georg Wilhelm Friedrich Hegel）1770 年生于斯图加特。上中学时，他爱不释手的是一本叫作《索菲游记》的市民小说，后来叔本华不无恶意地说，少年时我醉心的是古希腊的悲剧，黑格尔却在读这样的书。确实，从黑格尔少年时代的情况看，谁也不会预料到这个陶醉于如此乏味小说的平庸少年后来竟然脱胎换骨，成了大哲学家。不过黑格尔的学习成绩的确很好，在中学里名列第一。1788 年毕业时，这届学生中有四个人被送入图宾根神学院，黑格尔就是其中之一。在神学院中黑格尔与两个同学结下了诚挚的友谊，一个是与他同时进入神学院的荷尔德林，今天被人们看作是与席勒和歌德比肩并列的伟大诗人；一个是 1790 年入学的谢林，曾经在黑格尔还默默无闻之时就已经名扬天下的哲学家，这两个人后来都对德国文化产生了深刻的影响。1789 年的法国大革命受到了德国进步势力的热烈欢呼，据说黑格尔曾经与朋友们一起模仿法国人种了一棵自由树。当然，后来他与大多数同情革命的德国人一样，并不赞成雅各宾派所实行的恐怖行动，但是他终身都没有改变对法国革命的肯定态度。

1793 年，黑格尔以优异成绩从神学院毕业，已经具备了相当的哲学素养，像他的前辈康德和费希特一样，到瑞士的伯尔尼做了家庭教师。经过了一段时间的徘徊与迷茫，黑格尔终于超越了启蒙主义彻底否定现实的片面性，以辩证法的思想使理想与现实达成了“和解”。1801 年黑格尔通过论文答辩，成为耶拿大学哲学系的编外讲师。此后不久，黑格尔与著名诗人歌德建立了通信联系，从此两人的友谊一直保持到终身。歌德对黑格尔厚爱有加，热情关怀着他的成长，黑格尔则始终对歌德恭敬备至，甚至在他功成名就之时仍然称自己是歌德精神的儿子。黑格尔从 1805 年着手写作《精神现象学》，发誓要“让哲学说德语”。1807 年发表了第一部成熟的哲学著作《精神现象学》，次年就任纽伦堡文科中学校长。从 1818 年开始，黑格尔任柏林大学哲学系教授，1827 年主编《科学评论年鉴》，以他为中心形成了黑格尔学派。柏林时期是黑格尔事业的鼎盛时期，他在 1829 年当选为柏林大学校长，1831 年因病逝世。

黑格尔与当时的普鲁士专制政府之间的关系经常是人们批评黑格尔思想保守的一个口实，人们指责他为专制制度做辩护。这样批评黑格尔的人如果不是不了解他所处的那个时代，不了解他在教学和著述方面所受到的限制，就是没有真正理解黑格尔哲学。1821 年的某一天，黑格尔家中聚集着许多客人，他吩咐给每个人都斟上一杯酒。客人们感到很奇怪：今天不是节日，也不是哪个国王王妃的生日。黑格尔举杯一笑说：今天是 7 月 14 日。这就是说，即使是在普鲁士专制统治最黑暗的时候，黑格尔每年都要为攻占巴士底狱举杯庆祝一番。

黑格尔生前正式出版的哲学著作有四部，这就是：《精神现象学》、《逻辑学》、《哲学全书》和《法哲学原理》。其中《哲学全书》与《法哲学原理》都是教学纲要，因而黑格尔真正意义上的哲学著作就是《精神现象学》和《逻辑学》这两部书。为了区别起见，人们一般将《逻辑学》一书称为《大逻辑》，而将《哲学全书》中的“逻辑学”部分称为《小逻辑》。黑格尔去世之后，他的友人和学生编辑出版了《黑格尔全集》，其中包括根据学生们的听课笔记整理而成的一系列讲演录，有《历史哲学讲演录》、《美学讲演录》、《宗教哲学讲演录》和《哲学史讲演录》等。

黑格尔生活的时代正是世界历史发生着波澜壮阔的激烈变革的时代。歌德曾经在一次谈话中这样说道：“我所以得天独厚，是因为我出生在世界大事纷至沓来、方兴未艾的年代。”黑格尔虽然比歌德小 21 岁，但是歌德所经历的重大事件他大部分都经历了：1776 年北美独立战争、1789 年法国大革命、拿破仑席卷欧洲及其失败，等等。后来在《法哲学原理》中，黑格尔深有感触地写道：“哲学的任务在于理解存在的东西，因为存在的东西就是理性。就个人来说，每个人都是他那时代的产儿。哲学也是一样，它是被把握在思想中的它的时代。”① 黑格尔是时代的产儿，他有幸生活在一个激动人心的年代，并且用他的思辨语言把握并表现了他那个时代的精神。不过与康德哲学相比，黑格尔哲学的历史命运可称得上是坎坷曲折了。在世之时，黑格尔的事业如日中天，在哲学界几乎取得了一统天下的地位，但是他去世后不久，黑格尔学派就解体了。不仅如此，由于现代西方哲学扭转了哲学的方向，坚决与古典哲学划清界限，对形而上学采取了彻底批判的态度，因而黑格尔作为形而上学最大最典型的代表人物，理所当然地成了形而上学的“替罪羊”。他的哲学一而再再而三地受到人们的批判，甚至可以说几乎现代西方哲学的所有流派无一不是从反黑格尔哲学而起家的，虽然在许多流派中都可以找到黑格尔的影子。直到 20 世纪 30 年代以后，黑格尔哲学才慢慢地重新引起人们的重视。

理解黑格尔的难处在于其哲学是一个前无古人后无来者的庞大体系，他几乎把当时人类理性所涉及的全部领域都纳入其哲学体系之中，而其深刻的辩证性亦使人们很难确切地把握他的思想。更重要的是，黑格尔哲学体系的任何一个环节或片断都像“全息元”一样，它们中的每一个都贯彻或体现着其哲学的所有基本原则和方法，这就向所有试图理解黑格尔哲学的人提出了挑战。但是也正因为如此，黑格尔哲学对于任何深入于其中的人们始终保持着迷人的魅力。

---

① ［德］黑格尔：《法哲学原理》，12 页，北京，商务印书馆，1982。

◎ 精神的探险旅行：《精神现象学》

黑格尔晚年时曾经将《精神现象学》称之为他的“探险旅行”，实际上他要再现的亦是人类精神的“探险旅行”。在它之中，包含着黑格尔哲学的起源和基础。马克思曾把《精神现象学》看作是“黑格尔哲学的真正诞生地和秘密”。的确如此。《精神现象学》不仅第一次提出了黑格尔哲学的基本原则，体现了黑格尔特有的辩证法，展示了黑格尔哲学的体系雏形，而且揭示了黑格尔哲学的起源，因而是我们理解黑格尔哲学的入门书，破解黑格尔哲学的秘密的一把钥匙。一句话，理解黑格尔哲学，应该从《精神现象学》开始。

《精神现象学》是西方哲学史上最为晦涩难解的哲学著作之一，也是一本前所未有的奇书。就通常的理解而言，这部标志着黑格尔哲学成熟的著作是很难归类的。黑格尔以恢宏的气势将从古至今的人类历史、思想史、文化史统统纳入了他的视野之中，把哲学、伦理学、心理学、文学、美学、宗教、政治、经济等熔为一炉，再现了人类精神的发展过程，以其强烈的历史感和深邃的辩证法来解决哲学所面对的难题。当然，黑格尔在此所尝试的思辨方法也向所有试图理解它的人们的理解力提出了挑战。在这部著作中，黑格尔希望超越因为固执于有限的规定而无法把握事物之活生生的内在生命的“知性思维”，他千方百计地试图突破确定性的界限，在肯定性中看到否定的因素，从否定性中发现肯定的环节，而且使用了大量的隐喻来表达他的思想。结果就使许多阅读这部著作的人很难把握究竟什么是黑格尔反对的以及什么是他赞同的，所有这一切只有到了最后的关头才真相大白。

在某种意义上说，黑格尔哲学所面临的问题就是康德哲学的问题。

作为德国古典哲学的开创者和奠基人，康德以其批判哲学将事物划分为现象和物自体两个方面，一方面证明了科学知识的普遍必然性，另一方面亦通过限制知识而为自由、道德和形而上学保留了一片天地，确立了理性和自由这一德国古典哲学的基本原则。然而，由于其哲学特有的二元论使康德始终无法建立一个完满的哲学体系，这就给他的后继者们提出了一个亟待解决的难题。实际上，康德的后继者们所关注的并不是体现着自然必然性的理论理性，而是体现着自由的实践理性，甚至在某种程度上说，他们的思想都是从实践理性出发的。青年谢林在给黑格尔的一封信中说，“朝霞伴随着康德升起”，“自由贯彻全部哲学而始终”。青年黑格尔亦从康德的实践理性中看到了人的自由、价值和尊严，他认为“人类自身像这样地被尊重就是时代的最好标志，它证明压迫者和人间上帝们头上的灵光消失了”，并且把理性和自由看作是永恒的口号。当然，尽管费希特、谢林和黑格尔无不对康德表示由衷的敬意，但是他们也都意识到康德哲学是不彻底的，如果要想将哲学推向前进，那就必须超越康德。《精神现象学》就是继费希特和谢林之后对康德的问题的回答。

康德由于知识如何能够符合对象的难题返回到了主观性的立场并且走向了不可知论，黑格尔则从知识与对象之间的差别看到了解决问题的可能性：由于在认识之中存在着知识与对象之间的差别，我们就完全有可能根据这一差别来考察知识。当我们发现知识与对象是不相符合的时候，通常我们就必须改变知识以符合对象，从而形成新的知识。然而，原来的知识毕竟是根据相应的对象而形成的，现在知识发生了改变，这就意味着对象也与知识不再相当了，它同样需要改变自己以适应新的知识。因此，认识不仅是改变知识的过程，同样也是改变对象的过程，在认识活动中，不仅出现了新的知识，而且也出现了新的对象。这就是说，原来在认识中未被我们意识到的对象现在成为了意识的对象，而对象的改变就意味着原来被意识以为是“自在的对象”的对象，现在变成了意识的对象。

因此，认识活动本身实际上是自己考察自己、自己改变自己的发展过程，所谓批判并不是我们站在理性之外对理性指手画脚，而是理性自己考察自己，这个理性自己考察自己的过程就是理性的自我批判，也就是理性的辩证法或辩证运动。简言之，黑格尔扬弃康德的自在之物的关键在于他把认识看作是一个由知识与对象之间的差别和矛盾推动的发展过程。康德对理性认识能力的批判基本上是一种静态的结构分析，而黑格尔则意识到认识是一个由于其内在的矛盾而运动发展的过程。如果认识是一个过程，那么我们就得承认，认识不是一成不变的，而认识的发展变化则表明知识是处于变化更新的过程之中的，不仅如此，对象也一样处于变化更新的过程之中。

黑格尔不仅试图以辩证法来解决认识论的问题，而且使认识论上升到了存在论的高度。在他看来，知识与对象之间的不一致不仅是主观性自身内部的问题，同样也是存在论的问题。因为在我们的认识中发生的知识与对象之间的矛盾，表明这个世界本身还处于不统一不和谐的状态，于是认识的辩证运动就获得了存在论的意义：当认识扬弃了自在之物而达到了自身统一的时候，通过它的活动亦使世界本身达到了和谐和统一。黑格尔的《精神现象学》所展示的就是这个过程，它通过人类精神认识绝对的过程，表现了绝对自身通过人类精神而成为现实，成为“绝对精神”的过程。换句话说，人类精神的认识活动归根结底乃是绝对精神的自我运动，因为人类精神就是绝对精神的代言人，它履行的是绝对精神交付给它的任务。对黑格尔来说，人类精神这个艰苦漫长的“探险旅行”既是精神的“伊利亚特”，也是精神的“奥德赛”：它不仅是人类精神远赴他乡，寻求关于绝对的知识的征程，同时亦是精神回归其自身，认识自己的还乡归途。因为人类精神认识绝对的过程就是绝对自己成为绝对精神的过程，所以人作为精神性的存在并不在绝对之外，不如说它就是绝对精神的代言人，因而当它认识了绝对之时，也就回到了自身之内。从这个意义上说，《精神现象学》也就是对于“绝对即精神”的认识论证明。如果有谁无法理解黑格尔的绝对精神究竟从何而来，究竟是什么，只要他读了这本书就会真相大白了。

在《精神现象学》完成之后，黑格尔意识到由于它的内容过于丰富，很可能使人们难以理解其哲学的基本精神，于是他又为这部晦涩难解的著作加上了一个“序言”来阐述其哲学的基本原则。虽然黑格尔一向轻视序言一类的东西，但是这篇序言却是不容忽视的，因为它与其说是《精神现象学》的序言，不如说是全部黑格尔哲学的序言。

◎ 黑格尔哲学的基本原则：实体即主体

黑格尔在《精神现象学》一书的序言中说道：“照我看来，——我的这种看法的正确性只能由体系的陈述本身来予以证明——一切问题的关键在于：不仅把真实的东西或真理理解和表述为实体，而且同样理解和表述为主体。”这就是黑格尔著名的“实体即主体”的基本原则。

第一个提出实体即主体的思想的并不是黑格尔，而是亚里士多德。亚里士多德在《范畴篇》中曾经从逻辑判断的角度为实体下了一个最基本的规定：“实体，在最严格、最原始、最根本的意义上说，是既不述说一个主体，也不存在于一个主体之中”，在这里，“主体”即“主词”，因而他的意思是说，所谓实体（ousia）就是只能充当命题判断中的主词而不能充当宾词的东西。当然，当黑格尔宣称“实体即主体”的时候，无论实体还是主体的概念都发生了深刻的演变。主体已经不仅仅是判断中的主词，而是更多地被用于人类理性。由于近代哲学试图在主体与客体存在着差别的基础上来谋求两者的同一性，这就注定了它是无法从根本上解决问题的。现在黑格尔提出这个原则，其目的就是在近代哲学主体性的基础上重新回到亚里士多德，将近代哲学的主观性原则与古代哲学的客观性原则融为一体。因此与亚里士多德相比，黑格尔考虑更多的是实体本身的能动性。所谓“实体即主体”的主要含义是，实体不仅是客观的，而且其自身就是能动的，这样的实体就是“活的实体”。

“活的实体”并非无差别的同一性，而是在其自身内部就蕴含着否定性和矛盾：由于实体自身就具有能动性，所以它自己否定自己而成为发展出来的现实。因此，只有当我们把实体同时也理解为主体，理解为自己展开自己的运动的时候，才能说明它的现实性，而实体作为主体的能动性就表现在它自身之中就包含着纯粹的否定性，因而它是单一的东西自己否定自己从而分裂为二，将自己树立为对立面，然后扬弃自身中的矛盾和对立，重建自身统一性的过程。由于实体就是主体，其自身就具有能动性，因而实体的运动过程乃是它的自我运动，世界就是它的外化和展开。于是实体的运动就成了以终点为目的的自己展开自己、自己完成自己的“圆圈”，而且只有当实体真正成为主体，从潜在展开自身并且重建自身同一性的时候，它才是现实的。

因此，单纯的实体还只是潜在的因素，当它展开自身而外化为世界时，也仍然不是真正的现实，只有当实体展开为世界并且扬弃一切差别重建自身的同一性的时候，它才是真正的现实，而这个重建自身同一性的工作就是通过人类精神对于绝对的认识活动来实现的。换言之，绝对通过它的代言人——人类精神而自己认识自己，最终成为绝对精神。所以，在黑格尔哲学之中，“绝对”与“绝对精神”是有区别的：前者是潜在的，后者则是现实的。当马克思说《精神现象学》是黑格尔哲学的诞生地和秘密的时候，这不仅意味着《精神现象学》第一次公布了其哲学的基本原则和体系的雏形，而且意味着它揭示了绝对精神的秘密：绝对精神其实就是人类精神的绝对化和本体化。在此，黑格尔把康德关于知性为自然立法的思想推到了极端：不是知性为一切可能经验的自然立法，实际上自然法则根本上就是精神的法则，因为“实体即主体”，“绝对即精神”。黑格尔就是这样以辩证的客观唯心主义的方式来解决近代哲学的问题。

于是，黑格尔试图在全新的基础上来解决思维与存在的同一性问题。对他来说，思维与存在的同一性问题不仅是认识论问题，而且首先是存在论问题。所以黑格尔从实体即主体这一原则出发，将思维与存在之间的关系首先看作是事物与其自身之间的关系：思维是事物的本质，事物是思维的表现，而事物归根到底总要符合自己的本质，因此思维与存在在存在论上是同一的。其次，人类精神的认识活动是可以认识存在于事物中的思想的，因为我们的思想能够思想存在于事物中的客观思想。因而最后，存在论与认识论是统一的，人类精神履行的乃是绝对精神的工作。思维与存在的符合一致是一个过程，这个过程是通过人类精神对事物的认识来实现的。即是说，事物的本质虽然是思想，但是作为事物的本质的思想毕竟被限制在有限的事物之中，它虽然是思想但却还不具有思想的形式，这种尚未成为现实的思想只是潜在的。“哲学的最高目的，就在于确认思想和经验的一致，并达到自觉的理性与存在于事物中的理性的和解，亦即达到理性与现实的和解。”[①] 由此，我们就理解了黑格尔为什么主张“凡是合乎理性的东西都是现实的，凡是现实的东西都是合乎理性的”。因为按照他的观点，理性不仅仅是主观的理想性，而且是事物的本质，而事物归根结底要符合自己的本质，所以合乎理性的东西一定会成为现实。另一方面，并不是随便什么东西都可以被称为现实，只有真正合理的东西才能称为现实，因而一切现实的东西当然就是合理的。其实，合理性与现实性之间的这一辩证的关系亦可看作是黑格尔哲学的主题，或者说，黑格尔哲学的全部内容就是围绕着合理性与现实性之间的辩证关系而展开的，其目的就是要达到合理性与现实性的“和解”。显然，人们将黑格尔这个命

① ［德］黑格尔：《小逻辑》，43页，北京，商务印书馆，1980。

题看作是反动保守的命题，实在是对黑格尔的误解。

《精神现象学》完成了人类精神“从现象到本质”的认识过程，现在黑格尔可以着手“从本质到现象”，从精神现象学的成果回过头来重新理解我们的世界了。于是，黑格尔给我们留下了另一部奇书——《逻辑学》。

◎ 世界的逻辑结构：逻辑学

黑格尔在《逻辑学》中指出，近25年以来——按时间推算应当是康德《纯粹理性批判》第二版出版以来，“那种被叫做形而上学的东西，可以说已经连根拔掉，从科学的行列里消失了”[①]，“科学和常识这样携手协作，导致了形而上学的崩溃，于是便出现了一个很奇特的景象，即：一个有文化的民族竟没有形而上学——就像一座庙，其他各方面都装饰得富丽堂皇，却没有至圣的神那样”[②]。虽然康德批判形而上学的目的并不是为了彻底将形而上学从哲学中清除出去，而是为了重建形而上学，但是他和他的后继者们都没能最终解决这个难题。现在，历史的重任就落到了黑格尔的肩上。于是在《精神现象学》之后，黑格尔便着手写作《逻辑学》。

黑格尔的《逻辑学》与他的《精神现象学》一样是一部前无古人、独一无二的哲学著作，不过它所体现的是黑格尔完全不同的另一种风格。如果说《精神现象学》是一部才气喷涌、充满激情的作品，那么可以说《逻辑学》则是一部简洁明快、推理缜密的著作。在《精神现象学》中，不仅我们甚至黑格尔本人的思想航船都在辩证法之强力的推动下身不由己而一发不可收拾，而《逻辑学》在某种意义上则是远离激情的：“学习这门科学，在这个阴影的王国中居留和工作，是远离感性直观和目的、远离感情、远离仅仅是意见的观念世界的。”[③] 显然，不仅是因为《逻辑学》所处理的对象不同于《精神现象学》，而且此时的黑格尔对于辩证法的使用也已经得心应手、驾轻就熟了，他冷静地处理面前的对象，恰如其分而且有条不紊。

在黑格尔哲学中，“逻辑学”相当于传统形而上学或存在论的地位。表面看来，这与通常人们的观念大相径庭，然而实际上这一思想却的确符合形而上学的内在精神。在近代哲学中，通常逻辑学亦即形式逻辑所研究的只是单纯主观的思维形式，古代哲学则不这样看。作为形而上学的创始人，亚里士多德将范畴看作是存在的存在方式，试图从范畴入手来解决存在问题，并且通过以实体(ousia)为中心的十个范畴确立了“存在之网”或世界的逻辑结构。后来经过中世纪哲学

---

① ［德］黑格尔：《逻辑学》，上卷，1页，北京，商务印书馆，1977。

② 同上书，上卷，2页。

③ 同上书，42页。

的改造乃至到了近代哲学那里，实体才从范畴体系中独立了出来，成了存在论所研究的最高对象。康德对亚里士多德的范畴体系做了调整，提出了 4 组 12 个范畴作为知性为自然立法的根据，以将范畴主观化、内在化的方式，有条件地确立了世界的逻辑结构。现在黑格尔要做的工作就是恢复亚里士多德哲学的传统，重新赋予范畴以客观性的意义。

黑格尔的逻辑学不仅与存在论是同一的，而且与认识论、辩证法也是同一的。

逻辑学讨论的是思维规律和纯粹的思想规定，因而也可以说就是认识论。然而对黑格尔来说，所谓思维规律或者纯粹的思想规定都不仅仅是主观范围内的事情，它们同时亦是事物的客观规律和本质规定。另一方面，无论逻辑学还是认识论从根本上都是以辩证法为其基本形式的。所以，黑格尔与前人不同的地方是，他以独特的方式将所有的哲学部门熔为一炉。

当然，熔为一炉归熔为一炉，叙述起来还是要有区别的。在《精神现象学》之后，黑格尔首先做的一项工作就是建立世界的逻辑结构，亦即对纯粹本质性的因素进行深入的研究，以期为哲学奠定基础。这些就构成了他的《逻辑学》的内容。

如果说逻辑学是存在论，它研究的是范畴的体系，那么这些范畴究竟是从何而来的？答案就在《精神现象学》之中。当人类精神达到了“绝对知识”之后，整个认识过程便纯化成了范畴，《逻辑学》就以此作为它的对象。在黑格尔看来，人类精神对绝对的认识是一个艰苦漫长的过程，这个过程亦是一个由浅入深、从简单到复杂、从抽象到具体的过程，而哲学史恰恰就是这一过程的最高体现。在哲学史中，每个哲学体系都有它自己独特的哲学原则，它们都代表着人类精神认识绝对的一个阶段。因而看似相互对立、杂乱无章的哲学史实际上是哲学的发展过程。这就是说，只有一种哲学而没有许多种哲学，不同的哲学体系不过是这一种哲学在不同阶段上的表现，它们独特的哲学原则就凝结为范畴，构成了范畴体系上的诸多环节。所以，黑格尔主张历史与逻辑是一致的，他所做的工作无非是将人类精神认识绝对的哲学史纯化为一个有着内在联系的、有机的范畴体系。不过，黑格尔的逻辑学是从“一个方面”即本质的方面来展示真理的，因而逻辑的理念还只是“幽灵”而不是活生生的灵魂，或者说，它还不是现实的真理。

所以，在某种意义上说，黑格尔的逻辑学是一项前所未有的崭新的事业。他一方面要总结人类精神对于绝对的认识史——这已经由他的精神现象学完成了，一方面要把人们的日常语言纯化为崭新概念，另一方面还要改造传统的逻辑学，使概念“流动”起来，使“逻辑的枯骨”通过精神成为有血有肉的实在。通过黑格尔的努力，他终于将亚里士多德的形而上学观念付诸实现，为世界确立了一个十分完善的逻辑结构。但黑格尔自己并不认为他的逻辑学已经完善了。他不仅曾经在课堂上反复尝试过不同的范畴推演方式，而且在临去世之前还在修改《逻辑学》。在去世前一个星期，黑格尔在《逻辑学》第二版序言中说，想到柏拉图曾经7次修改《国家篇》，一部现代包含着深刻内容的哲学著作就应该修改77次才对。

◎ 黑格尔的哲学体系：《哲学全书》

通常我们所理解的黑格尔哲学体系就是《哲学全书》的体系。黑格尔对于哲学体系的思考由来已久，因为这是康德、费希特和谢林试图解决而没能最终解决的难题。在他看来，哲学是科学，但这里的科学并不是自然科学意义上的科学，而唯有当它是体系的时候才真正称得上是科学。所以在黑格尔发表了《精神现象学》和《逻辑学》之后，在《哲学全书》中亟待解决的问题就是如何将哲学构成为科学的体系。

《哲学全书》本身是教学纲要，分别于1817年、1827年和1830年出版了三个版本。它分为三大部分："逻辑学"、"自然哲学"和"精神哲学"。"逻辑学"是研究理念的自在自为的科学，它讨论的是纯粹的本质性因素亦即纯思想规定或范畴；"自然哲学"是研究理念的异在或外在化的科学，它讨论的是理念外化自身而成为自然亦即理念的外在表现；"精神哲学"研究的是理念由它的异在返回它自身的科学，它讨论的是通过人类精神理念重新获得自己的形式，从而成为真正的现实的过程。

《哲学全书》中的"逻辑学"部分（小逻辑）基本上是《逻辑学》一书（大逻辑）的概要，虽然它们在形式、内容和细节等方面有许多差异，所以我们就不作更多的介绍了，需要说明的是从"逻辑学"到"自然哲学"的过渡。从存在论上说，当逻辑理念在"概念论"中达到了"绝对理念"亦即自在自为的真理之时，"按照它同它自己的统一性来看，就是直观，而直观着的理念就是自然"①。这就是说，"绝对理念"扬弃了一切差别和矛盾而实现了自身统一性，这个直接的统一性就是一个简单的事实，一个消解了所有间接性的现成的东西，这个东西就是"自然"。从宇宙论上看，这个达到了自身统一性的直接性（直观）的理念由于返回自身而享有绝对的自由，因而它便自由地决定将自身中的特殊规定和诸环节"释放"出来，将其自身作为它自己的反映，自由地外化为自然。换言之，现在"存在"在这里成了"存在着的理念"，而存在着的理念也就是"自然"。显然，从逻辑理念到自然的过渡具有某种神秘主义的色彩，不过这里的"过渡"不应该理解为时间意义上的过程，而应该看作是逻辑上的关系：逻辑理念是自然的本质性因素，自然乃是逻辑理念的外化和表现。

---

① ［德］黑格尔：《小逻辑》，427页。

与近代哲学机械论的自然观不同，德国古典哲学的自然观将自然看作是一个有机的整体，以渗透于自然之中的内在的精神活动来解释自然的运动，将自然理解为历史性的运动发展的过程。这种思辨的自然哲学经过谢林的发扬光大，在当时的科学家们中间引起了热烈的反响，他们在谢林的自然哲学中发现了一种不同以往的理解和说明自然的新的方式。与谢林相比，黑格尔的自然哲学显然更系统更完善，但是当他建立自己的自然哲学的时候，由于思辨的自然哲学已经为科学家们所厌倦，所以其影响反而没有谢林大。

在黑格尔看来，“自然界是自我异化的精神。精神在自然界里一味开怀嬉戏，是一位放荡不羁的酒神。在自然界里隐藏着概念的统一性”①。绝对外化它自己而成为自然，自然不过是绝对的表现。然而也正是因为如此，绝对还不是现实的它自己，绝对还不是绝对精神。因此，黑格尔给自然哲学提出的课题是“扬弃自然和精神的分离，使精神能够认识自己在自然内的本质”②。他把考察自然的方式规定为“概念的认识活动”，它是理论态度与实践态度的统一，其目的是把握事物的内在本质。在这种认识活动之中，我们强迫像希腊神话中那位千变万化的海神“普罗丢斯”一样的自然界停止它的变化，在我们面前显现和说明自身。《自然哲学》以从自然向精神的过渡作为它的终点。自然发展到了这样的阶段，它在有生命的东西中得到了完成。因此，精神与自然之间的关系是，两者在根本上是统一的：精神是自然的本质，自然是精神的异化或表现。所以，精神既可以说在自然之后，也可以说在自然之前：精神是从自然界中发展出来的，因而自然在时间上是在先的；然而就精神是自然的本质，精神是自然的真理性和最终目的，是理念的真正现实而论，精神则是真正在先的。于是，我们就从自然哲学进展到了精神哲学。

黑格尔的“精神哲学”与他的《精神现象学》之间的关系是十分微妙的。由于它们讨论的都是人类精神认识绝对的过程，因而在内容上多有重复。当黑格尔的哲学全书体系建立起来的时候，他似乎有点儿后悔在《精神现象学》中过于详细地描述了本应该在“精神哲学”中阐述的内容，所以他放弃了《精神现象学》是“科学体系的第一部分”的说法，仅仅把它看作是其哲学的“导言”，甚至成了“精神哲学”中的一个环节。实际上，《精神现象学》与“精神哲学”各有千秋：前者是黑格尔尚未确立其哲学体系之时写作的著作，因而阐述充分、比较生动而且很少刀斧之痕；后者作为体系成熟时的“纲要”中的一部分，形式十分规整，条理也比较清晰。当然，两者虽然内容大致相似，但是论述的角度毕竟不同：《精神现象学》类似绝对精神的“史前史”，描述的是尚未成为绝对精神的绝

① ［德］黑格尔：《自然哲学》，21页，北京，商务印书馆，1986。

② 同上书，20页。

对精神在人类精神中的生成史，而“精神哲学”则是我们在认识了绝对精神之后，回过头来由此出发所建立的哲学体系的一个部分。

《哲学全书》以绝对精神成为真正的现实而告结束。据此人们经常指责黑格尔狂妄自大到了极点，自以为自己可以而且确实穷尽了所有的真理。黑格尔确实说过：“那在时间上最晚出的哲学体系，乃是前此一切体系的成果，因而必定包括前此各体系的原则在内；所以一个真正名副其实的哲学体系，必定是最渊博、最丰富和最具体的哲学体系。”① 然而另一方面我们也不应该以通常的观点来理解黑格尔为哲学所确立的终点。《哲学全书》的最后一句话是这样的：“永恒的自在自为地存在着的理念，作为绝对精神，永恒地实现自己、产生自己、享受自己。”由此可见，哲学并不因为认识了绝对精神就停滞不前了，它还在运动着，只不过这种运动与以往不同，它是一种永恒的、无限的运动。

◎ 辩证的否定：辩证法的灵魂

黑格尔的名字是与辩证法联系在一起的。

黑格尔的辩证法是其哲学的一大特色，我们可以说辩证法既是黑格尔对哲学的伟大贡献，同时也是受到人们批评最多的地方。有人把他的辩证法推崇到了极致，视之为包治百病的灵丹妙药，也有人把他的辩证法贬低得一无是处，看作哲学癔症的胡说八道。实际上无论褒贬，都有可能是基于对它的误解。比如我们现在专门讨论黑格尔的辩证法，黑格尔本人肯定会不以为然。因为他的辩证法与他的哲学体系是密不可分、融为一体的，我们实际上既不可能脱离辩证法来讨论黑格尔的哲学体系，也不可能脱离他的哲学体系来讨论他的辩证法。这就给我们出了一个难题：理解黑格尔的哲学首先应当理解他的辩证法，而理解黑格尔的辩证法又必须把握他的整个哲学。这真有点儿像后来海德格尔和伽达默尔所说的“诠释学的循环”。然而，我们实在无法通过叙述黑格尔的整个哲学体系来阐述他的辩证法思想，如果那样的话就用不着我们多此一举了，因为直接阅读黑格尔是最好的办法。所以，为了叙述的方便起见，我们也只好专门来谈谈辩证法了。

黑格尔登上哲学舞台的时候，正是近代哲学在方法问题上陷入了困境之时。在他看来，近代哲学的困境源于其思维方式的片面性。在《精神现象学》的序言中，黑格尔分析对比了古代人的思维方式与近代人的思维方式之间的差别。古代人的思维方式的特点是朴素性和直观性。当人类精神开始认识活动之时，它还没有现成的抽象观念可以利用。对古代人来说，首要的问题是如何从感性经验中抽象出普遍的共相。不知费了多大的功夫，经过了多长时间的艰苦思考和探索，他们才形成了抽象的概念。“古代人的研究是真正的自然意识的教养和形成。古代

---

① ［德］黑格尔：《小逻辑》，55页。

的研究者通过对他的生活的每一细节都作详尽的考察，对呈现于其面前的一切事物都作哲学的思考，才给自己创造出了一种渗透于事物之中的普遍性。但现代人则不同，他能够找到现成的抽象形式；他掌握和吸取这种形式，可以说只是不假中介地将内在的东西外化出来并隔离地将普遍的东西（共相）制造出来，而不是从具体事物中和现实存在的形形色色之中把内在和普遍的东西产生出来。”黑格尔称这种固执于思维规定之差别的思维方式为“知性思维”。第一个揭示知性思维局限性的是康德，他通过对理性的批判指出了以知性范畴为基本形式的科学思维方式的局限性，认为这种思维方式只能运用于现象而不可能把握事物自身，并且通过理性的辩证法证明了这一点。康德的本义是通过揭示思维的辩证性来说明形而上学是不可能成为科学的，然而黑格尔却从康德的消极辩证法中看到了使哲学成为科学的一线曙光。在他看来，思维的辩证性为我们扬弃固定的概念，打破它们之间的界限，重新再现事物的整体生命提供了可能性。因此，现在的工作就在于扬弃那些固定的思想，从而使普遍的东西成为现实的有生气的东西。然而，我们必须认识到，要想使固定的思想取得流动性比将感性存在变成流动的要困难得多，唯一的途径是辩证的思维：扬弃固定的思维形式，使它们流动起来，克服自身的片面性，再现事物之活生生的生命。

在黑格尔看来，真正的科学方法亦即辩证法的本性，“一方面是方法与内容不分，另一方面是由它自己来规定自己的节奏”①，这两个方面可以看作是其辩证法的基本特征。如前所述，黑格尔认为辩证法不仅仅是方法，而且是事物自身的客观法则。因而，真正科学的方法并不是像理性主义所推崇的数学方法或康德的先验认识形式那样外在于内容，方法不是外在的形式或我们认识事物的某种方式，而是事物内在的生命、灵魂和运动方式。正因为如此，黑格尔认为一般的科学并不是严格意义上的科学，唯有能够自己说明自己的哲学才真正是科学。科学方法正是内容本身，正是内容在自身所具有的、推动内容前进的辩证法；方法不是外在的形式，而是内容的灵魂和概念。所以，我们的任务并不是去发现一种用来说明事物的方法，而是去发现事物自己运动的内在方式，也就是让事物自己展示自己内在的运动规律。要想做到这一点，关键就在于对否定性的辩证的理解。马克思曾经将黑格尔《精神现象学》的伟大成就概括为“作为推动原则和创造原则的否定的辩证法”。的确，在对待否定性的态度上，黑格尔区别于任何一位近代哲学家，其辩证法的核心就是对于否定性的辩证的理解。

从知性思维的立场看，事物之中包含着差别意味着事物自身的瓦解，因而差别和否定性乃是死亡的因素。然而黑格尔则认为，否定性不仅不是死亡的因素，而且是真正的生命的力量和原则。因为正是否定性构成了推动事物运动发展的内

① ［德］黑格尔：《精神现象学》，上卷，39页，北京，商务印书馆，1979。

在动力。事物之中存在着差别，所以事物之中包含着否定性的因素。在通常观点看来，差别就是否定，就是事物与其自身的不同一，所以是不真的。如果我们不能消解这些差别，事物自身就会消解为虚无。但是，与这种将否定仅仅看作是否定的观念不同，黑格尔认为“否定的东西也同样是肯定的”，或者说，自相矛盾的东西并不消解为抽象的虚无，而是消解为它的特殊内容的否定，而这样的否定并不是全盘否定，而是自行消解的“被规定的事情的否定”，因而是“规定了的否定”。这就是说，否定从来不是抽象的否定，而总是具体的特殊的否定，所以否定的结果也总是有内容的或有规定性的。因此，否定的结果其实是从否定之中而产生的有内容的东西，由于它在否定了先前内容的同时亦将其内容以新的形式包含于自身之内，这就使事物发展为更高更新更丰富的阶段。黑格尔将这种辩证的否定称为“扬弃”。

在德文中，“扬弃（aufheben）”这个概念本身就富于辩证性，它既意谓保存、保持，又意谓停止、终结。因此我们可以说，扬弃或辩证的否定包含着三个环节：一是否定，二是在否定中对有价值的东西的保留，三是向更高的阶段的过渡。的确，通过“规定了的否定”——扬弃，前一阶段中有价值的东西保留了下来，外在的形式被克服了并且发展为新的阶段，于是这种辩证的否定就使两个阶段“联系”起来，从而使事物成为一个“发展”的过程。

因此，“辩证的否定”乃是黑格尔辩证法的核心。由于“实体即主体”，在实体中就包含着纯粹的否定性，它自己否定自己，将自身树立为自己的对立面，然后扬弃自身，恢复自身的同一性，由此而成为现实。这样一个过程就是绝对的自我运动、自我完成、自己实现自己、自己成为自己的过程。所以，绝对精神乃是由于其自身内在的矛盾而自我运动的，在它的发展过程中，每一个阶段，每一个环节都是有限的、暂时的和有缺陷的，然而它们之间的相互扬弃以及继承和发展，又使它们构成了整体的必要环节。在《精神现象学》中，黑格尔形象地把绝对精神的自我运动比喻为“酒神的宴席”：所有人都加入了欢庆酒神节的宴席之中，每个人都在这场豪饮之中一醉方休，但是这场宴席却不会因为我或者你的醉倒而告终结，而且也正是因为我或者你以及我们大家的醉倒而成其为酒神的宴席。我们都是这场豪饮不可缺少的环节，而这场宴席本身则是永恒的。

黑格尔辩证法的独特之处就在于他把宇宙万物看作是一个由于其内在矛盾而自我运动的过程，从而把真理理解为过程、结果和全体，理解为一个自己完成自己的“圆圈”。以往的形而上学总是企图在最初的、原始的开端中寻求真理，并且在不同程度上将它看作是独立于我们之外的现成的存在。黑格尔则把绝对精神看作是一个自我生成、自我发展的过程。在这个过程中，越是在后的阶段或环节越具有现实性和真理性，黑格尔称它们是在先的东西的“真理”或“本质”，因为它们是前此阶段或环节“扬弃”自身的结果，因而克服了自身的缺陷并且保留了合理的因素，而最后的结果就是一个把前此一切阶段和环节都包容于自身之内的整体之大全。所以，黑格尔把这个过程看作是“前进—回溯”的辩证运动：“前进就是回溯到根据，回溯到原始的和真正的东西；被用作开端的东西就依靠这种根据，并且实际上将是由根据产生的”，因而“离开端而前进，应当看作只不过是开端的进一步规定，所以开端的东西仍然是一切后继者的基础，并不因后继者而消灭”，于是哲学之整体就是一个圆圈，在它之中，开端与终结、起点与终点乃是目的与目的的实现这样一个自我完成、自我实现的关系。①

总之，哲学与一般的科学不同，它没有任何假设的前提，因而避免了独断论的嫌疑，或者说，它自己是自己的前提，这个前提经过自身的发展而得到了自身的证明，所以只有哲学才称得上是真正的科学。

黑格尔对否定性的辩证理解是人类思想史上最为大胆的思考之一。差别、对立和矛盾问题自哲学产生以来就是人们十分关注的难题，对此希腊哲学提出了极其深刻的辩证思想，但是由于它的朴素性和直观性，使得这些深刻的思想没有得到全面深入的阐发。由于近代哲学家们固执于科学思维方式的知性思维，因而无论他们怎样追求客观性的科学知识，都最终因为主体与客体之差别的二元认识论结构而无法将有差别的东西结合统一在一起。在这个问题上，黑格尔的确与众不同。在他看来，在自然万物之中，否定性是死亡的力量，任何事物都将由于它而自我瓦解，失去自身的存在，但是精神的生活却是敢于承担死亡并在死亡中得以自存的生活，而且只有当它在支离破碎的瓦解之中保持其自身时它才是真正的存在。精神在否定的东西那里停留，这是一种魔力，这种魔力就把否定的东西转化为存在。实际上精神自身就是否定性，它否定自己而变成了对象，在对象中仍然保持着自身的同一，从而使它能够扬弃对象成为真正现实的自己。未经否定的精神只是潜在的精神，不敢面对否定的精神还不是真正的精神，唯有投身于否定仍然保持着自身的同一性并且扬弃了否定的精神才是真正现实的精神。显然，黑格尔在此以形而上学的思辨语言阐发了主体的能动性。

毫无疑问，黑格尔是有史以来最伟大的形而上学家，他一方面使自亚里士多德以来哲学家们所怀抱的让哲学成为科学的理想最终得以实现，另一方面亦使形而上学这一古典哲学曾经走了两千多年的哲学之路终于走到了尽头。正所谓“夕阳无限好，只是近黄昏”，形而上学在黑格尔那里就好像是一个人临终之前的回光返照，它的生命在黑格尔哲学中达到了最辉煌的时刻，但却是最后的辉煌。我们可以说黑格尔既是最好的形而上学家，也是最坏的形而上学家：他是最好的形而上学家，因为没有哪个哲学家能够像他那样建立起如此恢宏如此庞大乃至如此“合理”如此严密的形而上学体系；然而由于传统形而上学这条路最终被证明是

① 参见［德］黑格尔：《逻辑学》，上卷，55～56页。

根本不可能的，所以这个最好的形而上学家当然也就是最坏的形而上学家。因此黑格尔之后，尤其是20世纪西方哲学彻底扭转了哲学的方向，当人们为古典哲学和形而上学举行临终告别仪式的时候，黑格尔哲学理所当然地被摆上了祭坛，遭到了极其猛烈的批判。黑格尔哲学是人类思想史上的一笔极其宝贵的遗产，他对哲学的贡献是十分丰富的，也是多方面的。无论我们对形而上学采取怎样的态度，都不应该因为黑格尔是最大的形而上学家就彻底否定他在哲学史上的地位和意义，更何况批判黑格尔的前提条件是真正理解黑格尔。借用黑格尔的一个术语，我们对待黑格尔哲学应该采取"扬弃"的方式。显而易见，黑格尔哲学至今尚未被我们所"扬弃"，因而"扬弃"黑格尔哲学而不是彻底否定黑格尔哲学，仍然是摆在我们面前的一项艰巨的工作。

八、19世纪哲学：革命与反叛

◎ 19世纪欧洲的理智生活

19世纪的欧洲是一个社会生活和理智生活巨变的时代。从世界历史的角度看，1763年至1914年，欧洲在政治、经济和文化上都逐步确立了霸权地位，成为全球的主宰。[①] 到19世纪末，欧洲人很自然地想到了所谓"白人的责任"这一欧洲中心论的观点："承担起白人的责任——/将你们培育出的最好的东西传播开来——/让你们的子孙离家远去/去满足你们的俘虏的需要……"[②] 19世纪的欧洲在政治上始于拿破仑执政，这位"马背上的世界精神"以战争和征服在欧洲贯彻了法国革命的一些基本原则，而终于维多利亚时代（1837—1901）流金岁月的褪色。

让我们看看那些尤为引人注目的时代变化吧：19世纪早期的浪漫主义运动，这场充满诗意的革命要求以情感反抗理性的桎梏；工业革命成熟了，它一方面生产出庞大的商品堆积，另一方面也引发了数不清的社会悲剧，因此大量呼唤社会改良乃至革命的哲学思潮应运而生；在巴黎、德国和维也纳发生的1848年革命是阶级分裂的标志，"资产阶级"和"无产阶级"的对立首次植根于欧洲人的意识当中；民主政治的观念已开始深入人心，但专制政府及其社会控制也同时得到了强化；最后，达尔文掀起了生物学革命的澎湃浪涛，生物进化的思想引起世人

① 参见［美］斯塔夫里阿诺斯：《全球通史：1500年以后的世界》，560页，上海，上海社会科学院出版社，1992。

② 这是吉卜林（Kipling）著名的短诗《白人的责任》（1899）中的诗句。

的强烈关注。结果，浪漫主义运动深深影响了德国的唯心主义体系和非理性主义的哲学家；经济的混乱、社会的动荡和阶级的冲突使英国功利主义的社会改良哲学和马克思的革命学说呼之即出；达尔文主义的进化发展观则为马克思主义、斯宾塞的综合哲学以及美国的实用主义提供了必备的条件。

从思想史来看，19 世纪的首要标志就在于知识的学科化和专业化，创立了以生产新知识、培养知识创造者为宗旨的永久性制度结构。多元化学科的创立乃是基于这样一个信念：由于研究对象被合理地分成了一些不同的知识群，因此系统化研究便要求研究者掌握专门的技能，并借助这些技能集中处理多种多样而又相互独立的现实领域。[①] 认识论立场的分化使各学科扇形展开，一端是数学和以实验科学为基础的自然科学（物理学、化学和生物学），另一端则是人文科学，其中哲学的地位最高，其次是对形式艺术实践的研究（包括文学、绘画、雕塑、音乐学）。介于人文科学和自然科学之间的是研究社会现实的诸学科，其中史学更接近前者，刚刚分化出来的社会科学则以后者为标准。在这样的知识状况下，自然科学与人文科学的紧张关系至少在认识论和方法论上强化了，哲学（尤其是形而上学）与其他学科的关系也因为后者的成熟和独立而日益紧张。

因此，19 世纪向哲学提出了新的问题，同时也向它提供了新的观念。这些新问题、新观念导致了哲学思潮的巨大分野。理智生活的巨流则剧烈地分化为诸多哲学流派之间的争论乃至冲突，从而出现了一系列鲜明的对立：实用主义对抗唯心主义，实证主义对抗非理性主义，马克思主义对抗自由主义，等等。

不过，如果我们简要地勾勒一下 19 世纪哲学的轮廓，倒是可以划出三个大致的阶段：早期占统治地位的是德国唯心主义哲学，其代表人物就是费希特、谢林和黑格尔；中期最具特色的一是重新对科学及其方法产生了兴趣，即孔德的实证主义和密尔的逻辑学，二是自由主义的和激进的社会理论，自由主义以密尔为代表，后者则产生了马克思主义；晚期则发展出三条主要线索，一是古典哲学的再度复兴，其中新黑格尔主义以英国为盛，德国的新康德主义则打出了“回到康德去”的口号，企图赢回德国在“伟大时代”的思想成果，二是实证主义的进一步发展，其中以马赫主义为代表，三是皮尔士和威廉·詹姆斯的实用主义在美国生根发芽，成为这一新生国家的思想根基。尤为突出的是，这一世纪自始至终贯穿着非理性哲学思潮，其中有三位极具个性的思想家堪与其他伟人分庭抗礼，他们就是基尔克果、叔本华和尼采。也许可以说，19 世纪的哲学一方面是意识形态的时代，它不仅充斥着各种思想体系的论争，而且充满了意识形态的冲突，民族主义、自由主义和社会主义形成了三支巨流；另一方面则是反意识形态的时代，是生命意志在理性的自负、体系的桎梏和意识形态的钳制下奋力冲撞的时

① 参见［美］华伦斯坦等：《开放社会科学》，第一章，北京，三联书店，1997。

代。虽说20世纪的基本概念在17世纪就已具雏形，但我们的基本观念和理想的冲突却是在19世纪奠定的。

◎ 黑格尔学派的解体

1831年，黑格尔与世长辞。对他那些最忠诚的信徒来说，哲学也应该很自然地终结了。福斯特（Friedrich Forster）在黑格尔墓前的颂词中把他比作理智世界中的亚历山大大帝，要他的追随者去“确证、宣传和加强”他们刚刚从“思想王国”中继承的财富。另一位信徒则断言，今后的哲学家只有两种选择，要么成为黑格尔的掘墓人，要么去为他树碑立传。[①] 他们说得都没错。亚历山大病逝之后，帝国立即陷入了混战和分裂状态；黑格尔的大厦倾覆之后，信徒们立刻分裂为老年和青年两派，他们都认为黑格尔哲学业已终结，只是老年黑格尔派恪守师教，深入发挥，不敢越雷池一步，而青年黑格尔派则最终成为他的掘墓人。从某种意义上说，这一分裂验证了黑格尔的辩证法：其思想本身就包含了对立面的冲突；他既然不能被超越，就必然要被扬弃。

我们可以用黑格尔本人的名言“凡是现实的都是合理的，凡是合理的都是现实的”作为划分的原则，老年黑格尔派认为存在的现实是合理的，青年黑格尔派则相反。前者被贴上了“右翼”的标签，因为他们力主以哲学式的“宁静”去适应现存的世界，认为一切都将趋于至善，世界中的恶不过是表面上的附带现象，合理性就潜伏在它们之下。这是一种解读黑格尔的方式，而且也许是黑格尔所推荐的方式，因为他那个著名的比喻不是说吗，“密纳发的猫头鹰要等黄昏到来，才会起飞”[②]。这暗示着哲学家不适合做其历史时代的改革者或革命家；但也许不适合那个时代却正是这种源自古希腊哲学的“静观”态度。黑格尔的第一批信徒中就有人无法忍受对历史进程纯粹的沉思冥想，正如青年马克思所指出的，问题在于“改造世界”。对这批“左翼”青年来说，世界的现存状态如同法国的君主专制一样，是现实的但不是合理的；黑格尔的思想不能仅仅作为对现存政治和文化形态的合理化方式的理论基础，不能仅仅是静观，而且应当采取哲学式的“行动”。青年黑格尔派之间的区别在于合理化方式的不同，而他们基本的共同点则表现为激进的人道主义的无神论，这种无神论对任何改造世界的活动来说都是先决条件。黑格尔派的分裂首先就发生在宗教生活方面，正如马克思所说，“对宗教的批判是其他一切批判的前提”[③]。

---

① Simon Critchley and William Schroeder (ed.), *A Companion to Continental Philosophy*, Maiden: Blackwell Publisher, 1998, p. 107.

② ［德］黑格尔：《法哲学原理》，14页，北京，商务印书馆，1961。

③ ［德］马克思：《〈黑格尔法哲学批判〉导言》，见《马克思恩格斯选集》，2版，第1卷，1页，北京，人民出版社，1995。

1834 年，海涅向他的法国听众慷慨陈词："德国哲学是一项重大的、关系到全人类的事件，只有后代子孙才能决定，我们先完成我们的哲学，然后完成我们的革命这个事实，该受到责备还是赞扬。我以为我们这样一个有计划有步骤的民族是必定从宗教改革开始，然后再在这个基础上从事于哲学，并且只有在哲学完成之后才能过渡到政治革命的……你们不要担心：德国的革命决不因康德的批判，费希特的先验唯心主义，以至于自然哲学发生在先，就会开始得更温和些。革命力量是通过这些学说发展起来的，它只期待着那日子的到来，那时，它要爆发出来，使全世界震惊……德国将要上演一出好戏，和这出戏相比较，法国革命只不过是一首天真无邪的牧歌。"①

施特劳斯（David Friedrich Strauss，1808—1847）在引起轩然大波的《耶稣传》（第一卷）中首先发难，否认了《圣经》上记载的耶稣基督那个"神人"的历史真实性。于是，基督教没有了集历史真实性与神性于一身的耶稣，如同天堂没有了创造世界的上帝一样。结果，不但耶稣基督的神性消失了，普鲁士君主政体的整个神学基础也丧失了。

随后，倒戈为青年黑格尔派主力的布鲁诺·鲍威尔（Bruno Bauer，1809—1882）更为彻底地推进了宗教批判，他用黑格尔《精神现象学》中的自我意识扬弃了上帝，用纯粹批判揭穿了基督教的幻想和异化的宗教意识。路德维希·费尔巴哈（Ludwig Feuerbach，1804—1872）用人本学扬弃了绝对精神，恢复了人作为现实存在的感性实体这一思想基础。施蒂纳（Max Stirner，1806—1856）用虚无主义的个人主义批判了费尔巴哈，马克思则从革命的、实践批判的活动和唯物史观出发超越了费尔巴哈和施蒂纳。对马克思来说，以往的哲学家是在以不同的方式解释世界，而问题在于改造世界。青年黑格尔运动就此终结了。

1866 年，老年黑格尔派的历史学家艾德曼半带幽默地称自己是"最后一个莫希干人"。很明显，到了这个时候，所有的黑格尔派，无论是老年的，还是青年的，都一去不复返了。

◎ 理性主义的反叛者

非理性主义思潮在 19 世纪终于汇聚成一股巨流，直与思辨哲学、实证主义三分天下，分庭抗礼，进而直接影响了 20 世纪许许多多思想、文化和艺术流派。其中涌现出三位著名人物：叔本华、基尔克果和尼采。前面两位是黑格尔主义的直接反对者，最后一位则是整个西方传统观念的颠覆者。他们所关注的是人，直面的是人的生命。他们并不嘲笑因仰观天象而堕入井底的泰勒士，却悲悯出于好奇和求知而仰观天象的泰勒士。他们敏感而悲观地透视了 19 世纪人的生存状况，

① ［德］海涅：《论德国宗教和哲学的历史》，见《海涅选集》，337～339 页。

勾画出痛苦、恐惧、颓废等抗拒着一切理性乐观主义的人生的常态。他们似乎“发现”了个人的肉体、欲望和意志的不可遏止的力量，也觉察到思辨理性、日常伦理和流行信仰的软弱与空洞。简言之，他们洞察到“本能冲动造反逻各斯”这一现代性的本质，由此痛恨一切蔑视个人、扩张理性、驯顺肉体的思想体系。

他们不是突如其来的巨浪，也不是无病呻吟的庸人。他们是在理性主义传统和新教伦理对非理性、对人的总体生命的蔑视和压制中崛起的，又在哲学和宗教的神秘主义中汲取了营养。在西方文化中，人的理性与非理性、灵魂与肉体始终处于紧张的对立之中。19世纪作为理性发展的巅峰，同时也导致了非理性思潮的总爆发，而非理性主义哲学家仅仅是其中的一部分。其实他们的先驱帕斯卡就曾说过：“本能与理智，两种天性的标志。”①

◎ 叔本华：生命意志

德国哲学家阿图尔·叔本华（Arthur Schopenhauer，1788—1860）在思想史上是一位颇受争议的人物。他熟悉“神明般的柏拉图和奇迹般的康德”，但厌恶费希特、黑格尔式的德国思辨哲学，并将东方思想（如印度古典哲学名著《奥义书》）融入其体系，这大概是西方哲学家中的始作俑者。他31岁的时候就出版了代表作《作为意志和表象的世界》（1819），但其中渗透着悲观主义和虚无主义的论调，当时几乎无人问津。在柏林大学任教时他试图与黑格尔分庭抗礼，选择与这位声望如日中天的哲学家同时开课。据说课堂上从未超过三个学生，不久就空无一人，他也凄凉地离开了柏林大学。

1833年，他最终迁居美因河畔的法兰克福，在那里埋头读书、写作和翻译，度过了最后27年。1851年，一方面因为黑格尔主义的衰败，另一方面则因为1848年革命的失败给了叔本华一个契机，使德国人一下子把目光转向了这个忧郁的悲观主义者。叔本华终于成了名人，他的著作受到空前的欢迎。

垂暮之年的叔本华过着十分孤独的生活，陪伴他的只有一条叫“世界灵魂”的卷毛狗。1860年，叔本华因肺炎恶化去世，他的临终遗嘱是：希望爱好他的哲学的人能不偏不倚地、独立自主地理解他的哲学。这显然意味着他的哲学是容易被“误解的”。

叔本华的哲学是这样开篇的：“这世界的一面自始至终是表象，正如另一面自始至终是意志。”② 世界是我的表象。我不认识什么太阳，什么地球，而永远只是眼睛，是眼睛看见太阳；永远只是手，是手感触着地球。这是一切认识的真理的前提。因为任何认识和真理都必然要预设主体与客体的分立这个共同而基本

① ［法］帕斯卡：《思想录》，第344节，157页，北京，商务印书馆，1981。

② ［德］叔本华：《作为意志和表象的世界》，28页，北京，商务印书馆，1983。

的原则，主客分立则意味着客体必须以主体为转移而存在。因为对象总是由主体以一定的观点和角度所观察的对象，是被主体用其先天的范畴构造出来的。它们不是实体，不是“自在之物”，只能是现象。因此如果使哲学局限于主客分立的认识论范围内，所达到的世界就只能是作为对象而存在的世界，即表象世界，而不可能是自在的世界。因此，只有抛弃主客分立这种认识论的形式，才能达到真正存在的东西——意志，自在之物的世界就是意志世界。

人的真正存在是意志，情感和欲望是人最根本的东西。这是主体理解自己这种现象的钥匙。人的理性、知识就其起源和实质而言，都是服从于意志的。理性不过是意志雇佣的向导。意志好像是勇猛刚强的瞎子，理性则不过是由他背负着给他指路的亮眼的瘸子。理性的目的不是其本身，而是作为满足欲望的手段。人的记忆、性格、智慧等一切心理意识现象，甚至连人的肉体的活动，都是由意志所决定的。不但人是有意志和欲望并由意志和欲望来支配其一切的，而且整个宇宙也是这样的。意志无所不在，它既是每一特殊事物的内在本质和核心，也是全部事物的实质和核心，它既表现于盲目的自然力中，也表现于人的自觉的行为中。因此，世界只是这个意志的一面镜子。对意志世界只能通过非理性的、非科学的直观方式去认识，而科学所运用的理性的、概念的或逻辑的认识，其对象仅仅是现象世界。理性认识永远不能透过外部达到事物的实在本质。

意志作为“自在之物”是无意识的，是一种盲目的、不可遏止的冲动。它的基本特点就是求生存，故可称之为“生命意志（will to live）”。万物最珍贵的就是生存，因此利己主义乃是人类的天性，万物的本质。生存的反面是死亡，为了求生存就必须战胜死亡。战胜死亡的办法是繁衍后代，因此生命意志必伴有生殖意志。人的两性关系、爱情、婚姻无非是实现生殖意志的工具，也是生命意志的工具；而个人的生存、生殖则是整个种族生存繁衍的工具。

然而，既然意志的本质就是盲目的欲望和永不疲倦的冲动，其本身就意味着痛苦。因为欲望、冲动是无穷无尽的，而它的满足却总是暂时的、有限的。欲望得不到满足便是痛苦；但一种欲望得到了满足，新的欲望就会继之而起，永无满足，亦是痛苦；纵然欲望得到了完全的满足，所带来的又是孤寂、空虚、厌倦，同样也不免于痛苦。另一方面，意志现象愈完善，痛苦也就愈显著。人的智力越发达，痛苦越深重，因此天才最痛苦，哀怨起骚人。任何人生最终都是在欲求和达到欲求之间消逝的。人生就是在痛苦和无聊之间来回摆动的“钟摆”。在这个意义上，如果我们对人生作整体地考察，如果我们只强调它的最基本的方面，那它实际上总是一场悲剧，只有在细节上才有喜剧的意味。然而，弥漫于人类生活的恰恰是意志的肯定，欲求总是常驻的。因此，人们越是抱有某种理想和目的，越是为实现这种理想和目的去进行认识和行动，越是在自己的行动中取得成功，那就意味着他们的意志越是强烈，从而也意味着更大的痛苦。因此，陷入悲观主义的叔本华强烈抨击了一切历史的乐观主义，认为它是对人类无名痛苦的恶毒讽刺。

生命意志的肯定是痛苦的源泉，悲观的基础。要消除痛苦就必须否定生命意志，抑制人的欲望，摆脱一切世俗的利益和要求，去除一切现实生活和现实的理想和目的，抛弃一切理性和科学的观念以及以理性为基础的一切道德规范，进入虚无之境，达到无欲这一人生的最后目的。

虚无主义是叔本华哲学的归宿，但不是他的归宿，也不是哲学的归宿。至少尼采就从他曾深深眷恋的叔本华式的悲观中超拔出来，以权力意志和超人梦想从“虚无”走向了“超越”。

◎ 基尔克果：那个个人

索伦·基尔克果（Søren Kierkegaard，1813—1855，又译克尔凯郭尔）是这样一个人：由于白手起家尔后平步青云的父亲老年得子，对这位幼子特别宠爱，他从小就娇生惯养，生活优裕；但他又先天不足，体质孱弱，并有残疾；父亲严酷的宗教教育使他从很早的时候起就和一个又一个痛苦紧紧地联结在一起，始终处在内心的忧郁之中，童年留给他的唯一东西只是叹息；他爱上了一位姑娘，但订婚之后他的忧郁和痛苦却让他放弃了这唯一一次爱情，放弃之后又终生无法释然；他继承了大量遗产，有钱、有闲、有才情，更有忧郁和不安；他白天在哥本哈根街头东游西荡，晚上在歌剧院的固定包厢中露面，但当舞台的帷幕拉开之后，包厢的主人就溜回寓所，辛勤笔耕，与上帝沟通；他害怕阳光，总是把窗户遮得严严的，对火有歇斯底里式的恐惧，经常发狂似的担惊受怕，大量出汗和浑身颤栗；在生活上他又努力享受生活，一度放荡不羁，花天酒地；他著述浩繁，但大量作品又采取与上帝间接沟通的方式，以假名出版，欺骗性地引导人们成为上帝的羔羊；他笃信基督教，却又激烈地攻击丹麦教会，甚至临死之前也拒绝从神职人员那里领受圣餐。

这就是基尔克果：“我是具有两副面孔的雅努斯；我以一副面孔笑，以另一副面孔哭。”① 这正如他的姓原意为“教堂园地”，而现代丹麦文中则指“坟场和墓地”——他在坟墓般的人间嬉笑，却在上帝的教堂中哭泣。基尔克果的哭泣使他成为存在主义之父，而他的两副面孔却让研究者捉摸不透。

基尔克果著述宏富，生前发表的著作达20多种，死后经人整理出来的《日志与论文》手稿近万页。他以非常危险的高速从事写作，他的心灵就像一团熊熊燃烧的火焰，几欲胀裂，里面充满了种种观念，有时只能捕捉住这些观念的一种

---

① R. Bretall (ed.), *A Kierkegaard Anthology*, Princeton: Princeton University Press, 1946, p. 8.（雅努斯是罗马守护门户的两面神）

急速的闪光把它写下来。因此，他的许多作品就都有种种间断与转换、调向与转折、旁白与隐喻，令心灵迟钝的读者不时陷入迷津。不过，最大的问题在于，他的作品在内容上包括美学、哲学和宗教三类，但在形式上则有间接沟通，也有直接沟通，一般而言，前者用假名，后者用真名。基尔克果说，假名著作是我写的，但其中没有一句话是我的，如《非此即彼》(1842)、《恐惧与颤栗》(1843)、《结论性的非科学附笔》(1846) 等。真名著作包括早期的“基督教谈话”和后期的直接批判、直接布道的作品。

基尔克果扮演了四种角色：反黑格尔主义思想家、存在主义者、社会批判理论家和后现代主义者，但他的基本立足点只有一个：“个人的伦理的实在是唯一的实在”[①]。个人的存在是主观伦理的，非理性的，它只有作为主体的个人才能体会到。生存是绝对不可思考的，可能有逻辑的体系但不可能有存在的体系。黑格尔主义的问题首先就是因为它强调普遍而轻视个别，把个人降低为历史中消极的旁观者、局外人，所以不能给个人以真正的实在地位，只能提供关于生活的幻影，就好像是向一个饥饿的人朗读烹调书一样。黑格尔派的哲学家建造了巨大的宫殿，自己却满足于居住在附近的窝棚里。因此，如果说每个时代都有它自己特有的邪恶，那么这个时代的邪恶恐怕不是享乐、放纵或荒诞，而毋宁说是对个人的一种放荡的泛神论式的蔑视。人们总是说“我们”、“我们的时代”、“19 世纪”等，个别存在的人简直算不了什么；人们对时代的成就感到欢欣，其中却夹杂着对个人的蔑视，似乎每个人都必须附属于某种运动并成为它的一部分，必须丧失在整体之中。没有人愿意成为一个个人，因为人们害怕如果成为个别存在的人，他们就会消失得无影无踪。

基尔克果要为保卫个人而斗争。在他看来，个人的最高的自我实现不是像黑格尔所说的那样在于普遍的绝对思维的发展，而在于个人和上帝的关联之中。因此，重要的不是理智而是信仰。他知道，他的理智的力量，也就是他的十字架。理智是永远提供不出信仰来的；然而，要是没有信仰，他就会死在自己的心灵里面，成为一个病弱、瘫痪的哈姆雷特。

既然个人是立足点，那么人是什么？基尔克果断言，人是精神，精神给人以生命，指向自我的存在。最高的精神关系是个人与上帝的关系，个体精神的顶点只能在宗教激情中才能达到。因此，人成为精神的过程就是走向基督徒的旅程，二者是一回事。如何成为一个基督徒的问题是主观性问题，主观性所关涉的是生存而不是思想，是如何以生存的态度对待与自己、与他人和与上帝的关系。

比如，有一个基督徒，他虽然在知识方面具有关于上帝的真实的概念，并来

① Kierkegaard, *Concluding Unscientific Postscript*, Princeton, 1941, p. 291.

到真的上帝的礼拜堂里，但以虚伪的精神来祈祷；而另一个人生活在盛行偶像崇拜的社团里，虽然他的眼睛看着偶像，却带着无限的激情来祈祷。那么，在这两个人中间，在谁那里有最多的真理呢？基尔克果认为，显然是后者而不是前者，因为后者虽然崇拜的是偶像，但却是真正向上帝祈祷，而前者则虚伪地向真的上帝祈祷，因此他实际上崇拜的是偶像。这就是说，只要个人与上帝的关系的方式是真的，那么即使与个人有关系的东西不是真的，个人也仍然掌握了真理。真理就是主观性，就是信仰的真理。

人成为精神、走向基督徒的旅程中有三个层次：美感的、伦理的和宗教的。美感生活是指日常生活，或相对于基督徒生活的异端生活。要么做基督徒，要么做异端；要么让精神失落，要么让精神升华。二者必居其一，不可能“既……又”（both... and），只能“非此即彼”（either... or）。美感生活就是日常的感性生活和物质生活，这是精神的直接性阶段。它主要表现为欲望：从幻想出对象的渴求到发现了多样性的寻求，最终达到了理想与现实结合在一起的欲求。莫扎特歌剧中的《唐·璜》就是其典型代表。但美感生活又是忧郁的。一旦太阳的余晖褪尽，黑暗就成了人间的主宰，忧郁总会在尘世生活的喧嚣和骚动之后潜入人的心灵。忧郁带来的是不幸。“每个人都在其内心的宁静中秘密地抱着这样的想法，他是人群中最不幸的人。”① 生是不幸而痛苦的，坟墓中却有着安宁和解脱。这就是美感生活的终局。但如果在绝望中渴望拯救，投身上帝，精神也会从绝望中解脱出来。这就是精神的后两个境界。

伦理的普遍性体现在婚姻、对邻人之爱和悲剧英雄中。伦理的人有自己信奉的原则，有为原则而牺牲的英雄气概。但是当伦理的人意识到自己不能满足道德律的要求，缺乏自足性，因而感到自己有罪时，就不可能再停留在伦理的阶段上了。罪的事实对伦理是不可克服的障碍，只能导向忏悔，进入存在的第三个阶段——宗教。伦理使个体关注自己，宗教使个体关注上帝；伦理强调普遍性，而宗教强调孤独个体。宗教生活才是精神得以实现的最高领域，因此，要寻找真正的自我，个体必须以宗教悬搁伦理。个体只有在宗教意义上才是真正独立存在的。因为作为罪人，个体只能独自地面对上帝，大众解救不了他。所以，一个真正的基督徒，在他心中的最幽深处，对于上帝是真爱，不存在丝毫的怀疑。他满怀感激之情，把一切归于上帝，他不信自己，只信上帝。只有这样的人才是成熟的，才可以进入永恒之境。这也就是基尔克果的宗教归宿。

基尔克果曾有一个愿望，就是在他将来的墓碑上刻上这样的墓志铭：“那个个人”。

---

① Kierkegaard, *Either/Or*, Princeton University Press, 1968, p. 197.

◎ 尼采：权力意志

尼采思想具有一种无比强大的力量，它改造了许许多多构成西方思想遗产的观念和价值——例如理性、自然、上帝、时间、宗教和德性，等等。雅斯贝尔斯说尼采和基尔克果给西方哲学带来颤栗，而此颤栗的最后意义尚未被估价出来。[①] 20 世纪初的整整一代思想家和艺术家都在尼采的著作中找到了那些激发了他们富于创造性的作品的观念和意象。弗洛伊德、雅斯贝尔斯、萨特、海德格尔、福柯、德鲁兹和德里达都是深受尼采影响的大陆哲学家。而尼采直接影响的文学家也可以开出一长串名单：茨威格、托马斯·曼、萧伯纳、黑塞、里尔克、纪德、鲁迅……

弗里德利希·尼采（Friedrich Wilhelm Nietzsche，1844—1900）不是通常意义上的形而上学家、道德学家、神学家或虚无主义者。他的思想力度已经穿透并超越了那些构成宗教、道德和哲学传统的价值、观念；同时，他又开启了一种思考和评价的新方式。尼采哲学与其说主要是在致力于构造一个完美的思想体系，并加以不断的修正、补充和捍卫，倒不如说是一个生命的自我超越（self-overcoming）的过程。

1865 年，转入莱比锡大学攻读古典语言学的尼采，与叔本华的《作为表象和意志的世界》一见如故，并为之倾倒。叔本华的思想可以看作尼采哲学思考的起点，但叔本华是从生命意志（will to live）走向了虚无，尼采却是把权力意志（will to power）塑造成超人。

1869 年，年仅 25 岁的尼采被聘为瑞士巴塞尔大学古典语言学教授。这在别人看来自然是功成名就的开端，但这时尼采却已转入哲学的殿堂。他也没有像别人预期的那样发表一部才华横溢的语言学著作，而是于 1872 年出版了《悲剧的诞生》。在这部伟大的作品中，尼采批判了西方理性和思辨传统之父苏格拉底，因为苏格拉底所代表的纯粹学者的节制与欢愉是希腊衰颓的开端，它使昔日表现于马拉松的雄壮体魄和心灵，被多疑寡断的文明所凌夷，体力和心力一天天趋于贫弱了。

大失所望的学术界保持了克制的沉默，但尼采所崇拜的大音乐家瓦格纳（Richard Wagner，1813—1883）却对此书赞不绝口，尼采也喜爱瓦格纳音乐中所体现的狄奥尼索斯（酒神）精神和革命气质。他们开始了信任、欢愉而深沉的交往。但亲密的友谊不久就出现了裂痕。尼采与瓦格纳的关系是思想史上的一桩公案，但关系破裂的基本原因却不难索解：尼采的批判锋芒和超越精神一天天锐

---

① ［德］雅斯贝尔斯：《理性与存在》。参见［美］考夫曼编：《存在主义》，167 页，北京，商务印书馆，1987。

利起来，而瓦格纳却向尼采所鄙视的一切东西一天天沉沦下去。在瓦格纳宣布自己已经是基督徒之后，尼采无法忍受这种堕落，毫无掩饰地批判了瓦格纳。不过，这时尼采的健康状况不断恶化，对教授生涯也厌倦了，遂于 1879 年辞去了巴塞尔大学的教职，开始了十年的“漫游者”生涯。

在这十年中，他游历了温暖而美丽的意大利，经历了爱情的欢愉和失恋的打击，同时也掀起了一浪高过一浪的创作热潮。1883 年，他仅用 10 天时间就完成了《查拉斯图特拉如是说》的第一部分。1888 年，他用半年的时间完成了《瓦格纳事件》、《偶像的黄昏》、《反基督徒》、《看哪这人!》和《尼采反对瓦格纳》等五部重要著作。

1889 年，在都灵的大街上，发生了悲剧性的一幕：尼采抱住一匹正在受马夫虐待的马的脖子，最终失去了理智。或许这时的尼采也已不堪疯狂的理智的虐待了。虽然直到 1900 年他才最终与世长辞，但“哲学家”狄奥尼索斯的儿子弗里德里希·尼采在那一刻就已经死了，当时他才 45 岁。

尼采一生的工作主旨就是展开人生的全景图，撕开遮蔽在上面的矫饰，让生命的激情绽开。它可以简化为两个词：重估与超越。尼采在自传中说：“重新估价一切价值：这就是我给人类最高自我觉悟活动的公式，这一活动在我身上已成为血肉和精神了。”[①] 他所重估和消解的主要是理性主义和基督教传统中的思想、文化和道德观念。

尼采在第一部著作《悲剧的诞生》中就向西方理性主义传统发动了猛烈的攻击。他认为苏格拉底主义是希腊消亡的工具，是典型的颓废派。因为苏格拉底作为代表理论乐观主义者的原型，用理性对抗本能，他深信万物的本性皆可穷究，认为知识是真正的万灵药，而错误本身即是灾祸。深入事物的根本，辨别真知灼见与假象错误，在苏格拉底式的人看来，这是人类最高尚甚至唯一的真正使命。因此，从苏格拉底开始，概念、判断和推理的逻辑程序就被尊崇为在其他一切能力之上的最高级的活动和最可赞赏的天赋；甚至最崇高的道德行为和灵魂的宁静，在苏格拉底及其志同道合的后继者看来，都可由知识的辩证法推导出来。谁亲身体验到苏格拉底式的认知的快乐，谁就必定感觉到，世上没有比编织牢不可破的知识之网这种欲求更为强烈的求生的刺激了。

这种由理性主义支配的思想和文化的一个根本错误就是限制和扼杀了每一个人所独特具有的非理性的生命和本能。在其支配下的以往哲学的几乎所有概念（如主体、对象、实体、意识、知识、真理等）都是虚构和谬误的结果，不能用来确定人的使命，估价人的事业。因此，为了使人的本能不受束缚，为了使人的生活和道德行为具有真正的价值，就必须摧毁被理性主义神圣化的旧观念，以本

---

① ［德］尼采：《权力意志——重估一切价值的尝试》，99 页，北京，商务印书馆，1991。

能冲动造反逻各斯，以肉体崇拜取代精神崇拜，并把它们当作人的意识和行为的出发点的新观念。尼采找到了希腊神话中的酒神狄奥尼索斯。酒神和日神（阿波罗）共同塑造了希腊艺术的气质。日神代表造型艺术，酒神代表音乐舞蹈；日神代表幻想、追求、理性、道德，酒神则代表真实、破坏、疯狂、本能。虽然它们都植根于人的至深本能，但后者的精神比前者更重要。尼采把酒神的激情转化为哲学的激情，使之体现了一种无穷无尽的生命力，意味着人的一切原始冲动都获得解放，而不受任何理性观念或原则的约束。酒神的世界是一个狂醉的世界，这是个人的生命与世界的生命融为一体的世界，人性的深处在其中得到了充分表达，人的生命感受也最强烈。真正的哲学就应是酒神的哲学。尼采说："我是哲学家狄奥尼索斯的弟子。看来我宁愿做萨蹄尔，也不想当圣徒。"①

狄奥尼索斯是十字架上的耶稣的对头。狄奥尼索斯的弟子也猛烈批判了基督教以及以之为核心的道德观念。在尼采看来，包括道德观念在内的欧洲文化是基督教观念的统治的产物。它们正是从基督教取得诚实、服从命运、同情和怜悯弱者、不相信自己的力量等观念。它们扼杀每一个人所独特地拥有的生命力和原始的本能冲动，扼杀人的个性、自由和创造性，使人消沉颓废，麻木不仁。尼采发现了两种主要道德类型，即主人道德和奴隶道德，而基督教伦理所奉行的是奴隶道德，即被他比作群畜的普通人、下等人所遵奉的道德。这些人缺乏旺盛的生命力和激情，没有奋发有为的生活理想和自我创造的愿望，他们把获得功利当作生活和行为的准则，把怜悯、同情、仁慈、宽恕等品性赞为美德，把强者和具有独立个性的个人当作危险人物、恶人，要求强者接受他们的道德原则，抑制自己的旺盛的生命力，也就是消灭强弱之间的差别，实现普遍的平等。而理性主义思想家、民主主义者乃至社会主义者所宣扬的平等、自由、博爱等原则正是据此提出的。以这种道德为标准的文化必然是颓废的文化，而欧洲文明的堕落和颓废也正是这种道德原则及其背后的权力的产物。他所偏爱的主人道德，则是高级的人、上等人所奉行的道德。他们的生命和本能得到了充分表现，不受任何确定的、被当作普遍的道德原则的约束，达到了超越奴隶道德的善恶标准的彼岸。他们完全以自己的意志为尺度来创造价值、制定道德观念。高贵的人把一切高尚的、威严刚毅和值得骄傲的东西，即一切能发挥个人的内在的生命力和本能、发挥个人的创造性、主动性的东西当作善，而把一切卑劣的、柔弱平庸、循规蹈矩、没有创新精神的东西，一切乞求同情、怜悯之类的东西当作恶。因此，上等人、强者应当有这样一个基本的信念：整个社会不是为了其本身，而是为了他们而存在，履行其职责的基础和脚手架。

---

① ［德］尼采：《权力意志——重估一切价值的尝试》，4页。萨蹄尔（Satyr）是希腊神话中的林怪和酒神的随从，在希腊神话中兼醉汉与色鬼于一身。

尼采敏锐地感到，由苏格拉底和基督教肇始的西方文明导致了悲观主义，而悲观主义又发展为虚无主义，虚无主义已经站到欧洲的大门口，这意味着人类的日益堕落和退化。真正创造性的文化一片凋零，市侩文化充斥一切场合，随之而来的是人的生命力和本能冲动被压抑和扼杀，人们处于一种麻木的、无目标、无标准的状态。不过，虚无主义有双重意义：消极的和积极的。前者可视为叔本华的归宿，后者则是尼采的目标，即它可以作为强力的象征，表现权力意志。权力意志是尼采的理论基点，它把人的生命理解为一种冲动、冲创和创造力，一个不断自我表现、自我创造、自我扩张的活动过程。当生命意志是表现、释放、改善、增长内在的生命力的意志时，它就是权力意志（Der Wille zur Macht）。这里的权力是广义的，它指的是人不断地改善、扩大、增长、超越自身的生命力，而不能仅仅归结为追求政治权力的意志。

尼采用权力意志勾画出一幅永恒轮回的世界图景，以排除基督教对某种绝对的、彼岸的目标的追求，而肯定现实的世界和人生。在权力意志的永恒轮回当中，"'人类'不是目的，超人（overman）才是目的！"[①] 超人的根本特色就是权力意志得到了充分发扬，冲破了一切传统的思维方式和道德规范的束缚。他们是具有鲜明的个性和创造性的人，是具有超群的智力、坚强的意志、绝对的自主性、高昂的激情的人。现实人类卑微懦弱，超人则勇猛刚强，他们逾越一切、重估一切。超人是自然和社会的立法者，本身不受任何法律约束，超人是道德和真理的准绳，本身不受任何道德和真理的制约。在欧洲的虚无主义杀死了西方文化中的上帝之后，人就必须自我超越，成为超人，真正的哲学应当成为超人哲学。这便是尼采哲学的归宿。

尼采著作的论述范围之广、立意之深令人难以企及，他那言若古井，意若飘风的文风更令人神往。他将哲学的深邃、诗歌的浪漫、音乐的震撼、心理学的精细和语言学的广博融为一体，独具风姿，自成一家。虽然他的思想中也有不少糟粕，但他为后人留下的思想财富值得反复回味。

◎ 实证主义：孔德与密尔

实证主义虽然在理论上也是对德国唯心主义的扬弃，但事实上是两种思想传统之间的分歧。如果说经验主义的和科学的传统在德国是相对沉寂的，那么在当时的法国和英国则是十分活跃的。实证主义和社会学的开山鼻祖奥古斯都·孔德（August Comte，1798—1857）以12年时间苦心经营出6卷本巨著《实证哲学教程》，他既受到培根和整个英国经验主义学派的影响，也受到18世纪杜尔哥和孔多塞历史进步观的影响，而他的直接思想来源则是空想社会主义者圣西门。

---

① ［德］尼采：《权力意志——重估一切价值的尝试》，347～348页。

在《实证哲学教程》中，孔德明确提出了“拒斥形而上学”的口号，其根据就是实证主义原则：除了观察到的以事实为依据的知识以外，没有任何真实的知识；我们只能获得关于现象的相对知识，不能获得关于现象背后的实体或第一因的绝对知识。所谓的“实证（positive）”，大体包含四层意思：一是指真实的而不是虚幻的；二是指有用的而不是无用的；三是指肯定的而不是犹疑不定的；四是指精确的而不是模糊的。质言之，实证主义只研究真实、有用、肯定和精确的知识，即关于完全可由经验加以实证的现象的知识。

人类智力的发展经历了神学方法、形而上学方法和实证方法三个阶段，人类社会的发展也经历了同样的三个阶段。历史发展到19世纪中叶，人类的理性已经相当成熟，实证的阶段已经到来了。以往那些以空洞的和虚构的形而上学思辨来代替科学的实证研究的臆测和幻想，就成为不合理的、荒谬的和虚伪的了。哲学只有作为实证哲学才有存在的权利；它的任务是通过对科学知识的综合，实现统一科学的目标。

约翰·斯图亚特·密尔（John Stuart Mill，1806—1873）是从培根到休谟的英国经验主义地地道道的传人，他从幼年起就在其父老密尔的审慎保护下，接受了一种严格系统的理智训练，最终融经验主义哲学、联想主义心理学、功利主义伦理学、归纳主义逻辑学、自由主义政治学和古典经济学于一身，堪称英国哲学传统的集大成者。

孔德大讲实证主义，而密尔则倾向于谈论精确科学；孔德长于体系，而密尔则长于综合；孔德虽反对亚里士多德式的形而上学，但也热衷于营造关于科学的必然发展阶段和等级的体系，而密尔身上的人文主义情怀使他几乎没有染上形而上学的气息，他的理智兴趣在于广博的知识、精细的逻辑、敏感的洞察和清醒的自由观念。不过，他们都体现了所谓“实证”的基本原则：首先，正如孔德所说的：“凡是不能严格缩简为某个事实（特殊事实或普遍事实）简单陈述的任何命题都不可能具有实在的清晰含义。”① 其次，我们应该考虑到认识可能性的界限，意识到科学的进步只能接近理想的直线，但永远达不到真理。最后，遵循不可更改的自然法则，然后“观察，以便预言”——这是孔德的著名口号。②

如果要从各个维度上全面地刻画密尔的著作及其个性，那得用一大堆名词和形容词。因为密尔几乎在每一个方面都取得了独具特色的卓越成就，都是他那个时代的思想领袖。但至少有三个概括是必不可少的，那就是哲学家、社会科学家和人文主义者。他在前两个领域取得了多方面的杰出成就，而人文主义则是他内心世界中更为深沉而基本的情怀。密尔只是在次要的方面才属于实证主义，而这

---

① ［法］孔德：《论实证精神》，9页，北京，商务印书馆，1996。

② 参见［奥］鲁道夫·哈勒：《新实证主义》，31页，北京，商务印书馆，1998。

里的归类也只是权宜之计。

密尔的人文主义色彩体现在三个方面。首先，他汲取了历史上人文知识的精华：他那宽广而丰富的人文情怀滋生于古典时代和文艺复兴时代，同时又汇入了启蒙时代。换言之，他的思想植根于苏格拉底、柏拉图、亚里士多德以及古希腊的文学；汇聚了像莱奥纳多·达·芬奇和米开朗基罗等巨人对自然和人性的多层面的探索。他的视野和胸怀远远超出了他的同时代人，他从老密尔那里接受的教育使他摆脱了根深蒂固的神学偏见。其次，密尔认为人类思想和情感的所有方面都是人类努力的相互联系的部分，这一努力旨在理解世界，并在世界中认识和培养人性。在他看来，一个有教养的心灵必须熟悉和关注逻辑，即思想和推理的基本规则；必须清楚地了解哲学探究的每一个不同领域及其关系；必须认识到科学在创造知识中的必要性和恰当的地位；必须熟稔包括文学在内的各种艺术形式；必须关注通过艺术对情操的培养；必须具备各种透视人类历史的知识；必须能够理解哲学的原理、实际的政治制度和公民的政治权利。这些都植根于富有探索性的个人的心灵和生活的方方面面，它们在个体的整体经验中是本质的且相互联系的。再者，密尔坚持认为对实际政治生活的关注是不可或缺的。我们有责任去建立并维持一个公正而人道的政治社会，这一责任是追求理智、道德和艺术之真理的必然体现。最后，密尔坚信，科学知识的积累、哲学判断的纯化、艺术的完善和公正的政治程序的实现，对个人生活的培养是核心而关键的。

密尔的认识论思想继承了自贝克莱和休谟以来的经验主义，但并没有被经验主义限制住。而他表达在《论自由》(1859) 和《代议制政府》(1861)、《功用主义》(1861) 中的伦理政治学学说的影响更为深远。他追溯边沁 (Jeremy Bentham，1748—1832) 的功用主义，以功用作为道德的基础，以幸福作为伦理学的鹄的；但“这里所谓的功用必须是最广义的，必须是把人当作前进的存在而以其永久利益为根据的”[①]，而“幸福就是得到快乐和免除痛苦，不幸福就是感受到痛苦和丧失快乐”[②]，“除了有利于取得快乐和免除痛苦外，人没有本来要美德的欲望或动机”[③]。他倡导“最大多数人的最大幸福”的伦理学原则，赋予了边沁的思想以人文主义和个人主义的倾向，从而使个体道德的自我完善成为密尔伦理学中的终极价值。他认为功用主义的本性既不是利己的，也不是注重感官享受的，因为它既把一切人的快乐看作是同等重要的，也承认理智艺术和社会的快乐比感官快乐的价值更高，因此快乐不仅具有量上的差别，更具有质上的差别。

密尔的《论自由》着重探讨的是公民自由或称社会自由，即探讨社会所能合法施用于个人的权力的性质和限度。严复曾译之为“群己权界论”，庶几达意。

---

① ［英］密尔：《论自由》，11 页，北京，商务印书馆，1959。

② ［英］密尔：《功用主义》，7 页，北京，商务印书馆，1962。

③ 同上书，40 页。

他认为，“唯一实称其名的自由，乃是按照文明自己的道路去追求文明自己的好处的自由，只要我们不试图剥夺他人的这种自由，不试图阻碍它们取得这种自由的努力”①。而人类自由的适当领域，既包括良心、思想、信仰、言论表达的自由，也包括趣味和旨趣的自由，即有自由制定自己的生活计划以顺应自己的性格，有自由照自己所喜欢的去做，当然也不规避随之而来的后果；此外还有个人之间相互联合的自由。

密尔着重反对的是“多数人的暴虐”（the tyranny of the majority），即社会作为集体而凌驾于构成它的个别个人，把它自己的观念和行事当作行为准则来强加于所见不同的人，以束缚任何与它的方式不相协调的个性的发展，甚至阻止这种个性的形成，从而迫使一切人都按照自己的模型来剪裁他们自己。密尔认为，干涉个体自由的唯一理由只能是为了自我防卫，或防止对他人造成危害。除此之外，“人们不能强迫一个人去做一件事或者不去做一件事，说因为这对他比较好，因为这会使他比较愉快，因为这在别人的意见认为是聪明的或者甚至是正当的；这样不能算是正当”。人们可以规劝、争辩、恳求，但就是不能因此而强迫。“在仅只涉及本人的那部分，他的独立性在权利上乃是绝对的。对于本人自己，对于他自己的身和心，个人乃是最高主权者。”② 密尔的自由理念极大地影响了自由主义思潮，具有深远的思想意义。

◎ 实证主义的发展：马赫

马赫的思想是一座桥梁，在科学上促进了从古典物理学向现代物理学的突破，为 20 世纪科学革命的范式（paradigm）奠立了基础，在哲学上沟通了以孔德和密尔为代表的老实证主义与以维也纳学派为代表的新实证主义。19 世纪末的古典物理学在许多物理学家看来已臻完善，似乎牛顿力学、电动力学、热力学和统计力学就足以解释一切自然世界的奥妙，物理学大厦的主要构架已经搭起，剩下的只是提高精度和推广应用的问题了。然而实验的发展却使这一过早的乐观陷入了危机。马赫以其精深敏锐的科学洞见及“坚不可摧的怀疑态度和独立性”③ 打破了古典物理学的“力学神话”：用力学来解释一切自然现象是一种偏见，甚至任何特殊类型的自然现象的规律都没有资格作为解释其他现象的基础，而应该寻求对各种现象的统一解释。马赫进而提出了他的“要素（elements）一元论”的哲学思想，对现代物理学、尤其对爱因斯坦的狭义相对论产生相当大的影响。

---

① ［英］密尔：《论自由》，13 页。

② 同上书，10 页。

③ 这是爱因斯坦对马赫的评价。见《爱因斯坦文集》，第 1 卷，10 页。

恩斯特·马赫（Ernst Mach，1838—1916）1867 年起任布拉格大学物理学教授，1895 年起主持维也纳大学为他设立的归纳科学的历史和理论讲座，由此被认为是现代西方最早的科学哲学家之一。他的主要哲学和科学史著作有：《力学及其发展的历史批判概论》（1883）、《感觉的分析》（1886）、《认识和谬误》（1905）等。

马赫对科学史的贡献，不仅在于他在物理学的各个学科上所取得的卓越成就（以致有不少术语以他的名字命名，如马赫数、马赫带等），也不仅仅在于他还把物理学应用于生理心理研究，并取得了富有创造性的成果，还在于他批判地考察了科学史（主要是物理学史），否认了牛顿的绝对时空观，认为时空总是随着经验条件的变化而变化，惯性来源于物体与宇宙其余部分的相互作用等，这些思想为即将到来的科学革命奠定了基本范式。马赫在思想史上的贡献则在于他所奉行的彻底的经验论原则、坚决的反形而上学倾向和建立统一科学的构想。这些贡献直接启发了以维也纳学派为核心的逻辑实证主义。

马赫的经验论可以概括为“要素一元论”。他把要素分为三类，即物理要素、生理要素和心理要素。整个世界即存在于这三类要素的相互联系之中，其中生理要素是其他两种要素的中介。但这种划分实则是实用的和约定的。同一种要素，在一种联系上是物理的东西，在另一种联系上又会是心理的东西。这样物体和感觉之间、内部和外部之间、物质世界和精神世界之间以前的那种鸿沟也就消失了，在新的基础上可以形成一种统一的、一元论的宇宙结构，同时摆脱了引起思想紊乱的心物二元论。

思维经济原则是马赫主义认识论的基本思想之一。在阿芬那留斯（Richard Avenarius，1843—1896）那里，它被称为“费力最小的原则”——哲学就是按照费力最小的原则对世界的思维。马赫与之殊途同归，他认为人类的知识和技能的发展就是思维经济原则应用的发展。所谓思维经济原则，简单说来就是用尽可能少的思维取得尽可能多的效果。科学和人类认识的作用在于摹写和预测经验事实，以代替和节省经验。一种科学理论越是能代替更多的经验事实，越是简便、越是经济，就越有利于使人适应环境，从而就越是符合生物学的经济原则，即思维经济原则。换言之，思维在摹写、预测经验事实上的简便性、经济性，是评价科学和认识活动的主要标准，也是思维经济原则的主要内容。这样，科学的任务就需要按照思维经济的原则对感觉经验范围的事实及它们之间的相互联系加以描述，也就是把必然性、因果性等联系当作要素的依存关系来描述。

◎ 古典哲学的复兴：新黑格尔主义

新黑格尔主义以“复兴黑格尔”为口号，表明它是 19 世纪末古典哲学复兴的一场运动；而它又发轫并首先流行于英、美，则标志着思辨传统对经验主义传统的渗透。新黑格尔主义者大都是通过研究、评述和解释黑格尔哲学的某些方面来论证自己的理论。他们继承了黑格尔的一些基本思想，但又有新的发挥和发展。另外一些学者，他们的著作根本不是对黑格尔哲学的研究和讲解，甚至很少提及黑格尔，但他们的基本倾向和基本思路还是黑格尔式的，当然不免也有许多偏离。

按历史年代说，英国新黑格尔主义形成最早。1865 年，苏格兰人斯特林（J. Stirling 1820—1909）在访问德国之后出版了《黑格尔的秘密》，这是英国第一部系统地论述黑格尔哲学的长篇巨著，标志着英国新黑格尔主义初露端倪。新黑格尔主义能够取代经验主义而居于主导地位，首先要归功于牛津大学道德哲学教授格林。英国新黑格尔主义者中，声望最高、影响最大的领袖人物是牛津大学麦尔登学院的布拉德雷（Francis Herbert Bradley，1846—1924）。在《现象与实在》（1893；1897）中，他断言，精神之外没有、也不可能有实在；事物越具有精神性，它也就越实在。他认为这几句话与黑格尔并无二致，也许更为确定地表达了黑格尔所指示之实质。它要求我们满足于我们所能获得的真，所能实现的善和所能领略的美，即要求我们满足于自己之为现象。而作为现象，我们又不可能真正满足，却必以渴慕实在之心，在实在的等级上无休止地追逐。因此，布拉德雷的哲学一方面给我们指出了不可逾越的终极界限，另一方面又要我们相信在界限之内的不断追求具有终极的意义和价值。

此外还有与之大体同时的鲍桑葵（B. Bosanquet，1848—1923）和剑桥大学的麦克泰加特（John Mctaggart，1866—1925）。在 19 世纪末和 20 世纪初的 20 年左右，新黑格尔主义者把持了英国各主要大学的哲学讲坛。与其他各国相比，英国新黑格尔主义最有势力，影响也最大。

美国复活黑格尔之风起于 19 世纪 60 年代，当时哈利斯（W. Harris，1835—1909）以及布罗克迈尔（H. Brockmeyer，1826—1906）等人创立了所谓圣路易学派，他们着重研究和翻译黑格尔的著作，介绍其思想。美国新黑格尔主义的典型形式是 19 世纪末 20 世纪初由罗伊斯（J. Royce，1855—1916）、克莱顿（J. Creighton，1861—1924）等人提出的。其中罗伊斯影响最大，他试图论证普遍的、无所不包的精神性存在的绝对或上帝，追求将一切个人的目的融合在一起的理想社会。新黑格尔主义者在美国占统治地位的时间不长。

德国新黑格尔主义出现较晚。生命哲学家狄尔泰（Wilhelm Dilthey，1833—1911）1905 年出版的《青年黑格尔》一书对德国新黑格尔主义的形成起了推动作用。同一时期，文德尔班、那托普、卡西尔、李伯特等一批原来的新康德主义者都转向了新黑格尔主义。在 20 世纪 20 年代，克罗纳（Richard Kroner，1884—1974）、格洛克纳（H. Glockner）以及以编辑出版黑格尔著作集出名的拉松（G. Lasson，1862—1932）等人成了德国新黑格尔主义的主要代表。其中克罗纳影响最大。

意大利也曾是黑格尔主义的重要流行地区。意大利新黑格尔主义的主要代表是克罗齐（Benedetto Croce，1866—1952）。他的历史哲学有一定的影响，特别是“一切真正的历史都是当代史”的命题，认为精神含有它的全部历史，历史和它本身是一致的，当代性是一切历史的内在特征。

法国的新黑格尔主义主要代表有华尔（J. Wahl，1888—1974）、伊波利特（J. Hyppolyte，1907—1968）等人，后者于1930—1940年翻译出版了法文版的《精神现象学》，这个法语译本对法国哲学产生了重大的影响。

◎ 新康德主义

1865年，德国哲学家李普曼（Otto Liebmann）在《康德及其追随者》一书中，大声疾呼：“回到康德去！”这标志着新康德主义的正式形成。另一位开创者朗格则形象地描述了当时的情形：“正像一支溃败的军队四处寻找坚固场所，希望重新集结队伍一样，在哲学界中到处响起了‘回到康德那里去’的呼声……这位伟大的哥尼斯堡哲学家的观点从根本上说绝不能认为是陈旧了。我们完全有理由像素来人们以极严肃认真的努力去仅仅研究亚里士多德而不研究其他任何哲学家一样，去投入到康德的深刻体系中。”回到康德就是回到德国古典哲学的源头，甚至回到“一个伟大的精神家族，其宗谱至少要上溯到柏拉图和巴门尼德”[①]。回到康德就是既反对黑格尔的绝对唯心主义一统天下的局面，也要去拯救黑格尔主义衰微之后德国哲学肤浅庸俗、分崩离析的局面。

在朗格看来，康德在哲学上最伟大的贡献就在于他的哥白尼式革命超越并克服了朴素唯物主义，同时又未陷入怀疑论。而康德之后的德国唯心主义热烈地追求绝对知识，完全抛弃了康德清醒地解释了的道路，借助其思辨的独断去发现另外的道路。于是就出现了主观与客观统一的宏大公理，出现了思维和存在的统一这样荒唐无稽的臆想。在新康德主义的代表之一马堡学派看来，回到康德就是回到他的先验方法，先验方法是康德思想结构的推动性的、向前推进的创造性力量，是它不朽的根本内容。“因此我们不惜埋葬掉这种哲学的尸体，而使它的精神永生。正因为如此，我们相信我们永远是康德的真正的传人。”[②] 另一个代表弗莱堡学派喊出了“要了解康德就要超过康德”的口号。其领袖人物文德尔班期望重新赢回在“伟大时代”德国哲学所取得的成果。

早期的新康德主义者包括梅耶（J. B. Meyer）、自然科学家赫尔姆霍兹

① ［德］那托普：《康德与马堡学派》，见洪谦主编：《现代西方哲学论著选辑》（上卷），82页，北京，商务印书馆，1993。

② 同上书，107页。

(H. Helmholtz)、哲学史家策勒(E. Zeller)、海姆(R. Haym)、朗格(F. A. Lange)和费舍(K. Fischer)。他们各自发挥出康德哲学中所包含的唯心论的、实在论的、批判的、怀疑论的、自然主义的和形而上学的可能性。新康德主义的代表则是两个新的唯心主义学派。一个是以柯亨为代表的马堡学派，以研究精确科学的逻辑而著名。另一个是以文德尔班为代表的弗莱堡学派，以对历史和文化科学的研究以及先验价值论而著称。此外还有以科内留斯(H. Cornelius)和纳尔逊(L. Nelson)为代表的心理学派(又称哥廷根学派)，以及以黎尔(A. Riehl)和库尔佩(O. Kulpe)为代表的实在论学派。

马堡学派是以赫尔曼·柯亨(Hermann Cohen，1842—1918)为首的新康德主义学派，他们试图发挥康德的认识论思想，建立一种以认识论和方法论问题为中心的哲学。由于他们以马堡大学为活动中心，故称为马堡学派；由于他们把认识论和方法论问题归结为先验逻辑问题，故又有先验逻辑学派之称。

弗莱堡学派曾以弗莱堡大学为活动中心而得名，它后期的活动中心是海德堡大学，故又称海德堡学派。由于弗莱堡和海德堡属于德国西南部的巴登州，故又称西南学派或巴登学派。其创始人是威廉·文德尔班(Wilhelm Windelband，1848—1915)和他的弟子李凯尔特(Heinrich Rickert，1863—1936)。文德尔班认为，经过康德批判哲学的启蒙之后，就不能再醉心于独断地回答实体是什么等形而上学问题，或者去总结或概括各种专门科学的问题。康德使我们明白，哲学必须放弃一切不切实际的形而上学要求，而应当从价值入手，重新估价一切价值。事物皆具有事实和价值两个方面，哲学是以具有普遍价值的那些价值为自己的领域和问题的。哲学只有作为具有普遍价值的价值科学才有生命力。

◎ 美国的实用主义

19世纪的法国历史学家托克维尔曾写道：“我认为，在文明世界里没有一个国家像美国那样最不注重哲学了。美国人没有自己的哲学学派，对欧洲的互相对立的一切学派也漠不关心，甚至连它们的名称都几乎一无所知。但是，我们又不难发现，几乎所有的美国居民，都在用同样的方法指导他们的头脑，根据同样的准则运用他们的头脑。也就是说，美国人虽然从未下过工夫界说他们的准则，但他们却有一个大家共通的确定的哲学方法。摆脱一统的思想、习惯的束缚、家庭的清规、阶级的观点，甚至在一定程度上摆脱民族的偏见；只把传统视为一种习得的知识，把现存的事实视为创新和改进的有用学习材料；依靠自己的力量并全凭自己的实践去探索事物的原因；不拘手段去获得结果；不管形式去深入本质——这一切就是我以下将要称之为美国人的哲学方法的主要特征。”①

① [法]托克维尔：《论美国的民主》，下卷，518页，北京，商务印书馆，1988。

托克维尔非常准确地概括了没有哲学的美国人的哲学气质。在第一个产生于美国本土的哲学——实用主义之前，美国人的哲学是从英国和欧洲大陆输入的。比如，爱德华兹（J. Edwards）是洛克的追随者，爱默生（R. Emerson）是康德的爱慕者，怀特（C. Wright）是密尔的拥护者。实用主义把经验论以及来自欧洲大陆的哲学与美国人特殊的科学和宗教观相结合，熔铸成土生土长的美国哲学精神。

最早的两位实用主义者是皮尔士（Sanders Peirce，1839—1914）和詹姆斯（William James，1842—1910），皮尔士所设想的实用主义是他对当时科学模式中的粗陋和含糊的校正。詹姆斯则使之成为一种哲学。实用主义哲学的特点是重新强调了经验，是一种"激进的经验论"，决不采用旧式经验论的折中方案。詹姆斯创造了"经验之流"（stream of experience）这个概念。他还通过经历一种完全是美国版的"现象学"在新旧经验论世界中搭起桥梁。

实际上，詹姆斯就把自己的思想称之为"彻底的经验主义"。詹姆斯是位科学家，但他研究的领域现在看来是哲学与心理学的交界处。他是第一批对神经学这种新科学感兴趣的美国人之一，他的两卷本著作《心理学》，现在看来虽已过时，但仍被认为是该领域的经典之作。不过，他最主要的兴趣却是对日常生活问题的分析。他是第一个将实用主义通俗化的人，是他让实用主义走出哈佛校园，最终成为美国人精神生活的主流。而皮尔士却对詹姆斯的通俗化活动不屑一顾，并把他自己的理论冠以 pragmaticism，而与詹姆斯的 pragmatism 区分看来，但这个词太别扭，从没有别人用过。

在詹姆斯看来，我们的观念只有具有"现金价值"（cash value）的时候，才是有用的；换言之，只有当它们实际上有用的时候，我们才在实际活动中使用它们；有用的才是真的。好的观念总是对某个东西是好的。不过，尽管詹姆斯强调实际的用处，但他并不忽视宗教或道德信念的重要性。他认为宗教体验是我们的经验中不可或缺的方面。宗教体验远比宗教理论重要。但他也承认，只要道德和宗教信念有助于指导和理解我们的生活，也能够具有"现金的可兑换价值"。

詹姆斯之所以对美国哲学乃至美国社会有持久不衰的影响力，正是因为他对经验的强调，历史学家、记者和文学批评家甚至比哲学家更重视他的理论。从层出不穷的新媒体到"体验工业"，"经验"就是 20 世纪美国的一切。在哲学中，对经验的强调业已成为常识和实践的标准。

20 世纪美国实用主义的代表人物无疑是约翰·杜威（John Dewey，1859—1952）。杜威曾受到黑格尔哲学的影响，尽管他后来与之分道扬镳，但他从黑格尔那里继承的动态的统一性的思想却成为他整个哲学的基础。他一直反对一切形式的二元论主张，例如心—物、必然命题与偶然命题、原因—结果、世俗与超越，等等，他认为这些二元论的观念分裂了经验，而不是澄清了经验，从而不可能导致哲学的进步。他反对还原论，热衷于丰富的理论和观点，而对像逻辑原子主义那样的简约论观点没有好感。此外，他始终在探寻一种实用性、功能性的理解方式——“这是怎样起作用的?”“这如何能相适应呢?”——而对静态的、抽象的分析不感兴趣。

与此相关，杜威试图改变实用主义的方向，既不是像皮尔士那样一味地强调科学和逻辑，也不是像詹姆斯那样完全强调个人的主观经验。他特别感兴趣的是哲学是否能够应用到国家所面临的种种日益明显而严重的问题上去。他尤其认为自己是民主制哲学家，而不仅仅是一个清谈民主制的理论家。他的哲学的目标是让民主制发挥作用，这不但是他的知识论、教育理论的目标，也是他的社会政治思想的旨归。杜威具有强烈的社会关怀，这种关怀又成为一种基础广泛的社会的行动论，是实用主义成熟的标志。

杜威所打造的实用主义品牌，被称为工具主义（instrumentalism）或实验主义（experimentalism）。它将思想观念视为解决实际问题的努力中的工具。杜威比其他任何一位实用主义者都更强调实践，强调我们“在干中学”的实践方式。因此，他的教育理论的首要观点就是在实际操作中学习，而不仅仅是单纯的听和读，虽然这种观点常常因“纵容孩子”而受到讽刺。

在杜威看来，探求知识不应当被看作是抽象的寻求真理。我们对知识的探求开始于紧张、不适或好奇心，它们可能来自具体的实际问题，也可能源于更为复杂而模糊的情感。问题的出现不会是无中生有，是我们的生存境遇向我们提出了应当解决的问题。学术性的探究应当把注意力集中在提纯真正的问题，纠正不适当的东西。科学和伦理学本质上具有相同的目标，这就是改善我们所经验的环境。因此，经验作为杜威实用主义哲学的核心术语，不仅仅是动态的，还是实践的概念，不仅仅是评价和理解，更是解决问题、参与和从事实际的事情。

不过，杜威的实用主义尽管受到许多欧洲思想家的嘲讽，但不应当被看作一种美国式的粗俗的功利主义，只考虑经验的“现金价值”。也许最好是把美国的实用主义视为美国人性格和信念的理论说明。实用的未必是粗俗的，其中也蕴涵着丰富的、充满活力的实践智慧。

第四部分

20世纪哲学：语言的分析与观念的重构

一、引言：20世纪的哲学万花筒

20世纪西方哲学给人最初的印象一方面是五花八门，异彩纷呈，令人眼花缭乱，另一方面又高度专业化，晦涩难解，令人可望而不可即。有人用“语言的转向”（linguistic turn）来概括20世纪西方哲学的基本动向，有人用科学主义和人文主义这两条线索来勾勒它的基本面貌，有人干脆把纷繁复杂的哲学流派用流派加地域的方式分为分析哲学和欧洲大陆哲学两大块。这些简化和概括常常是似是而非的。比如另外一个常用的划分方式：英美哲学与大陆哲学（Anglo-American and Continental Philosophy）就有误导之嫌。许多英美哲学的思想观点来自德语文化圈，特别是德国和奥地利——例如分析哲学之父弗雷格，影响极为深远的哲学家石里克和卡尔纳普，以及不朽的维特根斯坦。纳粹德国时期，维也纳小组的逻辑经验主义者等许多哲学家纷纷背井离乡，来到英国和北美，其影响甚为深远。更重要的是，无论是英语世界还是大陆方面，都不是整齐划一、铁板一块的，标签繁多，学派林立，我们实在无法一言以蔽之。

或许是因为20世纪就是我们的“当代”、“同时代”（contemporary），离得太近，缺乏距离，看不真切；或许是因为20世纪的哲学思想在传统的、新兴的和交叉的领域已渗透到理智生活和社会生活的各个层面，都取得了丰富而杰出的成就，让我们无法按照传统的模式简化梳理；或许是因为我们这个时代的哲学思想未经淘漉，鱼龙混杂；或许是因为缺乏纵横捭阖、统观全局的大思想家为我们指明路向，总之，20世纪的西方哲学似乎还无法写成一部标准版的“哲学史”。英国劳特利奇（Routledge）出版公司于20世纪90年代出版了一套10卷本的西方哲学史，其中用3卷叙述20世纪哲学：第8卷“20世纪的大陆哲学”；第9卷“20世纪有关科学、逻辑和数学的哲学”；第10卷“20世纪有关意义、知识和价值的哲学”。一个世纪的哲学思想占据了整部哲学史百分之三十的篇幅，一方面大概是因为“厚今薄古”的取向，另一方面也实在是因为它不像昔日的哲学史那样容易处理。

20世纪的哲学家几乎都是学院派的职业人士，与我们在近代哲学所看到的类型相去甚远。他们有比较稳定的生活条件，有背景相似的学术圈子，有相对独立的学术环境，有大量专业的学术刊物和出版机构，甚至还可以加上便捷的交通、通信和信息处理工具，总之，20世纪的学术建制使他们可以从容地在思辨的世界和学术的海洋中驰骋、遨游，精细地分析一个个传统的、非传统的、反传统的问题，建构不同的理论体系，撰写卷帙浩繁的著述，标榜自己的原则、“主义”和流派，同时也给别人贴上五花八门的标签。

于是，除了公认的大师级人物，如弗雷格、维特根斯坦、胡塞尔、海德格尔、福柯等人之外，大量稍逊一筹的哲学家也是群星灿烂，成就斐然。于是，我们在“分析哲学”这个笼统的名目下，附属了逻辑经验主义、逻辑原子主义、人工语言学派、日常语言学派、实用主义的分析哲学等也比较笼统的子目；我们把现象学的运动从其创始人胡塞尔开始一直延续到海德格尔、舍勒，以及法语谱系的梅洛－庞蒂、萨特、列维纳斯，并将伽达默尔、利科的诠释学也一并纳入这个丰富多彩的家族；另外一个庞大的家族从法国语言学家索绪尔的结构主义语言学开始，将列维－施特劳斯、阿尔杜塞、拉康、巴尔特包含在内，一直延续到对结构主义的“解构”，并以后现代主义的旗号招至名下——利奥塔、福柯、德里达、德鲁兹。

除此之外，生命哲学、过程哲学、存在主义、弗洛伊德主义、法兰克福学派、政治哲学、宗教哲学、文化哲学、法哲学、道德哲学、科学哲学、女性主义、心智哲学等流派和分类在20世纪都曾经或仍然享有较为显赫的地位。

面对如此复杂的哲学格局，我们无法也没有必要条分缕析地介绍20世纪西方哲学的智慧探险历程，只能就其主要脉络做一点梳理工作。我们选择了分析哲学、德国哲学和法国哲学的一些主要人物、思想和流派，目的是让读者对20世纪西方哲学的大致轮廓有所了解。

二、语言的转向与逻辑的分析：分析哲学

◎ 分析哲学与"语言的转向"

1914 年 3 月，英国哲学家罗素在波士顿开讲洛威尔讲座，畅论当时的哲学潮流。他一方面猛烈批评从柏拉图到康德、黑格尔的体系哲学和以柏格森为代表的生命哲学，宣称他们对哲学问题和方法的见解一无是处，迄今为止的知识手段对许多传统问题根本无能为力；另一方面，他断言，结束这种无法令人满意的时刻业已来临，对语言的逻辑分析方法将推动哲学的进步，有如伽利略带给物理学的进步一样，这就是用零敲碎打的、详尽无疑的、可证实的结果取代无法用经验检验、依靠想象力产生的思辨。这也许是一个标志：分析的时代开始了。

但"分析哲学"（analytic philosophy）并不比"哲学"更容易下定义。它并不是某种哲学流派的名称，也未必是一场哲学运动的名称，甚至也找不到它统一的专有方法或风格。如果说分析哲学的核心是语言哲学，那么现象学、解释学、结构主义等在某种意义上也同样是语言哲学；如果说分析哲学的基本方法是（数理）逻辑分析，那么后期维特根斯坦和"日常语言学派"就不得不被逐出这个阵营。实际上，"分析哲学"这个术语或名称是在第二次世界大战以后才开始出现，并逐渐得到公认，但分析哲学的工作早在 20 世纪初就已经开始了。

不过，即使无法给出分析哲学的精确定义，也不妨大致上做出一点概括。分析哲学可视为处理传统问题的一系列方法的松散联结。如果一定要指出某种单一特征的话，那或许是它强调要清晰地阐明概念的意义，比如"知识"、"真"、"证明"等。之所以有这样的要求，是基于这样一种假设：一个被提出的论题，除非它和构成它的概念得到了明白的理解，否则就无法对它加以评判。为这种意义的澄清所付出的努力，大体上就构成了"分析"一词所指的东西。不过，对这一目标的追求也有许多不同的方式，既有弗雷格或塔尔斯基的严格的形式方法，也有维特根斯坦善用格言警句、比喻例证发挥微言大义的技巧。因此，与其详尽无遗地定义"分析"这个概念，倒不如采取比较实际的方法，考察一下那些通常被认作分析哲学家的都是何许人也。弗雷格、罗素、摩尔、维特根斯坦、卡尔纳普、奥斯丁、赖尔、奎因、戴维森，等等，他们几乎是毋庸置疑的。这一领域几乎所有重大成就都要归于他们。在他们当中，最有影响的哲学家无疑是维特根斯坦。他的著作几乎都是在他死后出版的，却左右着相当一部分当代的哲学图景，而且

在可以预见的将来注定还要占据着中心地位。因此，按照时间顺序聚焦于这一杰出群体的贡献以探索这个时代，是便捷而有效的方法。

有了比较明确的考察对象，我们就可以分门别类地叙述他们的思想。其中最引人注目的变化就是众所周知的“语言转向”(linguistic turn)。英国哲学家达米特在《弗雷格：语言哲学》中做了比较典型的表述。在他看来，语言的转向是西方哲学发展史上的第二次根本性变革。在古希腊，哲学家们关心存在论问题，即“存在什么”，世界的本原或本质构造是什么？哲学家们根据自己的观察和理解，确定了水、火、数、无定等不同的本原。笛卡尔则把哲学研究的中心问题从存在论转向了认识论，他给哲学规定的任务是要回答“我们知道什么？我们的知识的依据是什么？”使认识论成为整个哲学的基础或中心。这是第一次转向，认识论的转向。笛卡尔所开创的认识论阶段由弗雷格加以扭转，在维特根斯坦那里正式结束。他们把逻辑或语言放到了哲学系统的基础地位。在他们之后，哲学家们不再为知识的权利辩护，而着重探究表达知识的语句的意义等问题。[①] 当代德国著名哲学家哈贝马斯也说：“把科学史上的范式概念应用到哲学史上，并根据‘存在’、‘意识’和‘语言’对哲学史进行粗略断代，这样做已不足为奇了。”[②]

上述“两次转向”、“三种范式”的抽象概括到底有多大的说服力，是十分可疑的。没有哪个哲学史家会按照这样的模式去梳理哲学史。但我们必须承认，20世纪分析哲学对语言的热情是无以复加的，而且通过语言分析去解决传统问题和新问题的努力也是最为突出的。实际上，“语言的转向”就是分析哲学对自身使命和活动的一种理解。因此，可以说分析哲学的核心是“语言哲学”(philosophy of language)。语言活动不是心理活动，但它与意识、思想和心理的表达有关，但又超越于这些主观的心理经验之上；语言不属于世界，但我们对世界或实在的把握和认识必须在语言中表达出来，语言也超越了纯粹的物理的客观性。语言非心非物，非主（体）非客（体），却是世界和思想的汇聚点；语言为每个人所使用和理解，但却不属于个人，而是主体间的表达及其可能性所在。何况，许多传统的哲学问题自以为在质疑这个世界，实际上是自己玩弄了语言，又被语言玩弄了。分析哲学家终于找到了他们梦寐以求的研究对象：语言。语言的分析不但可以揭示传统哲学的误区，而且能够带来革命性的成就。

围绕着语言哲学，像“真与意义”、“意义与指称”、“名称与指示词”、“规则与私人语言”、“言语行为”、“命题态度”、“隐喻”、“解释与翻译”等具有鲜明分析哲学色彩的问题浮出水面。因而有人总结说，分析哲学百年历史的显著标志就是：语言哲学作为哲学所关心的一种最根本的哲学出现了。而在语言哲学当中，

---

① 参见徐友渔：《“哥白尼式”的革命》，2～3页，上海，上海三联书店，1994。

② ［德］哈贝马斯：《后形而上学思想》，13页，南京，译林出版社，2001。

意义理论（theory of meaning）又是其中心问题。有人说："可以把全神贯注于意义理论描述为 20 世纪盎格鲁-撒克逊和奥地利哲学的职业病。"这是因为语言或语句的意义是描述实在和交流传达的逻辑前提。

另一方面，"语言的转向"从一开始就与逻辑分析的创立密不可分，甚至可以说，之所以发生语言的转向，就是因为分析哲学的创始人认识到数理逻辑工具的革命性作用。自 1847 年布尔提出逻辑代数的构想以后，符号逻辑获得长足的进步。世纪交替之际，弗雷格、皮亚诺、罗素和怀特海等人建立了逻辑演算系统，并把数学的基本概念和规则纳入逻辑演算系统，从而首次把数学的基础归结为逻辑，证明了数学命题的分析性和数学公理系统的逻辑性。数理逻辑的成功给哲学家以巨大的鼓舞，几乎每一位分析哲学家都承认数理逻辑的重要性。维也纳学派的创始人石里克（Schlick，1882—1936）在《哲学的转变》一文中明确指出："因此这个伟大的转变并不是依靠方法本身，而是依靠一件完全不同的事，即看清逻辑自身的本质。"因为，"任何认识都是一种表达，一种陈述。即是说，这种陈述表达着其中所认识到的实况，而这是可以用随便哪种方式、通过随便哪种语言、应用随便哪种任意制定的记号系统来实现的。所有这些可能的陈述方式，如果它们实际上表达了同样的知识，正因为如此，就必须有某种共同的东西，这种共同的东西就是它们的逻辑形式"①。

1934 年，在布拉格召开的国际哲学会议上，传统哲学家、康德主义者、黑格尔主义者、托马斯主义者、甚至老式的实证主义者都在维也纳学派的强大攻势下大为震惊，甚至为之折服，尤其是当后者不断使用数理逻辑公式，并且尊敬地援引华沙逻辑学派的时候。而现在，现代逻辑在哲学家眼里已不再陌生，而常常是运用娴熟，游刃有余了。因此，有人认为，分析哲学与其他类型的哲学的主要区别在于：分析哲学家相信，通过对语言的逻辑分析可以达到对思维活动的哲学解释；其次，他们相信，只有以这种方式，而不是以其他方式才能获得一种广泛的解释。

数理逻辑由于与数学的密切关系，被当作科学理论构造的基础。逻辑和科学的结合被许多哲学家认为是哲学应当遵循的典范。这有时被称为一种科学主义（scientism）的观点。但逻辑本身，除了它与科学的密切关系之外，许多哲学家认为它确立了清晰、精确和严格的标准，是解决哲学问题时应当遵循的理想和典范。这是一种逻辑主义的观点（logistic thesis）。这样两种看法主导着分析哲学的早期发展。不过，另外一些思想家，特别是后期维特根斯坦，抛弃了这种思路，他认为将逻辑视为高于自然语言（如英语或德语）的理想语言，会导致悖论和矛盾。他的后期哲学阐发了一组独一无二的方法，强调通过基于生活形式的语

---

① 洪谦主编：《逻辑经验主义》，7～8 页，北京，商务印书馆，1989。

言游戏观察语言的重要性。日常语言学派，特别是牛津大学的一些哲学家们，与维特根斯坦所见略同，钟情于描述日常语言的现象和言语行为，对科学主义的语言分析感到厌烦。今天的分析哲学家们——如果还有这样的哲学家的话——则采取了更为综合的研究思路，特别是随着逻辑工具的日益强大，无论他们的哲学观点如何，逻辑分析已经成为必不可少的武器。清晰本身是不够的，但不清晰却是绝对不行的。

◎ 弗雷格、罗素与符号逻辑

无论我们是否赞成哲学史的“两次转向说”，对“思维活动和知识构造的哲学解释”无疑是近代以降的西方哲学的中心任务之一，对意识活动及其构造的哲学分析是其中最精彩，也是难度最大的工作。只是，20 世纪的分析哲学把这一重任交给了“对语言的逻辑分析”，而且对此充满了信心。它的公认的创始人、德国哲学家弗雷格（G. Frege，1848—1925）就是这样认为的：

> 如果说哲学的任务是通过揭示有关由于语言的用法所形成的概念关系的假相（这常常几乎是不可避免的），通过使思想摆脱只有语言表达工具的性质才使它具有的那些东西，打破语词对人类精神的统治的话，那么我的概念文字为实现这个目的而经过进一步改进，将能够成为哲学家们的一种有用工具。[①]

弗雷格所说的概念文字就是他创立的一阶谓词演算系统，这一谓词演算系统不仅使他成为现代逻辑的创始人，而且被誉为分析哲学和语言哲学的创始人。他提出了三条非常重要的方法论原则：“第一，要明确区分心理的东西和逻辑的东西，主观的东西和客观的东西；第二，必须在句子的联系中，而不是个别地研究语词的指称；第三，要时刻看到观念和对象的区别。”[②]

这第一条原则乃是语言转向的根本。在近代哲学中我们可以看到，意识分析、心理学术语和逻辑规则常常是纠缠在一起，乃至混为一谈的，只有明确区分了心理的东西和逻辑的东西，才能凸现出通过语言分析研究思想结构的重要性。第二条通常被称为语境原则：语词必须在句子中去理解。只有句子才使命题、逻辑、真假（真值）有意义，才能真正地把心理的和逻辑的东西区分开来。第三条预示了分析哲学的核心问题之一：意义问题。他在 1892 年发表了著名的论文《论意义和意谓》（或译《论意义与指称》），第一次以语言分析的方式阐述了意义理论，意义理论正是分析哲学或语言哲学的首要问题。正如达米特所说：“只是

---

① ［德］弗雷格：《概念文字》，见《弗雷格哲学论著选辑》，4 页，北京，商务印书馆，1994。

② ［德］弗雷格：《算术基础》，8～9 页，北京，商务印书馆，1998。

由于弗雷格，才最终确立了哲学的正确目标：首先，哲学的目的是对思想的分析；其次，对思想的研究应当与思想的心理过程区分开来；最后，分析思想的唯一适当的方法是对语言的分析。”①

不过，这位先驱者却不那么走运，他的课很少有人听，他的哲学思想和逻辑方法很少有人理解。尤其是他试图根据他的逻辑方法建立一个公理系统，以推出全部数学，但罗素却在给他的一封信中指出，他基于集合论的逻辑体系有导致矛盾的可能性，这就是著名的“罗素悖论”。“罗素悖论”可以用一个古老的悖论来表示：一个克里特人说，所有克里特人都是说谎者。这个命题既真又假，违反基本的逻辑规律——排中律，因此是一个悖论。弗雷格的震惊变成了沮丧，而沮丧又变成了晚年的抑郁，因为对逻辑学家来说，有什么比他的逻辑体系中的逻辑矛盾所带来的打击更大呢？然而，这个悖论的解决却绝非易事，极大地刺激了此后逻辑的发展，甚至导致了对排中律本身的怀疑。

弗雷格逻辑体系的另一个问题在于，他建立的符号体系难以索解。英国哲学家、数学家怀特海（Alfred N. Whitehead，1861—1947）与罗素合作，独立提出了另一种逻辑系统，即在《数学原理》（1910—1913）中，他们运用了一种皮亚诺发明的容易认读的记号体系，从而使其逻辑系统广为传播，成为符号逻辑的主流传统。

这种记号系统中有四种逻辑要素特别重要，即联结词、量词、谓词和常量。用它们可以构造出从最简单的到最复杂的各种命题类型。每一个都用不同的符号表示法。我们不妨概述一下。

1. 联结词（connectives）：相当于“$\vee$，或，析取”、“$\wedge$，和，合取”、“$\neg$，非，否定”、“$\rightarrow$，蕴涵”（如“如果……那么”）和“$\leftrightarrow$，等价于”。联结词用于形成复杂的句子或以不同的方式改写句子。如“约翰去或珍妮去”就可以用符号表示为（$p\vee q$），“珍妮不去”便可表示为（$\neg p$）。

2. 量词（quantifiers）：量词表示一般性。相当于“所有”、“没有”、“一个也没有”、“至少有一个”、“有些”、“存在”和“有”。“所有”用$\forall$表示，“有些”用一个特殊的符号$\exists$表示。“所有的狗都是白的”和“有些狗是白的”可以分别表示为（$\forall x$）（$Dx\rightarrow Wx$）和（$\exists x$）（$Dx\wedge Wx$），其中D表示“是狗”，W表示“是白的”。应当注意，一般肯定句应当视为条件句。因此，“所有巨人都是高的”，其意思可以解释为“如果某人是巨人，则他是高的”。

3. 谓词（predicates）：相当于动词短语。逻辑学家们倾向于用单数大写的字母表示谓词。这样，“高”这个词在句子中可以用H表示。“马克是高的”可以

① Dummett, M., “Can analytical philosophy be systematic, and ought it to be?” in *After Philosophy*, ed. K. Baynes, J. Bohman and T. McCarthy, Cambridge, Ma., M. I. T. Press, 1987 (1975), p. 215.

表示为“Hm”；“马克爱（love）南希”可以表示为“mLn”。

4. 常量（constants）：相当于专名（专有名词，proper name），如克林顿和琼斯。用小写的英文字母表示，如“a”和“b”。这样，“克林顿是高的”意谓克林顿的高，可以表示用“Hc”来表示。

不同的命题类型（如公理、定理等）都可以由这些基本的元素构成。命题的特殊的符号表达依赖于它是何种命题。由于命名句子属于命题演算，因此用 p、q、r、s 来表示。这样，“如果约翰是高的，则他有资格参军”，可表示为“$p \to q$”。

这种新的符号逻辑比传统逻辑（如经院逻辑）要优越得多。传统逻辑是三段论，它无法处理两个以上前提的推理，无法处理日常语言中的大量语句，也无法区分语言中的逻辑要素，如主词、谓词、量词、联结词、变量等。例如，传统逻辑只有四种类型[①]，每一种都以量词引导，而我们的日常语言却包含着大量不同种类的句子，如“如果天在下雨，那么地面就是湿的”、“克林顿和多尔是熟人”、“马之头乃动物之头”，以及关系命题（例如 A 大于 B），等等。结果，传统逻辑要么无视这些类型的句子，要么以烦琐的形式构成的虚假的理由来解释它们，其有效性就大打折扣了。而且，大量复杂语句如果不借助逻辑工具，仅凭直观是很难进行有效推理的。由此引申的一个推论就是，以传统逻辑为基础的传统哲学无法把握语言的真正的逻辑形式，因此往往导致对语言的误用和混淆。有多少传统的哲学问题和命题不是对语言的误用和混淆呢？例如西方语言中的系词，如英语中的“是，to be / is”，既可作系词（Grass is green.），又可表示同一（Bachelor is unmarried man）和存在（God is），一个记号（是，is）表示三种不同的指谓，“这样就容易发生最根本的混淆（整个哲学充满着这类混淆）”[②]。

因此，弗雷格、罗素的努力就是要以清晰的符号逻辑揭去遮蔽在语言和哲学中的层层迷雾。罗素和怀特海的工作要实现两个目标：其一，数学是逻辑的分支，一切数学命题都能够还原为仅包含逻辑符号的命题（常量、联结词、变量和谓词）；其二，数学和逻辑能够以纯粹的形式符号把握日常语言中各种不同的句子类型，从而使模糊不清的表达式变得精确而清晰，并暴露出其模糊和混淆的根源。第二个目标在罗素的摹状词理论中得到了相当杰出的展现。他们的工作直接导致了早期分析哲学的思想：形式逻辑是一种理想语言；它至少向日常语言那样有力，但又没有日常语言的种种缺陷。弗雷格实际上也是作如是观，但他却不像罗素和怀特海那样认为形式逻辑是日常语言的拓展和完善，而是相信虽然形式语言与日常语言有交叉，但根本上是不相容的，在科学中必须避免使用日常语言。

---

① （1）全称肯定命题：一切 S 是 P；（2）全称否定命题：没有 S 是 P；（3）特称肯定命题：有 S 是 P；（4）特称否定命题：有 S 不是 P。

② ［德］维特根斯坦：《逻辑哲学论》，3.324，37 页，北京，商务印书馆，1996。

罗素的摹状词理论

与弗雷格相比，罗素（B. Russell，1872—1970）就幸运得多。他活了近一个世纪，一生多姿多彩，涉猎广泛，著作等身，既是反战斗士，还获得过诺贝尔文学奖。他曾在《自传》中说有三种情感统治着他的一生：对爱的渴望，对知识的探求和对人类不幸的悲悯。1910—1913年，他与怀特海合作发表了《数学原理》（三卷），此书被誉为“20世纪逻辑的圣经”，尽管没有几个人真正读完过。他在1905年发表的著名论文《论指称》，提出了著名的“摹状词理论”（Theory of Description），一时成为分析哲学的典范。

罗素的摹状词理论是建立在他的逻辑体系之上的。首先，他区分了两种摹状词：一种是不定的摹状词，其表达形式是“一个如此这般的东西”，从语言形式上说是不含定冠词“the”的指谓词组；另一种是限定的摹状词，其表达形式是“那个如此这般的东西”，包含定冠词。限定摹状词应当与专名（专有名词，如苏格拉底）区分开来。例如，摹状词“那个写《威弗利》的人（司各特）”的意义就是“那个使‘x写《威弗利》’为真的x的值”，通俗地说，“那个写《威弗利》的人是苏格兰人”包含三层含义：（1）至少有一个人写了《威弗利》；（2）至多有一个人写了《威弗利》；（3）谁写《威弗利》谁就是苏格兰人。通过这三重限定，就表达了这个摹状词所指的唯一性，使之成为有意义的语句，因而可以断定其存在与否。

又如，用逻辑符号改写“当今的法国国王是高的”这个语句，就相当于三个句子的合取：

（1）$(\exists x)(MFx)$［至少有一个东西是男性的法国国王。M（male）表示男性］；

（2）$(\exists x)(\exists y)((MFx \wedge MFy) \wedge (x = y))$（至多有一个东西是男性的法国国王）；

（3）$(\forall x)((MFx) \wedge Fx)$（谁是男性的法国国王，谁就是高的）。

容易看出，由于“当今”并不存在法国国王，所以一个本来无法判别真假的句子，就可以通过逻辑语言的改写而变得清晰了：当第一个合取项为假的时候，整个语句也就是假的了。更重要的是，本来模糊的语句现在露出了它真实的逻辑形式和语法形式，一个本来貌似专名的语词（“当今的法国国王”）在摹状词理论的威力下露出了马脚。因此，理想语言不仅能够清晰地表述自然语言的语句，而且能够揭示自然语言所隐藏的东西；这告诉我们，我们必须区分表层语法和深层的逻辑语法，只有后者才能表达句子的真实意义。

相反，表示专名存在的句子是没有意义的，比如“荷马存在”这个句子，如果荷马是专名，则无意义；如果把荷马理解为摹状词，比如“史诗《奥德塞》的作者”，这个句子才是有意义的。因此，罗素得出结论：（一般情况下）专名是缩略的摹状词。于是，我们便可以处理像“金山”、“飞马”这类有意义却不存在对象的专名了，换言之，我们可以讨论它们而不必预设它们存在的知识，“飞马”可能在现实世界中不存在，但作为摹状词却是有意义的。这其实是西方哲学史的一个重要问题：我们能否谈论在现实世界中不存在的东西？一个不存在的东西如何成为命题的主词？这个问题在柏拉图的《泰阿泰德》篇中就曾提出过。奥地利哲学家迈农（Alexius Meinong，1853—1920）提出了一个解决办法，每一个对象都具有特性，特性独立于对象的存在，如果对象不具有与其存在相矛盾的特性，则是可能的对象，否则就是不可能的对象，如圆的方。对于可能的对象，有的实际存在（actually exist），有的潜存（subsist），潜存是较弱意义上的存在，但也同样是思想的对象。

然而，罗素觉得即使是潜存的东西，只要仍然能作命题的主词，就必定蕴涵着某种逻辑上的实体，这是经验论的原则和“奥卡姆的剃刀”所不能容忍的。过多的潜在者会让我们的地球太过拥挤。摹状词理论的价值就在于它澄清了这种混乱：金山、飞马其实不是专名，而是伪装的摹状词，即使用作主词，也不必蕴涵某种实体了。上帝也不例外。如果“上帝”是个专名，那么“上帝存在”这个语句就是无意义的；有神论和无神论的争论也就是无的放矢了。但如果“上帝”不是专名，而是缩略的摹状词（那个全知、全能、至真、至善的 x），二者的论辩也就不再自相矛盾了。“上帝存在”的问题恐怕也就是一个认识论的问题了。

罗素的摹状词理论不仅在指称理论上是一大进展，而且树立了逻辑分析的样板，多年之后仍然无人与之争锋。当然，现在看来，这一理论也有不少问题，例如，如果专名就是摹状词，那么就没有真正的专名了吗？把专名一笔勾销是违反直观的。又如，在斯特劳森看来（《论指称》，1950），罗素混淆了意义与指称，意义是语句或语词的一种功能，而提及和指称、真或假则是语句的使用或语词的使用的功能。至于现实世界中不存在的对象问题，在后来的“可能世界理论”和奎因的“存在论承诺”中得到了进一步的发展。

◎ 维特根斯坦的《逻辑哲学论》

出生于奥地利的维特根斯坦（L. Wittgenstein，1889—1951）可以说是弗雷格和罗素的学生，但青出于蓝而胜于蓝，是 20 世纪最重要的哲学家之一。人们给他以各种名号：分析哲学的开创者之一，语言哲学家，实证主义者，约定主义者，构造主义者，等等；但他实际上是哲学家中的革命者，他的工作无论是前期还是后期都试图清算以往的主流哲学传统。在前期，他通过把数理逻辑引入哲学，把哲学拉出科学，宣称他解决了哲学的根本问题，清除了传统的形而上学，建立了他自己独特的形而上学，促进了逻辑实证主义的关键性发展。在后期，他与自己前期的哲学分道扬镳，提出了语言游戏、生活形式、家族相似、遵守规则等一系列重要概念，宣称他消解了以往所谓哲学问题的假相，试图转换哲学的思维方式，重建了新的哲学图景。

通常把维特根斯坦的哲学思想分为前期和后期两个阶段，因为后期思想在很大程度上是对前期的否定。前后期之间有一个较长的过渡期，其思想也非常丰富。前期的代表作是《逻辑哲学论》，后期的是《哲学研究》，我们将以这两部著作为主来介绍他的基本思想。

《逻辑哲学论》[①] 是一部短小精悍、极富原创性的经典著作。整部书由一系列短小精悍的评注性命题组成，并用十进制来标志这些命题，如1.1，1.2是对命题1的评注，依此类推，1.1.1，1.1.2等是对命题1.1的评注。由于维特根斯坦优秀的音乐禀赋和他对完美性的苛求，使得这本书满纸珠玉、精彩纷呈，与后期的《哲学研究》一样，都是非常漂亮的德语文学作品。

全书由七个主要命题组成：

(1) 世界是一切发生的事情（everything that is the case）。

(2) 发生的事情，即事实（fact），就是诸事态的存在（the existence of states of affairs）。

(3) 事实的逻辑图像是思想。

(4) 思想是有意义的命题。

(5) 命题是基本命题的真值函项（truth-function）。

(6) 真值函项的一般形式是 $[\bar{P}, \bar{\xi}, N(\bar{\xi})]$。

(7) 对于不可说的必须保持沉默。

就这七个主要命题而言，最重要的或者说是维特根斯坦所要阐发的最主要的思想是在最后一个，虽然这个命题只有一句话，没有评注——因为他不得不保持沉默。维特根斯坦在前言中说："这本书的全部意义可以用一句话概括：凡是可以说的都可以说清楚，对于不可以说的就必须保持沉默。因此本书想要为思想划一个界限，或者毋宁说，不是为思想而是为思想的表达划一个界限。"

维特根斯坦说："命题的总和就是语言。"（4.0001）[②] 语言既然由命题组成，那么对语言的逻辑结构的分析就自然而然地转变为对命题的逻辑结构的分析。维特根斯坦用以进行逻辑分析的方法是由弗雷格和罗素开创的数理逻辑，又进一步作了发挥。他引入了一个新的真值联结词 $N(\bar{\xi})$，这里N是某种作用，而 $\bar{\xi}$ 是一个变项，它代表N作用于其上的命题，即N的作用域，其上的短线则表示它代表了N的作用域上的所有命题。这就好比是数学中的函数关系 f（x），x是自变

① ［德］维特根斯坦：《逻辑哲学论》，北京，商务印书馆，1996。

② 指《逻辑哲学论》中命题的序号。下同。

量，相当于 $\bar{\xi}$；f 表示对 x 的函数作用，相当于 N；如果令 y=f（x），y 就是 x 的值域，在这里的取值范围（即真值）是［真，假］。在《逻辑哲学论》中，N($\bar{\xi}$) 是命题变项 $\bar{\xi}$ 的所有值的否定的合取。除了运算 N（$\bar{\xi}$）以外，维特根斯坦还引进了基本命题（elementary proposition）这个概念。基本命题是最简单的命题，不能把它再进一步地分析成其他命题。“基本命题是由名字组成的，是名字的结合和联结。”（4.22）从语义角度来说，基本命题是描述基本事实的命题。通过运算 N（$\bar{\xi}$）和基本命题的概念，维特根斯坦解释了我们日常语言的逻辑结构：所有命题本质上都可以归约为基本命题。“所有命题都是真值运算作用于基本命题之上的结果。”（5.3）

对基本命题的分析使我们得到了名字。维特根斯坦认为，名字是我们的语言的终极构成元素，就逻辑结构而言是最简单的符号。名字不能独立于命题而存在，因为只有在命题的关联中名字才有意义，这与弗雷格的整体论原则一脉相承。从语义角度来看，名字是与作为世界之构成元素的对象具有相同的逻辑形式。因此名字可以用来指称对象。

让我们再来看看世界的逻辑结构。世界既是现实世界，也是可能世界，或者用他的术语来说就是“逻辑空间”。逻辑空间中存在的是事态。事态的现实化就是事实。“世界是事实的总和而不是事物的总和。”（1.1）一切事实都是由基本事态或事实构成的。如同基本命题是最简单的命题一样，基本事实就逻辑结构而言是最简单的事实，它是由对象配置而成的。从语义角度来说，基本事实就是为基本命题所描述的事实。

这样，我们就看到，无论是语言还是世界，在理论上我们都可以对其进行完全彻底的逻辑分析，将它们分析到终极构成元素：名称或对象（见下图）。

语言	⟷	世界
|		|
命题	⟷	事实
|		|
基本命题	⟷	事态
|		|
名称	⟷	对象

毫无疑问，维特根斯坦对世界的看法是一种形而上学，而且是一种独断论的本体论陈述，只不过他的这种独断论是借助逻辑必然性来实现的。这样我们似乎可以理解这本书为什么一定要叫《逻辑哲学论》。

接下来的问题是语言与世界的认识论关系，也就是他的图像论。维特根斯坦提出：命题就是一幅图像。确切地说，是逻辑图像。图像可以是语言的描述，也可以是绘画和摄影的描绘。其中的共同点是某种描画关系，也就是说，图像的本质是描画的逻辑。图像也是一种事实，每一个图像，无论它具有何种形式，为了能够以某种方式——无论对错——描画实在，都必须具有与之共同的逻辑形式。由于命题与世界的逻辑同构性和描画形式，命题是实在的图像，是事态的逻辑图像，是对基本事态的描述。

当我们在心灵中对事态做出描画时，便产生了思想。因此第三个主要命题就是“事实的逻辑图像就是思想”。思想需要表达，具备表达功能的恰恰就是语言。“在命题中思想以感官可知觉的方式得到了表达。”（3.1）表达了思想的命题，就是有意义的命题，也可称为思想。“有意义的命题就是思想。”

“命题是事实的逻辑图像”是《逻辑哲学论》中非常重要的观点。维特根斯坦的笔记表明，他第一次产生这种观点是在第一次世界大战期间，偶然看到了一本杂志上介绍的一桩摩托车事故的诉讼，其中有几幅关于事故的模型图解。在事故的模型中，模拟的摩托车可以以不同的方式来表现事故现场。因此它们可以构成关于事故的不同的命题，做出不同的解释。由此维特根斯坦可能想到，在命题中情况就像是用实验的方法组合起来的。当然，这与其是他的灵感突发，倒不如说是长期积累的思想被这样一件事情激发了出来。

由于命题的本质在于描述一切发生或没有发生的事情，因而从语义角度来看，它的一般形式就是：事情是如此这般的。由于语言是命题的总和，语言的本质就是由描述事实的命题组成的封闭的、完成了的整体。由于现实世界是所有事实的总和，其本质也可以说是由所有可以为命题所描述的事实组成的封闭的、完成了的整体。于是我们看到了两个对应的结构：语言—命题，世界—事实。正是这种对应关系使命题具有了真假对错的性质。“一个命题只是因为它是实在的图像才可以是真的或假的。”（4.06）这就是说，当命题所描述的事实存在时，它就是真的；反之，就是假的。这种图像论属于典型的真之符合论（correspondence theory of truth）观点。

当维特根斯坦说命题是事实的逻辑图像时，他指的是有意义的、真正的命题，即描述了事实、具有事实内容的命题；除此之外的命题都是无意义的。无意义的、不可说的命题有两种。一种是逻辑命题，逻辑命题是重言式（tautology），即永真式，它对实在无所言说，不具有事实内容，因而缺乏意义；但又向我们显示了命题之间的推理关系和语言与世界共同的逻辑形式，因此是不可或缺的。另一种有两类：一是关于语言和世界的逻辑形式的命题，因为逻辑形式本身只能显示而不能说，因为要想有意义地描画逻辑形式本身需要借助另一种不同的逻辑形式，而这会导致无穷后退；二是关于形而上学主体所处的神秘体验领域的命题，对此最好保持沉默。

逻辑命题是不可说的，但并不是神秘的；神秘的是世界之外的东西。在维特根斯坦看来，世界上的事实并不是事情的终结，还存在着一个超事实的领域。这个领域就是他的形而上学主体所沉浸于其中的神秘体验之域。它是绝对价值、绝对的善的所在，也是人生意义的依托之处。关于这个神秘之域，学者们议论纷纷，莫衷一是。简单地说，它是伦理、审美、宗教、人生感悟等领域的价值世界，这个世界中不存在事实世界中的逻辑形式，因此无法用合乎那种逻辑的语言或命题来描画，一切关于这个世界的命题性言说都是似是而非的胡说。但需要注意的是，“无意义的”、“不可说的”不是那个世界，而是对那个世界的陈述。

在《逻辑哲学论》中，我们明显看到了康德的影子，尽管有点貌合神离：康德的理性批判针对纯粹理论理性的僭妄和实践理性的不纯粹，维特根斯坦的逻辑批判指向因不理解语言的逻辑本质而产生的对语言的误用；理性批判是为信仰辩护，逻辑批判要使灵魂升华；理性的结构是先验的，语言的结构也是先验的；前者为理性划界，后者为语言划界；前者划分了现象与物自体，后者划分了可说与不可说的领域；前者认为现象界即自然是知性所建构的对象，后者认为世界是科学的事情，凡是可以说的就一定能够说清楚；前者认为本体界是不可知的，后者认为对不可说的东西应当保持沉默，等等。

◎ 维也纳学派与逻辑经验主义

《逻辑哲学论》对维也纳学派的逻辑经验主义影响极大。20世纪20年代，在刚刚崩溃的奥匈帝国的大都会、音乐之都维也纳，一系列私人的或半公开的学圈盛极一时。在维也纳大学，每逢星期四的晚上，石里克学圈便开始讨论他们深感兴趣的逻辑、认识论和科学论的问题。这个学圈逐渐发展成为大名鼎鼎的“维也纳小组”。随后，小组成长为学派，石里克是其当仁不让的领袖。其他核心人物还有卡尔纳普（R. Carnap，1891—1970）、亨普尔（C. Hempel，1905—1997）、纽拉特（O. Neurath，1882—1945）以及来自中国的洪谦等人。

逻辑经验主义（Logical Empiricism），是相对于英国传统经验主义的“新经验主义”，也是相对于孔德的传统实证主义的“新实证主义”。从名字可以看出，它的两个基本原则一是逻辑，一是实证或经验。前者受惠于弗雷格和罗素所创立的现代逻辑，后者则无疑来自从休谟、孔德、密尔到马赫的经验主义传统。而维特根斯坦的《逻辑哲学论》则为其奠定了基本的哲学原则。

逻辑经验主义旗帜鲜明地拒斥形而上学，卡尔纳普就试图通过语言的逻辑分析清除形而上学，因为形而上学领域内的全部断言陈述全都是无意义的。而石里克则认为，过去时代最严重的错误，就是认为哲学命题的真正意义和最终内容可以用陈述或命题来表达，即可以用知识来阐明，这就是“形而上学”的错误。事实上，哲学不是一种知识体系，而是一种活动的体系；换言之，哲学就是那种确定或发现命题意义的活动。哲学使命题得到澄清，科学使命题得到证实。科学研究的是命题的真，哲学研究的是命题的真正意义。科学的内容、灵魂和精神当然离不开它的真正意义，因此，确定意义的哲学活动是一切科学知识的开端和归宿。这种哲学观的转折被石里克称之为哲学的转变。

意义的证实理论（Verification Theory of Meaning）是逻辑实证主义的理论基础，也是它最具特色的贡献。石里克提出了证实理论的基本信条：

> 陈述一个句子的意义，就等于陈述使用这个句子的规则，这也就是陈述证实（或证伪）这个句子的方式。一个命题的意义，就是证实它的方法。①

他举出了爱因斯坦的著名例子。有人问爱因斯坦，我们说两个在不同地点的事件同时发生，这究竟是什么意思？什么是同时性？爱因斯坦回答说，要知道它的意思，就需要描述一种实际确定这两个事件同时发生的实验方法。但是，在经典力学的绝对时空观中，这不是问题，因为时空均不随观察者而变化。但在爱因斯坦看来，绝对时空的概念是想象中的虚构，是一种形而上学的概念，而不是直接由物理学的观察和实验得来的。我们经验所能及的唯一空间，是用尺度上二刻度间的距离所规定的长度标准来测量的，唯一时间是用天文现象所规定的时钟来测量的。从狭义相对论的观点看，时空不是绝对的，而是与观察者相对的。

当然，证实有完全证实与可能证实之分，前者要求无论从逻辑上，还是从经验上，都要求做出明确无误、确凿无疑的说明，这种"强证实"事实上根本办不到。因此，所谓证实只是一种可证实性，作为意义的充分必要条件，乃是一种逻辑上的可能性，一种"弱证实"。比如，"月亮背面是什么样子"这个问题有意义吗？能够回答吗？能，例如我们可以通过描述一个在月亮背面的某个地方所看到和接触到的情况来回答。至于绕月旅行是否可能，在这里没有必要提出，因为我们能够指出证实月亮背面的实在性的经验方法。真正不能回答的倒是那些形而上学问题：本原、本质是什么？灵魂能否不朽？等等。因为它们使用了错误的语言而对世界做了不适当的描述。形而上学的问题的解决，就在于返回那个原来的世界观：世界的朴素的表象，就如同人们在大街上看到的那样，这个样子是完全正确的。因此，石里克更愿意用"彻底的经验主义"来称呼自己所进行的"哲学的转变"。

不过，卡尔纳普觉得石里克证实原则过于简单，会导致对科学语言做出过分狭窄的限制，虽然把形而上学的命题和语句当作一盆脏水泼了出去，也会把一些有意义的科学命题随之倒掉。因为，理论科学的抽象陈述与观察陈述之间的逻辑联系问题是一大难题，例如不能把理论物理学的陈述翻译为观察陈述的简单联合，也就是说理论命题并不只是个别经验的叠加。于是，他提倡用"可确证性原则（Principle of Confirmability）"来代替可证实性原则，从而把原来的证实问题

① ［奥］石里克：《意义与证实》，见洪谦主编：《逻辑经验主义》，39页。

转换为确证问题：如果知道在什么条件下一个语句会得到确证，就称它是可确证的。例如对科学定律的检验，如果在连续系统的检验中没有出现反例，而且肯定性例证的数目在增加，由此我们对这个定律的信心也逐步地增强，这也就意味着可确证性的逐渐增长。

纳粹占领奥地利之后，为免遭迫害，维也纳学派的许多成员远渡重洋，在美利坚这个贫瘠的哲学土壤中结出了硕果，使美国成为分析哲学的重镇，同时也使分析哲学带上了实用主义的色彩。

◎ 维特根斯坦的《哲学研究》

1929 年，经过 15 年的中断之后，维特根斯坦重返剑桥，重操旧业，他的第二次学术生命开始了。从此以后，直至 1951 年去世，他写下大量的手稿。其中第一部分包括以《哲学评论》为题在死后出版的 1929—1930 年的笔记和 1930—1932 年近 800 页的打字稿。在这些手稿中，维特根斯坦重新检讨了《逻辑哲学论》中的问题，并做了修正。这使他开始思考以前没有探讨过的问题，并显示出从《逻辑哲学论》向《哲学研究》的转变。

《哲学研究》出版于 1953 年，分为两部分：第一部分是 1936—1945 年写的，第二部分是 1947—1949 年写的。它的写法和想法在哲学史上几乎是独一无二的。那些片断式的风景速写有时相互联系，有时互不关联，处处体现了某种“家族相似性”。维特根斯坦不再毫无顾忌地下断语，而是通过构造各种具体而微的精巧事例（语言游戏）来说明他的思想，让人在这迷宫中寻胜探幽。

如果说《逻辑哲学论》的激动人心之处在于，维特根斯坦宣称他解决了哲学的根本问题；那么《哲学研究》的激动人心之处在于，维特根斯坦宣称他消解了以往所谓哲学问题的假象。当然从某种意义上说，维特根斯坦也可以说“吾道一以贯之”——“全部哲学就是语言批判。”（4.0031）“本书讨论哲学问题，而且我相信，它指出这些问题之提出是基于对我们的语言的逻辑的误解。”（《逻辑哲学论》前言）“所以我们的研究是一种语法研究。这种研究是通过消除误解来澄清我们的问题。”（《哲学研究》S90）[①]

维特根斯坦相信，只有把他在《哲学研究》中的新思想同《逻辑哲学论》中的旧思想加以对照，并且以后者为背景，才能得到正确的理解。“因为自从我于 16 年前重新开始研究哲学，我不得不认识到在我写的第一本著作中有严重错误。”（前言）什么严重错误？——语言批判的方式：语言没有逻辑结构；世界也没有逻辑结构；不能以语言图像论为基础；不能本质主义式地思考；语言批判不是逻辑批判而是语法批判等等。

---

① ［德］维特根斯坦：《哲学研究》，北京，商务印书馆，1996。S90 指第 90 节，下同。

在《哲学研究》中，维特根斯坦以“语言游戏”理论（theory of language game）取代了早期对语言的理解，从水晶般纯粹的逻辑和人工语言走向了日常语言：“让我们来设想一种符合奥古斯丁描述的语言。这种语言是用来在建筑工A和他的助手B之间进行交流的语言。A用各种建筑石料盖房子：有石块、石柱、石板、石梁，必须按照A的需要依次将石料递过去。为此，他们使用一种由‘石块’、‘石柱’等这些词组成的语言。A叫出这些词，B则把他已经学会的在如此这般的叫唤下应该递送的石料递上——请把这设想为一种完全的原始语言。”（S2）维特根斯坦把由这些词和与语言交织在一起的行为组成的整体叫做语言游戏，这个语言游戏是自足的。

语词的用法在观察中显露出来。语词的意义就是它在语言游戏中的使用，而不在于它所指称的对象。语言游戏奠基于生活形式（form of life）；我们之所以能在语言游戏中通过掌握语词的使用来理解其意义，是因为我们共同的生活形式和行为方式。生活形式是语言的界限。因为“语言的述说是一种活动，或是一种生活形式的一个组成部分”（S23）。“想象一种语言就意味着想象一种生活形式。”（S19）那么我们看到的生活形式是什么？是我们完整的生活——置身于人类继承下来的共同的文化背景中，表现为人类的行为和活动，表达出人类的情境（如习惯和制度），构成了一部人类自然史。因此，生活形式并非外在于、独立于言语行为的东西，毋宁说语言是具体而微的生活形式。

既然“词的意义就是它在语言中的使用”（S43），那么实指定义（ostensive definition）就是不可能的。实指定义是所谓奥古斯丁式的语言图像理论的核心——老师指着黑板说：这是黑板。但维特根斯坦用了很大篇幅反驳实指定义的可能性，假如不在某种生活形式之中，实指定义的正确性就完全是碰巧的——学生是如何知道老师所指的是黑板而不是黑板的黑和上面的字呢？维特根斯坦在这里批判了把意义规定为所指或指示关系的理论，也是对“镜式隐喻”的驳斥，因而也可以看作是对早期图像论和符合说的否定。从另一角度来看，维特根斯坦在此指出了萦绕整个西方哲学史的一个根本误解——哲学是一个知识领域，其结果是产生用哲学命题表示的哲学知识，正如物理学的产物是用物理学的命题表示的知识体系一样。在他看来，根本就没有哲学命题；相反，哲学命题是概念混乱的表现。哲学不是知识，知识是一种说明，说明总需有预设，但“我们不会提出任何一种理论。在我们的考察中必须没有任何假设性的东西。我们必须抛弃一切说明，而仅仅代之以描述”（S109）。“哲学……最终只能对语言的实际使用进行描述。”（S124）由于以往的哲学命题是对语言的实际使用（用法）的误解，所以这种描述就是治病。因此哲学不是发现什么，而是去掉什么——去病、去蔽。

《逻辑哲学论》认为存在一种语言的一般形式，正如数具有对所有数字都共同的一般形式一样。《哲学研究》则抛弃了这一观念。对于语言的各种不同形式而言，不存在一种共同的东西使之成为语言，也就是说，语言没有本质，没有使语言成为语言的本质之类的东西。对所有语言游戏来说也是如此，我们无法在所有的语言游戏中指出共同具有的东西，正如无法在所有游戏中指出共同点一样。我们所看到的是一种错综复杂的互相重叠、交叉的相似关系的网络：有时是总体上的相似，有时是细节上的相似。

维特根斯坦使用了“家族相似性”来刻画这种相似关系：因为一个家族的成员之间的各种各样的相似之处，如体形、相貌、眼睛的颜色、走路的姿态、性情，等等，也以同样方式互相重叠和交叉。因此他说，“游戏”形成一个家族。(S67) 家族相似是一个非常重要的方法，维特根斯坦不但用它来处理命题概念、游戏概念、语言游戏概念，而且还用它来处理其他许多一般的概念。在他看来，并不存在着某个一般概念所刻画的诸多事物所共同具有的任何本质特征和属性，在它们之间仅存在着这样那样的互相重叠和交叉的相似性，即家族相似。这样，维特根斯坦就进入了哲学史上关于共相问题的争论。他既不同意实在论把共相（如一般概念所表示的性质或关系）作为我们可以感知到的客观存在，也不同意概念论者把共相作为人们心灵中的存在，而在唯名论的立场上为之提供了辩护，很好地解决了共相问题：一般概念即共相是某种语言游戏的家族，其中的成员所具有的不是某种本质，而是家族相似性；相似性和意义体现在用法之中。

既然语言游戏植根于我们的生活形式之中，那么一般语言游戏的语法规则和语义规则都是在语言和行为实践中建立起来的。一个人是否正确地解释或遵守了某个语言规则，便可以从这一规则所处的语言游戏及其生活形式中看出来。正是在这个意义上，维特根斯坦说，遵守规则是一种习惯，一种制度，一种实践。他要拒斥的所谓私人语言（private language）是这样的：它的语词所指称的即所涉及的东西纯粹是私人性的，它们是纯粹意义上的私人对象，即只有说话者自己具有、自己明白的东西。“人们可以把那些别人无法理解但我‘似乎理解’的声音称为‘私人语言’。”(S269) 他从两个方面论证了这种私人语言的不可能性：(1)“关于私人经验的根本的东西其实并不是每个人拥有他自己的范本，而是没有人知道究竟其他人有的也是这个还是另外的某种东西。”(S272) 换言之，私人经验是不可让渡和不可接近的。(2)“词是怎样指称感觉的呢？——这里似乎并不存在任何问题：我们难道不是每天都谈到感觉，并且对种种感觉给予名称吗？然而名称和被命名的东西之间的联系是怎么建立起来的呢？这个问题也就是：人是怎么学会感觉名称例如‘疼’一词的意义的呢？”(S244) 对语言的把握过程是一个学习、训练和实践的过程，在这一公共的实践过程中我们掌握了语言的表达。“‘遵守规则’也是一种实践。而认为自己在遵守规则并不就是遵守规则。因而，人们不可能‘私人地’遵守规则，否则，认为自己在遵守规则就会同遵守规则是一回事了。”(S202)

维特根斯坦所要说明的是，即使存在着纯粹的私人经验，我们也不可能真正地建立起语词和它们间的指称关系或关于它们的语词的使用规则。这样我们就不能合法地谈论它——没有相应的语法。他的意思似乎并不是我们不要谈论私人经验，而是意在指出，所有涉及私人经验的表达是没有规则可循的，私人语言是不可能的，它不是我们共同使用的语言。维特根斯坦有一句名言："即使狮子会说话，我们也不能理解它。"[①] 但这并不是因为狮子缺少必需的精神能力，而是说，我们和狮子没有共同的行为方式或生活形式。而"人类共同的行为方式是我们借以解释一种陌生语言的参考系"（S206）。

《哲学研究》所探讨的问题是极为丰富的：意义、理解、命题、逻辑等概念，数学基础、意识形态以及其他论题；所提出的方法是极为新颖而富有创造力的。他试图改变的是人们尤其是哲学家的痼疾——思维方式的单一性，这种单一性表现在对语言和语言使用的误解上。维特根斯坦确实批判并破坏了以往哲学的大厦，但这也许并不是他的过错：

> 由于我们的研究似乎只是摧毁了一切有趣的东西，即一切伟大的和重要的东西（可以说摧毁了全部建筑物，留下来的只是一堆石块和瓦砾），那么，这种研究的重要性何在呢？我们摧毁的只是些纸糊的房屋；我们是在打扫语言的大基础，而纸糊的房屋正是造在这个基础之上的。（S118）

◎ 日常语言学派：赖尔与奥斯汀

通常认为后期维特根斯坦开创了日常语言分析哲学。但实际上日常语言学派（假如有这样的学派的话）更多地在指第二次世界大战之后牛津大学的一些哲学家：赖尔（Gilbert Ryle，1900—1976）、奥斯汀（John Austin，1911—1960）、格里斯（H. P. Grice，1913—1988）、斯特劳森（Peter F. Strawson，1919—2006），以及美国哲学家塞尔（John Searle，1932—），等等。与其说他们的思想是由于后期维特根斯坦的影响，倒不如说是对逻辑经验主义表现出来的傲慢无礼的反感和反动。"回到日常语言去！"是他们的口号。他们并非不承认逻辑技术的形式化的重要性，只是他们认为，形式逻辑的分析技术会解决哲学问题的观点是一个假相，而日常语言能够提供更为丰富的洞见，我们应当从语言形式化的迷梦中清醒过来。斯特劳森本人就是一位卓有成就的逻辑学家，但他认为形式逻辑的精致是贫乏的资源，而日常语言的逻辑却提供了无法超越的丰富性、复杂性和力量。

赖尔的《心的概念》（1949）被视为日常语言学派的扛鼎之作。他意在用日常语言的分析方法和分析的行为主义（analytic behaviourism）消除源自笛卡尔

---

① ［德］维特根斯坦：《哲学研究》，341 页。

的心身二元论。赖尔对一切“主义”（isms）都抱有敌意，他通过以日常语言为基础的讨论来探索人类的心智，其工作在某种意义上与现象学“面向事情本身”的口号有异曲同工之处，而心身二元论是他初试锋芒的靶子。

他认为，我们不能以谈论身体这一实体的方式来谈论心灵，心灵并不像笛卡尔所认为的那样，是一个“机器中的幽灵”，一个神秘的幽灵般的实体，寓居在身体当中，进行着思想、相信、考虑、判断等活动。我们不能够按照同样的方式谈论“心”和“身”，将二者捉置一处，并列起来是一种“范畴错误”（category mistake），就如同把运动场、博物馆、图书馆和各个学院与牛津大学当作同一类范畴一样。一个在参观了牛津大学的各个学院之后问牛津大学在哪里的人，就是犯了这种“范畴错误”。其实，心灵概念所指示的事实只与人的行为有关，谈论一个人的精神就是谈论这个人在做某些事情时所具有的能力、倾向和爱好。属于心灵概念的事实是与身体相关的事实，同样是可以观察的。心身二元论的表述是一种令人误解的表达式，我们需要准确地指出某个范畴在语言中的实际用法以清除误解，建立语义分析的“逻辑地理学”。

在日常语言学派中，奥斯汀无疑是主要的权威。他是一位富有原创力的哲学家，但生前没有发表过著作，他的《哲学论文集》、《如何以言行事》、《感觉与可感物》都是在死后由学生整理出版的。奥斯汀并不坚持认为，哲学问题通常完全是由于语言的混淆和误用而产生的，或者完全表现为语言的混淆和误用；他也不坚持日常语言是神圣不可侵犯的，能够免于批评而且不容补充和修正。他所坚持的是一种“语言的现象学”，希望“拯救现象”。他不喜欢整齐划一的二分法，诸如普遍和特殊、描述语言和情感语言、经验真理和逻辑真理、可证实的表达式和不可证实的表达式，等等。在他看来，所有这些截然二分的明确断言无法实现它们所许诺的功能，即不能借助它们给语词的普通用法分类。在他看来，意义的类型和区分通常反映在普通语言中，普通语言不是无误的指南，却是区分语言所描述或表达的主题的最好的指示者。这些区分却被全然无效的哲学所提出的整齐划一的二分法消灭了。

于是，奥斯汀小心翼翼地考察和描述语词的日常用法，既清除误区，也富有建设性。他要表明的是那些伪造的二分法造成了多少虚假的问题和答案，当我们选定了某个研究领域，尽可能完整地收集与该领域有关的所有语言资源（包括惯用语和语汇），厘清了这些语词的精细含义和用法之后，就会看到从这种描述方法中自然流淌出来的哲学结果。在《感觉与可感物》中，奥斯汀借助日常语言和案例分析方法对感觉材料理论（sense-data theory）进行了毁灭性打击。这一理论可以表述如下：我们从未看到或感知到，或者无论如何从未直接感知或感觉到物质对象，我们感知的只是感觉材料或者我们自己的观念、印象、感觉内容、感觉—知觉、知觉，等等。显然，这一理论是英国经验主义的要义。奥斯汀对这个理论的总的看法是：它是典型的经院哲学观点，首先是被一些特殊的语词所迷惑，这些语词的用法被过分地简单化了，实际上没有被理解，也没有得到仔细的研究或正确的描述；其次是为一些（而且几乎总是同一些）未经深入研究的“事实”所迷惑。“物质对象”和“感觉材料”这两个概念的对立是伪造的。我们无法详细阐述他的论证，在这里只能指出他的方法论原则：普通语词的使用极为微妙，它们所标示的区分比哲学家认识到的要多得多；心理学家所发现的和为普通人所注意到的知觉事实比人们所估计到的要远为复杂多样。因此，在知觉问题以及其他问题上，关键是要抛弃“齐一化”的老习惯，这种习惯对外表整齐的二分法有根深蒂固的崇拜。[①]

奥斯汀另一个重大的贡献是言语行为理论（theory of speech-act）。他在《如何以言行事》中认为，当我们用语言描述世界的时候，实际上已经是在实际的情境中进行言谈了，言（saying）即行（doing），语言的使用也就是言语行为。他把言语行为的整体分为三个层次，即当我们说些什么的时候，可能以三种基本的方式在做些什么：以言表意；以言行事；以言取效。我们不关心这一理论的细节，但需要明确它的哲学意义。如果与前期维特根斯坦相比照，言语行为理论打破了语言与世界的同构性这一神话，语言的功能首先不是“描画”实在，而是做事情。描画事实的陈述句及其真假在整个言语系统中并没有优越的地位，言语本身就是在世界之中、与世界打交道的活动。用后期维特根斯坦的术语说，语言游戏是奠基在生活形式之上的实际活动。

◎ 美国的分析哲学家：奎因与戴维森

日常语言分析哲学的辉煌并没有持续多久，现在的分析哲学家们已经不再按照标签行事了。在美国，分析哲学往往打上了实用主义的烙印，美国哲学家的实用主义倾向随着年龄的增长而增长，这似乎是一种非常普遍的现象。[②] 有实用主义倾向的美国分析哲学家可谓群星灿烂，人才辈出，如奎因（Willard Quine，1908—2002）、古德曼（Nelson Goodman，1906—1998）、塞尔、塞拉斯（Wilfrid Sellars，1912—1989）、普特南（Hilary Putnam，1926—）、戴维森（Donald Davidson，1917—2003）和克里普克（Saul A. Kripke，1940—）等人。

奎因是维特根斯坦之后 20 世纪后半叶最有影响也最重要的分析哲学家。他的思想可视为逻辑理论、经验论、实用主义和科学主义的复合体。按照他自己的看法，经验论的发展史经过了五个转折点：第一个转折点是从观念到语词的转变，即用谈论语言表达式来取代洛克、休谟式的对感觉观念的讨论；第二个转折

---

① 参见杨玉成：《奥斯汀：语言现象学与哲学》，109～110 页，北京，商务印书馆，2002。

② 参见［澳］巴斯摩尔：《哲学百年·新近哲学家》，741 页，北京，商务印书馆，1996。

点是语义核心从语词向句子的转变，这犹如一次“哥白尼式革命”，最基本的意义单位不再是语词，而是句子，英国功利主义哲学家边沁和分析哲学的创始人弗雷格对这种语境定义做出了杰出的贡献；第三个转折点是语义核心从句子到句子体系的转变，这要归功于法国科学哲学家杜恒和奎因自己，这被称为整体论（holism）的观点；第四个转折点，就是方法论的一元论（methodological monism），即对分析—综合二元论的摒弃，这是奎因最有影响的思想之一；第五个转折点是自然主义（naturalism），摒弃了对先于科学的第一哲学的寻求，奎因的自然主义把自然科学看作是深入实在的探究，是可错的，可纠正的，但对于任何超科学法庭来说，则是不可回答的，并且在超出观察和假说演绎法之外，无需任何证明。

奎因显然更看重自己的经验论传统，因为上述后三个转折点都要归功于他。他本人的哲学观可以用五个命题来概括：（1）哲学是归纳世界系统的尝试；（2）哲学与科学是连续的；（3）逻辑是哲学理论的背景框架；（4）语义上行是哲学研究的基本策略；（5）哲学已成为一个专业化领域，但这并不是它的严重缺陷。[①] 哲学研究的正确方式，是把哲学视为科学的延伸，它所处理的问题主要是非实验性、概念性问题，主要涉及的是我们对世界和世界性质的认识。但这种认识又需要“从逻辑的观点看”，一阶逻辑是奎因思考和处理哲学问题的一个角度、方法和手段，他理想中的科学理论，就是用一阶逻辑进行语义整编，从而消除了模糊、歧义、不必要的复杂以及其他理解障碍的理论。与早期分析哲学不同的是，逻辑分析并不只是澄清语句的活动，它还能够在存在论和认识论领域结出硕果。与此同时，“从语言的观点看”也是奎因思考与处理哲学问题的一个基本维度，通过语义上行（semantic ascent）这样一种研究策略，我们就可以不去直接讨论对象，而去谈论语言；不去直接讨论外部对象的实在性和真假，而去谈论语词、语句、语句系统的意义及其相互关系。例如，他认为存在论是相对于一定的语言框架而言的，例如我们的说话方式、科学理论系统或概念结构等。实际上有什么东西存在？这是存在论的事实问题；一个理论说有什么东西存在，这是存在论的承诺问题，即存在论承诺与实际上有什么东西存在无关，而只与我们说有什么东西存在有关，因而归根结底只与语言有关。承载存在论承诺的是约束变项，“存在就是成为约束变项的值”。理论 T 在存在论上承诺实体 a，当且仅当，T 逻辑蕴涵（$\exists x$）（$x=a$）；x 就是其中的约束变项，a 是它的一个取值。

奎因影响最大的观点也许是对经验论的两个教条的批判。第一个教条是分析命题与综合命题之间的根本的区分，前者是以意义为根据而不依赖于事实的真理，后者是以事实为根据的真理；第二个教条是还原论：相信每一个有意义的陈

① 参见陈波：《奎因哲学研究》，1 页，北京，三联书店，1998。

述都等值于某种以指称直接经验的名词为基础的逻辑构造。奎因认为二者都是没有根据的。就第一个教条而言，分析命题的“分析性”（analyticity）是不清楚的，而对它的定义，无论是借助同义性、卡尔纳普的语义规则还是必然性概念，都包含着循环论证，就如同把“战争”定义为“非和平”，又把“和平”定义为“非战争”一样。也许教条的捍卫者会求助于第二个教条，即还原论和意义的证实论，因为可以把分析命题理解为事实成分为零的陈述。但奎因以整体论为武器批判了还原论的教条。在奎因看来，我们关于外界的陈述不是个别的，而是仅仅作为一个整体来面对感觉经验的法庭的。我们所谓的知识或信念的整体，从地理和历史的最偶然的事件到原子物理学甚至纯数学和逻辑的最深刻的规律，是一个人工的织造物。它只是沿着边缘同经验紧密接触。具有经验意义的单位是整个科学。①

自莱布尼茨、休谟、康德以降，分析/综合命题的区分是经验论的核心主张之一，对逻辑经验主义来说更是举足轻重的——否则奎因也不会把对它的拒斥视为经验论的第四个转折点。奎因的批判是否完全摧毁了这两个教条，仍然存在很多争论，而且时至今日仍在不断论战，但它所造成的影响却十分重大。20 多年以后，戴维森继奎因之后又对经验论的第三个教条提出了挑战：“我极力主张：这第二种关于图式和内容（即起组织作用的概念体系和某种有待组织的事物）的二元论是无法理解的，无法辩护的。这种二元论本身是经验主义的一个教条，即第三个教条。这第三个教条或许是经验主义的最后一个教条，因为倘若我们放弃这个教条，那么就搞不清是否还会剩下什么别具特色的东西可称之为经验主义。”②

戴维森影响最大的观点之一是他的意义理论。逻辑学家塔尔斯基（Alfred Tarski，1902—1983）提出了“真”之语义学理论。这里的“真”（truth）与我们通常所说的“真理”有一定的差别，当我们说语句 p 是“真的”，“真”就是“真的”的名词形式，塔尔斯基就要对这样的“真语句”的“真”做出语义学（semantics）的说明，而不是探讨认识论意义上的“真理”这样一个宏大的字眼。塔尔斯基的论证是非常技术化的，但他的结论并不复杂。在直观上，日常语言中真句子的语义定义可以表达如下：

真句子是这样一个句子，它说事物状态是如此这般的，而事物状态确实是如此这般的。例如：

“雪是白的”，当且仅当雪是白的。概括地说：

---

① 参见［美］奎因：《从逻辑的观点看》，上海，上海译文出版社，1987。

② ［美］戴维森：《真理、意义、行动与事件——戴维森哲学文选》，118 页，北京，商务印书馆，1993。

“p”是真的，当且仅当 p。（“p” is true iff[1] *p*.）

这不是一个关于“真”的定义，而是一种“T型等值式”，或“约定T”。之所以要给出这样一个约定T，是因为塔尔斯基认为一个令人满意的“真”的定义必须在内容上适当，在形式上正确，而约定T是符合这一要求的，虽然它还不是一个定义，而是一个定义必须满足的形式。

值得注意的是，p是一个语句，而“p”是这个语句的名称，“p”是对p的语义学层次上的指称。塔尔斯基区分了元语言和对象语言，后者描述世界，而前者是谈论后者的语言。约定T是元语言层次上的，其中包含了对象语言的语句p。这种区分是为了避免悖论，如说谎者悖论就是因为混淆了这两种语言层次，而导致了自我指称的循环悖论。在给出了约定T之后，塔尔斯基又通过递归程序用“满足”概念对“真”下了定义。

有人认为塔尔斯基的“真”的定义为真之符合论奠定了基础，但实际上未必如此。塔尔斯基的定义和约定T是形式上的，可以被各种有关“真”的理论所应用，而且确实如此。（这种定义影响极大，我们不得不做一简介。）戴维森的不同之处在于，它把这样一个“真”的语义定义转换为关于意义的理论。换言之，塔尔斯基是以语义定义“真”，戴维森则用“真”来达到对“意义”的说明。这就是说，“p”是真的当且仅当p被掉转为“‘p’意谓p”，或“S意指p”。这样，真之定义通过对每个句子的真给出充分必要条件而起作用，给出真之条件也就是给出每个句子意义的方法。知道一种语言关于“真”的语义学概念就是知道一个句子为真是怎么回事，这就等于理解了这种语言。

关于分析哲学的冗长叙述到此就告一段落吧。分析哲学作为一场革命性的哲学运动，时至今日早已谢幕了。而它之所以谢幕，主要并不是因为反对者的批评，也不是如罗蒂所说的，分析哲学在经历着慢性自杀，而是因为分析哲学本身已经成为一种哲学传统，如同康德哲学一样，是每一个哲学家必须经历的炼狱。按照一位分析哲学家所叙述的相对公认的看法，当今分析哲学的论题包括五个方面：一是像“存在”、“真”、“数”等基本的数学和逻辑概念；二是像时间、变化、因果等基本的自然科学概念；三是善与恶及其差异的本质；四是心理的过程、状态和倾向，特别是像信念、欲求、目的、自我意识等一般概念；五是与逻辑哲学和心智哲学相区别的语言哲学。[2] 由此也许可以说，分析哲学作为一种探究方略，要走的道路还长着呢。

---

① “iff”即“if and only if”，“当且仅当”。

② William Charlton, *The Analytic Ambition: An Introduction to Philosophy*, Cambridge, Basil Blackwell Ltd., 1991, p. 5.

三、面向事情本身：德国哲学

◎ 20世纪的德国哲学的劫难

第二次世界大战之前的20世纪西方哲学主要是说德语的（当然之后就以英语为主了）。且不说新黑格尔主义的目标是“黑格尔主义的铁，要以黑格尔的方式锤炼成黑格尔主义的钢，那个绝对的高山要提取出它的精华！”[①]，即使是分析哲学首推的也应该是用德语写作的弗雷格、维特根斯坦和维也纳学派，而法国哲学的成就在很大程度上要归功于黑格尔的遗产和胡塞尔现象学的激励。

在这一时期，由胡塞尔开创的、海德格尔和舍勒（Max Scheler，1874—1928）等人发扬光大的现象学运动在西方哲学史上是一次重大的突破；马克斯·韦伯（Max Weber，1864—1920）的卓越成就，继法国社会学家孔德、涂尔干（Emile Durkheim，1858—1917）之后，不仅为社会学，而且为整个社会科学奠定了现代基础；弗洛伊德（Sigmund Freud，1856—1939）的精神分析学说，堪与达尔文在生物学中、马克思在社会政治学说中和爱因斯坦在物理学中的革命相媲美，在许多方面改写了传统哲学中人的概念和形象。

德国哲学曾一直是“大学哲学”。19世纪的新哲学家们，如叔本华、费尔巴哈、马克思和尼采等人，都不是哲学教授，也不想当哲学教授。因此，他们在哲学界始终被看作站在圈子外的人。哲学思维的主流完全在学院轨道上前进。因此，即使在纳粹统治时期，只要希特勒政府在一定程度上允许各大学不受影响地继续工作，他们就不能企图依靠他们所握有的权力来改变哲学。对于哲学界来说，从大学校园驱逐犹太同事的活动，虽然使他们最强烈地感受到新的国家暴力的进攻，但是这场进攻似乎只是一件出自“种族原因”而只涉及个人的事情，与他们作为知识分子的地位和政治地位无关；哲学界的机构几乎没有发生什么变动。此后，德意志科学界更加忠诚和保守，他们接受了排犹的事实。战争中那些留在国内的人实际上欢迎把左翼和持有左翼自由观点的学者们归属到被驱逐者行列中去。在历史的记录里几乎没有留下任何一个哲学家的有价值的抗议，比如说反对纳粹的清洗措施等。德国科学之所以如此不具政治色彩，其原因在于：在这样一个具有强烈官方统治传统、而民主传统薄弱的国家里，只有靠政治上的节制才能换取研究和理论的自由。因此，为数极少的几个纳粹哲学家一直被哲学界视

---

① ［英］斯特林：《黑格尔的秘密》“初版序言”（1865），见《新黑格尔主义论著选辑》（上卷），11页，北京，商务印书馆，1997。

为圈外人或者投机经营者，从未受到真正的注意，就不足以为奇了。无论谁在“第三帝国”时代在政治上采取倾向纳粹的态度，但他在哲学圈子里却只能扮演一个教授的角色，他的科学活动几乎不受政治态度的影响。

但无论如何，纳粹统治下的德国哲学还是受到了相当大的损害。德国哲学变得极具封闭的地方色彩。马克思主义首先从舞台上消失了，与马克思和社会主义相关的一切学说、人物及著作等也都消失了。弗洛伊德的心理分析理论被斥之为“典型犹太学说”，自然在劫难逃。1938 年奥地利被德国吞并，标志着“维也纳学派”的终结，从此以后逻辑经验主义的传统在讲德语地区不再流行，分析哲学和科学哲学成为盎格鲁-撒克逊民族的事情。雅斯贝尔斯（Karl Jaspers 1883—1969）和胡塞尔被剥夺了讲课和发表文章的权利，许多哲学家、特别是犹太哲学家，为免遭迫害，纷纷背井离乡，逃至英美等国。

德国哲学的相对独立状态延续到 1944 年纳粹的“总体战”之前，但一年之后第三帝国就覆灭了。德国的失败最终造成了德国哲学的失败。尼采哲学被纳粹所利用，因而被世人所误解，海德格尔也因为在纳粹时期被任命为弗莱堡大学校长，有亲纳粹倾向而被勒令停止执教。奥斯维辛集中营的大屠杀令人不寒而栗——奥斯维辛之后诗不复存在。一时间，似乎德国哲学本身也成了极权主义的渊薮。德国哲学家们仍然在努力工作，但英语取代德语成为哲学的主要语言已经不可避免，富有创造力的德国哲学家也寥若晨星。1933 年后的流亡运动和与国际潮流相隔绝造成的后果，直到 60 年代，才被最后清除出去，德国哲学也开始从内部回应国际哲学新思潮。

◎ 胡塞尔与现象学运动

不过，我们在这里主要关注的仍然是由胡塞尔（Edmund Husserl，1859—1938）和海德格尔开创的现象学—解释学运动。胡塞尔的影响彻底改变了大陆哲学，这不是因为他的哲学获得了支配地位，而是因为曾几何时几乎任何哲学都企图顺应现象学的方法，并用这种方法表达自己，它是高雅批评必不可少的条件。这场运动不仅影响巨大，而且参与者甚多，仿佛是一株根深叶茂的大树，有根，有干，还有四处伸展的茂密枝叶。如果说胡塞尔的现象学是主干，那么较早生长出来的是哈特曼（Nicolas Hartmann，1882—1950）的实在论和舍勒的价值哲学；最为丰满的一支则是胡塞尔的学生和朋友海德格尔；第二次世界大战之后流行的存在主义则是在胡塞尔和海德格尔思想的基础上对人的生存境遇的探索，其代表人物有法国的萨特、马塞尔、梅洛－庞蒂和德国的雅斯贝尔斯；60 年代，伽达默尔和法国的利科（Paul Ricoeur，1913—2005）进一步发挥了哲学诠释学；此外，在宗教—伦理、美学—艺术、心理学、社会学方面，现象学都取得了令人瞩目的思想成就。

面对如此波澜壮阔的哲学运动，人们有时用七个特征来概括：

1. 研究特殊现象（即所谓现象学的描述）；
2. 研究一般本质（即所谓本质直观或本质体验）；
3. 理解诸本质间的本质关系；
4. 观察显现的方式；
5. 观察现象在意识中的构成；
6. 将对于现象存在的信念悬搁起来（即所谓加括号）；
7. 解释现象的意义。①

前三个步骤对于所有参与现象学运动的人来说，基本上是必不可少的；后面的步骤则分歧较大。但问题是这都是在说些什么？在说一种以作为显现、作为现象的纯粹意识为对象，面向事情本身的理论。

现象学（phenomenology）这个名词出现得并不晚（1764），它在黑格尔的《精神现象学》（1807）中就已经得到了深入的发挥。但由胡塞尔开创的现象学与之大相径庭，它要扩大和加深我们直接经验的范围，尊重现象，更充分如实地倾听现象，最终建立起作为严格科学的哲学。为什么现象如此重要和根本？因为在胡塞尔看来，一切真正的知识，最终总是在对现象的直观中得到证实的。现象和问题本身是哲学的开端，一切理论研究，不管多么重要，都必须放到第二位。

胡塞尔早期深受新康德主义的影响，偏重于从心理学的角度探讨数学和逻辑的基础问题，后来在弗雷格的批评下摆脱了这种心理学主义的窠臼，在《逻辑研究》（1900—1901）中创立了现象学；继而在《作为严格科学的哲学》、《纯粹现象学和现象学哲学的观念》以及《笛卡尔式的沉思》中，进一步发展了他的思想；而晚年的巨著《欧洲科学危机与超越论的现象学》则是他毕生研究的总结性的最高成就。他发表的主要著作有七部，但留下的手稿卷帙浩繁，至今仍在整理出版。

胡塞尔的现象学直接地从笛卡尔、从英国经验主义特别是休谟、从康德那里汲取了营养，但又比他们更彻底、更源始。也就是说，在胡塞尔看来，近代哲学着重探讨的知性和理性以及理性批判的问题，实际上已经表明，其发展方向最终要走向他的现象学的先验论哲学（transcendental philosophy）。所谓超越论哲学，乃是认识者反思自身及其认识生活，将一切认识活动追溯到其最后源泉，即“我自己”的一种动机。这种先验论在原则上排斥朴素的生活和科学的态度，试图以纯粹主观的方式将科学奠立起来，将“自然的生活态度”转变为“非自然的生活态度”。因为胡塞尔认为，生活的和科学的自然态度对认识的可能性漠不关心，虽然它们取得的巨大成就令人们欢呼雀跃，但是，认识如何能够确信自己与自在

① 参见［美］施皮格伯格：《现象学运动》，921页，北京，商务印书馆，1995。

的事物一致，如何能够“切中”这些事物？这一问题却是自然态度根本没有解决的，反而导致了公然的怀疑主义倾向。这种原初的自然状态中的意识埋没在由物、人和其他东西构成的世界当中。他劝告我们悬置这种“自然态度”，以便在哲学上以一种不带偏见的方式反思意识生活；要超越这种朴素的自然反思，按照真正科学的方法建立起超越论的现象学。这种方法要回溯到最后的根据，自下而上地建立；它在每一个步骤上都是自明的，其中没有任何未被理解的不言而喻的东西。这种最后根据，就是主观性。

这里的主观性（subjectivity）并不是我们通常所说的不顾实际情况、一意孤行的贬义用法，而是我们的纯粹意识本身。在日常生活和自然科学中，世界是现成的、预先被给予的，我们采取一种客观的态度去探索世界。但先验论现象学则要探讨这种预先的被给予的世界在我们的主观世界中是如何形成的，每一种被给予性的普遍给予方式是怎样的。因此，现象学探讨的主题，是现象的显现过程本身，是显现方式的变化，而不是在其中显现的东西。也就是说，现象学所关心的并不是单纯事实的经验，它以直观本质的方式指向原初直观的一般的东西，它所要探求的，是先验论的主观性经过所有的自由改变仍然保持不变的本质结构，它是一种本质的科学，一种先验的科学。

在《纯粹现象学和现象学哲学的观念》中，胡塞尔指出，现象学方法包括两个不同的步骤：一是本质还原，即把反思的焦点由事实转向本质，如我们所经验的红色是多种多样的，但作为本质的“红”这一观念本身才是现象学的对象；二是现象学的或超越论的还原，即把意识中的一切对象的存在问题“放到括号里”，悬置起来，中止判断，以便把它们严格地作为被意味的东西或意义来考察——“所有与这个自然世界有关的科学，无论我如何赞叹它，无论我如何丝毫不考虑对它进行指责，我仍排除它们，我对它们的有效性绝对不做任何运用。”① 这样，他所探索的就是意向（意向活动或我思，*noesis* or *cogitatio*）与被意向的对象（意向内容或被我思的思维内容，*noema* or *cogitatum qua cogitatum*）之间的关系。这种现象学的反思关心的是存在论的不同领域（如物理世界、人类世界、数学的理想领域）是如何被经验的（如通过感知、移情和概念化），而这些不同领域的日常经验如何为科学不同分支提供了基础。现象学还提供了一种对不同意识模式的描述，如想象和记忆，以及对意识的时间之流的描述。这些描述所揭示的是：意识不仅意向性地与世界相关联，而且与想象的东西和意识本身的过去与未来相联系。

晚年的《欧洲科学危机与超越论的现象学》突出了“生活世界”这个主题。一切实证科学都将世界当作持久的前提，一切实证东西的假说，都是建立在世界

① ［德］胡塞尔：《现象学的方法》，120页，上海，上海译文出版社，1994。

这个“假说”之上的。但世界是什么，却是一个问题。这就是说，自然科学以高度抽象和数学化的方式设想实在，但这幅世界图景是以由物和人构成的被给予的日常世界为基础而建立起来的。这被胡塞尔称为“生活世界”。这一世界不同于被科学地解释了的世界，相反，科学的世界是通过数学化的过程建立在生活世界之上的。生活世界对于生活于其中的人来说具有永恒的存在意义，它是思想劳作的永恒基础，是始终准备好了的不言而喻的源泉，实践的人们和科学都可以毫无困难地利用它。关于生活世界的科学是一种普遍的科学，它包括对一切存在和真理都有意义的问题，而不仅仅是生活中的认识问题和一切科学的问题。虽然生活世界在传统哲学中被轻蔑地视为意见的世界，而非真理的王国，但实际上，一切可以想到的证明，都要回溯到生活世界的自明性，一切思想的构成物，只有回溯到自明性上才具有真正的真理。宥于传统客观主义的人完全不能理解生活世界的先验性，甚至毫无顾忌地用客观的—逻辑的先验性取代它，这实际上是欧洲科学危机的一个根源。

当然，看待生活世界也存在着两种不同的方式。一种是朴素的自然态度，它直接地指向当下给定的对象；另一种则是先验论的态度，首先要求悬搁持客观态度的科学，排除一切科学的意见和认识，而将注意力集中于反思生活世界及其中的对象在主观上给予的方式，确定生活世界普遍的结构和本质形式。

胡塞尔对生活世界的强调和对科学的客观主义的批判与维特根斯坦后期思想有某些相似之处。这两位大师级人物“殊途同归”的地方，也正是 20 世纪西方哲学的重要生长点。

◎ 海德格尔：《存在与时间》

海德格尔（Martin Heidegger，1889—1976）也许是 20 世纪最有影响力、也最令人捉摸不透的哲学大师。其运思不仅广阔深湛而且充满创造力，其思路也总是能够探入最幽深的源始境域，其语言则通过词根、词源的相互映射和牵引勾连，以及点石成金的熔铸新词的手法而变幻莫测。正如他自己所言：“每一篇对我的哲学的陈述必致不幸，直至《存在与时间》本身亦致不幸矣。”[①]

海德格尔的早期研究受到两大主流思潮的影响，一是新托马斯主义，二是新康德主义。胡塞尔的《逻辑研究》则对海德格尔的哲学之路产生了决定性的影响。他的博士论文《心理学主义中的判断理论》让新康德主义与现象学走到了一起。他的教职论文《邓·司各特的范畴与意义理论》，则将三者融会贯通：主题是判断和范畴（新康德主义），内容是中世纪哲学和神学的转型，方法和术语则是现象学的。但是，在生命哲学特别是狄尔泰的影响下，海德格尔眼中的现象学

① ［德］海德格尔：《存在与时间》，1 页，北京，三联书店，1999。

发生了诠释学的转折，转向了对生命的自我阐释，用 Dasein（此在，又译亲在、缘在）这一术语描述实际的生活。他最终远离了新康德主义和新托马斯主义，把现象学诠释为这样一种方案：阐明在具体的、个体的、历史性的存在中将其本身显示给我们的生命。此外，雅斯贝尔斯和基督教作家如基尔克果等人的存在主义作品，对希腊思想家特别是亚里士多德的重新解读，以及从新康德主义中解放出来之后对康德的重新理解，这些因素对海德格尔的影响也相当明显。

1927 年，海德格尔发表了令他声名鹊起的名著《存在与时间》，这也标志着他与老师胡塞尔分道扬镳的开始。1933 年，海德格尔当选为弗莱堡大学校长，次年辞职，后来还受到纳粹的排挤。这期间他与纳粹之间的恩怨是一桩著名的公案，是非曲直仁者见仁，智者见智，这里还是从略为好。如果把 30 年代之前视为海德格尔的早期学术生涯，那么此后至第二次世界大战结束也许可以算作中期，这一时期他对西方哲学史进行了深入的同时也是"六经注我"式的研究，特别是对康德和尼采的研究。第二次世界大战之后，虽然由于他与纳粹的牵连而被停止授课，直到 1951 年才解禁，但他在国际哲学界的声望仍然吸引了一大批学子。海德格尔晚期的思想或许可以用歌德自传的标题来概括——诗与真。语言本身是原本意义上的诗，而真则寓于其中。他主要的代表作有《真理的本质》、《林中路》、《路标》、《走向语言之途》、《哲学论稿》等。

按照海德格尔原来的设想，《存在与时间》是一部由两部分组成的著作，以阐发其所谓"存在问题"，但发表的时候只有第一部分计划中的三篇当中的两篇。不过，它却改变了 20 世纪的哲学图景，决定性地影响了哲学的重心：从笛卡尔的主体性走向了关于人类生命的更为动态的模型；从对实在的理论化的认识转向了对可能性的实际领会（即从知道什么转向了知道如何）；从科学知识转向了日常生活的亲密性；从空间位置转向了真正存在之标志的时间性的涌现；从符合论的真走向了事物彰显自身的事件的真；从强调永恒普遍的结构转向了历史性的、背景性的境遇。在这一阶段，海德格尔远离了笛卡尔的哲学，希望转向亚里士多德，将其作为权威性的先驱和希腊哲学活动的典范。海德格尔认为哲学传统中的预设体现在我们正在使用的哲学术语中，它们不但形成了我们的思想，而且加强了对思想的误导，因此，他尝试效法希腊前贤，以从日常语言中吸纳的词汇为基础创造新的哲学术语。

在《存在与时间》的导论中，海德格尔试图走向"基础存在论"。基础存在论所处理的并不只是这种或那种存在的基本结构，而是存在的一般意义，而这恰恰是被传统哲学所遗忘的。这一意向要通过对 Dasein（此在）的基本结构的分析来进行，从而表明时间性是一切存在者的存在本身得以理解的视域。这一方法论是现象学的，它通过对此在的分析而通达一切存在者的基本模式，因为此在所具有独一无二的地位在于对"存在的领会"本身当中，并通过这种理解而存在，即使这种领会几乎完全是不清楚、模糊而暧昧的。此在的独特性就在于它是“去存在”（zu sein），始终处在去存在的过程之中，因而它的存在就是存在的显现。

基础存在论的任务就是阐明这种我们已经具有的非课题性的领会，由于它是对这种领会的结构的阐明，其本身就是存在的活动或方式，基础存在论同时也就是现象学的诠释学，是此在对自身的自我领会的阐明，而这种自我领会虽然通常是模糊不清的，但又引导着它对在世界中所遭遇的其他任何事物的领会。在海德格尔那里，“生存”（existence）一词又被用来指此在的绽出状态。这种绽出首先指一种从精神表象的封闭区域中绽出，进入一个与日常生活中显示给我们的那些事物的直接的纠葛状态，也就是进入一种意向性状态；其次，生存要通过一种时间的地平线而依赖于此在的绽出，因此现在的生存绝不仅仅是当下直接现成的生存，而是同时作为当下时刻的构造性维度，而与将在和曾在相勾连。因此，此在本质上是历史性的，它对任何存在者的领会，无论是对物理对象，一件器具，一个数或是一件艺术品，都同时反映了这种时间维度。

生存的这种结构是海德格尔在《存在与时间》中关注的焦点。它们被称为生存论建构，以区别于范畴性的建构（即存在者的结构而非此在的结构）。以往被忽视和轻视的日常生活在海德格尔哲学中就具有了重要的意义。生存论的建构要表明，为什么不同的生存论环节都具有基础性的时间维度。Dasein 的 Da（境域）在术语上与“existence”中的“ex-（出）”相关联，existence 也就以相似的方式成为 Dasein 的别名。Dasein 的 Da 所指的并非封闭的领域，而是开放的畿域，是某种出于自身的东西，因此 Dasein 和 existence 指向了同一个现象。此在是存在者所遭遇的场所，也是此在在其自我意识中对自身此在的领会。但是，这种自我意识不是笛卡尔式的精神生活反思性的自我表象，而是在时间中绽出的对自身实际的情感性的意识，是对自身的可能性、选择、筹划、畏惧和环境等方面的意识。所有这些意识的形式，如果离开了此在的时间特性就是无法设想的。因此，Dasein 的 existence 的 ex-就不仅仅指超出其自身的精神空间，而且指其时间维度，它不断地深入地与现在、曾在和将在相勾连。这便是此在的“向来我属性”，即此在或人的个体生存与其他存在者的不同之处在于，它不是凝固不变的现成存在者，而是一个未定型的、始终面对可能性筹划自身的开放的存在者。时间性、历史性是此在的无可逃遁的维度。

海德格尔对此在的生存活动的现象学分析使他被列入了存在主义哲学的谱系。此在的生存活动是在世界中展开的，它的“在世”一开始就是“共在”（Mitsein）：他人与我共同在此。有一个我（主体）与一个世界（客体）相对而立是后来才发生的事，原初的本源世界是此在与世界水乳交融不分彼此的世界。然而正是由于共在的特性，此在在日常在世的生存活动中无时无刻不依赖于“常人”、“他人”或“大家”（das Man）：常人不是这个人，不是那个人，不是人本身，不是一些人，不是一切人的总数，而是个中性的东西。于是，在日常生活中，常人展开了他的真正独裁。常人怎样享乐，我们就怎样享乐；常人对文学艺术怎样阅读怎样判断，我们就怎样阅读怎样判断；常人对什么东西愤怒，我们就对什么东西愤怒。这个常人不是任何确定的人，而一切人（却不是作为总和）都是这个常人，就是这个常人指定着日常生活的存在方式。在常人统治之下的日常生活乃是一种“平均状态”，平均状态先行描绘出了什么是可能而且容许去冒险尝试的东西，它看守着任何挤上前来的例外。任何优越状态都被不声不响地压住。一切源始的东西都在一夜之间被磨平为早已众所周知的了。一切奋斗得来的东西都变得唾手可得的了。任何秘密都失去了它的力量。

海德格尔所说的“常人”类似于我们通常所说的大家、公众、公众舆论一类的东西。对于始终处于共在之中的此在来说，他向来不是作为自己存在，而是作为他人存在的：我们的一言一行都是以大家、公众为标准，向大家、公众“看齐”的。就此而论，“常人”拿走了我的存在，决定着此在在日常生活中的生存活动。常人化的生存方式使此在不是以勇于选择并且敢于承担责任的方式生存在世，而是以不负责任的方式生存在世的。换言之，此在以常人的身份在逃避他自己，处于“沉沦”（verfallen）状态之中。沉沦状态对此在具有天然的诱惑作用：它免除了我在生存活动中面对可能性进行选择的痛苦和承担责任的负担，它使我感觉到生活中的一切都秩序井然，而且都处在最佳的安排之中。因此，在常人的统治下，我感到一种“家庭般的温暖”。虽然此在的本性是“去存在”和“向来我属性”，但是它从来不是作为它自己而是作为常人而生存在世的，因而一开始就已经沉沦于世了。当然，此在的沉沦并不是从一个地方脱落到另一个地方去，而是“从自身脱落到自身”，因为常人就是此在，此在就是常人。

此在生存在世的生存论结构就是“烦”。“烦”（Sorge）就是“牵挂”。我们可以“赤条条来去无牵挂”，但每个人在“来”之后，“去”之前，必是有牵挂的。爱恨情仇，生死贫富，为过去悔恨，为现在发愁，为将来担心，无一不是“牵挂”。沉沦状态同时还弥漫着“畏”（Angst）的情绪。“畏”不是怕，怕总有可怕的东西，因而也就有逃避的可能，畏却是对不知道什么东西的畏：当你被迫入畏之中时，就是被抛入了可能性的境域，无论它愿意不愿意，自觉不自觉，它都是自由的，它必须自己面对自己的生存在世。因而此在在畏中便陷入了惶惶然不知所措的境域。

为了从沉沦状态中解放出来，立足于自身而在世，海德格尔要求“提前到死中去”，“向死而在”，“置之死地而后生”。死是此在最大的有限性，通过思考死亡而思考生活的目的才能解决存在问题。因为当此在存在之时，死亡虽然“尚未”来临，但是作为可能性的死亡已经在此在自身之中了。因此，死亡是属于此在的最本己的存在可能性，然而在日常生活的沉沦状态中，此在却千方百计地将死亡看作外在的偶然的“事件”。这对此在来说当然具有诱惑力和安定作用，因为它既用不着苦恼生存，更用不着害怕死亡。结果，死亡不再是最本己的存在可能性，而变成了在此在之外的、偶然的、不好的事件。不仅如此，我们在日常生活中还提倡一种对待死亡漠然处之的“教养”。然而实际上，此在怕死已经怕到了这种地步，它甚至不让我们面对死亡。如此说来，我们之所以会沉沦于世，就是因为逃避死亡的缘故。因此要使此在从沉沦的迷梦中醒来，唯一的办法就是让它直面死亡。直面死亡不仅使我意识到我应该立足于自身而在世，而且使我意识到我是自由的“能在”，即面临可能性筹划自己未来的此在。因此，“向终结存在”就是“提前到死中去”，不要等到死到临头之时才去思考死亡。“在先行的决心中，此在着眼于它的能在领会自己，其方式是：它直走到死的眼睛底下，以便把它自身所是的存在者在其被抛状态中整体地承担下来。这样下了决心承担本己的实际的‘此’，同时就意味着投入处境的决定。”① 海德格尔的意思让人领会死亡这一最切己的个体性，然后在自身良知的呼唤中走出沉沦，进入本真的生活。

后期海德格尔的思想发生了某种转向，但问题本身并没有变，仍然是存在问题，只是他对这个问题的思考进入了更为源始的境域。他在不断地变换思路去“接近”存在，而真理、艺术、语言、诗、思、技术、历史、天命、上帝，等等，成为后期海德格尔思考的众多主题。

◎ 诠释学的历程

在《存在与时间》中，海德格尔为哲学诠释学奠定了基础：“现象学描述的方法论意义就是解释。此在现象学的 logos（逻各斯）具有诠释的性质。通过诠释，存在的本真意义与此在本己存在的基本结构就向居于此在本身的存在之领会宣告出来，此在的现象学就是诠释学。”②

诠释学（hermeneutics）或称“释义学”或“解释学”，有着古老的历史。它的词源是希腊动词 hermeneuein，词干 Hermes 就是诸神的使者赫尔墨斯。他的任务是来往于奥林匹亚山上的诸神与人间的凡夫俗子之间，向人间传达和解释诸神的消息和旨意。他既要把人们不熟悉的诸神的语言转换成人们自己的语言（翻译），也要对诸神的晦涩不明的指令进行疏解（解释），从而使一种意义关系由陌生的世界转换到我们自己熟悉的世界。

最早的诠释学理论是《圣经》诠释学。从理性的角度看，《圣经》原本是历史形成的，其中充满了矛盾、神秘或难解之处，因而需要解释。但从神学的观点看，《圣经》乃是上帝之言，充满了微言大义、神圣的启示，因此需要诠解。二

① ［德］海德格尔：《存在与时间》，433页。

② 同上书，44页。

者的进路和方法都不相同。自近代以降，作为语文学方法论的诠释学开始兴起，它从文字、意义和精神三个方面对作品进行解释，而不再局限于《圣经》。作为一门关于理解和解释的普遍科学或普遍艺术的诠释学则是自19世纪开始，由德国浪漫主义思想家施莱尔马赫（Schleiermacher，1768—1834）完成的。这是作为理解和解释科学或艺术的诠释学，它不再像原先那样强调理解文本就是阐明和传达真理的使命，而是认为文本是作者的思想、生活和历史的表现，理解和解释只不过是重新体验和再次认识文本的产生所根植的意识、生活和历史。

19世纪中叶，人文科学面对自然科学的挑战需要为自己的科学性和有效性辩护。新康德主义者、生命哲学的奠基人狄尔泰的毕生任务就是要为人文科学奠定基础。按照狄尔泰的看法，自然科学与人文科学同样都是真正的科学，只不过自然科学是从外说明世界的可实证的和可认识的所给予物，而人文科学则是从内理解世界的精神生命。因而说明与理解分别构成自然科学与人文科学各自独特的方法："我们说明自然，我们理解心灵。"这样，关于理解和解释的诠释学就被规定为人文科学的普遍方法论。人文科学即"精神科学"，是研究人类历史文化的知识，以对生命的体验、表达和理解为基础，其对象是整个人类的生命现象。自然科学只研究物质的、外在于意识的东西。人文科学研究人的精神生活，在其中主客观是统一的。精神生活底层的潜流及其全部丰富内容都是生命，生命包括人类的创造力和创造的表现，即"社会的历史的实在"。人文科学的对象是精神或生命的客观化的东西，理解就是通过精神的客观化的事物去理解过去生命的表现。狄尔泰在这里提出"体验"和"再体验"概念。如果说对于施莱尔马赫来说，理解就是重新构造作者的思想和生活，那么对于狄尔泰来说，理解就是重新体验过去的精神和生命。①

20世纪20年代末，随着海德格尔划时代著作《存在与时间》的出版，诠释学经历了一场从认识论到存在论的根本转向，确立了作为理解此在的存在方式的现象学的诠释学。理解不是主体的行为方式，而是此在本身的存在方式，因此诠释学既不是对文本进行单纯理解和解释的学科，也不是指人文科学的普遍方法论，而是指对人存在本身的现象学阐释。伽达默尔在此基础上建立了哲学诠释学。但这种诠释学既不是一种单纯理论的一般知识，也不是一种应用性的技术方法，而是一门综合理论与实践双重任务的哲学，是作为实践哲学的诠释学。它以亚里士多德的实践智慧（phronesis）为核心，试图重新恢复古老的实践智慧或实践理性概念而为人文科学规定其真正范型。诠释学哲学所试图说明的问题，是规定所有人的知识和活动的问题，是对于人之为人以及对"善"的选择来说最为紧要的问题。

---

① 参见洪汉鼎：《诠释学——它的历史和当代发展》，23～24页，北京，人民出版社，2001。

一般认为，诠释学哲学的代表人物，除了海德格尔和伽达默尔以外，还有意大利哲学家贝蒂（Emilio Betti，1890—1968）（作为精神科学普遍方法论的诠释学）、德国哲学家哈贝马斯（Jürgen Habermas，1929—）（批判诠释学）、法国哲学家保罗·利科（现象学诠释学）。这里我们主要介绍伽达默尔。

◎ 伽达默尔与哲学诠释学

伽达默尔（Hans-George Gadamer，1900—2002）于1960年出版了他的巨著《真理与方法》，以海德格尔为基础而与诠释学的长期传统分道扬镳了。伽达默尔的哲学诠释学不再仅仅是诸多学科中的一个学科，也不再从方法角度将其主体看作为了获得诠释中的有效性（具体性、客观性）而采取的方法论规则和原则，或是"正确"诠释文本的纯粹技巧。事实上，诠释学已经从一种专门的方法转型为普遍的哲学，其目标是探究以各种不同形式表现的人类理解本身的普遍理论。正如伽达默尔所说："我并不想炮制一套规则体系来描述或指导精神科学的方法论程序。我的目的也不是研讨精神科学工作的理论基础，以便使获得的知识付诸实践……我的真正主张过去是、现在仍然是一种哲学的主张：问题不是我们在做什么，也不是我们应当做什么，而是什么东西超越我们的愿望和行动与我们一起发生。"[①] 最终使伽达默尔的诠释学真正哲学化的，是诠释学所要求的普遍的领域和功能。哲学诠释学的任务是开启诠释学的全景维度，展现它对我们的世界的整个理解、从而也是对这一理解昭示自身的一切形式而言最根本的意义。在这里，我们要注意这一关于人类理解的普遍理论的主要特色和目标。

伽达默尔（和利科等人）所阐发的哲学诠释学源自并延续了一种特殊的哲学传统，这种传统就是由胡塞尔创立、由海德格尔发展的现象学。诠释学符合"现象学方法"的要求，本质上是一种描述性学科，而不是一种说明性学科；诠释学理论（或理论活动）并不具有"思辨的"本性，而是一种借助反思而进行的尝试，以确定当我们宣称达到了对某物的理解（"真理"）时，实际发生或曾经发生了什么。此外，生活世界，这个来自胡塞尔现象学的概念，居于诠释学理论的核心，海德格尔称之为"在世界中存在"。在吸收了生活世界的概念和现象学还原的方法之后，诠释学与近代哲学的主要关注点和问题分道扬镳了，它不再说明孤立的、无世界性的主体何以能够摆脱自身的束缚，以达到关于外部世界的知识。正如海德格尔所言，此在发现自己"总是已经"在世界中，这恰恰是人类生存的本性。这一关于人类生存本性的存在论论断的结果是：一切人类理解都具有"先入之见"的性质。换言之，理解本质上是诠释（Auslegung），而诠释可以说总是派生性的，诠释所揭示的只是已经以一种"预先给予的"或"隐含的"方式被理

① ［德］伽达默尔：《真理与方法》，5页，上海，上海译文出版社，1999。

解的东西。诠释永远无法脱离先见，这就是“诠释学的循环”：对文本的理解永远都是被前理解的预先把握所规定的；在完满的理解中，整体和部分的循环不是被消除，而是相反地得到最真实的加强。这种观点具有重要的哲学结论，它的特别含义是，人类的理解本质上是有限的。因此，如果说古老的形而上学所探求的是关于实在的确定性科学，那么，在诠释学看来，实际上不存在我们能够获得的绝对基础或阿基米德点，从而不可能以不带任何先见的方式为我们的知识奠定基础。诠释学的态度是谦虚的，它承认那些使人类的一切理解都包含在有限性的统治之下的历史条件。由于哲学诠释学是一种强调有限性的诠释学，因此它认为，真理的标志不再是确定性。作为人类理解的一般理论，哲学解释学是所谓“反基础主义”的一种形式。

伽达默尔谈到，我们需要“恢复”偏见概念的名誉，这样的做法实则是为了强调人类理解的先见本性。他批评启蒙运动，因为那是“以偏见对抗偏见”，但他绝不是要无视有意的褊狭或偏执。他只是要指出，一切清晰的理解都预设了在先的、隐含的理解。他特别强调一切人类理解的本性本质上是历史性的。人类理解从来不是发生在一个历史的或文化的真空里。总是有一个过去允许我们说，我理解了。理解不能被认为是一种主观性行为（即近代哲学没有世界性没有时间性的主体的行为），而必须认为这是一个将理解者置于传统之中，过去与现在不断融合的过程。

这些看法引出了伽达默尔诠释学的两个核心概念：视域融合和效果历史意识。过去与现在的融合发生在任何一个理解行为当中，它是由我们称之为“传统”的东西构造起来的。如果理解确实从未脱离先见，那么关于人类理解的正确理论必须正视传统在我们的理解中所发挥的作用。理解者的任务是扩大自己的视域，使它与其他的视域相交融。由于视域是理解在时间中进行交流的场所，是流动的、不断融合的，因此，一切理解最基本的特征是“历史性”。历史性是一种时间距离，但时间其实是根植于时间当中的事件的根本基础，时间距离非但不是某种必须克服的东西，反而是理解的一种积极的创造性的可能性。因为它不是一个张着大口的鸿沟，而是由习俗和传统的连续性所填满的，正是由于这种连续性，一切流传的东西才向我们呈现了出来。因此，真正的历史对象根本就不是对象，而是自己与他者的统一体，或是一种理解者与被理解者之间的相互关系，在这种关系中显示出历史的实在性，也就是“效果历史”。

效果历史意识是宏大而整体性的事实，在那里，意识，甚至在意识的觉醒之前，都已属于且取决于影响它的东西。在利科看来，传统的行为（效果历史）和历史性探究是融合在一起的，任何试图分解它们的批判意识，都将导致这一研究本身的无意义。与启蒙时期许多哲学思潮的见解相反，传统或效果历史不是获得真正理解的障碍，也不是需要被克服的障碍，实际上正是积极的、建设性的理解的可能性所在。真理本质上是历史性的。

根据近代哲学的范式，理解或知道就是形成一种内在反映，以把握被视为客观存在的实在。近代哲学的立场认为，正确的思考，便是正确的“镜式反映”（通过观念对事物在心灵中的复制或反映）。与这种标准的认识论范式相对，哲学诠释学主张，人类理解本质上根本不是心灵现象，而是一种语言现象。说人类思维完全是语言的，等于说理解不仅仅是主观的现象，而是彻底的主体间的现象。在这种理解事物的方式中，主体总是已经在自身之外了，它只有在一个由历史性产生的意义组成的主体间的世界中，才能发现并开始认识自己。

正如伽达默尔所说，“一切理解都是诠释，一切诠释都以语言为中介而发生”，由此得出的最重要的观点，便是这种诠释过程的灵魂就是翻译。当我们成功地理解了某个“他者”（如文本中表达的思想），我们其实是有效地将作者的语言翻译为我们自己的。因此，哲学诠释学的一个核心目标就是，真正的理解不是反映或表象，实质上是转换性的。也就是说，理解一个文本或任何意义载体，如文化作品，并非由两个孤立不同的环节构成：说明与应用。毋宁说，我们并不是首先获得对文本意义的客观理解，然后才将其应用于我们自身的情境。相反，一切理解本质上都是应用。理解即诠释，因为一切理解本质上都是历史性的，包含了视域的融合。

从理解的转换性本性和诠释的核心特征，我们可以得出哲学诠释学最独特的宗旨：文本的意义不能还原为作者所意味的意义（“原初意图”）。文本（至少是创造性的文本）的意义总是超越了作者的原初意图。文本的道路摆脱了作者的有限视域。有人经常反对哲学诠释学的这一核心宗旨，指责它开启了通往相对主义之门，并为诠释的无政府状态提供了许可证。但这一反对意见是站不住脚的。因为哲学诠释学并不像后现代思潮的其他形式，它坚持真理这一古老的哲学概念，抛弃了文本的意义就是读者想要它意味的这一思想。哲学诠释学主张，一方面达到文本唯一的正确意义是不可能的，另一方面某些解释要优于另外的解释，而这些另外的解释可以说就是错的。伽达默尔和利科都卷入了两条战线的斗争：一方面，反对各种形式的独断论，他们主张不可能证明某个解释的独一无二的有效性；另一方面，他们也反对任何形式的相对主义，认为总是可能以令人信服的、并非武断的合理的方式为某个解释作论证。换言之，哲学诠释学认为，如果我们的解释能够合理地要求成为真的，那么它们必须基于确定的论辩标准，如融贯性、包容性。放弃基础并不必然意味着哲学诠释学要放弃任何约束。

哲学诠释学的核心便是关于知识和真理的完全不同的概念。哲学诠释学直接反对传统的真理符合论。它认为，真理不能从静态方面而必须从动态方面去加以思考。真理不是内在的心灵状态，不在于观念和事物的所有环节的符合。相反，真理本质上具有不断发生的本性。当伽达默尔谈到真理时，他通常意味着一种开放性：体验的真理总是包含着朝向新体验的倾向。同样，利科评论道，真理是敞亮的地方，在那里总是可能继续生活和思考。这样，我们可以说，对哲学诠释学来说，真理主要不是认识论上的概念，而是道德教化的概念，它主要不是指那些一条条的信息，而是在世界中存在的方式。在这一方面，判定一个思想、一个诠释的真理性的最终标准，就是它使我们更好地把握我们自身存在的程度，在不断提高的自我理解中更好地实践我们的生存的程度。事实上，哲学诠释学认为，在最终的分析中，所有理解的尝试都必须被视为自我理解的尝试，利科称之为整个诠释过程的诠释学拱顶的最后一部分。理解其他事物的要旨乃是更好地理解我们自己。

四、存在与解构：法国哲学

◎ 20 世纪法国哲学的三个阶段

19 世纪法国著名的文学家、史学家、艺术家、数学家、科学家层出不穷，但大哲学家屈指可数，法国哲学直到 20 世纪才重新振兴起来。20 世纪的法国哲学大致可以分为三个阶段：第一个阶段是第三共和国时期[①]，从时间上说是 1890—1940 年，其中最有成就的非柏格森莫属；第二个阶段是存在主义现象学的统治时期（1940—1960），萨特、梅洛-庞蒂是其中的佼佼者；第三个阶段是结构主义和后结构主义时期（1960—1990），涌现出列维-斯特劳斯、福柯、德里达、利奥塔德勒兹等大名鼎鼎的人物。[②]

19 世纪晚期至第一次世界大战之前的法国，许多法国人不无眷恋地称之为“美好时代”（La Belle Époque）。当时，法国社会的确呈现空前的繁荣。1900 年的巴黎博览会、全钢梁结构的埃菲尔铁塔、像艺术品一样精致的亚历山大三世大桥、地下铁道等等，令全球瞩目，象征着法国世界强国的地位。上流社会歌舞筵宴，尽情享乐，弥漫着骄奢淫逸、安于现状的风气。普通法国人的生活，由于经济的发展，也有所改善。然而在文学艺术上却涌动着 fin-de-siècle：世纪末的颓废趣味。

也许值得庆幸的是，由于第三共和国的教育改革，哲学占据了新的教育体系

① 法国第三共和国自 1875 年开始，至 1940 年法国向纳粹投降为止。

② 此分期参见 Gutting, *French Philosophy in the Twentieth Century*, Cambridge: Cambridge University Press, 2001。

的中心，高中阶段哲学课程的加强使哲学在法国具有相当特殊的位置。哲学不但拥有大批受到哲学初步教育的普通公众，还拥有大批具有专业知识的中学哲学教师，由大学教授构成的从事哲学研究的精英数量也相当可观。“教授共和国”的统治者是哲学家。

不过，法国文化本质上仍然是文学的。正如柏格森所说，没有什么哲学思想不能用日常生活的语言来表达，无论它们多么深奥，多么微妙。有人不无讽刺地说，德国的精神文化或许是哲学的，但在法国却只是文学的——文学的形式加上普通的思想水平。从积极的意义上讲，这使不少法国哲学家的著作或许不是哲学的经典，却是文学的佳作；从消极的意义上说，许多并不深邃、精彩的思想却因文风的独特而貌似惊人。柏格森既是法兰西学院的教授，又是法兰西语文学院的院士，他和萨特、加缪都曾获得诺贝尔文学奖。

在 20 世纪的前 20 年，法国哲学主要由三个萦绕在一起的潮流构成：一是科学哲学作为独立的学科获得了发展，出现了像彭加勒（Jules Henri Poincare，1854—1912）、杜恒（Pierre Duhem，1861—1916）等无论在自然科学还是哲学上都卓有建树的人物；二是布伦施维奇（Leon Brunschvicq）的唯心主义哲学在大学得到巩固和加强；三是柏格森大放异彩的形而上学思想。

彭加勒作为“20 世纪初的科学全才”、“敏锐而深刻的思想家”，年仅 27 岁就登上了巴黎大学的讲坛。在短暂的一生中，他在数学、天文学、物理学和科学哲学等领域都有开创性的贡献，撰写了将近 500 篇科学论文和 30 部专著，这还不包括颇受欢迎的科学哲学著作和趣味盎然的科普著作（为此他被认为是法国的散文大师）。他在世纪之初就洞察到物理学的危机，危机在他看来恰恰是物理学革命的前兆，要摆脱危机就必须在新的实验事实的基础上改造和重建物理学。由此他提出了约定主义，一方面把实验作为真理的唯一源泉，另一方面又注重自由创造、大胆假设。约定是我们精神自由活动的产品。我们在所有可能的约定中进行选择时，要受实验事实的引导，由它来指导我们辨明最方便的路径；但它仍是自由的，只是为了避免一切矛盾起见，才有所限制。约定主义既要求摆脱狭隘的经验论，又要求摆脱先验论，它反映了当时科学界自由创造、大胆假设的要求，在科学和哲学上都有其积极意义。他的约定主义和马赫的经验主义为新实证主义即逻辑经验主义开辟了道路。

◎ 柏格森的创造进化论

法国作家普鲁斯特在《追忆似水年华》这部人生长卷中写道：“因为，由智慧直接地从充满光照的世界留有空隙地攫住的真理不如生活借助某个印象迫使我们获得的真理更深刻和必要，这个印象是物质的，因为它通过我们的感官进入我们心中，然而我们却能从中释放出精神。"① 这句话可以作为柏格森哲学的精神写照。

亨利·柏格森（Henry Bergson，1859—1941）的哲学是他那个时代的感觉的一部分，这种感觉虽是支离破碎的，但都或多或少地被包括在他的哲学之中了，正如康德主义包含了18世纪的理性主义，黑格尔主义包含了19世纪的唯心主义和浪漫主义一样。柏格森的法国同时是孔德的实证主义的法国，认为科学是知识的唯一合理的模式；是立体派和象征主义的法国，给美学知识提供了主观基础，并赋予诗歌一种超验的价值；也是进化论生物学、心理学、唯灵论、小说和戏剧中的自然主义的法国。

柏格森发现自己处于两大思潮的汇合点上，这两大思潮都具有深刻的历史根源和社会抱负。一方面是实证主义的、唯物主义的斯宾塞的进化论，这种进化论在柏格森作为哲学家开始哲学生涯的时候就引起了他的兴趣，但他拒绝接受把对一个活生生的人或任何生动经验的现实的理解归结为各种概念和概念知识。另一方面是由笛卡尔伟大的同时代人帕斯卡所体现的思潮。帕斯卡把"微妙的精神"与"几何的精神"、直觉与理性加以对照，他宣称内心具有理性所不知道的各种理由。内心就是意识，意识就是一种使理性的知识趋于完善的基础。这一思想路线是法国的反省哲学和从蒙田开始直至萨特的思想路线。

柏格森综合二者最终形成了他的"创造进化论"，其思想的关键就是对绵延的直觉。在第一部著作《论意识的直接材料》（1889）② 中，柏格森千方百计地要掌握意识的直接材料的本质，也就是他所谓的"绵延"（duration）。这种"材料"可能被描述为意识的基本要素或者原则，并且能为意识所了解。当我们内在的"我"让自身生存时，也就是说，当它不是建立在与现在的状况和先前的状况相脱离的基础上时，纯粹绵延就是由我们的意识状况的延续所表现出来的形式。对意识的内在情况的理解基本上就是对时间的理解，但这时间不再是数学的或物理的时间，而是超出任何一种衡量或划分成过去、现在和将来的真正的时间。时间是绵延，是把它自身既理解为与自身相等同又理解为在无限的时间中连续变化的直觉意识，而在这种无限的时间中，现在、过去以及未来的展现都统一于精神的表象之中。

柏格森的创造进化论主要体现在《创造进化论》（1907）一书中，它与《论意识的直接材料》和《道德和宗教的两种起源》（1932）一起，考察了人类思维和活动的不同方面，但都是以绵延的直观这一主题为中心。创造进化论不同于达尔文的进化论，因为生命的进化具有内在的创造动力即"生命之流"，进化的方

---

① ［法］普鲁斯特：《追忆似水年华》，下卷，508页，南京，译林出版社，1994。

② 中译本为《时间与自由意志》，北京，商务印书馆，1958。

向应该由生命内部的“冲动”，而不由外部环境决定；进化的动力既然是生命的冲动力，那么进化就不是渐变，而是突变。当代生物学以基因的变异和遗传，特别是基因突变来解释生物的进化，与柏格森有所见略同之处。因此，要真正认识某些活生生的和有机的东西就要从内部去认识它，而从外部去认识，在与环境、与其他事物的关系上去认识，决不能导致整体的知识，因为整体总是比组成它的各种成分更为重要，各种成分是由只能被直觉把握的有机统一联结在一起的。

真实的、活生生的、具体的事物是多种多样、变化无穷的，而且不可能加以分解并冻结成固定类型。例如，一首诗就是一个整体，而不是分析的总和，而且人们不可能从分析过渡到直觉；既然这样，人们就只好从直觉开始。概念不能深入到真实事物的核心里，认为知识从固定的概念开始，利用概念就可以认识并理解运动着的现实，这是错误的。这就是我们常常把科学的逻辑工具当作科学自身，而忘却了可能从中产生其余一切的直觉。活的实在是在不断地变化着，它只能由直觉来领悟。

在两次世界大战之间，柏格森等人仍在继续发表重要的著作，巴什拉（Gaston Bachelard，1884—1962）的新理性主义、布隆代尔（Maurice Blondel，1861—1949）的行动哲学和马里坦（Jacques Maritain，1882—1973）的新托马斯主义也开始崭露头角。但新的“存在哲学”旋即向他们提出了激烈的挑战，年轻一代的知识分子迷恋于先锋派艺术和德国哲学（特别是包括黑格尔在内的现象学运动），把法国哲学推入了存在主义的汹涌巨浪当中。

◎ 存在主义的法国

1914 年 8 月是整个欧洲人的崩溃，而不只是财阀、军阀与政客们阴谋诡计的崩溃。1870 年到 1914 年这期间是物质主义时代：不只是法国，欧洲的主要国家都已经统一起来；处处都是繁荣，中产阶级志得意满，使这个政治安定而物质进步惊人的时代更为复杂。但 1914 年 8 月粉碎了那个世界的基石。它揭露出，社会表面上的稳定、安全，以及物质进步与所有人类的事物一样都只是海市蜃楼。欧洲人面对着陌生人般的自己，发现自己的理性和智慧的哲学不再能保证他能够满意地回答“人是什么?”这个问题。他努力着，但他的努力马上又被第二次世界大战粉碎了。

基尔克果讲过一个故事：有个心神不宁的人，他与自己的生命如此脱节，以至根本不知道他自己的存在，直到一个晴朗的早晨，他醒来发现自己死了。福克纳在小说《声音与愤怒》中也讲过一个故事：昆廷·康普森的生命的最后一天是由一连串残忍胡乱的行为构成的，他打破了他手表的表面玻璃。他把两根指针扭下来，因此那一整天手表虽然不停地大声滴答作响，却无法指示出时间。

对欧洲人来说，两次世界大战不仅是一部残酷血腥的悲剧，而且是一部充满悖论的荒诞剧。生发现了自身的死，在被撕碎的时间中经历着时间的折磨。这就是存在哲学所面临的人生困境。存在哲学体现了那个时代的自我质疑，希望能依据自己的历史命运而把自己重新修正。整个的存在主义问题，都与这个历史形势如影随形。隔离与分疏；人生的脆弱和无常；理智面临深刻的存在之际的虚弱无能；虚无的威胁以及个人面对这种威胁时孤立无援的情境——凡此种种问题，我们都无法合乎逻辑地排列出它们的重要次序；每一个都跟所有其他的有关，而它们全体又都环绕着一个共同的中心。只有一种气氛，像一股阴寒的风笼罩着它们：强烈的人类有限感。人类在文艺复兴时代注视的无穷尽的地平线终于缩减了。正当人类以机械征服自然，似乎是前程无量的时候，他发现自己彻彻底底——可以说是里里外外——是有限的。因此，哲学必须建立在人的有限性的基础之上，其他一切都是人生苦难的嘲讽。

对法国人来说，第二次世界大战所造成的物质损失和精神创伤比第一次世界大战更为严重。第一次世界大战，法国是战胜国，民族自尊心得到了维系，而第二次世界大战，法国在1940年就投降了，只是靠着美英的力量才从纳粹的铁蹄下解放出来，民族自尊受到了难以弥合的伤害。从战前到战争中间，大资产阶级、一部分政治家和社会名流所表现的无能、短视、怯懦、自私，使法国人感到无比震惊和失望。被吹嘘为“固若金汤”的马其诺防线一夜之间变成法国军队的坟墓，1917年的民族英雄贝当元帅成了维希傀儡政权的头目，许多当年鼓吹民族主义的文人在占领区与纳粹欣然合作。整个大资产阶级对侵略者一味退让逢迎，有些人，例如汽车巨子雷诺，为了资本的利益，索性投靠了法西斯。到反法西斯战争接近胜利的时候，大资产阶级又纷纷参加解放斗争，把自己装扮成民族英雄。从1942年到1944年，法兰西民族蒙受了历史上空前的耻辱，失败固然可悲，怯懦和背叛则不但可悲，而且可耻了。①

◎ 萨特与加缪

让-保罗·萨特（Jean-Paul Sartre，1905—1980）是法国存在主义哲学的代表人物，但他决不是一位书斋里的学院派思想家，而是“介入现实”的社会良知的代言人。1929年，他毕业于有“哲学家摇篮”之称的巴黎高等师范学校。那时是巴黎高师的全盛期，该校的毕业生往往是第三共和国举足轻重的人物。萨特的同学中有雷蒙·阿隆（Raymond Aron，1905—1983），著名的哲学家、社会学家和政治评论家，有时还被视为萨特的“右派”对手；还有他的终生伴侣西蒙·德·波芙娃（Simone de Beauvoir，1908—1986），女性主义的代表人物之一。1939年萨特应征入伍，次年被德军俘虏，1941年被释放，回到巴黎，一

---

① 参见罗芃等：《法国文化史》，321～322页，北京，北京大学出版社，1997。

面在中学教授哲学，一面积极投入反法西斯的抵抗斗争。1943年出版了代表作《存在与虚无》，被称为“反对附敌的哲学宣言”。1964年，萨特被授予诺贝尔文学奖，但他拒绝领奖，理由是“不接受来自官方的任何荣誉”，“不愿被改造为体制中人”。1968年，法国爆发了大规模的学生运动，被称为“五月风暴”，萨特站在学生一边，支持学生运动。1980年萨特去世时，巴黎5万群众自发为他举行了隆重的葬礼，20世纪的哲学家中没有其他人曾经得到过这样的殊荣。萨特曾于1959年访问过中国，20多年之后，他的哲学思想和文学作品也在这块饱受创伤的土地上广为流传。存在主义与萨特的名字紧紧联系在一起，熏陶了整整一个时代的中国青年。

萨特，乃至整个存在主义思潮，受到了三位德国哲学家3H（黑格尔、胡塞尔和海德格尔）的重大影响。特别是胡塞尔的现象学方法，为萨特提供了强大的思想武器，体现在他的戏剧、小说和哲学分析当中。不过，萨特不像胡塞尔那样把意向性解释为“自我”与意识对象之间的关系特性，而是表示意识与外部事物之间的关系特性。意识是自由地设置意向对象的第一级意识，是以外部事物为意向对象的，而自我意识则是以意识为对象的第二级意识。意识是由于他人意识才转向自身，产生自我意识的。

在对“羞耻意识”的现象学描述中，他形象地说明了自我意识的发生过程。设想我通过钥匙孔窥视房里的人，此时我的注视对象是他人，我把他人当作意向对象；但是，如果我突然听到走廊里有脚步声，意识到有一个他人会注视我：“我在干什么呢？”羞耻感会油然而生，羞耻感是对于自我的反思，它把我的意识由被窥视的他人转向了自我，自我意识因此产生。在这个例子中，正是我感到他人有可能注视我，我才会注视自己。即使后来他人并未出现，这场虚惊也会使我放弃窥视。因为此时起作用的是他人意识，并不涉及我与他人的现实关系，我意识到他人的注视，这就足以唤醒我的自我意识。自我意识与他人意识处在既依存又冲突的复杂关系之中。这种复杂的处境产生了两种矛盾的心理倾向：一方面，把我作为注视他人的主体，把他人彻底对象化；另一方面，把他人作为注视我的主体，把自我彻底对象化。但由于其间的冲突，我既不能完全被他人对象化，也不能完全把他人对象化，我与他人总是处在互为对象化的纠葛当中。“他人就是地狱。”但这并不是指“人对人是狼”的社会状态，而是就意识而言，每一个他人对我来说都是一个令我眩晕的深渊。

萨特强调的是存在的主观性，这种主观性是人除了他自己认为的那样以外，什么都不是，这是存在主义的第一原则。人首先是存在——人在谈得上别的一切之前，首先是一个把自己推向未来的东西，并且感到自己在这样做。人的存在先于本质，因为存在就是自由，人的任何存在都是人的自由选择，存在的过程就是自由选择的过程，人的选择造就了他自己。自由选择是绝对的，除了人自己的自由选择之外，没有什么东西能够决定人的存在。当一位青年在参加抵抗组织和在家照顾老母之间犹豫不决，向萨特求教的时候，萨特的回答是：你自己选择吧。这暗示着你选择了什么，你就是怎样的。但另一方面，当你做出选择，也就要承担选择的全部后果，自由意味着承担责任。人命定是自由的，但自由也就是担当。不敢正视现实、勇于担当的人往往选择了逃避自由，自我欺骗。

但总是有人不愿意逃避。在希腊神话中，西西弗因为欺骗死神而被诸神处以永无休止的惩罚：在地狱里将巨石推至山顶，然而巨石由于自身的重量又会滚回山下，他不得不日复一日重复这无限循环、永无止境的劳作。但加缪（Albert Camus，1913—1960）笔下的西西弗却是幸福的：西西弗是个荒谬的英雄。他之所以是荒谬的英雄，还因为他的激情和他所经受的磨难。他藐视神明，仇恨死亡，对生活充满激情，这必然使他受到难以用言语尽述的非人折磨；他以自己的整个身心致力于一种没有效果的事业。这是为了对大地的无限热爱必须付出的代价。

西西弗，这诸神中的无产者，这进行无效劳役而又进行反叛的无产者，他完全清楚自己所处的悲惨境地：在他下山时，他想到的正是这悲惨的境地。造成西西弗痛苦的清醒意识同时也就造就了他的胜利。不存在不通过蔑视而自我超越的命运。西西弗无声的全部快乐就在于此。他的命运是属于他的。他的岩石是他的事情。他爬上山顶所要进行的斗争本身就足以使一个人心里感到充实。应该认为，西西弗是幸福的。

加缪在哲学上的成就并不大，他的哲学作品《西西弗的神话》和《反抗者》基本上都是随笔。但他是真诚的，这种真诚让 29 岁的加缪直面人生最根本的问题："真正严肃的哲学问题只有一个：自杀。判断生活是否值得经历，这本身就是在回答哲学的根本问题。其他问题——诸如世界有三个领域，精神有九种或十二种范畴——都是次要的，不过是些游戏而已；首先应该做的是回答问题。"①加缪的回答是：要对生活回答"是"，要对未来回答"不"。就是这貌似平淡的答案不知震撼了多少麻木的心灵，又不知激励过多少破碎的灵魂。尽可能多地感受生活，尽可能多地造反和享受自由就是尽可能多地爱，尽可能多地活着。多不是数量的多，而是质量上的丰富、充盈。

◎ 梅洛—庞蒂：知觉现象学

梅洛—庞蒂（Maurice Merleau-Ponty，1908—1961）被称为法国最伟大的现象学家。在哲学上，他从具有存在主义色彩的代表作《知觉现象学》（1945）过

---

① ［法］加缪：《西西弗的神话——论荒谬》，2 页，北京，三联书店，1987。

渡到死后出版的《可见者与不可见者》（1964）中“肉体”存在论；在政治上，他从年轻时代的左翼激进主义走向了晚年温和的议会党人。

在《知觉现象学》中，他的核心思想是：一种关于知觉的现象学如何能够让我们进入胡塞尔所谓的生活世界。但他与胡塞尔不同的地方是他并不是从先验的自我出发的，而是对活生生的肉体的现象学考察：被感知的世界总是已经预设了一切合理性、一切价值和一切存在的基础；这一主张并不摧毁合理性或绝对者，它只是试图把它们从天国拉回人间。因此，“哲学的第一活动应该是重返在客观世界之内的主观世界，因为只有在这个世界中，我们才能理解客观世界的权利和界限；使物体恢复其具体的外貌，使机体恢复其固有的对待世界的方式，使主体恢复其历史的内在性；重新发现现象，重新发现他人和物体得以首先向我们呈现的活生生的体验层，处于初始状态的‘我—他人—物体’系统；唤起知觉，为了知觉呈现给我们的物体，为了自我知觉的基础的合理传统，挫败使知觉忘记自己是事实和知觉的诡计”①。

于是，在梅洛—庞蒂看来，知觉是人反省的基础，是科学知识和思维的根基，而置身于世界中并成为世界一部分的那个肉体，则是知觉的基础。这就是“身体—主体”（body-subject），它克服了笛卡尔式的身心二元论，将心灵的根源放在身体之中，放在世界之中。身体既是显现的主体，又是被显现的对象；既是存在着的、经验着的现象，又是现象的身体和场所。身体—主体通过知觉与世界对话，这个世界就是知觉世界，由此造成了“世界的肉身化”。肉身化既是身体—主体的外在化，又是世界的内在化，既是知觉对外物的直接接触，又是外物向知觉的显现。知觉世界概念一方面建立了与胡塞尔的生活世界的通道，另一方面也与海德格尔“在世界中存在”的概念一脉相承。

◎ 法国的结构主义思潮

任何时代都需要有一位领袖，一位时代的化身，一位领导人物。在 20 世纪 50 年代，萨特令人钦敬地担任了这个角色，而列维-斯特劳斯（Claude Levi－Strauss，1908—2009）则在 60 年代担任了这个角色。他是结构人类学的创建者。这时的结构主义是一切学科的基调。

结构主义（structuralism）最初是瑞士语言学家索绪尔（Ferdinand de Saussure，1857—1913）所开创的语言学学派。索绪尔把语言学分为历时语言学和共时语言学，前者是“历史语言学”，研究语言的迁衍过程，后者是“结构语言学”，研究特定历史时期语言的结构和系统。索绪尔又把语言分为“语言”和“言语”两个部分。简单地说，“语言”是法则，即操同一种语言的人普遍接受的

① ［法］梅洛—庞蒂：《知觉现象学》，87 页，北京，商务印书馆，2001。

语言方式，亦即声音与意义之间的关系方式；“言语”是语言的实践，即人们在使用语言时的独特方式。结构语言学的研究对象是“语言”的内部结构。在这个结构里，语言有自身的规律，不受外部条件的影响，结构的各个部分可以相互替换，不会因此影响结构的整体性质。索绪尔着重研究的是结构语言学，将那些引起变化的外部因素弃置不顾，而把系统自身及其内部因素作为专门的研究对象。

语言的要素是符号。但索绪尔强调，符号的单位是声音，而不是文字；他关心的是语言的表音系统，而不是表义系统。他区分了语言符号的能指和所指。符号的所指（signified）是声音所代表的意义或概念；能指（signifer）则是声音在心理上造成的影响，是声音形象。二者结合为符号。语言的意义依赖于一个符号与其他符号的关系，而不依赖于语言与外界事物的关系。也就是说，语词的意义不是它所命名的概念的功能，而是源于语言系统中的差异关系。举一个语音学的例子，“cat”一词的发音是有意义的，因为它使自己与“hat”、“cap”、“bat”以及其他一切声音区分开来。为了保证这个词的存在的唯一性，它必须包含其他所有语词的痕迹（traces），并从它与其他语词的关系中派生出它的意义。

在索绪尔语言学理论的基础上产生了几个语言学派：布拉格学派、哥本哈根学派和纽约学派。其中雅克布森（Roman Jakobson，1896—1982）领衔的布拉格学派对法国结构主义的影响最大。但在结构主义成为时髦的哲学以前，语言学的这个方面还没有那么令人兴奋。当列维-斯特劳斯建立了结构主义人类学，拉康（Jacques Lacan，1901—1981）提出了精神分析的结构主义，阿尔都塞创立了结构主义的马克思主义，以及福柯运用结构主义的方法研究思想史，罗兰·巴特（Roland Barthes，1915—1980）用结构主义研究美学和文学问题之后，从马克思主义到文学，任何事情都必须是结构主义的了。

实际上，结构主义本身也是千差万别的，其中有些人（如福柯）还否认自己是结构主义者。总的来说，他们强调要通过一定的模式认识事物的内在结构，而结构本身具有整体性，不仅大于要素的总和，而且先于要素，结构赋予了要素以意义、功能和性质，因此整体的各个要素是相互联系、可以自行调整的。此外，他们还认为应当从社会结构来看待人的认识，结构是人的活动造成的，是人的文化特征，因此“文化先于自然”，“自然”其实是特定文化的产物。

◎ 福柯：权力、知识与人的消亡

在所有被称为结构主义者的法国哲学家当中，福柯（Michel Foucault，1926—1984）无疑是最富有创造性和颠覆性的。他的颠覆性被认为是解构主义（destructuralism）——对结构主义的反动。按照福柯自己的说法，他从来不是弗洛伊德主义者，从来不是马克思主义者，从来不是结构主义者，正如他不是通常意义上的哲学家、历史学家、考古学家、社会学家、人类学家一样。就考察政治经济制度的转型而言，他依托于经济学、法学、政治学、史学、社会学、宗教学的材料和法则，就考察知识—感受理念的变调而言，他依托于哲学、语文学、社会学、文化学；就考察个体—群体心性结构和文化制度转型而言，则依托于哲学、社会学、神学（宗教学）、心理学。他对理性、个体、真理这些人道主义和启蒙思想的重要理想进行了彻底批判，哲学批判是他对历史细节细致入微的考古结果。他对历史的理解是反目的论的，历史不是一套宏大而完整的模式和叙事，其间实际上充满了矛盾、断裂、裂隙。当别人为理性高唱赞歌的时候，他却要为非理性正名；当别人歌颂人道主义的时候，他却试图撕开人性的虚伪面具；当人们为知识的进步欢呼的时候，他却揭示了知识、真理、权力与惩罚的复杂纠葛。

在他第一部主要著作《癫狂与文明——理性时代的精神病史》（1961）中，福柯就把目光投向了精神病学，把注意力从理性的核心转向理性的边界和理性的超越——癫狂。他通过对癫狂史的考察，揭示了人们如何以纯粹理性的名义禁闭它的邻居——非理性，理性独白如何将非理性压制、禁闭、诋毁得沉默无言，直至无物。然而，理性的胜利不过是神话，理性的优越地位、对非理性的一味排斥带来的是人类经验的枯竭。

在奠定他作为思想大师的著作《词与物——人文科学考古学》（1966）中，福柯考察了自文艺复兴以来语词与事物的秩序，其目的则是揭示“人”何以把自身作为研究的对象，现代意义上的“人”的观念是如何形成的，又是如何“死亡”的。

在古典思想中，人并不在自然中占据位置。人只能以自然人的身份出现，那个自己创造自己的“人”，只是18世纪末随着古典时代表象知识型的消解而出现的。这个“人”与人文科学的存在联系在一起，既依据经济规律、语言学规则和生物学规则来生活、说话和工作，又通过那些规则的相互作用去认识它们，使它们隶属于整个知识的分类。总之，人是现代思想的产物，现代哲学将既作为知识的主体，又作为知识的客体的“人”建构起来。因此，人只是近期的发明，并且正在接近其终点：人将被抹去，如同大海边沙地上的一张脸。

1969年，福柯发表了《知识考古学》。此书是对福柯的考古学方法论的充分说明。知识考古学要在历史范畴中辨别各种不同的沉积层，以非连续性取代连续性。“过去一向作为研究对象的线性连续已被一种在深层上脱离连续的手法所取代。从政治的多变性到‘物质文明’持有的缓慢性，分析的层次变得多种多样：每一个层次都有自己独特的断裂，每一个层次都蕴含着自己持有的分割；人们越是接近最深的层次，断裂也就随之越来越大。”①

1975年，福柯发表了《规训与惩罚》。他称之为“我的第一部著作”。无论

① ［法］福柯：《知识考古学》，1～2页，北京，三联书店，1998。

是《词与物》、《规训与惩罚》还是后期的《性史》，福柯的主旨在于勾索人性的形成史。而《规训与惩罚》的线索是人（肉体/灵魂）、人性在以规训和惩罚为中心的权力—知识网络中是如何产生出来，又如何被控制、被驯顺的。福柯写道："我将试着基于某种有关肉体的权力技术学来研究惩罚方式的变化，从中读解出权力关系和对象关系的一部共同历史。"① 这既是一部对"肉体的政治技术学"的研究，也是对"权力的微观物理学"的考察。

福柯认为，权力制造知识，不仅仅是因为知识为权力服务，权力才鼓励知识，也不仅仅是因为知识有用，权力才使用知识；权力和知识是直接相互连带的；不相应地建构一种知识领域就不可能有权力关系，不同时预设和建构权力关系，就不会有任何知识。权力—知识，贯穿权力—知识和构成权力—知识的发展变化和矛盾斗争，决定了知识的形式及其可能的领域。这就是说，权力关系造就了一种知识体系，知识则扩大和强化了这种权力的效应。这种权力和知识关系则通过把人的肉体变成认识对象来干预和征服人的肉体。

福柯的目光从精神病院和诊所移向了监狱，但又从监狱透视出整个现代资本主义社会的监控和规训机制。

> 今天理想的刑罚目标应该是一种无限期的规训：一种无终止的审问，一种无限扩展乃至精细入微的调查，一种能够同时建立永不结束的卷宗的裁决，一种与冷酷好奇的检查交织在一起的精心计算的宽大刑罚，一种既不停地根据一种不可企及的规范测量差距又竭力促成无限逼近该规范的运动的程序。公开处决是宗教法庭支配下的一种程序的逻辑顶点。把个人置于"观察"之下的做法则是浸透了规训方法和检查程序的司法的自然延伸。因此，对于下述情况，即具有正规的编年资料、实行强制劳动、具有监视与登记机构以及继续执行并扩大法官职能、维持正常状态的专家的分格式监狱，变成现代的刑罚手段，难道还有什么可惊异的吗？对于监狱与工厂、学校、兵营和医院彼此相像，难道值得大惊小怪吗？②

可以看出，这"第一部著作"实际上是把权力关系置于理论考察的核心，而福柯也因此被称为"权力思想家"。马克思认为人的本质在现实性上是一切社会关系的总和；而福柯则将社会关系、知识谱系和人道主义的本质视为权力关系。权力是一张无所不在的网络，"权"网恢恢，疏而不漏，个体非但不能独立于这个网络而存在，反而处处受制于这一网络，并借助这一网络施行权力。作为主体的个人其实是权力关系的产物，主体（subject）既执掌权力，同时又臣服于权力，这即使在 subject 的词源意义上也毋庸置疑。笛卡尔将我思主体确立为整个

---

① ［法］福柯：《规训与惩罚》，25 页，北京，三联书店，1999。

② 同上书，254～255 页。

知识大厦的阿基米德点，但在福柯看来，问题却是“我们是如何被建构成使用权力或屈从权力关系的主体的”。我们应该试图发现主体是如何逐渐地、进步地、真实地和物质地通过众多有机体、权力、能量、材料、欲望、思想等建构起来的。同样，“人性”也是如此。不要问我们有哪些善恶本性，而要考察一下各种人性观念是如何在历史过程和权力关系中被塑造出来的。灵魂也好，肉体也好，莫不如此，它们都不是生物学或生理学的概念，而是历史—政治概念，是社会地构成的，是历史地规定的。肉体从属于控制它、装饰它、训练它、折磨它、强迫它执行任务、表演仪式、发出符号的权力关系；心灵不过是“权力碑文的表面”。

基于对权力机制的全方位考察，福柯对人道主义进行了严厉的批判。人道主义是人在受到权力的控制和排斥下，为自己编造的一种屈从的尊严。有人质问福柯：你用什么来批判人道主义？在另一个知识传播体系中，什么价值能取代人道主义？福柯回答说：

> 所谓人道主义，我认为就是西方人在话语中得到表述的总和：“即使你不行使权力，你也可以是统治者。更理想的是，你越是使自己放弃行使权力，越是服从那些握有权力的人，你就越能提供自己的尊严。”人道主义编造出一系列屈从的尊严的形式：灵魂（灵魂统治肉体，但却服从上帝）、意识（意识是判断力的灵主，却服从于真理的必然性）、个性（个性对个人的权利有控制权，但却得服从于自然和社会的法则）、自由（自由支配人的内心，但它却接受外在世界和命运的控制）。总而言之，人道主义代表着西方文明中一切限制“权力欲望”的因素，它禁止权力欲望，排斥一切把握权力的可能。①

在未竟之作《性史》中，福柯的注意力转向了“自我的伦理学”，即个体如何通过一套伦理学和自我塑造的技术来创造他们自己的同一性。1984年，福柯因感染艾滋病去世。著名的社会学家布尔迪厄在福柯去世的第二天写道：“没有什么比把一种如此敏锐、复杂和非凡的哲学限定在教科书的表述中更危险的了。然而，我认为福柯的著作是对违抗、超越社会界限的长期挖掘开拓，这种开拓与知识和权力密不可分……我更愿意认为这种思想追求把握自我，就是说把握自我的历史，所以它是思想范畴史，意愿与欲望史。因而，这种对精确的关注，这种拒绝知识与实践生活技术与政治选择的投机，使福柯成为一个无法替代的人物。”②

---

① 引自王治河：《福柯》，146页，长沙，湖南教育出版社，1999。

② 引自［法］埃里蓬：《权力与反抗——米歇尔·福柯传》，370～371页，北京，北京大学出版社，1997。

福柯、德里达以及德勒兹等人通常被视为后结构主义者或解构主义者。但现在来看，这些标签并不足以概括他们的哲学思想。实际上，贴在一位哲学大师思想上的最好的标签，是他自己的名字。

拿“后结构主义”来说，这一术语的完整意思是相当难解的。它通常宽泛地应用于一个批评领域，即使这样，也很少有人公开将自己的著作称之为后结构主义的，更没有人提出一种单一的理论，甚至宣称坚持一组共同的信念和方法。后结构主义诞生于20世纪60年代法国剧烈的思想和政治骚乱中，那时学术生活、学术话语的目的和规定遭到了有力的挑战。后结构主义在英美社会最明显的影响，是在文学批评领域以解构的面目出现的。尽管后结构主义的历史意义尚待评价，但肯定不能局限于文学研究领域。

◎ 后结构主义者：德里达

德里达（Jacques Derrida，1930—2004）和福柯一样，都表达了一种深刻的反人道主义的怀疑论，这种怀疑论深深根植于哲学传统，体现在《书写与差异》（1961）、《论文字学》（1967）和《哲学的边缘》（1972）等作品当中。他研究了索绪尔的结构主义语言学，并受到极大的激发。他借助索绪尔的洞见——意义的生产即关系的功能——得出了一个激进的（但愿也是合乎逻辑的）结论，强调一切意义都是差异关系的产物和功能。但他抛弃了索绪尔的模型（把符号描述为一个能指与所指之间的二元对立的结构），认为能指和所指的关系是一个*différance*（这是一个派生于动词*différer*的新词，既指“区分”又指“延迟”，故译为“分延”）。德里达把*différence*（差异）中的e改为a，从而借助延迟和递延（delay and deferral）把索绪尔可区别的差异概念与差异主动产生的思想结合起来。这样，德里达刻画了符号的散播行为，表明这一行为通过分离和分别指出了差异，同时通过指示某种不可能在场的东西区分或延迟了对所指的接近。

对德里达来说，由分延所表达的意义的散播是彼此冲突、对立的力量的一个连续而复杂的斗争，这些力量并不导致任何分解或综合，无论是黑格尔意义上的还是别的什么。德里达的语言哲学断言，语言不可避免同时又成问题地调节着所有的经验和思想，因此就排除了外在于语言的直接领会或理解的任何可能性。

德里达从他的语言研究中得出了一切指示都是完全不确定的结论，因此他宣称意义和同一性不可避免地是不稳定的，这预示着形而上学已被釜底抽薪了。他之所以得出这个对形而上学、同一性和意义的激烈批判，是通过将其推至指示的层面上，并向稳定的意义或同一性的可能性发起了挑战，而这种可能性的基础是它们依赖于在场的形而上学。这些形而上学意义的产生与被称为语言的指示系统中的任何其他符号的产生方式完全相同。德里达宣称，由于符号本身的结构不断地处于流变状态，因此形而上学意义永远不可能是稳定的。

这样，解构的目的就在于揭露任何话语令人困惑的本性——只要这些话语依赖于那些将自身置于中心的基础性的形而上学观念，如真理、在场、同一性和起源。德里达将这种话语的逻辑称为“逻各斯中心主义的”，并坚持认为，这种逻辑不仅具有固有的缺陷，而且本身就是自掘坟墓的。为了在自身论证中拒斥这些居于中心的势力，后结构主义者倾向于使用一种极其晦涩的写作风格，常常语带双关，且爱铸多义的新词。在一封给其著作的日译者的信中，德里达以难得的清晰对“解构”这一术语做了说明，他杜撰了这个词以翻译海德格尔的 Abbau（拆毁），而这个词既不可定义，又不可翻译，因为“解构的问题也就是翻译问题和概念语言的问题，是所谓西方形而上学的概念方面的问题”。但德里达绝不是对他的工作或语言的各种不可能性感到绝望，倒不如说，正是他与之分道扬镳的关键：发展一种富有成效的反人道主义的怀疑论，这种怀疑论从历史性的和社会性的取向出发，提出了认识论和存在论的问题。

德里达把他对形而上学的批判运用到索绪尔身上。他表明，面对形而上学思想常常预设的确定性和整体性的诱惑，索绪尔成了牺牲品。索绪尔热情地努力提出一套对语言的完整而科学的解释，为他的工作寻找一个稳定的基础，并把口语中在场的某物视为意义。对索绪尔来说，“语义学分析的对象并不是由书面语和口语的结合而确定的，口语自身就构成了语言学分析的对象”。索绪尔赋予口头表达特权，使之超越了书写，并假定书写本身只是对口头表达的再现，这样，他的论证实际上依赖于一种特殊类型的逻各斯中心主义——德里达称之为语音学中心主义。从口语词与书面语词的这种对立出发，德里达推论出了整个西方关于语言的思想传统中的一个核心的紧张。在这一传统中，口语词被认为是说话者当下思想的在场的、直接的、透明的符号，实际上被盲目相信为接近先验所指的手段。德里达在这里利用了海德格尔对在场形而上学的批判，这种批判考察的是在场如何隐藏了思想的历史性。正是沿着音位（言语单位）与字素（书写字母）之间的对立这一轴心，德里达展开了他对西方形而上学的解构。

德里达对形而上学的激烈批判表明，一种形而上学体系不可能产生自身的基础，或确立某种“第一原则”，而胡塞尔恰恰在此失足了。胡塞尔试图通过颠覆认识论传统而提出他的反形而上学的哲学，把主客二分作为假问题而加以拒斥，主张任何事物都必须建立在直接经验和直观的基础之上。他将自己的任务视为对意识的分析和把握，认为我们能够在哲学的自我反思行为中，通过把我们直接的世界概念“加括号”，而达到实在的整体。但这一论证所依赖的是现象的纯粹性与实在的事实内容之间的等同。存在着一种与当下的意识相同的当下的声音，而这种意识被置于与外在的表象性的世界对立的状态中，这一假设在德里达对语音学中心主义的批判中很难幸免于难。就这一背景来看，德里达的批评宣告了透明的自我意识的不可能性，表达了一种对人类主体的激烈的怀疑论倾向。主体与符号一样，都是一个差异网络的产物，因此也必然差异于自身。主体的同一性永远也不可能是稳定的，因为它总是处于被产生的状态中。主体总是在生成。

结语：从现代主义到后现代主义

“一个幽灵，后现代主义的幽灵，在欧洲游荡。”

当法国的《世界报》于1981年模仿《共产党宣言》首句句式向其晨报读者宣布这一消息时，也许并未料到这个“幽灵”蔓延得如此迅速，从欧洲大陆到美洲大陆到亚洲大陆，从20世纪70年代一直持续到90年代。通常认为，其思想先驱向前追溯到尼采、巴塔耶（Georges Bataille，1897—1962）、海德格尔，甚至马克思；其风云人物则包括利奥塔（Jean-Francois Lyotard）、德勒兹（Gilles Deleuze，1925—1996）、拉康、鲍德里亚（Baudrillard）、列维纳斯（Emmanuel Levinas，1906—1995）、福柯、费耶阿本德（Paul Feyerabend，1914—1994）、德里达、罗蒂（Richard Rorty，1931—2007）等人——但这些人自己罕有标榜自己为“后现代”的，这个名单也只是所谓的后现代主义者或后现代主义的研究者“杜撰”出来的。通常认为名单上的这些思想家强调否定性、非中心化、破碎性、反正统性、不确定性、非连续性以及多元性，建立起以“反”、“后”和“非”为字头的“主义”：“反基础主义”、“后人道主义”、“后结构主义”、“后现代解释学”、“后哲学文化”、“非理性主义”、“视角主义”、“认识论的无政府主义”……

后现代主义（postmodernism），顾名思义，也许是在现代主义（modernism）之后的思潮，也许是对现代主义的破坏、反动或超越，也许本身就是一种异于现代主义的思维方式和写作风格，甚至不过是绝望的呐喊。现代主义的发端可以追溯到笛卡尔哲学和近代科学的产生。在后现代主义看来，这种现代主义的世界观认为：人是自然的解释者（培根）；或人是宇宙的观察者（伽利略），人们可以通过科学改造和控制世界，主体（自我）能自己证明自己，自己肯定自己。现代主义哲学试图成为“科学的”，它诉诸精确的方法，而不是权威。现代主义在康德那里取得了新的形式：它将笛卡尔的理性主义与洛克和休谟的经验主义结合起来。这样哲学中的现代主义便具有了超验的和经验的两个方面。超验的方面通过理性的工具提供经验多样性的统一，“我思”确立知觉的限度。伴随这种主观与客观的协作（同一）；现代主义哲学的基础被牢固地奠定了。在此基础上，现代主义哲学家形成了一种主体性的观念，主体性是所有知识的条件。笛卡尔、黑格尔和胡塞尔尽管处在不同的时代，代表了三个不同的流派，但在以主体性概念为基础这一点上是一致的，也正是主体性概念使关于意识的理论成为可能。因此他们的哲学都属于现代主义哲学。简言之，现代主义的特征是对基础、权威、统一的迷恋，视主体性为基础和中心，坚持一种抽象的事物观。[①] 对这一切的质疑便构成了后现代主义的特征：探求绝对真理的唯一的哲学已不复存在，只存在着各种形态的哲学；真理也不复存在，存在的只是话语（discourses）、解释、言谈、思考、写作和传播；“中心”不再存在，只有飞速扩展的边缘；没有纵览一切、总括一切的视角，没有“上帝之眼”（God's-eye view），有的只是无限多的不可通约（incommensurable）的解释。或许对许多后现代主义者来说，唯一健康的思想态度，是强烈的彻底的怀疑主义——怀疑制造合法性的宏大叙事（grand narrative），怀疑绝对、基础、本质、中心和统一。

因此，后现代主义不可能是“哲学”，哲学在后现代思潮中已经死亡了。后现代主义是一只口袋，里面盛满了对传统哲学主张的反对、控诉、戏谑和讽刺。它基本上是否定性的，它欢呼哲学的终结，但并不致力于新的创造；它抛弃了以往哲学的信心和雄心，但大多数后现代主义者也并不那么谦恭。

后现代主义眼中的世界也许是到处弥漫着碎片的世界：文化的碎片，意义的碎片，政治、伦理的、正义的碎片，而最根本的则是自我的碎片，或者自我的消失。什么“我思故我在”，即使“我们存在”也是痴人说梦。自我不过是一个虚构，虚构出来让我们相信能够稳定地支撑着我们的生活的东西。

但无论如何，后现代主义实际上是西方传统的延续，它赖以生存的土壤正是博大精深的西方思想。它广泛探讨的主题在整个西方传统中也同样是或隐或显的问题——怀疑论；多元论；强调风格、讽谑；拒斥教条主义；怀疑“真理”、“存在”等抽象概念；尊重甚至迷恋其他思想传统或文化；等等。当然，它对传统哲学的反思可谓深入而广泛，对当代资本主义社会的理智生活和文化生活的批判也

① 参见王治河：《扑朔迷离的游戏——后现代哲学思潮研究》，8～9页，北京，社会科学文献出版社，1993。

入木三分。但这种反思和批判并不是我们这个时代独有的。游牧民族和定居民族、游击队和正规军的斗争始终贯穿着整个西方的思想史。在后现代主义者安享巨大的智力优越感，傲视前贤，睥睨天下的同时，他们应当为人类思想的持续摸索前行照亮道路。如果他们丧失了这种功能，那么很快就会湮没在浩瀚的思想长河之中，每个人都只是5分钟的明星而已。事实也正是如此。

西方哲学经历了两千多年的曲折历程，时至今日，已经是一笔巨大的思想财富。西方哲人对智慧的探求如滔滔江水，绵延不绝，如群峰竞秀，高山仰止。思想危机常常伴随着社会生活的沧桑巨变，但每一次危机来临之时，也是重大的哲学创造爆发的契机。后现代主义对现代性的批判、对西方哲学传统的解构也同样孕育着未来哲学的转型。关键的问题在于，哲学应当始终铭记它原始而深邃的含义：爱智慧。哲学所爱的智慧、对智慧的爱既有理论上的，也有实践上的，既发端于对宇宙的好奇，又着眼于人类安身立命的要旨。哲学应当关注时代，历史—现实永远是哲学创造力的源泉。作为爱智慧的哲学是在对现时代的思想危机、社会危机的关怀中彰显出它爱智慧的品性的。当哲学不再是“科学之科学”，被褫夺了“科学的女王”的宝座之后，它原始而终极的关怀反而愈加显露出来。哲学不是哲学王的事业，它是真正平民化的；哲学不能扮演被假冒的上帝的角色，它始终是此岸生活和有限生命的关怀者。哲学家也不能再扮演没有音乐才能的音乐家，也不能再效法不赚钱的律师，甚至也不能把自己仅仅局限于专业人员的角色，而要在一个沧桑巨变的时代，恢复爱智慧的本色，回应时代的种种难题、困境和危机。这不仅仅是西方哲学所应承担的重任，也是其他任何文明的哲学思想必须面对的。

21 世纪
通才教育系列教材

进一步阅读的书目

一、总论

1. 张志伟主编. 西方哲学史. 北京：中国人民大学出版社，2002

2. 张志伟等主编. 西方哲学智慧. 北京：中国人民大学出版社，2000

3. 叶秀山，王树人主编. 西方哲学史（学术版）(1—8 卷). 北京：人民出版社，2011

4. 赵敦华. 西方哲学简史. 北京：北京大学出版社，2001

5. 北京大学哲学系外国哲学史教研室编译. 西方哲学原著选读. 北京：商务印书馆，1982

6. [德] 文德尔班. 哲学史教程（上、下). 北京：商务印书馆，1993

7. [德] 黑格尔. 哲学史讲演录（一至四卷). 北京：商务印书馆，1959—1978

8. [挪] G·希尔贝克，N·伊耶. 西方哲学史：从古希腊到二十世纪（新版). 童世骏，郁振兴译. 上海：上海译文出版社，2012

9. [英] 肯尼. 牛津西方哲学史. 北京：中国人民大学出版社，2006

二、断代史

(一) 古希腊哲学

1. 苗力田主编. 古希腊哲学. 北京：中国人民大学出版社，1995

2. 汪子嵩等. 希腊哲学史. 1988. 北京：人民出版社，第一卷；第二卷. 1993；第三卷. 2003；第四卷. 2010

3. [德] 策勒. 古希腊哲学史纲. 济南：山东人民出版社，1992

4. [德] 文德尔班. 古代哲学史. 上海：上海三联出版社，2009

（二）中世纪哲学

1. 赵敦华. 基督教哲学 1500 年. 北京：人民出版社，1994

2. ［法］吉尔松. 中世纪哲学精神. 上海：上海人民出版社，2008

3. ［英］瑙尔斯. 中世纪思想的演化. 北京：商务印书馆，2012

4. ［英］马仁邦主编. 中世纪哲学（劳特利奇哲学史第三卷）. 北京：中国人民大学出版社，2009

5. ［俄］梅列日科夫斯基. 宗教精神：路德与加尔文. 上海：学林出版社，1999

（三）17 世纪至 19 世纪西方哲学

1. ［美］理查德·韦斯特福尔. 近代科学的建构. 上海：复旦大学出版社，2000

2. Daniel Garber, Michael Ayers (eds.). *The Cambridge History of Seventeenth－Century Philosophy*. Cambridge：Cambridge University Press，1998

3. ［法］笛卡尔. 第一哲学沉思集. 北京：商务印书馆，1986

4. ［荷］斯宾诺莎. 伦理学. 北京：商务印书馆，1983

5. ［英］F. 培根. 新工具. 北京：商务印书馆，1984

6. ［英］洛克. 人类理解论. 北京：商务印书馆，1959

7. ［英］休谟. 人性论. 北京：商务印书馆，1980

8. ［法］卢梭. 社会契约论. 北京：商务印书馆，1980

9. ［德］卡西尔. 启蒙哲学. 济南：山东人民出版社，1988

10. ［德］康德. 未来形而上学导论. 北京：商务印书馆，1982

11. ［德］黑格尔. 精神现象学. 北京：商务印书馆，1981

12. ［德］尼采. 权力意志. 北京：商务印书馆，2007

（四）20 世纪西方哲学

1. 赵敦华. 现代西方哲学新编. 北京：北京大学出版社，2001

2. ［德］施太格缪勒. 当代哲学主流（上下）. 北京：商务印书馆，2000

3. 徐友渔. "哥白尼式"的革命. 上海：上海三联书店，1994

4. ［澳］巴斯摩尔. 哲学百年·新近哲学家. 北京：商务印书馆，1996

5. 洪谦主编. 逻辑经验主义. 北京：商务印书馆，1989

6. ［德］维特根斯坦. 逻辑哲学论. 北京：商务印书馆，1996

7. ［德］维特根斯坦. 哲学研究. 北京：商务印书馆，1996

8. ［美］施皮格伯格. 现象学运动. 北京：商务印书馆，1995

9. ［德］海德格尔. 存在与时间（修订译本）. 北京：三联书店，2006

10. ［德］伽达默尔. 真理与方法. 北京：商务印书馆，2007

11. ［法］福柯. 规训与惩罚（修订译本）. 北京：三联书店，2012

12. 倪梁康主编. 面对实事本身——现象学经典文选. 北京：东方出版社，2000

13. 洪汉鼎主编. 理解与解释——诠释学经典文选. 北京：东方出版社，2001

14. 陈波等主编. 逻辑与语言——分析哲学经典文选. 北京：东方出版社，2005

后　　记

《智慧的探险——西方哲学史话》是中国人民大学文化素质课教材，也是《西方哲学智慧》（张志伟等主编，中国人民大学出版社，2000）一书的配套读物。《西方哲学智慧》主要是以哲学的分支或问题为主题、史论结合的西方哲学入门读物，而本书则是一部简明扼要的西方哲学史话。两书各有侧重，各具特色，相互补充；若能合观，则收获更大。

本书由中国人民大学哲学系外国哲学教研室集体编写，韩东晖主编。聂敏里副教授撰写了第一部分；张旭博士撰写了第二部分；张志伟教授撰写了第三部分第六、七节；韩东晖副教授撰写其余部分并统稿。

本书在写作过程中参考了众多学者的研究成果，在此谨致谢意。不足之处，尚希指正。

感谢林坚先生、徐飞先生、李艳辉女士、陈泽春女士等为本书出版所付出的辛劳。

欢迎访问“哲学在线”网站（http：//phi. ruc. edu. cn）和“爱智论坛”（http：//phi. ruc. edu. cn/bbs），共同展开哲学讨论。

作者

2002 年 9 月

修订版后记

《智慧的探险——西方哲学史话》初版于2003年，系“西方哲学智慧”课程的配套教材之一，出版后受到读者的欢迎。近年来陆续有读者反映此书有参考价值，但市面上脱销已久，购买不到。因此，蒙本书其他三位作者允许，我利用业余时间断断续续修订了这部教材。修订的内容主要是纠正了一些错误、调整了若干字句的表达、更新了参考书目。希望这一版本继续为读者提供帮助。

韩东晖

2012年10月

图书在版编目（CIP）数据

智慧的探险：西方哲学史话/韩东晖主编．—修订本．—北京：中国人民大学出版社，2013.2

21世纪通才教育系列教材

ISBN 978-7-300-16997-2

Ⅰ.①智… Ⅱ.①韩… Ⅲ.①西方哲学-哲学史-高等学校-教材 Ⅳ.①B5

中国版本图书馆CIP数据核字（2013）第021172号

21世纪通才教育系列教材

智慧的探险

——西方哲学史话（修订版）

主编　韩东晖

Zhihui de Tanxian

出版发行	中国人民大学出版社		
社　　址	北京中关村大街31号	**邮政编码**	100080
电　　话	010－62511242（总编室）		010－62511398（质管部）
	010－82501766（邮购部）		010－62514148（门市部）
	010－62515195（发行公司）		010－62515275（盗版举报）
网　　址	http://www.crup.com.cn		
	http://www.ttrnet.com(人大教研网)		
经　　销	新华书店		
印　　刷	北京宏伟双华印刷有限公司	**版　　次**	2003年2月第1版
规　　格	170 mm×240 mm　16开本		2013年3月第2版
印　　张	21.5 插页1	**印　　次**	2013年3月第1次印刷
字　　数	413 000	**定　　价**	39.80元